Das Buch

Dan Millman hat Hunderttausende Leser auf den Pfad des friedvollen Kriegers geführt, hin zu Selbstverwirklichung und innerem Wachstum. Aus seinem reichen Erfahrungsschatz entstand dieses praktische Handbuch. Einfache und wirksame Übungen helfen, den ganzen Menschen ins Gleichgewicht zu bringen, lähmende Energieblockaden zu überwinden und neue Lebenslust zu entdecken.

Mit bewegenden Geschichten aus dem persönlichen Entwicklungsweg des Autors und zahlreichen neuen Episoden mit Socrates, dem friedvollen Krieger, weist dieses Buch den Weg in eine moderne Spiritualität des 21. Jahrhunderts.

Der Autor

Dan Millman, in jungen Jahren einer der besten Kunstturner Amerikas, später Coach von Spitzensportlern, unterrichtet seit nunmehr fast zwanzig Jahren verschiedenste Formen des körperlich-geistigen Trainings. Seine Werke über die Lebenshaltung des friedvollen Kriegers sind zu wahren Kultbüchern geworden und haben eine Auflage von mehreren Millionen in vierzehn Sprachen erreicht.

DAN MILLMAN

Die Goldenen Regeln des friedvollen Kriegers

Ein praktisches Handbuch

Aus dem Amerikanischen
von Annemarie Döring

WILHELM HEYNE VERLAG
MÜNCHEN

Die Originalausgabe erschien unter dem Titel
»No Ordinary Moments. A Peaceful Warrior's Guide to Daily Life«
im Verlag H. J. Kramer, Inc., P.O. Box 1082, Tiburon, California 94920, USA.

Penguin Random House Verlagsgruppe FSC® N001967

8. Auflage
Taschenbucherstausgabe 02/2008

Umschlaggestaltung: HildenDesign, München
Umschlagmotiv: © Ulises Sepùlveda Déniz / Shutterstock
Druck und Bindung: GGP Media GmbH, Pößneck
Printed in Germany
ISBN 978-3-453-70082-6

www.heyne.de

Inhalt

VIERTER TEIL
Der innere Kriegsschauplatz: Den Kampf mit sich selbst gewinnen

FÜNFTER TEIL
Aus der Enge in die Weite: Zu einem erfüllten, glücklichen Leben

ANHANG

Praktische Übungen

Dank

Ich danke meinen Verlegern, besonders Hal und Linda Kramer, und meiner begabten Lektorin Nancy Grimley Carleton für ihre Unterstützung, ihre Ermutigung und Beratung und ihren Glauben an dieses Buch.

Mein Dank gilt weiter Michael Greenberg, M. D., Ed Kellogg, Sid Kemp, Sharon Marcillac, Joy Millman, Charles Root und Jan Shelley, die die erste Rohfassung des Manuskripts durchgesehen haben.

Carl Weisbrod, Ph. D., gewährte mir freundlicherweise die Erlaubnis, Auszüge aus seiner Rede über psychologische Verteidigungsmechanismen übernehmen zu dürfen, die von Bill Harris, M. D., herausgegeben und in der Dezemberausgabe 1991 des Rundbriefs der vegetarischen Gesellschaft von Honolulu veröffentlicht wurde.

Aus dem hervorragenden Büchlein *Start Taking Charge* habe ich mit dem Segen der Hope Publications einige Absätze zu «Umgang mit Streß» übernommen.

Ich danke Oscar Ichazo vom Arica Institute, aus dessen Kompensationstraining «Nine Doors of Compensation» ich das Konzept der Ventile zur Streßbewältigung im 5. Kapitel entwickelt habe.

Michael Bookbinder, ein inspirierender Lehrer und Geistesverwandter, zeigte mir praktische Möglichkeiten, den Pfad des friedvollen Kriegers ins tägliche Leben zu integrieren. Dazu gehören die Methoden zur Öffnung des Herzens, die im 13. Kapitel beschrieben werden. Er inspirierte auch die Schlußworte im 15. Kapitel.

Die Lehren von Da Avabhasa (auch als Da Free John bekannt) spielten eine wichtige Rolle für mich und halfen, mein Leben zu erhellen.

Mein tiefempfundener Dank gilt all meinen vergangenen Lehrern, meinen Schülern und anderen Inspirationsquellen, die zu zahlreich sind, um sie aufzuführen, und die nun ein Teil von mir geworden sind. Und nicht zuletzt danke ich meiner Familie für ihre Geduld, Liebe und Unterstützung.

Vorwort

*Wenn jemand sein Geld als Straßenkehrer verdient, dann sollte er die Stra-
ßen so kehren, wie Michelangelo malte, wie Beethoven komponierte, wie
Shakespeare seine Dramen schrieb.*

Martin Luther King jr.

In den Jahren nach der Veröffentlichung meines ersten Buches,
Der Pfad des friedvollen Kriegers, bekam ich Briefe von Menschen
aus der ganzen Welt, die wissen wollten, wie ein friedvoller
Krieger lebt.

So schrieb ich *Die Goldenen Regeln des friedvollen Kriegers,* die
ich lehre und lebe, so gut ich kann. Es geht hier um allgemeingültige Prinzipien und Praktiken, die allen meinen Lesern
weiterhelfen sollen – egal, ob sie meine beiden ersten Bücher gelesen haben oder nicht. Für jene, die meine Bücher nicht kennen
(und als kleine Erinnerungsstütze für die anderen) möchte ich
von einem Schlüsselerlebnis berichten, das ich in *Der Pfad des
friedvollen Kriegers* beschrieben habe. Dieses Erlebnis hat grundlegend die Lebenseinstellung geprägt, die in diesem Buch zum
Ausdruck kommt.

Eines Abends – ein paar Monate, nachdem ich Socrates kennengelernt hatte, einen seltsamen alten Tankwart, der mein Lehrer auf dem Pfad des friedvollen Kriegers wurde – stellte ich ihm
eine meiner unzähligen Fragen: «Soc, glaubst du, daß ich je lernen werde, die Gedanken anderer Menschen zu lesen?»

«Du solltest lieber erst mal lernen», sagte er, «deine eigenen
Gedanken zu lesen. Es ist höchste Zeit, daß du in dich hinein-
siehst und deine Antworten in dir selber findest.»

«Aber ich *weiß* die Antworten eben nicht, deshalb frage ich
dich ja.»

«Du weißt mehr, als du ahnst. Du traust deinem inneren Wissen nur noch nicht.» Socrates wandte sich ab, sah aus dem Fenster und holte tief Luft. Das tat er immer, wenn er irgendeine wichtige Entscheidung traf. «Geh raus, Dan, hinter die Tankstelle. An der Mauer hinten im Hof liegt ein großer, flacher Stein. Setz dich auf den Stein und bleib so lange da sitzen, bis du mir etwas Wesentliches zu sagen weißt.»

«Was?»

«Ich glaube, du hast mich schon verstanden.»

«Das soll wohl so eine Art Prüfung sein?»

Er sagte nichts.

«Stimmt's?»

Wenn Soc nicht wollte, dann war absolut nichts aus ihm herauszukriegen.

Seufzend ging ich hinaus, fand den Stein und setzte mich darauf. «So ein Blödsinn», murmelte ich vor mich hin. Um mir die Zeit zu vertreiben, ließ ich alle Ideen an mir vorüberziehen, die mir im Laufe meines Lebens begegnet waren. «Etwas Wesentliches ... etwas Wesentliches ...»

So verging Stunde um Stunde. Allmählich wurde es kalt. Bald würde die Sonne aufgehen.

Als der Morgen dämmerte, fiel mir tatsächlich etwas ein – zwar nichts übermäßig Geniales, aber immerhin etwas. Steif und mit schmerzenden Knochen stand ich auf und humpelte ins Büro, wo Soc friedlich – und im Warmen – an seinem Schreibtisch saß und seine Sachen zusammenpackte; denn gleich war seine Schicht zu Ende. «Ah, so bald schon?» empfing er mich lächelnd. «Na, was ist es denn?»

Es lohnt sich nicht, zu wiederholen, was ich ihm zu sagen hatte. Es reichte nicht – also wieder zurück auf den Stein.

Bald danach ging Socrates fort, und der Tankwart für die Tagesschicht kam. Langsam zog die Sonne über meinem Kopf vorbei. Ich versäumte alle meine Vorlesungen und das Sporttraining. Wie lange würde ich wohl hier sitzen bleiben müssen? Verzweifelt zermarterte ich mir das Hirn nach irgendeiner wertvollen Erkenntnis, die ich Soc mitteilen könnte.

Vor Einbruch der Dämmerung kam Socrates zurück, nickte mir kurz zu und ging ins Büro. Als es dunkel geworden war, fiel mir wieder etwas ein. Wieder humpelte ich hinein, rieb mir das schmerzende Kreuz und sagte es ihm. Er schüttelte den Kopf und wies auf den Stein. «Das ist viel zu kopflastig. Sag mir etwas, was aus dem Herzen und aus dem Bauch heraus kommt, etwas *Weltbewegenderes.*»

Also setzte ich mich wieder auf meinen Stein und murmelte vor mich hin: «Etwas Weltbewegenderes . . . etwas Weltbewegenderes.» *Was um alles in der Welt erwartete er von mir?* Hungrig, mit schmerzender Sitzfläche, gereizt – und vom vielen Sitzen so steif, daß ich kaum noch denken konnte – stand ich auf und machte ein paar fließende Tai-Chi-Bewegungen, um wenigstens etwas Energie in Bewegung zu bringen.

Während ich die Knie beugte und mich anmutig vor und zurück bewegte, jede Drehung aus den Hüften heraus, meine Arme durch die Luft fließend, wurde mein Kopf leer, und plötzlich stand eine Szene vor meinem inneren Auge. Vor ein paar Tagen war ich zum Provo Square gejoggt, einem kleinen Park im Zentrum der Stadt. Zur Lockerung der Muskeln machte ich dort eine langsame Tai-Chi-Übung, die Socrates mir gezeigt hatte. Mein Geist und mein Körper entspannten sich, und ich verfiel in einen friedlichen Zustand der Konzentration und des inneren Gleichgewichts. Ich wurde Bewegung, ich strömte hin und her wie ein Stück Seetang in der Dünung.

Ein paar junge Leute von der High School blieben stehen und schauten neugierig zu, aber ich beachtete sie nicht und ließ konzentriert meine Bewegungen fließen. Als ich mit der Übung fertig war, hob ich meine Trainingshose auf, um sie wieder über die Joggingshorts zu streifen. Mein Alltagsbewußtsein übernahm wieder die Führung, und meine Aufmerksamkeit begann abzuschweifen.

Die Studenten, die mich beobachtet hatten, zogen meine Aufmerksamkeit auf sich – vor allem ein hübsches junges Mädchen, das lächelnd auf mich zeigte und etwas zu seiner Freundin sagte. Die sind wohl sehr beeindruckt, dachte ich – und fuhr mit beiden Beinen in ein Hosenbein. Ich strauchelte und plumpste auf den Hintern. Die jungen Leute lachten. Ich war verlegen, aber nicht lange. Dann ließ ich mich auf den Rücken fallen und konnte herzlich mitlachen.

Ich lächelte auf meinem Stein hinter der Tankstelle, als mir dieser Zwischenfall wieder ins Gedächtnis kam. Im nächsten Augenblick durchflutete mich eine Energiewelle. Blitzartig kam mir eine grundlegende Erkenntnis, die von jetzt an mein ganzes Leben verändern würde: Mir wurde klar, daß ich mich mit meiner ganzen Aufmerksamkeit auf die Tai-Chi-Bewegungen konzentriert hatte, aber nicht auf die «alltäglichen» Bewegungen, die man macht, wenn man sich eine Hose anzieht. *Ich hatte einen Augenblick meines Lebens als etwas Besonderes behandelt und den anderen als etwas Gewöhnliches.*

Auf einmal wußte ich, daß ich Socrates etwas Wesentliches zu sagen hatte. Ich stürmte ins Büro und verkündete: *«Es gibt keine alltäglichen Momente.»*

Er blickte auf und lächelte. «Willkommen, wieder zu Hause!» sagte er. Ich ließ mich auf das Sofa fallen, und er machte Tee. Während wir an dem dampfenden Gebräu nippten, erklärte Socrates mir: «Ein Athlet konzentriert sich auf seinen Sport, ein Musiker konzentriert sich auf seine Musik, ein Künstler konzentriert sich auf seine Kunst. Der friedvolle Krieger *konzentriert sich auf alles.* Das ist das Geheimnis seines Pfades, darauf kommt es an.»

Endlich verstand ich, warum Socrates mir vor ein paar Jahren so eindringlich gesagt hatte: «Gehen, Sitzen, Atmen oder Müllheraustragen erfordert genauso viel Aufmerksamkeit wie ein dreifacher Salto.»

«Mag sein», sagte ich und gab zu bedenken: «Aber wenn ich einen dreifachen Salto mache, steht mein *Leben* auf dem Spiel.»

«Ja», erwiderte er, «aber die *Qualität* deines Lebens steht in *jedem* Augenblick auf dem Spiel. Das Leben ist eine Serie von Momenten. In jedem dieser Momente bist du entweder wach oder du schläfst, entweder du lebst voll und ganz oder du bist relativ tot.» Da schwor ich mir, mit keinem Augenblick mehr so umzugehen, als sei er etwas Alltägliches.

In den nächsten Monaten fragte ich mich immer wieder: Lebe ich jetzt in diesem Augenblick voll und ganz, oder bin ich relativ tot? Ich beschloß, mich künftig auf jede Handlung mit ungeteilter Aufmerksamkeit zu konzentrieren.

Ich habe gelernt, daß die Qualität eines jeden Augenblicks

nicht davon abhängt, was er uns *gibt,* sondern was wir zu ihm *beitragen.* Für mich ist kein Augenblick mehr alltäglich, so banal oder routinemäßig er auf den ersten Blick auch erscheinen mag. Ich widme dem Schreiben, dem Sitzen, dem Essen und dem Atmen gleichermaßen meine ganze Aufmerksamkeit. Seitdem macht mir das tägliche Leben so viel Spaß wie früher das Turnen. Das Leben hat sich nicht verändert – *ich* habe mich verändert. Dadurch, daß ich jede Handlung mit Ehrerbietung ausführe und jeden Augenblick als etwas Heiliges betrachte, habe ich eine ganz neue Einstellung zum Leben bekommen – mein Leben ist jetzt voller Leidenschaft und voller Sinn.

All das ergibt sich von selbst, beinahe mühelos, sobald wir die inneren Hindernisse in unserem Leben aus dem Weg räumen. Dieses Buch soll zeigen, wie man das schafft.

Wenn es seinen kleinen Beitrag dazu leistet, das tägliche Leben meiner Leser friedlicher, glücklicher und gesünder zu gestalten, dann hat meine Mühe sich gelohnt, und die Freude, die ich am Leben habe, wird sich im Spiegel des Lebens meiner Leser vervielfachen.

Dan Millman
San Rafael, Kalifornien
Frühjahr 1992

Erster Teil

Die Vorbereitung: Der Weg durch den dunklen Wald

Einführung

Unter der Oberfläche unseres täglichen Lebens liegt eine Suche nach etwas Tieferem, ein Weg aufwärts, unseren Hoffnungen und Träumen entgegen. Dieses Buch soll meinen Lesern bei ihrem Aufstieg zu einer neuen Lebensform als Landkarte dienen – denn sie werden dabei die gleichen Prozesse der Erkenntnis, Desillusionierung, Entdeckung und Inspiration durchlaufen, die auch ich erlebt und in *Der Pfad des friedvollen Kriegers* beschrieben habe.

Auf den ersten Blick klingt der Begriff *friedvoller Krieger* wie ein Widerspruch in sich. Wie kann man gleichzeitig friedlich und ein Krieger sein? In allen Kulturen haben die berühmten Krieger sich stets durch Mut, Entschlossenheit und innere Stärke ausgezeichnet, doch nur wenige hatten ein friedliches Herz. Die Friedensstifter der Menschheitsgeschichte dagegen waren zwar gütige Menschen voller Liebe und Mitgefühl, doch meist fehlte ihnen dafür wieder der Mut des Kriegers. Der friedvolle Krieger aber vereint beides in sich, Mut und Liebe – einen kämpferischen Geist und ein Herz, in dem der Friede wohnt.

Und nun wollen wir auf die Reise gehen. In diesem ersten Teil möchte ich die Probleme, Fragen und Herausforderungen schildern, denen ein friedvoller Krieger auf seinem Weg durch den dunklen Wald begegnet. Das ist eine notwendige Vorbereitung für unseren Aufstieg über die Wolken ins Licht.

Um die Reise durch dieses Buch zu einem intensiveren Erlebnis zu machen und zu zeigen, was für Erfahrungen hinter meinen Worten stehen, habe ich zwischendurch immer wieder ein paar Übungen eingestreut. Zu den meisten dieser Übungen braucht man nicht viel Zeit, und sie helfen einem sehr, die Prinzipien, die ich hier beschreibe, im Alltagsleben in echte Resultate umzusetzen.

1
Mut und Liebe –
Grundlagen des Pfades

Friede bedeutet nicht, frei von Konflikten zu sein.
Friede ist die Fähigkeit, Konflikte zu bewältigen.
Anonymer Verfasser

Irgendwo in der Wildnis des amerikanischen Westens heult der Wind und bläst Staub und Büschel von Steppenläufern über die Wüste – ein unfruchtbares, flaches Land, in dem abgesehen von ein paar vereinzelten Grenzlandstädtchen keine Menschenseele lebt.

Ein Kojote stimmt in das Heulen des Windes ein. Da taucht aus der Staubwolke am Horizont eine einsame Gestalt auf. Langsam schreitet sie über den Wüstensand und hinterläßt kaum einen Fußabdruck. Ihre Bewegungen sind gemächlich und harmonisch. Ehrerbietig nickt sie einem Eselhasen zu.

Als der Mann an uns vorbeikommt, erkennen wir, daß er einen alten Hut aufhat und eine kleine Tasche und eine zusammengerollte Decke über der Schulter trägt. Auf seinem faltenlosen Gesicht liegt ein Ausdruck ruhiger Gelassenheit. Man sieht, daß das ein Mann ohne Vergangenheit und ohne Zukunft ist – ein Mensch, der völlig in der Gegenwart lebt.

Wir spüren, daß er großen Mut, Macht und Kraft besitzt, und doch strahlt er gleichzeitig Güte und Mitgefühl aus. Dieser Mann – Krieger und Priester zugleich – ist dazu da, alle Lebewesen zu schützen und Menschen in Not zu dienen. Ein Shao-lin-Priester von sanftem Wesen, leiser Stimme und feinem Benehmen, dem kein Kampfsport fremd ist; ein Heiler und Berater, der seine Weisheit aus dem Reich der Natur schöpft. Er ist das Urbild des friedvollen Kriegers. Sein Name ist Kwai Chang

Cain – eine Figur, die Ed Spielman für die alte «Kung Fu»-Fern-sehserie geschaffen hat und die von David Carradine gespielt wurde.

Das Kernstück des Pfades

Das Glück oder der Geist umgibt uns ständig und durchdringt alle Zellen unseres Seins. Aber diese Inspiration spüren wir nur selten. Meist hindern Blockaden in unserem Körper, unserem Denken und unseren Emotionen uns daran. Der friedvolle Krieger stellt sich diesen inneren Hindernissen entgegen und räumt sie aus dem Weg, damit wir endlich wieder spüren, daß wir ein natürliches Anrecht auf Glück haben.

Als friedvolle Krieger streben wir danach, die Wege unseres Lebens mit Mut zu gehen; aber gleichzeitig ist uns auch klar, daß wahre Heilung letzten Endes nur aus unserem Herzen kommen kann. Wir haben begriffen, daß wir selbst dazu beitragen, unser Leben zu gestalten, und daß wir unsere Welt verändern können, indem wir uns selbst ändern. Der Weg beginnt dort, wo wir im Augenblick gerade stehen. Man kann ihn auf jeder Ebene gehen. Die Methode ist ganz einfach – man muß etwas tun. Und der richtige Zeitpunkt ist jetzt, in diesem Augenblick.

> *Der friedvolle Krieger hat Geduld, zu warten,*
> *bis der Schlamm sich setzt und das Wasser sich klärt.*
> *Regungslos harrt er aus bis zum rechten Augenblick,*
> *in dem die richtige Handlung sich ganz von selbst ergibt.*
> *Er strebt nicht nach Erfüllung, sondern wartet mit offenen Armen*
> *und akzeptiert freudigen Herzens alles, was kommt.*
> *Er nutzt alle Situationen, versäumt nichts.*
> *Er ist die Verkörperung des Lichts.*

> *Der friedvolle Krieger besitzt drei große Schätze:*
> *Einfachheit, Geduld und Mitgefühl.*
> *Er ist einfach in seinem Denken und Tun*
> *und kehrt zur Quelle allen Seins zurück.*
> *Er hat Geduld mit Freund und Feind*
> *und lebt mit allem im Einklang.*

Er hat auch Mitgefühl mit sich selbst
und schließt seinen Frieden mit der Welt.

Manche mögen diese Lehre Unsinn nennen;
anderen erscheint sie vielleicht zu hochfliegend.
Doch für alle, die in sich hineingeschaut haben,
ergibt dieser Unsinn einen vollkommenen Sinn.
Und für die, die ihn in die Tat umsetzen,
reichen die Wurzeln des Hochfliegenden tief in die Erde hinein.

Nach einem Gedicht von Lao-tse

Die Ausbildung des Kriegers in der Schule des täglichen Lebens

Stelle dir vor, du erlebst mitten im Alltagstrott einen Augenblick, in dem deine Gedanken sich klären und Ruhe und Gelassenheit einkehren – einen Augenblick, in dem deine Emotionen sich öffnen und zu überströmender, glücklicher Energie werden und dein Körper sich stark, elastisch, entspannt und lebendig anfühlt. So außergewöhnlich das auch klingen mag: Es war dein normaler Zustand – als du zwei Monate alt warst.

Wir alle haben diesen Zustand des Kriegers einmal verkörpert, und wir können es wieder tun. Wir brauchen dazu nichts Neues zu lernen; wir müssen nur die Hindernisse aus dem Weg räumen, die unsere natürlichen Erfahrungen blockieren. Wir müssen unsere Ängste und Vorstellungen, die uns im Laufe unseres Lebens einprogrammiert wurden, mit dem Schwert der Bewußtheit bloßlegen. Dann können wir mit allen Fasern unseres Körpers erfahren, was für ein Gefühl es ist, die strahlende Unschuld unserer Kindheit wiederzuerwecken und uns gleichzeitig die schwerverdiente Weisheit der Erfahrung zu behalten.

Manchmal kommt mir die Erde vor wie eine Art spirituelles Ausbildungslager – ein Ort, an dem wir alles über das Reich der Materie, das Reich der Veränderungen lernen. Hier verschwinden selbst die Menschen, die wir lieben, früher oder später aus unserem Leben. Die Anforderungen, die das Leben an uns stellt, fördern unsere besten Seiten zutage. Wir alle sind friedvolle Krieger in der Ausbildung. Die Erde schult uns, das tägliche Leben ist unser Trainingsplatz.

In jedem von uns schlägt das Herz eines friedvollen Kriegers. Wenn wir in den Spiegel schauen und uns tief in die Augen sehen, erkennen wir darin schon jetzt einen kleinen Schimmer des Menschen, der wir einmal sein werden.

—•— —•— —•— —•— —•— —•— —•— —•— —•— —•—

Das Gesicht eines friedvollen Kriegers

1. Nimm einen Spiegel und sieh dir eine Minute lang ins Gesicht.
   - Mustere dich so wie jemanden, den du noch nie im Leben gesehen hast.
   - Betrachte dich mit Mitgefühl und bleibe offen für alle Empfindungen, die in dir aufsteigen.
2. Sieh dir in die Augen und konzentriere dich auf das Gefühl, daß du in die Augen eines friedvollen Kriegers blickst.

—•— —•— —•— —•— —•— —•— —•— —•— —•—

Die drei Selbste

Körper, Denken und Emotionen bilden eine Art Dreiklang, die zusammen den Menschen ausmachen. Eine andere wichtige Dreiheit sind die *drei Selbste*. Dieses Gedankenmodell kann uns helfen, unsere vollen Entfaltungsmöglichkeiten auf dem Pfad des friedvollen Kriegers zu erkennen.

Mit «drei Selbste» meine ich das Basis-Selbst (oder Unbewußtes), das Bewußte Selbst (oder Ich) und das Höhere Selbst (oder spirituelle Selbst). Wenn wir diese drei verschiedenen Bewußtseinsformen verstehen, können wir viel bewußter und mit mehr Freude, Motivation und Inspiration leben.

Das Basis-Selbst

Manche bezeichnen das *Basis-Selbst* auch als «inneres Kind», da die Eigenschaften und Motive dieses Bewußtseins starke Ähnlichkeit mit denen eines vier- bis siebenjährigen Kindes haben. Wie kleine Kinder, so haben auch die Basis-Selbste vieles gemeinsam; aber in ihrer Stärke, ihrem Selbstvertrauen und ihrem Erkenntnisstand unterscheiden sie sich doch voneinander. Ich verwende zwar auch hin und wieder den Begriff *Unbewußtes* oder «inneres Kind», doch im allgemeinen ist mir der umfassendere Begriff *Basis-Selbst* lieber. Schließlich geht es hier um ein Bewußtsein, dessen Funktionen über die gängige Vorstellung vom «Kind in uns» hinausgehen.

Das Basis-Selbst führt ein Eigenleben, getrennt von unserem bewußten Verstand. Es identifiziert sich stark mit dem physischen Körper und manifestiert sich als unsere Körperweisheit: Instinkt, Intuition, latente Triebe und Fähigkeiten, Erinnerungen und alles, was «aus dem Bauch heraus» kommt. Das Basis-Selbst übt die Kontrolle über unseren Körper aus. Über das vegetative Nervensystem erhält es unsere Körperfunktionen aufrecht und erzeugt unsere Lebensenergie.

Wie die meisten Kinder ist das Basis-Selbst sehr empfänglich für Suggestion (Hypnose), Dinge, die ihm einprogrammiert werden, Visualisierungen und alle Formen des Heilens, die über das Unbewußte ablaufen. Fühlt das kindliche Basis-Selbst sich sicher und geborgen und glücklich, dann reagiert es verspielt und ist voller Energie und Inspiration, loyal, entschlußfreudig und spontan. Doch wenn unser Bewußtsein das Basis-Selbst ignoriert, abwertet oder unterdrückt (was häufig geschieht), dann neigt es dazu, sich zurückzuziehen, Energien zu blockieren, unser Immunsystem zu schwächen und all unsere Bemühungen zunichte zu machen. Indem wir uns stärker bewußtmachen, wie unser Unbewußtes funktioniert, gewinnen wir Zugang zu neuen Energiequellen und neuem Mut und können unsere Gesundheit und unser Wohlbefinden verbessern. Das Basis-Selbst ist die Grundlage, von der aus wir uns zu höheren Bewußtseinszuständen emporschwingen können.

Das Bewußte Selbst

Unser *Bewußtes Selbst* ist Sitz der Logik, des rationalen Denkens und kritischen Urteilsvermögens. Das alles sind wichtige Werkzeuge, ohne die wir nicht leben könnten. Zu den wichtigsten Funktionen des Bewußten Selbst gehört das bewußte Lernen, mit dessen Hilfe wir uns besser an unsere Umwelt anpassen und in ihr erfolgreich sein können. Ich bezeichne dieses Selbst im folgenden entweder als *Bewußtes Selbst, Verstand* oder *Ich;* die drei Begriffe sind austauschbar.

Wenn das Bewußte Selbst harmonisch arbeitet, dann *leitet und erzieht* es das Basis-Selbst und *gibt ihm ein Gefühl der Sicherheit und Geborgenheit,* so wie Eltern es mit ihrem Kind tun. Es hilft ihm, das Leben zu begreifen, und gibt ihm gleichzeitig genügend Spielraum, um seine eigenen, einmaligen Fähigkeiten zu entfalten. Ist es dagegen nicht im Gleichgewicht, dann neigt das Bewußte Selbst dazu, die Gefühle und Intuitionen des Basis-Selbst mit den Argumenten seiner Logik und seines Verstandes abzuwerten, so wie manche Erwachsene die Empfindungen ihrer Kinder nicht für voll nehmen. Das führt zu einer Entfremdung zwischen Geist und Körper; wir verlieren den Kontakt zu unseren Gefühlen und den Intuitionen tief in unserem Inneren. Um dieses Ungleichgewicht zu heilen, muß unser Bewußtes Selbst lernen, neuen Kontakt zum Basis-Selbst zu finden. Dann fühlen wir uns wieder viel vitaler und gesünder und haben mehr Freude am Leben. Der friedvolle Krieger weiß Logik und Verstand und die anderen Funktionen des Bewußten Selbst durchaus zu schätzen, aber er erkennt auch ihre Grenzen. Sobald wir beginnen, das Bewußte Selbst aus der richtigen Perspektive zu sehen, wird uns klar, daß unser Leben reibungsloser abläuft, wenn Basis-Selbst und Bewußtes Selbst unter der liebevollen Herrschaft des Höheren Selbst zusammenarbeiten.

Das Höhere Selbst

Das *Höhere Selbst,* ein leuchtender Aspekt unseres Bewußtseins – manchmal auch als unser «Schutzengel» bezeichnet –, ist das Dritte im Bunde der drei Selbste. Es manifestiert Eigenschaften wie selbstlosen Mut, Liebe, Mitgefühl, Weisheit, Altruismus und Freude. Es führt uns zu unserer Seele hin und erinnert das Bewußte Selbst an unsere spirituellen Möglichkeiten, die über die Welt der Materie hinausgehen, und daran, daß unser bewußter Verstand seine Grenzen hat.

Das Höhere Selbst bringt dem Bewußten Selbst und dem Basis-Selbst zwar viel Anteilnahme und Einfühlungsvermögen entgegen, aber es existiert in einem Zustand liebevoller Distanz. Es leitet die beiden sanft, ohne sich einzumischen. Es läßt das Bewußte Selbst seine eigenen Entscheidungen treffen und die Lektionen lernen, die es zu lernen hat.

Durch die Beherrschung der Kräfte unseres Basis-Selbst und unseres Bewußten Selbst können wir auf dieser Welt viel Erfolg haben, doch nur die Verbindung zu unserem Höheren Selbst kann die Dimensionen der Freude und Liebe und die Erfahrung der höheren Möglichkeiten unseres Lebens hinzufügen.

Wie wir unsere drei Selbste erfahren können

1. Erfahre dein Basis-Selbst, indem du dich auf deinen Körper einstimmst. Versuche dich zu erinnern, wann du das letzte Mal ein Gefühl, eine Vorahnung oder eine Intuition hattest. Achte darauf, wie dein Körper auf deine Gedanken und Empfindungen reagiert und was für Signale er dir gibt, um dich zu leiten.

2. Erfahre dein Bewußtes Selbst, indem du auf die Gedanken und Urteile achtest, die dir jetzt in diesem Augenblick durch den Kopf gehen. Beobachte dich dabei, wie du Informationen sammelst, logische Schlüsse ziehst oder etwas lernst.

3. Erfahre dein Höheres Selbst, indem du dich auf dein Herz und die Dimension deiner höheren Empfindungen einstimmst. Erinnere dich an jene besonderen Augenblicke in deinem Leben, als du dich inspiriert oder erhoben fühltest – als dein Geist aufhörte zu denken, dein Körper sich entspannte und dein Herz sich der Umarmung deines Höheren Selbst öffnete.

Aspekte des Pfades

Die Weisheiten und erhabenen Praktiken, die zum Pfad des friedvollen Kriegers gehören, existieren schon seit vielen, vielen Jahrhunderten. Heute versuchen wir diese alte, allgemeingültige Weisheit in Formen umzusetzen, die dem Leben des modernen Menschen angemessen sind. Es gibt Tausende verschiedener Wege, Methoden, Systeme, Schulen, Sekten und Seminare, die alle wieder ein bißchen anders vorgehen. Die einen arbeiten hauptsächlich mit dem Basis-Selbst, bei anderen liegt das Schwergewicht auf dem Bewußten Selbst oder dem Höheren

Selbst. Manche Methoden konzentrieren sich in erster Linie auf den Körper, andere auf das Denken oder die Emotionen. Der Pfad des friedvollen Kriegers besteht darin, all diese verschiedenen Aspekte zu integrieren.

Körper, Geist und Emotionen

Ein Samurai, der im Kampf um Leben oder Tod ein rasiermesserscharfes Schwert auf sich gerichtet sah, wußte, wie wichtig körperliche Gewandtheit ist. Aber er wußte auch, daß diese Gewandtheit nicht ausreichte, wenn sein Geist nicht konzentriert und seine Gefühle nicht im Gleichgewicht waren. Bei diesen Kriegern ging es nicht um Sieg oder Niederlage, sondern um Leben und Tod. Sie konnten es sich nicht leisten, ihre Schwächen zu ignorieren oder so zu tun, als existierten sie nicht. Sie wußten, daß unser Leben wie eine Kette immer am schwächsten Glied reißt. Ihr Leben hing davon ab, daß sie ihren Körper, ihren Geist und ihre Emotionen gleichermaßen trainierten. Wenn unser Leben von Bedeutung sein soll, müssen auch wir uns bemühen, das schwächste Glied unserer Kette zu stärken.

Das schwächste Glied in der Kette

1. Alle Schwierigkeiten, mit denen wir bisher im Leben konfrontiert waren, hängen mit irgendeiner Schwäche unseres Körpers, unseres Geistes oder unserer Emotionen zusammen. Rufe dir einmal eines oder mehrere Probleme ins Gedächtnis, mit denen du in deinem Leben schon zu kämpfen hattest.
2. Überlege, ob diese Schwierigkeiten mehr mit dem Körper, dem Denken oder den Emotionen zu tun hatten. Bemerkst du ein stets wiederkehrendes Muster?

Sich des schwächsten Glieds in unserer Kette bewußt zu sein ist schon der erste Schritt zu seiner Stärkung.

Ein ausgeglichenes Leben

Um einen Zustand der Harmonie und Inspiration zu erlangen,

müssen wir Körper, Geist und Emotionen und auch unsere drei Selbste integrieren – das heißt, wir müssen Himmel und Erde miteinander verbinden: den Kopf in den Wolken und mit beiden Füßen fest auf der Erde.

> *Der Himmel ist nicht nur über unserem Kopf,*
> *sondern auch unter unseren Füßen.*
> Henry David Thoreau

Oder wie Ram Dass es einmal ausgedrückt hat: «Wir können ruhig in einem Zustand kosmischer Glückseligkeit versinken – aber wir dürfen dabei unsere Postleitzahl nicht vergessen.»

Mut und Liebe

Mut und Liebe gehören zu den wichtigsten Eigenschaften auf dem Weg des Kriegers. Es braucht Mut, um offen und verletzlich zu bleiben. Mut bedeutet, Angst zu empfinden und trotzdem alles Notwendige zu tun – oder gar nichts zu tun. Liebe bedeutet, die Dinge so zu akzeptieren, wie sie sind, und sich dabei gleichzeitig um positive Veränderungen zu bemühen. Manche von uns sind auf dem Weg des Mutes weit gekommen; andere haben im Reich der Liebe gewirkt und die Herzen weit geöffnet. Der Pfad des friedvollen Kriegers umfaßt jedoch beides.

Handeln zur rechten Zeit

Bei vielen von uns spielt sich das Leben nur im Kopf ab. Was wir wahrnehmen, durchläuft zuerst einmal den Filter unserer Ideen und Vorstellungen. Wir glauben zwar, Begriffe wie Leben im Jetzt, Selbstvertrauen und Engagement zu verstehen, doch wahres Verständnis erlangt man nur durch Handeln. Nur dadurch läßt sich Wissen in Weisheit verwandeln. Spontanes Handeln aus dem Grunde unseres Herzens heraus ist das Fundament des friedvollen Kriegers.

> *Am Tage des Jüngsten Gerichts wird man uns nicht fragen, was*
> *wir gelesen, sondern was wir getan haben.*
> Thomas a Kempis

Manchmal besteht die erhabenste Handlung sogar im Nichts-
tun. Die Rhythmen der Natur zeigen uns «für jedes Ziel unter
dem Himmel den rechten Zeitpunkt». Der Krieger weiß auch
Zeiten der Stille und Kontemplation zu schätzen, in denen die
höchste Weisheit darin besteht, den natürlichen Lauf des Lebens
zu akzeptieren.

Licht und Schatten

In den alten Überlieferungen aller Kulturen mußte ein Krieger
nicht nur den helleren, sondern auch den dunkleren Elementen
der Welt und der menschlichen Psyche gegenübertreten – er
mußte sich auch seinen verleugneten Seiten stellen und sie annehmen. Er konnte sich nicht den Luxus tröstlicher Illusionen
leisten, sondern mußte sich stets mit den Realitäten von Leben
und Tod auseinandersetzen und akzeptieren, daß die dunklen
Mächte der Angst, der Unsicherheit und des Selbstzweifels so
etwas wie Trainingspartner sind, durch die wir stärker werden.
Schatten kann es nur da geben, wo auch Licht ist; das Licht ist
stets der unumschränkte Herrscher. In diesem Wissen geborgen, bleiben wir für alle Möglichkeiten offen und respektieren
gleichzeitig die Naturgesetze, denen die materielle Ebene der
Realität unterworfen ist.

Das Schlachtfeld

Kampfsport kann als Gleichnis für das Leben dienen; doch der
Pfad des friedvollen Kriegers hat wenig mit dem Kampf gegen
äußere Gegner zu tun. Unsere größten Kämpfe toben tief in unserem Inneren, und zwar dann, wenn wir unseren Ängsten, unserer Unsicherheit und unseren Selbstzweifeln ins Auge sehen
müssen. Diese inneren Feinde stellen eine viel größere Bedrohung für unser Leben und unser Wohlbefinden dar als die äußeren Schwierigkeiten des täglichen Lebens.

> *Sei gütig zu allen Menschen, denn jeder, dem du begegnest,
> kämpft einen schweren Kampf.*
>
> Plato

Wie oft haben wir schon das Sprichwort gehört: «Der schwerste

Sieg ist der Sieg über sich selbst», ohne zu begreifen, daß dieser Grundsatz auch für uns selbst gilt? Wie oft sind wir zum Beispiel schon auf einen anderen Menschen wütend geworden, statt die Energie dieses Zorns zu nutzen, um uns unseren eigenen inneren Feinden entgegenzustellen – der Angst, der Unsicherheit und den Selbstzweifeln? Alle wirklich wichtigen Kämpfe finden in unserem Inneren statt.

> *Wir haben den Feind gesehen, und er ist [in] uns.*
>
> Pogo

Der Augenblick der Wahrheit

An einem ganz normalen Abend vor ein paar Jahren – es war gerade dunkel geworden – wollte Michael gerade rückwärts in eine Parklücke in der Innenstadt hineinfahren. Da hupte hinter ihm der Fahrer eines geparkten Wagens. Michael hielt an und drehte sich um, um zu sehen, was los war. Aber es schien ihm alles in Ordnung zu sein. Es war erlaubt, hier zu parken. Also ging er davon aus, daß der Mann ihn nicht gemeint haben konnte, und parkte weiter ein.

Wieder hupte und blinkte das Auto hinter ihm. «Was soll denn das?» fragte Michael sich. Verwirrt und auch ein bißchen gereizt trat er auf die Bremse, stieg aus und ging zu dem Auto hinüber. «Entschuldigen Sie», fragte er den Fahrer, «stimmt irgend etwas nicht?»

Er erstarrte vor Schreck, als er den Lauf eines Zwölfkalibergewehrs auf sich gerichtet sah. Einen Augenblick lang dachte er, der Mann werde ihn erschießen – vielleicht war das sein letzter Atemzug, die letzte Sekunde, die er noch zu leben hatte. Es erübrigt sich wohl, zu sagen, daß das nun plötzlich gar kein «ganz normaler Abend» mehr war.

Nach einem Moment, der Michael wie eine Ewigkeit vorkam, sagte der Mann barsch. «Verschwinden Sie hier mit Ihrem Auto.»

Eine unendliche Erleichterung, ja geradezu Hochstimmung überkam Michael. Wahrscheinlich würde er den heutigen Tag also doch noch überleben. «Ja, natürlich», sagte er nur und machte, daß er davonkam. Im Wegfahren sah er noch, wie ein anderer Mann mit einem Schießeisen in der Hand und einem Sack in der anderen rückwärts aus einem Spirituosengeschäft kam. Offenbar hatte Michael das Auto blockiert, mit dem die Gangster flüchten wollten.

Dieses Erlebnis hat Michael sehr beeindruckt, nicht nur, weil es ihm so einen Schrecken eingejagt hatte. In den nächsten Stunden und Tagen durchlebte er diesen Augenblick in Gedanken immer wieder – wie er in den Gewehrlauf starrte und sich fragte, ob der Mann ihn wohl in den nächsten Sekunden vom Gewicht seines Kopfes befreien würde.

Und er überlegte sich: «Was wäre, wenn ich jetzt plötzlich stürbe – habe ich das Gefühl, daß mein Leben erfüllt ist? Habe ich alles verwirklicht, was ich mir vorgenommen hatte? Was habe ich auf morgen verschoben? Gibt es noch irgend jemanden, dem ich verzeihen oder den ich um Verzeihung bitten muß? Gibt es in meinem Leben noch Dinge, die ich nicht zu Ende geführt habe?»

Als Michael mir von diesem Erlebnis erzählte und wie es sein Leben verändert hat, vertiefte sich meine Einsicht, daß es keine alltäglichen Momente gibt. Da mußte tatsächlich erst ein Mann mit einem Gewehr kommen, damit wir das beide begriffen: daß jeder Augenblick kostbar ist, daß jede Sekunde *zählt* und wir sie nicht vergeuden dürfen, daß *dieser Moment* der Augenblick der Wahrheit ist.

2
In der Arena des Alltags

*Ein Schüler, von dem nie etwas verlangt wird,
was er nicht kann, wird auch nie alles leisten,
wozu er fähig ist.*

John Stuart Mill

Höhen und Tiefen

Am Schluß meines Buches *Der Pfad des friedvollen Kriegers* beschrieb ich eine wichtige Erkenntnis. Ich konnte keine anderen Worte dafür finden als folgende:

> *Die Suche ist unnötig, das Streben führt zu nichts. Alles ist gleich, darum sei glücklich – und zwar jetzt. Hör auf zu kämpfen, laß ab von deinem Grübeln, wirf die Sorgen von dir und fühle dich wohl auf dieser Welt. Du brauchst dich nicht aufzulehnen gegen das Leben. Mach die Augen auf und erkenne, daß du viel mehr bist, als du glaubtest. Du bist schon erlöst!*

Hehre Worte, einem ekstatischen Augenblick der Erleuchtung entsprungen. Ein paar Jahre später kamen sie mir vor wie Worte eines Fremden. Ich konnte mich zwar noch an sie erinnern, aber ich konnte sie nicht mehr *nachempfinden*. Solche hochfliegenden Gedanken helfen uns nicht weiter, wenn wir Schmerzen oder Probleme mit unserem Partner haben oder wenn wir uns den Kopf darüber zerbrechen müssen, wie wir diesen Monat unsere Rechnungen bezahlen sollen.

An jenem Tiefpunkt meines Lebens wurden mir unzählige Türen vor der Nase zugeschlagen, und es schien sich nichts Neues aufzutun. Trotz all meiner Erkenntnisse fühlte ich mich verloren und war völlig frustriert. Ich tat, was ich konnte, um meine Familie zu ernähren. Ich hatte zwei verschiedene Stellen, fing morgens um halb fünf schon mit der Arbeit an und war abends um sechs fertig. Ich arbeitete als Schreibkraft – das war die einzige verwertbare Fähigkeit, die ich damals besaß. Ich war verschuldet bis über beide Ohren und blickte nie über den jetzigen Augenblick hinaus. Ich tat einfach, was gerade getan werden mußte, blieb für alle Möglichkeiten offen und lebte von einem Tag zum nächsten.

Ein Ausspruch von Socrates half mir, diese düstere Zeit zu überstehen. Er hatte mich damals daran erinnert, daß das Leben in Zyklen verläuft – auf einen Aufstieg folgt immer wieder ein Abstieg, und was ganz unten gelandet ist, kann auch wieder aufsteigen. Unsere Fortschritte gehen oft sehr langsam vonstatten. Wir erinnern uns an etwas, dann vergessen wir es wieder, dann fällt es uns irgendwann wieder ein. Wir machen zwei Schritte vorwärts und einen zurück. Ganz gleich, was für Erleuchtungen wir haben, wir müssen trotzdem nach wie vor den Realitäten des täglichen Lebens ins Auge sehen.

Ein junger Mann hatte fünf Jahre lang mühsam nach der Wahrheit gesucht. Eines Tages, als er die Ausläufer eines großen Gebirges bestieg, sah er von oben einen alten Mann herunterkommen, der einen schweren Sack auf dem Rücken trug. Er spürte, daß dieser alte Mann auf dem Gipfel gewesen war. Endlich hatte er einen Weisen gefunden – einen, der ihm die Frage beantworten konnte, die sein Herz am meisten bewegte.

«Bitte, o Herr», sprach er ihn an, «sag mir, was Erleuchtung bedeutet.»

Lächelnd blieb der Alte stehen. Er blickte den jungen Mann unverwandt an, ließ langsam die schwere Last von seinen Schultern gleiten, legte den Sack auf den Boden und richtete sich auf.

«Aha, ich verstehe», erwiderte der junge Mann. «Aber was kommt nach der Erleuchtung?»

Da holte der alte Mann tief Luft, lud sich den schweren Sack wieder auf den Rücken und ging weiter.

Socrates hat einmal zu mir gesagt: «Ein Blitz der Erleuchtung gibt dir einen Vorgeschmack künftiger Attraktionen. Doch wenn er wieder erlischt, wirst du nur um so deutlicher spüren, welcher Abgrund dich noch von diesem Zustand trennt – deine zwanghaften Gewohnheiten, deine verstaubten Ansichten, deine falschen Assoziationen und andere Strukturen deines Denkens.» Gerade dann, wenn unser Leben beginnt, sich zum Besseren zu wenden, haben wir oft das Gefühl, daß alles schlimmer wird – denn jetzt sehen wir zum erstenmal klar und deutlich, was alles noch getan werden muß.

«Auch nach der Erleuchtung», fuhr Socrates fort, «werden immer wieder Schwierigkeiten auf dich zukommen, nur deine Einstellung zu diesen Problemen ändert sich. Du siehst mehr und leistest weniger Widerstand. Du entwickelst die Gabe, deine Probleme in Lektionen zu verwandeln, die es zu lernen gilt, und deine Lektionen in Weisheit.»

Ein einfaches Leben

Mahatma Gandhi, politischer Aktivist und Verfechter des gewaltlosen Widerstandes, riet uns allen, «ein einfaches Leben zu führen, damit andere Menschen wenigstens das Einfachste zum Leben haben». Gandhi hat sich tatsächlich an dieses hohe Ideal gehalten. Er trug einen Lendenschurz oder ein anderes einfaches Gewand, spann seine Baumwolle selbst, nahm nur das, was er brauchte, und gab her, was er konnte. Aber Gandhi bekam Unterstützung von anderen Leuten. Ein indischer Industrieller, der für Gandhis Sache Millionen spendete, sagte einmal: «Gandhis einfaches Leben hat mich ein Vermögen gekostet.»

Einfachheit bedeutet für jeden Menschen etwas anderes – je nach seinem Alter, seinen Lebensumständen und seinen Zielen. Nur wenigen ist es bestimmt, Gandhis hohe Ideale zu verkörpern, ein extrem einfaches, entsagungsvolles Leben zu führen oder wie ein wandernder Asket einsam in einer Höhle oder im Wald zu hausen. Wir werden uns wahrscheinlich eher mit den Alltagsrealitäten unserer modernen Gesellschaft auseinandersetzen müssen. Wir werden eine Ausbildung absolvieren, einen Beruf ergreifen, einen Freund oder eine Freundin haben, vielleicht eines Tages auch eine Familie gründen und uns all den Aufgaben und Herausforderungen stellen, die damit zusammenhängen. Trotzdem können wir alle innerlich ein einfaches Leben führen, uns inmitten der Hektik und Geschäftigkeit des Alltags einen ruhigen Geist bewahren.

Im Kreuzfeuer des Alltagslebens

Jemand beklagte sich einmal bei mir: «Ich würde ja gern wie ein friedvoller Krieger leben und mich intensiver meinen spirituellen Übungen widmen. Aber ich habe nun mal einen Beruf und eine Familie und einfach keine Zeit!»

Dieser Mann hatte noch nicht begriffen, daß seine Familie und sein Beruf – die Beziehung zu seiner Frau, die Verantwortung für seine Kinder und die Zwänge des Berufslebens – seine spirituelle Übung *waren*. Solch eine Übung fordert uns oft stärker und trägt mehr zu unserer Entwicklung bei, als wenn wir einfach in einer Höhle säßen und meditierten. Ich spreche aus Erfahrung, weil ich beides kenne.

Natürlich muß auch die innere Arbeit zu ihrem Recht kommen. Man braucht die Möglichkeit, sich zurückzuziehen und von allem wegkommen zu können. Aber für den friedvollen Krieger *ist das tägliche Leben die Arena, in der er seine Ausbildung erhält*. Die Anforderungen dieses Lebens bringen unsere Schwächen ans Tageslicht, verwandeln sie in Stärken und entwickeln unseren Körper, unser Denken und unsere Emotionen weiter.

Als unsere gemeinsame Zeit sich dem Ende zuneigte, erinnerte Socrates mich: «Ich habe dir den *Pfad des friedvollen Kriegers* gezeigt – nicht den Pfad, der *zum* friedvollen Kriegertum führt. Die Reise selbst macht den Krieger aus dir. Das tägliche Leben ist deine Reise und deine Ausbildung. Sobald dir das klar wird, gewinnt jeder Augenblick einen tieferen Sinn.»

Der Alltag bietet uns gerade deshalb so viele Möglichkeiten zu innerem Wachstum, weil er so viele Anforderungen an uns stellt. Die Probleme, die uns auf die Probe stellen und innerlich wachsen lassen, sehen wir alle: Arbeit oder Beruf, Finanzen, Partnerbeziehungen, Ausbildung, Wohnung, Gesundheit, Ernährung und Sport – und natürlich auch die Suche nach dem Sinn unseres Lebens und der Richtung, die wir einschlagen wollen.

Partnerbeziehungen

Wenn das Leben ein Tanz ist, dann brauchen wir einen Tanzpartner. Eine enge, intensive Beziehung zu einem anderen Menschen hat einen stabilisierenden Einfluß auf unser Leben. Wir gewinnen dadurch Zeit, unsere Aufmerksamkeit anderen Dingen zu widmen. Da wir einen Sexualtrieb haben und die Sexualität im Leben der meisten Menschen eine wichtige Rolle spielt, ist eine stabile Partnerbeziehung begrüßenswert. Sonst resignieren wir entweder und finden uns damit ab, daß uns nur die Selbstbefriedigung bleibt, oder wir suchen unser ganzes Leben lang nach einem Partner.

Die meisten Paare fühlen sich zunächst einmal aufgrund ihrer sexuellen Bedürfnisse zueinander hingezogen – gleichgültig, was sie sonst noch aneinander fasziniert. Fast immer hat der eine Partner ein größeres Bedürfnis nach sexueller Befriedigung als der andere, so daß in den meisten Beziehungen eine dynamische Spannung herrscht.

Außerdem geht es im brodelnden Hexenkessel der Partnerbeziehungen auch noch um Probleme wie Nähe und Zuneigung, Gemeinsamkeit und persönlichen Freiraum, gegenseitige Unterstützung und Loyalität, ehrliches Feedback und offene Gespräche.

Eine Partnerbeziehung stellt viele Anforderungen an uns: Sie verlangt innere Offenheit, die Bereitschaft, dem Partner nahe zu sein, Dinge mit ihm zu teilen und Opfer zu bringen, Anpassungsfähigkeit, Gefühl, Leidenschaft, Ehrlichkeit und Verletzlichkeit. Diese Anforderungen können den Egoismus des Bewußten Selbst, das dazu neigt, seinen Bedürfnissen absolute Priorität einzuräumen, bedrohen oder gar gefährden. Mit anderen Worten, eine Partnerbeziehung ist ein Affront für das Ich. Es ist ganz normal, daß Paare nach den Flitterwochen nicht mehr so gut miteinander auskommen. Feste Beziehungen, beispielsweise Ehen, gehören zu den anspruchsvollsten spirituellen Disziplinen auf unserem Planeten, denn wir neigen dazu, vor Liebe und Nähe zurückzuscheuen. Eine feste Beziehung ist ein Ansporn für uns, über diese Tendenzen hinauszuwachsen.

Manche Paare schließen unbewußt Verträge miteinander, um sich gegenseitig tolerieren zu können. Solange die Bedürfnisse beider Seiten befriedigt werden, bleiben sie zusammen; doch sobald die Verpflichtungen schwerer wiegen als die Vorteile, lassen sie sich scheiden oder distanzieren sich zumindest emotional voneinander. Andere Paare, die bewußter sind, bringen auch noch psychologische Erkenntnisse in die Partnerschaft ein. Sie treffen Vereinbarungen, respektieren den Freiraum des anderen und gestalten ihr Zusammenleben so, daß beide einander unterstützen und voneinander profitieren.

In dieser Hinsicht bin ich stolz auf meine Eltern, die trotz all ihrer Probleme und Schwächen neunundfünfzig Jahre lang zusammengelebt und sich geliebt haben. Sie haben sich sogar ihren Humor bewahrt – vielleicht ist das die beste Erklärung für die Dauerhaftigkeit ihrer Beziehung. Eine solche enge, langfristige Bindung ist eine ganz besondere spirituelle Leistung. Paare, die das geschafft haben, sind in mancherlei Hinsicht mehr gereift als viele meiner intellektuellen jungen Freunde, die alles über «Bewußtseinsebenen» wissen.

Auch Kinder stellen trotz aller Freude, die sie uns machen, viele emotionale und finanzielle Anforderungen an uns. Sie fordern Opfer und sind damit eine spirituelle Trainingsform des Lebens, die uns ganz besonders wachsen läßt. Ich habe einmal ein Poster gesehen, auf dem stand: «Nicht reife Erwachsene machen Kinder, sondern Kinder machen erst Erwachsene reif.»

Wer selbst keine Kinder haben möchte, kann vom Umgang mit Neffen, Nichten oder anderen Kindern profitieren. Dadurch finden wir wieder Kontakt zur Einfachheit, Verspieltheit und Kreativität unseres Basis-Selbst. Auch die Sorge für einen Hund oder irgendein anderes Haustier, das Aufmerksamkeit und Zuneigung braucht, bietet uns die Möglichkeit zu liebevollem Kontakt mit einem Lebewesen, das viele Eigenschaften unseres Basis-Selbst verkörpert.

Obwohl sie vielleicht selbst schon Eltern sind, haben viele Menschen noch Probleme mit ihren eigenen Eltern. Manchmal kehren wir diese Konflikte unter den Teppich, weil wir fürchten, unsere Eltern «aufzuregen» oder zu «kränken», wenn wir sie offen ansprechen. Gerade deshalb ist unsere Beziehung zu unseren Eltern eine ausgezeichnete Chance, Mut und Liebe zu beweisen und innerlich zu wachsen.

Wer weder heiraten noch Kinder haben möchte, braucht sich keine Sorgen zu machen, denn Ehe und Elternschaft sind nur zwei der unzähligen Möglichkeiten, sich weiterzuentwickeln. Es gibt für jeden Menschen einen Weg.

Der Beruf als Aufgabe

Die meisten von uns streben nach einem sinnvollen Beruf. Wir brauchen einen Zeitvertreib und das Gefühl, ein nützliches Mitglied der Gesellschaft zu sein. Das Beziehungsgeflecht in einer Firma ist so etwas wie ein Mikrokosmos des Lebens. Die zwischenmenschlichen Kontakte am Arbeitsplatz bieten uns reichlich Gelegenheit, Dinge auszutragen, mit Kollegen, mit Vorgesetzten oder mit dem «Betriebsekel» (ob das nun der Chef ist oder nicht).

Unsere Arbeit konfrontiert uns ständig mit der Frage: Wer bist du? Was für Wertvorstellungen hast du? Wie setzt du deine Prioritäten? Wo liegen deine besonderen Fähigkeiten und Verdienste? Wie kommst du mit anderen aus? In seinen Anforderungen bietet das Berufsleben uns genauso viele Möglichkeiten zum Wachstum wie die Ehe.

Das Leben auf dieser Welt kostet nun einmal Geld. Wenn wir finanziell nicht völlig unabhängig sind, gehört zum rechten Lebensunterhalt, daß wir der Welt mit unserer Arbeit einen Dienst leisten, indem wir unsere Werte und Fähigkeiten einbringen. Wieviel Geld wir damit verdienen, hängt von unseren vermarktbaren Fähigkeiten, dem gewählten Beruf und unserer Selbsteinschätzung ab – dem eigenen Gefühl, was wir wert sind. Unsere Arbeit und unsere finanziellen Angelegenheiten spiegeln wider, wie wir im Augenblick «funktionieren», und enthalten daher viele Möglichkeiten zu innerem Wachstum.

Der Körper als Spiegel

Unser Gesundheitszustand und unsere körperliche Verfassung spiegeln unseren momentanen Grad an Disziplin und emotionaler Klarheit wider und reflektieren, wie unsere Psyche funktioniert. Wir können uns nicht so leicht selbst betrügen, wenn wir in den Spiegel schauen. Wenn wir durch unser Make-up und den modischen Schnitt unserer Kleidung hindurch uns unsere Energie und Vitalität anschauen, erhalten wir ein wertvolles Feedback über unsere Lebensweise, unseren Grad an Bewußtsein und Disziplin, ja sogar unserer Selbstachtung. Unsere Gesundheit, unsere körperliche Erscheinung und unsere Fitneß, die wir durch richtige Ernährung, Bewegung und ein ausgeglichenes Leben erlangen, fordern von uns ständige Selbstbeobachtung und zwingen uns, immer wieder Bilanz zu ziehen – auch das ist ein wichtiger Teil des Trainings.

Probleme und Lektionen des täglichen Lebens

1. Welche Lebensbereiche (Beruf, Geld, Partnerbeziehungen, Ausbildung, Gesundheit – zum Beispiel Abhängigkeiten, Ernährung, Sport usw.) waren bisher die größte Herausforderung für dich?
2. Beschreibe in einem oder zwei Sätzen, was du aus dieser Herausforderung im wesentlichen gelernt oder welche Eigenschaften du dir dadurch erworben hast.

Scheidewege

Das tägliche Leben konfrontiert uns immer wieder mit neuen Entscheidungen. Sollen wir aufstehen oder im Bett bleiben? Heiraten oder unseren Weg allein gehen? Erst einmal studieren oder gleich einen Beruf ergreifen? Ziele wählen, die in greifbarer Nähe oder in weiter Ferne liegen? Jede Entscheidung, die wir treffen, bringt ihre Vor- und Nachteile mit sich. Die Fragen des täglichen Lebens zwingen uns dazu, uns über unsere tief inneren Wertmaßstäbe klarzuwerden, sie gegeneinander abzuwägen und dann eine Entscheidung zu treffen. Jede Entscheidung hat Konsequenzen, aus denen wir etwas lernen können. Deshalb ist jeder von uns, der in der Arena des Alltags lebt und arbeitet, automatisch in einer Vollzeitausbildung auf dem Pfad des friedvollen Kriegers.

3
Wenn es hart auf hart kommt

Das Leben kann hart und gefährlich sein.
Wer Glück sucht, findet oft nur Kummer und Sorgen,
wer Frieden sucht, erlebt oft nichts anderes als Zwietracht,
wer Liebe sucht, wird häufig enttäuscht.
Die Freude kommt nur zu denen, die die Einsamkeit nicht fürchten.
Das Leben kommt nur zu denen, die keine Angst vor dem Sterben haben.

Nach Joyce Cary

Das tägliche Leben als harte Schule

Wir lernen sehr viel hier auf der Erde, denn das tägliche Leben ist eine harte Schule. Vom ersten Schock der Geburt an erleben wir nicht nur Vergnügen, sondern auch Schmerz. Oft machen wir zusätzlich zu den üblichen Herausforderungen und Schwierigkeiten des Lebens eine so schwere Zeit durch, daß wir den taoistischen Weisen verstehen können, der einmal gesagt hat: «Warum feiern die Menschen die Geburt und trauern über den Tod? Sie könnten es ebensogut umgekehrt machen.»

Wir sind wie Schiffe auf dem Meer, die zu verschiedenen Häfen fahren. Manchmal segeln wir ruhig und zielstrebig dahin und lassen uns von den Sternen und unserem Kompaß leiten. Dann wieder haben wir das Gefühl, uns verirrt zu haben und ein Spielball der Wellen zu sein. Wenn es auf dem Meer unseres Lebens windstill ist, verfallen wir in eine angenehme Routine – wir schalten auf Automatik um –, aber sobald ein Sturm aufkommt, müssen wir alle Kräfte in unserem Inneren mobilisieren.

Es kommt im Leben nicht immer darauf an, gute Karten zu haben. Manchmal muß man auch aus einem schlechten Blatt etwas machen können.

Robert Louis Stevenson

Wir können den Stürmen unseres Lebens nicht immer ausweichen, aber wir können unsere Reaktionen richtig steuern: Wir können die Segel reffen, die Luken schließen und das Beste aus unserer Lage machen. Je nach unserer Reaktion wird das Leben uns entweder emporheben oder zermalmen. Was uns nicht umbringt, macht uns stark. Wir müssen nur mit der richtigen Einstellung an die Sache herangehen.

Spirituelles Gewichtheben

Jeder, der schon einmal mit Gewichten trainiert hat, weiß: Wenn das Gewicht zu schwer ist, zieht man sich leicht einen Muskelriß zu. Ist es dagegen zu leicht, dann werden unsere Muskeln nicht genügend gekräftigt. Die Nöte und Entbehrungen unseres Lebens sind die Gewichte, die wir heben müssen, um unseren Mut zu stärken. Jedes Mißgeschick gibt uns die Chance, unsere wahren Fähigkeiten zu entdecken. Nur angesichts der Angst können wir Mut beweisen.

> *Mut ist wie ein Muskel. Er wird nur stärker, wenn man ihn regelmäßig gebraucht.*
>
> Ruth Gordon

Vor ein paar Jahren zogen Wissenschaftler im Rahmen einer Untersuchung des Immunsystems Küken in einer für sie optimalen, angenehmen und sterilen Umgebung auf: genau die richtige Temperatur und die richtige Nahrung, keine Schwierigkeiten, keine seelischen Erschütterungen, keine Bedrohungen, Gefahren oder sonstige Streßsituationen. Nach ein paar Generationen setzten die Wissenschaftler diese Hühner in einer normalen Umgebung aus. Sie gingen alle sehr schnell ein.

Wenn uns ein Mißgeschick begegnet, sollten wir nicht fragen: «Warum mußte das gerade mir passieren?», sondern die Ärmel hochkrempeln und daran denken, daß wir jetzt spirituelles Gewichtheben üben. Wenn das Leben in uns genau die Fähigkeit entwickelt, die es von uns verlangt, dann bringen schwere Zeiten uns dazu, viel Mut zu entwickeln.

Mitten im Winter
entdeckte ich in mir
einen unbesiegbaren Sommer.
Albert Camus

Ein Mißgeschick kann sich als Segen erweisen

Im Jahr 1966, im Sommer vor meinem letzten Jahr am College, fühlte ich mich körperlich in Höchstform. Ich hatte mir eben ein neues *Triumph*-Motorrad gekauft. Triumph – das schien auch genau die richtige Bezeichnung für diese Phase meines Lebens zu sein: Ich hatte gerade als Stuntman in einem Tony-Curtis-Film am Strand von Malibu mitgewirkt. In den nächsten Tagen würde ich nach Berkeley fahren und von dort aus nach Jugoslawien fliegen, wo ich zusammen mit den besten Turnern der Welt für die Weltmeisterschaft der Kunstturner trainieren sollte.

Zwei Tage vor meiner Abreise stieß ich auf meinem Motorrad mit einem Auto zusammen, das falsch abgebogen war, und mein rechter Oberschenkelknochen zersplitterte in ungefähr vierzig Stücke. Diese paar Sekunden haben mein ganzes Leben verändert – nicht nur äußerlich, sondern auch innerlich. Irgend etwas in mir hat sich damals gewandelt.

Manchmal, wenn die Grundfesten unseres Lebens erschüttert sind, wenden wir uns hilfesuchend an Gott – und stellen fest, daß Gott selbst sie erschüttert hat!

Anonymer Verfasser

Wenn ich mir damals nicht das Bein gebrochen hätte, dann hätte ich den alten Mann, den ich Socrates nannte, vielleicht nie so intensiv kennengelernt; und ich hätte möglicherweise auch nie über Leben und Tod nachgedacht, hätte nie Schmerz und Leiden begriffen und die Entschlossenheit, Kraft und Energie entdeckt, die in mir steckten. Hinterher hat sich gezeigt, daß dieser Beinbruch ein großer Segen für mein Leben war. So kann sich jedes Mißgeschick im nachhinein als ein großes Geschenk des Geistes erweisen. Das heißt natürlich nicht, daß ich Knochenbrüche als Weg zur Erleuchtung empfehle.

Im *Pfad des friedvollen Kriegers* steht die Geschichte von einem alten Bauern und seinem Sohn, dessen einziges Pferd fortlief. Die Nachbarn sagten: «Was für ein Unglück!» Aber dann kam das Pferd zurück und brachte fünf wilde Pferde mit. Auf den ersten Blick schien das ein großes Glück zu sein – doch dann versuchte der Sohn eines der wilden Pferde zu reiten, stürzte und brach sich das Bein. Pech, dachten die Leute – aber bald nach dem Unfall durchkämmten Generäle das Tal und nahmen alle gesunden Männer mit in einen grauenvollen Krieg. Der Sohn blieb natürlich verschont. So liegt in jedem Geschenk ein Mißgeschick verborgen, und in jedem Mißgeschick verbirgt sich ein Geschenk.

Einmal streckte ich die Hand nach der Toilettenpapierrolle aus und sah eine Ameise über das Papier kriechen, das ich abreißen wollte. Ich pustete die Ameise von dem Papier, und sie fiel auf den Boden. Vom Standpunkt der Ameise aus war das vielleicht ein großes Mißgeschick, denn sie wußte ja nicht, was ihr sonst passiert wäre.

Wie man aus seinem Unglück lernen kann

1. Erinnere dich an eine Situation in deinem Leben, die du als schmerzlich oder schwierig empfunden hast.
2. Stelle dir folgende Fragen:
   - Was war an dieser Situation für dich am schwierigsten?
   - Was hast du an Positivem daraus gelernt?
   - Worin siehst du die Hauptvorteile dieser an sich schmerzlichen Situation?
   - Wie kann dir dieses Wissen in Zukunft weiterhelfen?

Was uns die kleine Drossel lehrt

An einem kalten Herbsttag, als Tausende von Vögeln in Richtung Süden flogen, um dem Eis und dem Schnee des Winters zu entfliehen, beschloß eine kleine Drossel, nicht mitzufliegen. «Das ist doch nur Zeitverschwendung», überlegte sie sich. «Im nächsten Frühjahr muß ich den ganzen weiten Weg wieder zurückfliegen.» Doch bald brach eine besonders strenge Kälteperiode über das Land herein, und dem kleinen Vogel wurde klar, daß ihm nichts anderes übrigbleiben würde, als doch wegzufliegen. Er flatterte in den Himmel hinein; doch bald umhüllte ihn eisige Luft, seine kleinen Flügel erstarrten, und er stürzte zu Boden. Zum Glück landete sein fast schon lebloser Körper in einem großen Heuhaufen und rollte dann auf den harten Boden eines Viehgeheges.

Gerade als das fast schon erfrorene Herz der kleinen Drossel aufhören wollte zu schlagen, kam zufällig eine der Kühe vorbei und ließ direkt auf den kleinen Vogel einen dampfenden Kuhfladen fallen. Der warme Mist hüllte den Vogel ein und rettete ihm das Leben; sein kleines Herz begann wieder kräftig zu pochen, und seine gefrorenen Flügel tauten auf. Die Drossel freute sich, daß sie noch am Leben war, und begann ein schönes Lied vor sich hin zu zwitschern. Das Schicksal wollte es, daß dadurch die Katze des Bauern auf den Vogel aufmerksam wurde. Auf Samtpfoten schlich sie hinüber, untersuchte den Kuhfladen, entdeckte den kleinen Vogel und fraß ihn.

Aus dieser Geschichte können wir zweierlei lernen:

1. Nicht jeder, der uns mit Mist bewirft, muß deshalb gleich unser Feind sein.
2. Nicht jeder, der uns aus einer mißlichen Lage befreit, ist deshalb gleich unser Freund.

Schwierige Menschen und Situationen sind zwar nicht der einzige Weg zu einer inneren Wandlung, aber oft der zuverlässigste. Sie erzwingen unsere Aufmerksamkeit und zeigen uns, wo unsere Schwachpunkte liegen. In diesem Zusammenhang fällt mir eine Geschichte ein, die ein katholischer Freund mir einmal erzählt hat:

> *Die heilige Teresa von Ávila war temperamentvoll, schlagfertig und nie um eine Antwort verlegen. In einer stürmischen Nacht holperte sie in einem alten Pferdekarren, der von zwei altersschwachen Ochsen gezogen wurde, über eine matschige Straße in Spanien.*
>
> *Es blitzte und donnerte; da fingen die Ochsen in panischer Angst an zu rennen. Ein Rad des Wagens blieb in einem tiefen*

Loch stecken, und der Wagen schlingerte so heftig, daß Teresa hinunterstürzte und mit dem Gesicht im Dreck landete.

Teresa wußte, daß man Gott für alles dankbar sein muß; aber in diesem Fall war das nicht leicht. Da hörte sie die Stimme ihres geliebten Herrn Jesus: «Verzweifle nicht, Teresa, sondern wachse an diesem Unglück – so etwas vergönne ich nur meinen treuesten Freunden.» Teresa dachte einen Augenblick nach; dann hob sie ihr schlammverkrustetes Gesicht und antwortete: «Vielleicht hast du deshalb so wenige.»

Schmerz als Augenöffner

Jeder Mensch wird im Laufe seines täglichen Lebens mit physischen, geistigen und emotionalen Schmerzen konfrontiert. Der physische Schmerz ist am deutlichsten spürbar. Geistiger Schmerz zeigt sich in Form von Sorgen, Reue und Widersprüchen und Verwirrung. Emotionaler Schmerz äußert sich in den verschiedensten Formen der Angst, des Kummers oder des Zorns. In welcher Form der Schmerz auch auftritt – immer löst er einen Drang nach Veränderung aus und weckt uns Schlafende aus unseren Träumen auf.

> *Schmerz ist der Arzt, auf den wir am meisten hören. Der Güte und der Weisheit machen wir nur Versprechungen, dem Schmerz aber gehorchen wir.*
>
> Marcel Proust

Jeder Schmerz weist uns auf etwas hin, das unsere Aufmerksamkeit erfordert. Das mögen unsere physischen Angewohnheiten, unsere Ansichten oder auch Emotionen sein.

Ein Unglück kann ein Segen sein, denn es bietet uns zwei klare Alternativen: Entweder man tut nichts und findet sich mit den Konsequenzen ab, oder man sieht den Herausforderungen einer Veränderung ins Auge.

> *Ich bewundere Menschen, die auch in schweren Zeiten lächeln können, die aus ihrem Leiden Kraft schöpfen, darüber nachdenken und tapfer werden.*
>
> Thomas Paine

Wir können uns lange Zeit mit einem kleinen bißchen Schmerz abfinden. Aus Angst vor dem unbekannten Terrain einer Veränderung ertragen wir gewohnte Leiden oft jahrelang. Wir setzen eine Beziehung fort, in der es nicht mehr stimmt, vegetieren weiter bei einer abstumpfenden oder entmenschlichenden Arbeit vor uns hin oder ertragen irgendwelche anderen lebensverneinenden Situationen. Der Geist ist zwar geduldig und mitfühlend, doch das Leben ist ein strenger Lehrer. Ein ignorierter oder verborgener Schmerz wächst immer weiter, bis uns schließlich nur noch die Wahl bleibt, doch etwas an unserer Situation zu ändern oder aber verrückt zu werden.

Wenn wir an diesem kritischen Punkt, wo jeder Widerstand vergeblich ist, den Weg des Kriegers wählen, dann kämpfen wir uns durch den Schmerz hindurch wie durch eine dunkle Wolkenwand und kommen auf der anderen Seite an einem hellen, klaren Ort wieder heraus. Wir wagen uns aus unserem Versteck und bringen die Willenskraft auf, unser Leben in Ordnung zu bringen. Und vor allem, wir geben nie auf.

> *Heilige sind Sünder, die niemals aufhören, sich zu bemühen.*
> Robert Louis Stevenson

Folge den natürlichen Zyklen

Manche halten die schweren Zeiten in ihrem Leben für eine Strafe Gottes, für göttliche Gerechtigkeit. Ich bin der Meinung, daß Gott uns niemals bestraft, sondern uns nur Gelegenheit gibt, zu lernen und unser Gleichgewicht zu finden.

> *Die Weisen lernen aus dem Unglück;*
> *die Dummen stürzen sich nur immer wieder hinein.*
> Unbekannter Verfasser

Alles bewegt sich in Zyklen, genau wie die Jahreszeiten: Auf Zeiten des Überflusses, wo das Glück uns lacht, folgen Zeiten der Entbehrung, in denen selbst unsere größten Bemühungen kaum Früchte tragen. Die Weisen nutzen solche schweren Zeiten. Sie legen Samen in die Erde, warten den Sturm oder die

Trockenheit ab, errichten Fundamente und bereiten sich auf kommende Gelegenheiten vor.

Es ist besser, sich auf eine günstige Gelegenheit vorzubereiten, die vielleicht nie eintritt, als eine günstige Gelegenheit zu bekommen und dann unvorbereitet zu sein.

Les Brown

Boxtraining im Ring des Lebens

Jeden Morgen nach dem Aufstehen steigen wir in den Ring, in dem uns unser Gegner, die Herausforderungen des täglichen Lebens, erwartet – nicht nur äußerliche Herausforderungen wie unsere Aufgaben und der Umgang mit anderen Menschen, sondern auch die inneren Kämpfe mit unserer Angst, unserer Unsicherheit, unserer Eifersucht, unserem Neid und unseren Selbstzweifeln.

Das Leben tröstet die Bedrängten und bedrängt diejenigen, denen es zu gutgeht. Manchmal versetzt der Geist uns aus heiterem Himmel einen Kinnhaken, der uns bis ins Mark erschüttert; wir liegen knockout am Boden. Dieser Schock kann eine finanzielle Krise, ein Todesfall in der Familie, eine Scheidung, eine Krankheit oder eine Verletzung sein.

Solche Streßsituationen können uns erschüttern und verwirren, aber sie wecken uns auch aus unserem bequemen Dornröschenschlaf auf. Sie sind der Katalysator, mit dessen Hilfe unser Unterbewußtsein die nötige Energie und Konzentration erzeugt, damit wir unser Leben ändern. Solche Situationen können unseren Horizont erweitern und uns dazu bringen, daß wir uns fragen: Wofür lebe ich? Wer bin ich? Woher komme ich, und wohin gehe ich?

Wenn es hart auf hart kommt – wenn das Leben uns knockout schlägt –, haben wir zwei Möglichkeiten: liegenbleiben oder aufstehen. Nach einem schlimmen Sturz aufzustehen erfordert oft viel Mut und Durchhaltevermögen. Aber wenn wir dann schließlich wieder auf den Füßen stehen, können wir unserem Gegner in die Augen sehen, die Hände in die Hüften stemmen und sagen: «Na schön, du hast mich niedergeschlagen; aber ich bin wieder aufgestanden, und ich werde mich immer wieder aufrappeln.» Die Einstellung eines Kriegers gegenüber den Schicksalsschlägen des Lebens läßt sich am besten folgendermaßen zusammenfassen: «War *das* etwa schon dein härtester Schlag? Das kann doch wohl nicht sein. Na los, gib mir den härtesten Schlag.»

> *Man sollte nicht um eine leichtere Last beten,*
> *sondern um stärkere Schultern.*
>
> Augustinus

Schwere Zeiten bieten uns Möglichkeiten, die sich niemals ergeben würden, wenn in unserem Leben alles in schönster Ordnung wäre. Wer schon einmal mit Kindern zu tun hatte, die an Krebs oder irgendeiner anderen lebensbedrohenden Krankheit litten, der weiß, daß solche Tragödien einen mit atemberaubender Geschwindigkeit zum Geist emporheben können. Solche Kinder entwickeln in ihrem schwachen kleinen Körper oft den Geist eines Weisen.

Wenn wir uns öffnen, uns aus unserer Deckung hervorwagen und aufhören, ständig eine Verteidigungsposition einzunehmen, dann werden wir verletzlich und können wieder lernen. Wir verlieren unser Gesicht und sind bereit, wieder ganz von vorn anzufangen. Der menschliche Geist ist wie ein Fallschirm; er funktioniert am besten, wenn er offen ist. Wenn wir die Haltung des Anfängers einnehmen, bleiben wir für alle neuen Entdeckungen offen.

> *Ich freue mich schon darauf,*
> *auf all das zurückblicken zu können.*
>
> Sandra Knell

Was wir aus Todesfällen und Trennungen lernen können

Bei jedem großen Verlust machen wir die gleichen Stadien durch: Erst wollen wir es nicht wahrhaben, dann lehnen wir uns dagegen auf, dann sind wir deprimiert, und schließlich finden wir uns damit ab. Wir betrauern das Ende einer Beziehung auf ähnliche Weise, wie wir den Tod eines geliebten Menschen beklagen. In Zeiten des Kummers oder eines Verlustes müssen wir uns ganz besonders um unser Basis-Selbst kümmern. Unser Bewußtes Selbst, das sich auf seine Logik verläßt, klammert sich vielleicht an Rationalisierungen – es findet logische Erklärungen, warum diese Beziehung zu Ende gehen mußte, oder glaubt, den Tod eines geliebten Menschen längst «verarbeitet» zu haben. Wenn wir nach einem größeren Verlust behaupten, es gehe uns «wieder gut», dann sollten wir lieber einmal einen Blick unter die Oberfläche werfen.

Gleichgültig, wie «stark» oder vernünftig wir uns auf bewußter Ebene verhalten mögen, unser Basis-Selbst empfindet höchstwahrscheinlich Angst, ja sogar panischen Schrecken, Verwirrung, Unsicherheit, tiefen Schmerz und auch Zorn über die «Ungerechtigkeit» unseres Verlustes. Deshalb braucht es jetzt zärtliche, liebevolle Zuwendung und genügend Spielraum, um seinem Kummer nachzugeben, auch wenn wir uns einbilden, daß wir nicht totzukriegen sind. Jede tiefgreifende Veränderung – dazu gehören auch Geburt und Tod – kann das Basis-Selbst erschüttern und verwirren. Ob unser Bewußtes Selbst es nun für notwendig hält oder nicht, Mitgefühl mit uns selbst und angemessene Zeremonien können helfen, unser Basis-Selbst zu heilen und ihm wieder ein Gefühl der Sicherheit zu geben.

Wie man den Tod eines geliebten Menschen verkraftet

Vom metaphysischen Standpunkt aus sind Geburt und Tod nichts anderes als ein sichtbarer Anfang und ein sichtbares Ende innerhalb der Zyklen der Veränderung. Alle Dinge steigen auf und gehen nieder und steigen wieder auf, nur in verschiedenen Formen. Manche Menschen sterben in Würde, andere haben einen schweren Tod – aber niemals ist der Tod schwerer als die Geburt mit ihrem Schmerz und Blut, ihren Körperflüssigkeiten und ihrem Schock. Übergänge wie der Tod stellen tiefgreifende Veränderungen und eine große Herausforderung dar, sowohl für die Sterbenden als auch für die Freunde und Angehörigen, die zurückbleiben.

Gott hat uns ein Gedächtnis gegeben, damit wir uns auch im Dezember an Rosen erfreuen können.

James Barrie

Besondere Visualisierungen können unserem Basis-Selbst helfen, sich mit dem Tod eines geliebten Menschen abzufinden, vor allem, wenn es ein plötzlicher, unerwarteter Verlust war oder wenn dieser Mensch weit entfernt von uns gestorben ist.

Abschied von einem geliebten Menschen

1. Vergegenwärtige dir den Menschen, den du geliebt hast, in einer glücklichen Situation – als er lachte, besonders nett oder ruhig und gelassen war.
2. Laß die Freude dieses Augenblicks in dir nachhallen, und mache dir klar, daß niemand dir diese inneren Bilder wegnehmen kann, daß du sie jederzeit wieder in dir wachrufen und dich daran freuen kannst. Habe in Zukunft immer, wenn du dich an den Verstorbenen erinnerst, dieses glückliche Bild vor Augen, denn das ist etwas sehr Reales, was du immer noch von ihm besitzt. Zwar ist der Körper dieses Menschen nicht mehr da, aber die Energie und die Erinnerungen werden bei dir bleiben, solange du willst.
3. Und nun stelle dir vor deinem inneren Auge und in deinem Herzen vor, wie du diesem Menschen liebevoll Lebewohl sagst – auf welche Art und so lange, wie du möchtest. Stell dir vor, wie du dich gerne von ihm verabschiedet hättest, wenn du vorher gewußt hättest, daß er sterben würde.
4. Akzeptiere alle Gefühle, die dabei in dir aufsteigen – auch den Mut, von jetzt an allein dazustehen. Betrachte die guten, positiven Eigenschaften dieses Menschen als ein Geschenk an dich. Und sag ihm Lebewohl.

Wenn eine Beziehung zu Ende geht

Nicht alle Beziehungen halten so lange, «bis daß der Tod uns scheidet» – und das sollen sie auch gar nicht, allen guten Absichten, willkürlichen Belehrungen oder Erwartungen anderer

Leute zum Trotz. Menschen verbinden sich zu den verschiedensten Zwecken miteinander, und die Beziehungen enden wieder, sobald sich der Zweck erfüllt hat. Manchen Beziehungen ist es bestimmt, lange zu halten; anderen ist eine kürzere Dauer beschieden.

Eine feste Bindung schafft viele Voraussetzungen für spirituelles Wachstum, denn in einer solchen Beziehung ist man gezwungen, Kompromisse einzugehen, Opfer zu bringen, zu teilen, kooperativ zu sein und dem Partner Offenheit und Vertrauen entgegenzubringen. Trotzdem heißt das nicht unbedingt, daß wir eine Beziehung bis zum bitteren Ende durchstehen müssen, egal, was passiert.

Ob man nun verheiratet war oder nicht, wenn die Beziehung zu Ende geht, sollte man vor diesem Ende die gleiche Achtung haben wie vor jedem Tod oder Verlust. Vielleicht haben die Partner Ressentiments gegeneinander oder sind sich fremd geworden, oder sie bleiben gute Freunde. In jedem Fall verdient *die Beziehung selbst* Respekt. Man kann trotz allem den Zweck würdigen, den sie erfüllt hat, und den besten Nutzen aus ihr erhalten, indem man ausführlich Bilanz zieht – das heißt, sie als Chance sieht, etwas zu lernen und innerlich zu wachsen.

Tod und Scheidung sind sicherlich ebenso bedeutende Einschnitte in unserem Leben wie Geburt und Eheschließung, oft lernen wir sogar noch viel mehr daraus. Wir haben uns für unser Basis-Selbst schöne Hochzeitszeremonien ausgedacht. Eine Trennungszeremonie wäre aber auch sehr nützlich.

Eine solche Trennung sollte am besten im Beisein beider Partner und einer Gruppe enger Freunde ausgesprochen werden. Sind die beiden Partner einander dazu schon zu entfremdet, kann auch nur einer allein sich dieser Zeremonie unterziehen. Er verändert den Text dann einfach entsprechend und ersetzt das «Wir» durch ein «Ich».

———— ———— ———— ———— ———— ———— ———— ———— ———— ————

Eine Trennungszeremonie

Wir sind hier, um die Trennung zweier Seelen bekanntzugeben, die von nun an getrennte Wege gehen werden.

Obwohl es so aussieht, als ob wir uns aus negativen Gründen

voneinander trennen – mit (teils ausgesprochenen, teils unaus-
gesprochenen) Gefühlen des Schmerzes und des Zorns –, ist es
Zeit, zu akzeptieren, daß diese Veränderung dem höchsten
Wohl aller Beteiligten dient, ob wir sie nun bewußt herbeige-
sehnt haben oder nicht und welche Gründe wir jetzt im Augenblick sehen mögen, uns zu trennen oder zusammenzubleiben.
Und es liegt an uns, das Beste aus dieser Trennung zu machen:
etwas über uns selbst zu erfahren, zu wachsen und uns weiterzuentwickeln, damit die Zeit, die wir miteinander verbracht
haben, und der Augenblick der Trennung für uns beide Früchte
tragen.

Wir wollen uns nun eine glückliche Zeit ins Gedächtnis zurückrufen, die wir gemeinsam erlebt haben. Wir wollen uns
nicht daran klammern; es soll uns aber bewußt sein, daß diese
Erinnerungen uns bleiben – trotz der Schatten und Probleme,
die uns im Augenblick bedrücken. *(Erinnerungspause)*

Wir wollen anerkennen, was wir miteinander geteilt und gemeinsam geschaffen haben, und wir wollen auch würdigen, was
unser Partner uns gegeben hat – ob es nun wenig war oder viel –,
und uns darüber im klaren sein, daß jeder von uns beiden das
Beste getan hat, wozu er in seinem jetzigen Entwicklungssta-
dium fähig war. *(Pause für einen stummen Dank)*

Wir wollen auch die schmerzlichen Gefühle akzeptieren, die
in uns aufsteigen; wir wissen, daß sie vorübergehen werden.
Wir lassen uns die Möglichkeit offen, eines Tages, wenn unsere
Verletzungen geheilt sind, gute Freunde zu sein und einander die
Unterstützung anbieten zu können, die zwei Menschen sich
geben können, die sich verstehen.

Uns ist klar, daß jedes Ende Raum für etwas Neues schafft
und daß das Glück eines neuen Erlebnisses uns unseren Kummer irgendwann vergessen lassen wird.

Als zwei wertvolle, individuelle Seelen sagen wir einander
Lebewohl. Wir akzeptieren unsere jetzigen Gefühle, blicken
aber dennoch mit der Weisheit in die Zukunft, die wir aus unserer Erfahrung gewonnen haben.

Was auch immer unser Bewußtes Selbst für vernünftig hält, es gibt keine logischen Argumente, die uns über das Gefühl eines Verlustes hinwegtrösten können. Unser Basis-Selbst hat nun einmal die Eigenschaft, sich an Beziehungen und Menschen zu hängen. Hier, im Reich der Veränderungen, können wir nichts und niemanden für immer festhalten. Indem wir den Prozeß der Veränderung, Gewinn und Verlust, akzeptieren, gehen wir einen weiteren Schritt bergauf auf unserem Pfad des friedvollen Kriegers.

Es könnte alles noch schlimmer sein

Manchmal trifft uns ein Schicksalsschlag nach dem anderen, und wenn wir endlich doch ein Licht am Ende des langen, dunklen Tunnels zu sehen glauben, stellt sich bald heraus, daß es nur die Scheinwerfer eines entgegenkommenden Zuges sind.

Pete ging zum Arzt, um sich wieder einmal richtig durchchecken zu lassen. Nach ein paar Tagen rief der Arzt ihn an und sagte: «Die Untersuchungsergebnisse sind inzwischen da. Ich habe zwei Nachrichten für Sie: eine schlechte und eine noch schlechtere.»

Verwirrt und beunruhigt sagte Pete: «Eine schlechte Nachricht und eine noch schlechtere? Also gut: Wie lautet die schlechte Nachricht?»

«Sie haben nur noch vierundzwanzig Stunden zu leben», erklärte der Arzt ihm. «Die Laborergebnisse sind eindeutig.»

Pete war entsetzt. «Vierundzwanzig Stunden?» brachte er mühsam hervor. «Aber – was ist denn dann die noch schlechtere Nachricht?»

«Ach so», sagte der Arzt beiläufig und warf einen Blick auf seine Papiere. «Tja – eigentlich wollte ich Sie gestern schon anrufen.»

Wenn wir Kummer haben, hilft es uns wenig, wenn uns jemand sagt: «Es könnte alles noch viel schlimmer sein.» Wir haben das Gefühl, daß das Schlimmste schon passiert ist. Andererseits ist das, was wir als «Schwierigkeiten» bezeichnen, zum großen Teil eine Frage des Standpunkts. Einmal ging in einer Zeit, als ich ohnehin nicht viel Geld hatte, auch noch unser Auto kaputt, und die Rechnung der Reparaturwerkstätte war viel höher, als ich erwartet hatte. Ich wußte nicht, wovon ich sie bezahlen sollte, war dementsprechend gereizt und bekam Streit mit meiner Frau. Damals hatte ich das Gefühl, ein Problem zu haben. Doch dann erinnerte ich mich an ein Foto, das ich einmal gesehen und das mich bis in den Schlaf verfolgt hatte: die lächelnden Gesichter hungernder Kinder, die in unvorstellbarem Schmutz und Elend in Indien lebten.

Ein paar Wochen später bekam ich eine schwere Grippe. Ich stand damals beruflich sehr unter Streß und wußte, daß ich mit meiner Arbeit nicht nachkommen und daß ich von meinem nächsten Gehalt kaum in der Lage sein würde, die Miete zu bezahlen. Während ich über meine Probleme nachgrübelte und dabei von einem Fernsehkanal auf den anderen umschaltete, sah ich auf dem Bildschirm Bilder von Obdachlosen in unseren Städten und von Menschen in Ländern der Dritten Welt, die inmitten von Hungersnot, Krankheit und Tod ums Überleben kämpften.

Da lehnte ich mich im Bett zurück und fing an zu lachen. Ich lachte über mich selbst und über die Situation des Menschen auf dieser Erde. Ich lachte über eine Welt, in der der Tod Tausender von Menschen für manche eine erschütternde Neuigkeit und für andere nur eine Nachricht unter vielen anderen ist zwischen Wettervorhersage und Sportnachrichten. Ich lachte, weil ich sonst hätte weinen müssen.

Seitdem sind meine Probleme mir nie wieder so gravierend vorgekommen. Ich denke immer wieder daran, daß ich Kleider und eine Wohnung und Essen habe – eigentlich habe ich also gar keine Probleme. Jemandem, der gerade von seinem Partner verlassen wurde und darunter sehr leidet, hilft diese Erkenntnis vielleicht nicht weiter. Aber andererseits konzentrieren wir uns oft so total auf unsere eigene kleine Welt und unsere persönlichen Sorgen, daß wir die größeren Zusammenhänge aus den Augen verlieren. Uns gehen die Maßstäbe verloren.

Ich weinte, weil ich keine Schuhe hatte,
bis ich einem Mann begegnete, der keine Füße hatte.
Persisches Sprichwort

Jeder, der gerade einen harten Tag hinter sich hat, sollte einmal den folgenden Unfallbericht eines Maurers auf einer karibischen Insel lesen:

> *Mein Vorarbeiter bat mich, ein paar überzählige Ziegel vom drit-*
> *ten Stock herunterzubringen. Ich machte also den Flaschenzug*
> *betriebsfertig, zog ein Faß hoch und band es fest. Nachdem ich das*
> *Faß mit Ziegeln gefüllt hatte, lief ich nach unten, machte das Seil*
> *los und wollte das Faß herunterlassen.*
>
> *Leider hatte ich das Gewicht der Ziegelsteine falsch einge-*
> *schätzt. Als das Faß sich in Bewegung setzte, riß es mich so rasch*
> *vom Boden weg, daß ich das Seil nicht mehr loslassen konnte. Ich*
> *hing mitten in der Luft; da kam mir das Faß entgegen und ver-*
> *setzte mir einen heftigen Schlag an der Schulter.*
>
> *Dann fuhr ich weiter nach oben, schlug mir den Kopf am Bal-*
> *ken an und klemmte mir die Finger im Flaschenzug ein.*
>
> *Als das Faß unten ankam, zerbrach es, und die Ziegel fielen*
> *heraus. Jetzt war ich schwerer als das Faß, also sauste ich wieder*
> *hinunter.*
>
> *Auf dem Weg nach unten traf mich das heraufsausende Faß und*
> *verletzte mich am Schienbein. Als ich wieder am Boden ankam,*
> *landete ich auf den Ziegelsteinen und zog mir an den scharfen*
> *Kanten mehrere schmerzhafte Schnittverletzungen zu.*
>
> *In diesem Augenblick habe ich wohl nicht aufgepaßt, denn ich*
> *ließ das Seil los. Das Faß kam wieder herunter und versetzte mir*
> *noch einen heftigen Schlag auf den Kopf. Dann brachte man mich*
> *ins Krankenhaus.*

Diese Geschichte scheint mir ein gutes Beispiel zu sein – nicht nur für die Tragikomik des Lebens, sondern auch dafür, wie wir nur wieder neues Durcheinander schaffen, wenn wir versuchen, hinter anderen herzuräumen. Wir wursteln uns mehr schlecht als recht durchs Leben und kommen uns dabei auch noch wichtig vor, wir tragen unsere Nase hoch oben und stolpern dabei über den Bordstein. Vielleicht sind Laurel und Hardy und die Marx Brothers gerade deshalb so beliebt, weil sie uns so unheimlich ähnlich sind.

Der Glaube eines Kriegers

Bete so, als ob alles von Gott abhinge,
und arbeite so, als ob alles vom Menschen abhinge.
Kardinal Francis Spellmann

Manchmal ist der Glaube unser einziger Ausweg. Es gibt Zeiten, in denen wir nur vermuten können, daß unsere Entscheidungen und unsere Lebensumstände richtig für uns sind. Diese Vermutung ist das einzige, das uns hilft, mit Zuversicht in die Zukunft zu sehen.

Wir werden das sichere Gefühl haben, daß unsere Entscheidungen «richtig» sind, wenn wir uns auf die Weisheit unseres Unterbewußtseins *und* unseres Bewußten Selbst stützen. Wenn wir dagegen versuchen, das Leben nur mit dem Verstand anzugehen, kommen wir möglicherweise auch auf der obersten Sprosse der Leiter an – aber vielleicht nur, um festzustellen, daß sie an der falschen Wand lehnt. Vertrauen wir auf unsere Intuitionen – auf das Gefühl, das «aus dem Bauch heraus» kommt –, dann können wir uns auch darauf verlassen, daß unsere Entscheidungen uns einen guten Dienst leisten werden, daß jede Entscheidung, die wir treffen, richtig ist.

Leiden als Wegweiser

Der Geist führt uns auf Wegen, die unser Bewußtes Selbst nicht immer verstehen oder akzeptieren kann. Manche Menschen werden beispielsweise von Krankheiten heimgesucht, um deren Heilung sie sich lange bemühen müssen. Erst später wird ihnen klar, daß das, was ihnen damals als pures Mißgeschick erschien, genau die Unterweisung war, die sie brauchten, um anderen Menschen eine Hilfe zu sein und den Sinn ihres Lebens zu entdecken: das Heilen.

Manchmal gibt unser eigenes Leid uns die Fähigkeit, die Leiden anderer Menschen zu begreifen. Der Schmerz einer Krankheit oder Verletzung birgt auch etwas Positives in sich: Wir lernen, Mitleid zu empfinden. Ich habe bisher in jedem Mißgeschick einen verborgenen Segen entdeckt. *Das läßt uns das Mißgeschick nicht leichter ertragen; es macht es nur sinnvoller.*

Manchmal ist ein physisches Leiden heilbar; oft können wir aber auch nicht viel dagegen tun. Wenn das so ist, dann hat Gott seine Gründe dafür, und wir können uns nur darin üben, uns damit abzufinden, und diese Herausforderung als Teil unserer Ausbildung begreifen.

Schmerz – ganz gleich, ob wir ihn in unserem Körper, unserem Denken oder unseren Emotionen empfinden – ist ein feuriger Sturm, der alles reinigt, was auf seinem Weg liegt. Er bereinigt alte karmische Lasten und läßt uns Neues lernen. Du brauchst den Schmerz nicht zu suchen; aber wenn er kommt, dann wird der Weg durchs Feuer dir schwerverdiente Weisheiten offenbaren. Es gibt keine Geburt ohne Wehen – auch dann nicht, wenn wir selbst es sind, die wiedergeboren werden.

> *Was leuchten will, muß sich verbrennen lassen.*
> Viktor Frankl

Wir werden zwar immer wieder mit Leid konfrontiert, aber es dauert nicht ewig. Und jeder Schmerz, den wir erdulden, beinhaltet eine Lektion, die wir lernen müssen. Betrachten wir das Leiden aus dem Blickwinkel des Kriegers, können wir den natürlichen Zyklus guter und schlechter Zeiten besser begreifen und akzeptieren und wissen seinen Sinn zu würdigen. Doch in dem Augenblick, in dem es hart auf hart kommt, möchten wir eigentlich nur, daß es uns wieder besser geht, daß der Schmerz endlich aufhört – wir wollen, daß unser Leben leichter wird. Wenn wir im Treibsand des Lebens zu versinken drohen, wollen wir keine ermutigenden Worte – nur einen rettenden Ast oder ein Seil, an dem wir uns festhalten können! Aber manchmal können wir uns an nichts anderes halten als an ein paar aufbauende Worte oder Gedanken.

Wir können den Schwarzen Peter niemand anderem zuschieben

Wenn wir für unsere jetzige Situation nicht selber verantwortlich wären (das heißt, wenn wir sie nicht durch frühere Handlungen und Entscheidungen herbeigeführt hätten), dann wären wir Menschen nur passive Opfer eines willkürlichen Schicksals. In mancher Hinsicht sind wir den Wechselfällen des Lebens viel-

leicht tatsächlich ausgeliefert, aber keinesfalls in jeder. Wir
haben immer die Möglichkeit, unsere Einstellung und unsere
Reaktionen auf die Umstände – selbst wenn sie noch so unberechenbar sein mögen – selber zu bestimmen.

> *Wenn es Stradivari nicht gegeben hätte,*
> *dann hätte Gott auch keine Stradivari-Geige schaffen können.*
> Unbekannter Verfasser

Indem wir aktiv die Verantwortung für unsere jetzige Situation
übernehmen, wird uns klar, daß wir diese Situation ändern können. Irgendwann kommt ein Zeitpunkt, an dem wir begreifen,
auf was für eine Reise wir uns gemeinsam mit dem Geist gemacht haben – an dem wir erkennen, daß wir einen freien Willen
haben und daß Gott nur Freiwillige haben will. Dann und nur
dann können wir die schweren Ketten des Selbstmitleids ab-
schütteln und akzeptieren, daß wir sehr wohl die Möglichkeit
haben, unsere Situation zu ändern. Hat das Leben uns k. o. geschlagen, sollten wir versuchen, auf dem Rücken zu landen. Solange wir *hochschauen* können, können wir auch aufstehen. Das
ist es, was ich an uns Menschen so bewundere – wir sind Lie-
bende und Kämpfer. Wir stehen immer wieder auf und klettern
in den Ring zurück.

ZWEITER TEIL

Aufwärts:
Über die Wolken ins Licht

Einführung

Vor ein paar Jahren, als ich an der Stanford University Kunst-
turnen lehrte, zeigte mir ein stiller junger Mann aus einem meiner Seminare ein Armband aus winzigen verschiedenfarbigen
Perlen, die in der Form chinesischer Schriftzeichen aufgezogen
waren. «Das heißt ‹der Bergpfad›», erklärte er mir die Zeichen.
Ich sah den Weg förmlich vor meinem geistigen Auge. Ich erkannte die Tragweite der Vision dieses jungen Mannes: Über
den Wolken, wo die Sonne die dünne Luft mit ihren Strahlen
erhellt – in den höheren Regionen unserer Psyche –, liegt der
Gipfel und wartet auf uns.

Wie wir alle mußte ich feststellen, daß es viel Zeit und Mühe
kostet, diesen verschlungenen Bergpfad hinaufzusteigen – vorbei an Bedrohungen, Gefahren und Ablenkungen aller Art. Auf
diesem Weg begegnen uns Licht und Dunkelheit, Schönheit und
Schmerz, Mühsal und Freude. Langsam, in kleinen Schritten
gehen wir voran und legen doch mit der Zeit riesige Entfernun-
gen zurück. In dem ganzen Prozeß lernen wir viel über uns
selbst und die Welt, in der wir leben. All die Erfahrungen, die
jeden auf seinem Weg bergauf erwarten, gehen auch irgendwann vorüber. Während des Aufstiegs erweitert sich unser Horizont. Allmählich sehen wir die Dinge von einer immer höheren Warte aus. Nach jeder neuen Herausforderung sind wir wieder ein bißchen stärker und weiser. Wenn wir auf unser bisheri-
ges Leben zurückblicken, sehen wir plötzlich alles viel klarer.

Wir erkennen, daß das, was uns früher als Schwierigkeit erschien, in Wirklichkeit ein Segen war. Von oben sehen wir die
atemberaubende Schönheit der Welt.

> *Du kannst nicht ewig auf dem Gipfel bleiben;*
> *irgendwann mußt du wieder heruntersteigen.*
> *Warum macht man sich dann überhaupt die Mühe des Aufstiegs?*
> *Weil das, was unten liegt, nicht weiß, was oben ist,*
> *aber was oben ist, kennt alles Darunterliegende.*
> *Je höher man steigt, desto mehr sieht man.*
> *Wenn man dann wieder hinabsteigt, sieht man zwar nichts mehr,*
> *aber wenigstens hat man alles gesehen.*
> *Es ist eine Kunst, sich in den tieferen Regionen*
> *an der Erinnerung dessen zu orientieren,*
> *was man weiter oben gesehen hat.*
> *Wenn man es auch nicht mehr sehen kann,*
> *so weiß man es doch wenigstens noch.*

Das Gleichnis vom Berg

4
Der Blick auf die Wirklichkeit

Ein verirrter Fußgänger macht die Erfahrung:
Gerade das, was wir nicht sehen, kann uns wehtun.
Unbekannter Verfasser

Illusionen und Lebensrealität

Wenn wir durch die Innenstadt schlendern und Hunger haben, ist die «Realität», die wir sehen, voller Restaurants. Wenn wir es eilig haben, scheint es auf der Straße von Sonntagsfahrern zu wimmeln. Jeder lebt in einer anderen Welt – der Welt seiner eigenen Vorstellungen. Menschen können die Realität mit so verschiedenen Augen sehen, daß ich manchmal versucht bin, meine Freunde zu fragen: «Was für eine Farbe hat der Himmel eigentlich in eurer Welt?»

Wenn ein Taschendieb sich unter lauter Heiligen befindet, sieht er nur ihre Taschen.

Hari Dass Baba

Manche Philosophen glauben, daß das Leben nur eine Illusion ist – um es mit den Worten von Shakespeares *Hamlet* auszudrükken: «... eine Geschichte, erzählt von einem Idioten, voller Schall und Wahn, die nichts bedeutet.» Aber wenn wir die Straße überqueren, ohne nach rechts und links zu schauen, und ein Laster uns überfährt, dann hat das mehr Konsequenzen als alle Philosophien dieser Welt. Wenn das Leben unsere Aufmerksamkeit durch eine schwere Krankheit weckt, bleibt uns nichts anderes übrig, als uns damit auseinanderzusetzen.

Doch von zwei Personen, die einen Unfall haben oder an der gleichen Krankheit leiden, kann einer dieses Mißgeschick als Tragödie oder Strafe Gottes betrachten, während der andere darin vielleicht eine Herausforderung oder eine Chance zu einem Neuanfang sieht. Der eine ist vielleicht verbittert, der andere dankbar. Jeder Mensch reagiert anders, je nach seiner individuellen *Wahrnehmung* dieses Ereignisses.

Unsere Wertvorstellungen, Einstellungen, Überzeugungen und Assoziationen prägen die Art, wie wir die physische Realität «da draußen» wahrnehmen, und auch unser Gefühl dafür, was «wirklich» ist. Sobald sich unsere Einstellung ändert, stimmen wir uns auch auf andere Dimensionen ein. So kann es zum Beispiel geschehen, daß zwei Menschen, die dieselbe Außenwelt vor sich haben, sie mit völlig anderen Augen sehen: Der eine empfindet sie vielleicht als absurde «Hölle», der andere als eine Welt voller Schönheit und Liebe.

Regeln fürs Menschsein

Diese Welt ist unter anderem auch etwas Physisches. Es kostet uns Geld, Energie und Zeit, in ihr zu «funktionieren». Essen, Unterkunft, Kleidung – das alles hat seinen Preis. Deshalb sind wir gezwungen zu arbeiten – was uns wiederum Zeit und Energie kostet. Wir haben aber nicht nur ein Bedürfnis nach Nahrung, sondern auch ein Bedürfnis nach Sex. Der Sexualtrieb ist ein Urinstinkt, mit dem die Natur uns ausgestattet hat, um die Erhaltung der Art zu sichern. Das sind nicht etwa vage Spekulationen, sondern die handfesten Realitäten des Lebens. Je mehr wir diese Realitäten des Lebens akzeptieren, um so weniger blaue Flecken werden wir uns holen.

Ganz gleich, wieviel Spielraum wir innerhalb der Grenzen der Naturgesetze haben – folgende Regeln sind unumstößlich:

1. *Wir haben nur einen Körper.* Ob er uns gefällt oder nicht – er ist das einzige, was wir garantiert unser ganzes Leben lang behalten werden.
2. *Wir werden vieles lernen.* Die Erde ist eine Ganztagsschule. Jeder Mensch und jedes Ereignis, mit dem wir konfrontiert werden, lehrt uns irgend etwas.

3. *Wir empfinden diese Lektionen oft als «Fehler» oder «Mißerfolge».* Aber der einzig wirkliche «Fehler» besteht darin, die Lektion nicht zu lernen.

4. *Jede Lektion wiederholt sich so oft, bis wir sie gelernt haben.* Sie kehrt in den verschiedensten Formen wieder – so lange, bis wir sie begriffen haben. Solange wir auf der Welt sind, gibt es immer wieder neue Lektionen zu lernen.

5. *Lektionen, die wir nicht lernen, solange sie leicht sind, werden mit der Zeit immer schwerer.* Auch der Schmerz ist eine Methode des Universums, unsere Aufmerksamkeit zu wecken.

6. *Ob wir eine Lektion gelernt haben, erkennen wir daran, daß wir jetzt anders handeln als bisher.* Nur durch Handeln kann man Wissen in Weisheit verwandeln.

7. *Wir werden diese Regeln immer wieder vergessen.*

8. *Aber wir können sie uns jederzeit ins Gedächtnis zurückrufen, sooft wir wollen.*

(Ich habe diese Regeln nicht aufgestellt, sondern sie nur in schriftliche Form gebracht. Ich danke dem unbekannten Urheber.)

> *Hier gibt es keine Regeln!*
> *Schließlich wollen wir etwas schaffen.*
> Thomas Edison

Zeit zum Aufwachen

Hunger, Obdachlosigkeit und fehlende Kleidung sind etwas sehr Reales. Die meisten anderen Schwierigkeiten, die wir in unserem Leben wahrnehmen, erwachsen großenteils aus den Illusionen unseres subjektiven Denkens. Wir neigen dazu, unsere *Gedanken über* die Realität für die Realität selbst zu halten. Viele unserer Leiden erwachsen aus diesem Irrtum.

Aufwachen bedeutet, sich ständig der Tatsache bewußt zu sein, daß wir die Realität nicht objektiv wahrnehmen, sondern durch den Filter unserer Ansichten, Assoziationen und Deutungen. Im Grunde sehen wir, wenn wir die Welt oder andere Menschen betrachten, nur unsere eigenen Gedanken. Sobald wir das erkannt haben, können wir die friedliche, ruhige, objektive Realität erfassen, die jenseits der Schleier unseres Denkens liegt.

Aufzuwachen – den Weg in die Wirklichkeit zu wagen – ist eher ein Prozeß als ein Ereignis. Doch schon der erste Schimmer einer Erkenntnis kann unser Leben für immer verändern. Um aufwachen zu können, müssen wir erst einmal erkennen, daß wir bisher geschlafen haben; um unsere Ketten zerreißen zu können, müssen wir zunächst einmal sehen, daß wir gefesselt sind.

Das alte Spiel des Selbstbetrugs

Wie die meisten Menschen habe auch ich mir oft etwas vorgemacht – denn das ist eines der ältesten Spiele der Menschheit. Ich habe mir vorgemacht, ich sei glücklich, ich habe mir eingeredet, jemanden zu mögen, ich habe mir eingebildet, daß meine Handlungen keine Konsequenzen haben würden. Ich habe so getan, als stimme es in meiner Beziehung, bis ich der Tatsache ins Auge sehen mußte, daß es eben doch nicht stimmte; und ich redete mir ein, ich könnte mit vielem ungestraft davonkommen, bis mich dann die Konsequenzen meines Leichtsinns einholten. So habe ich mir viele Jahre lang etwas vorgemacht, bis Socrates mich schließlich wachgerüttelt und von meinen hartnäckigsten Illusionen befreit hat.

Verbrecher machen sich auch häufig etwas vor. Sie sind in Denkmustern gefangen, die kaum eine realistische Basis haben. Sie bilden sich ein, wenn sie nicht gefaßt werden, dann bedeutet das, daß sie ungeschoren davongekommen sind, und ignorieren dabei den spirituellen Preis, den sie für ihr Handeln zahlen müssen – die spirituellen Konsequenzen, die das alles für ihr Leben und das Leben anderer Menschen hat. Auch wer raucht, von Alkohol oder anderen Drogen abhängig ist, sich betrunken ans Steuer setzt oder irgendein anderes destruktives Verhalten an den Tag legt, lebt häufig in einer Phantasiewelt. Wieder andere haben Mauern der Illusion um sich errichtet, um sich vor ihren Erinnerungen, vor schmerzlichen oder beängstigenden traumatischen Ereignissen in ihrer Vergangenheit zu schützen – beispielsweise Menschen, die als Kind mißbraucht oder sexuell belästigt wurden.

Auch intelligente Menschen fallen diesem Spiel des Selbstbetrugs zum Opfer. Eine Bekannte von mir, die ich sehr schätze, ist stolz auf ihre hohe Intelligenz. Sie ist außergewöhnlich gut in Mathematik, hat einen bewundernswerten Wortschatz und ein erstaunliches Gedächtnis. Sie kann gut argumentieren und hat viele Begabungen – unter anderem einen logischen, analytischen Verstand.

Diese Frau raucht seit über vierzig Jahren. Viele, die es gut mit ihr meinen, haben sie schon gedrängt, damit aufzuhören, und sie auf die gesundheitlichen Folgen des Rauchens hingewiesen. Wie viele Leute hat diese Frau immer eine passende Antwort auf diese Ermahnungen parat. Sie *verdrängt die Konsequenzen des Rauchens aus ihrem Denken, aber aus ihrem Körper kann sie sie nicht verdrängen.* Mich macht es traurig, wenn ich sehe, wie sie sich langsam die Treppen hochschleppt und nach ein paar Stufen schon außer Atem ist. Manchmal weint sie, weil sie so sehr darunter leidet, was sie sich angetan hat. Jetzt hat sie das Gesetz von Ursache und Wirkung begriffen – aber der Preis, den sie dafür zahlen mußte, ist sehr hoch.

Wenn wir auf die Rückmeldung achten, die das Leben uns gibt, können wir unsere Lektionen rasch, relativ leicht und mit Anmut lernen. Doch selbst wenn wir den schwereren Weg wählen, ist das Leben ein ausgezeichneter Lehrer. Früher oder später lernen wir so oder so alle Lektionen, die die Realität für uns bereithält.

Die Gefahren der Illusion

Schon Shakespeare mahnte uns: «Vor allem sei dir selber treu...» Wer seine innere Realität und seine tiefsten Gefühle verleugnet, hat oft einen zu hohen Blutdruck, leidet häufiger an Kopf-, Magen- und Kreuzschmerzen und ist weniger beweglich. In diesen Symptomen spiegeln sich die Versuche unseres Basis-Selbst wider, unsere Aufmerksamkeit zu wecken und uns wieder in die Realität zurückzuholen.

Der Doktor der Philosophie Carl Weisbrod hat in einer Rede vor der Vegetarischen Gesellschaft von Honolulu Beispiele für Verteidigungsmechanismen aufgezählt, mit denen das Basis-Selbst sich gegen Veränderungen wehrt. Das reicht bis in die Ernährung hinein:

Die wenigsten von uns wollen früh sterben; doch laut Statistiken des Center for Disease Control in Atlanta sterben die meisten Menschen in den USA an Herzleiden, Schlaganfall und Krebs – und fast alle diese Krankheiten ließen sich vermeiden. 75 Prozent aller Todesfälle sind auf Alkohol, Zigaretten oder andere Suchtmittel und auf falsche Ernährung zurückzuführen.

Völker, die sich stärkereich ernähren, wie unsere Vorfahren es taten, erkranken selten oder nie an den Herzleiden oder Krebsarten, die in unseren «zivilisierten» Ländern so verbreitet sind. Inzwischen sprechen immer mehr Beweise dafür, daß eine vorwiegend vegetarische Ernährung, arm an Fett, tierischen Eiweißen und Zucker und reich an natürlichen Kohlenhydraten, die beste Voraussetzung für ein gesünderes, vitaleres, längeres Leben ist.

Und doch werden Jahr für Jahr Millionen von Amerikanern krank und sterben vorzeitig, weil sie sich nicht anders ernähren, mehr Bewegung verschaffen oder mit dem Rauchen aufhören wollen. Sie gehen einer bewußten, auf feststehenden Fakten beruhenden Entscheidung aus dem Weg und verschanzen sich hinter den verschiedensten psychologischen Verteidigungsmechanismen:

- Leugnen der Fakten: *Mich interessieren meine hohen Cholesterinwerte nicht.*
  (Aber sie sind da – egal, ob sie uns interessieren oder nicht.)
- Herunterspielen des Problems: *Ich trinke eben gern Whisky – ein Laster muß der Mensch ja schließlich haben.*
  (Das ist ein Irrtum – die Natur erteilt keine Sondergenehmigungen.)
- Ausweichen: *Man stirbt so oder so.*
  (Das stimmt – aber müssen wir uns unbedingt mit Messer, Gabel und Zähnen ein vorzeitiges Grab schaufeln?)
- Verzögerungstaktik: *Morgen höre ich mit dem Rauchen auf.*
  (Aber dieses Morgen kommt leider nie.)
- Schuldzuweisungen: *Meine Mutter ist schuld. Sie hat mir nie beigebracht, wie man sich richtig ernährt.*
  (Aber jetzt sind wir erwachsen und können es uns selbst beibringen. Nun tragen wir die Verantwortung für unser Leben.)
- Rationalisierungen: *Eis schmeckt halt so gut.*
  (Andere Dinge schmecken auch gut; Geschmack ist Gewohnheitssache.)

- Rückfall ins kindliche Lustprinzip: *Mir macht es einfach SPASS, fett zu essen!*
  (Ein Herzinfarkt macht keinen Spaß.)
  Es gibt so viele unterschiedliche Studien und Statistiken, daß jeder sich diejenigen heraussuchen kann, nach der seine liebgewordenen Ernährungsgewohnheiten die einzig richtigen sind. Schon Mark Twain hat gesagt: «Es gibt drei Arten von Lügen: Lügen, schamlose Lügen und Statistiken.»

Jeder hat ein Recht, selbst zu bestimmen, wie er leben möchte. Der Pfad des friedvollen Kriegers fördert bewußte Entscheidungen. Wenn wir die Konsequenzen unseres Tuns realistisch eingeschätzt haben, dann haben wir die Wahl: Entweder wir ändern unser Leben, oder wir lassen alles beim alten und finden uns mit den Konsequenzen ab. Aber wir dürfen uns nicht vormachen, daß es keine Konsequenzen gibt oder daß wir sie nicht zu tragen brauchen. Wir wollen unsere Entscheidungen bewußt treffen, frei von Illusionen, Wunschvorstellungen und Vogel-Strauß-Politik und uns dabei über die Konsequenzen im klaren sein. Es kann sehr gefährlich für unsere Gesundheit sein, wenn wir an unseren Illusionen festhalten.

Kurzfristige und längerfristige Konsequenzen

Bekäme jeder nach einem alkoholischen Getränk gleich Leberschmerzen und jeder, der eine Zigarette raucht, sofort Lungenkrebs, und würde jeder, der ein Verbrechen begeht, sofort erwischt und ins Gefängnis gesteckt, dann würde kaum jemand Alkohol trinken, rauchen oder etwas Illegales tun.

Doch die meisten Menschen stecken gern den Kopf in den Sand und konzentrieren sich mehr auf die kurzfristigen Konsequenzen als auf die langfristigen. Die langfristigen Probleme scheinen immer «irgendwo in weiter Ferne» zu liegen, bis diese weite Ferne allmählich immer näher heranrückt und schließlich zur bitteren Realität wird.

Wer mit dem Rauchen aufhört oder irgendeine andere selbstzerstörerische Gewohnheit aufgibt, muß für eine relativ kurze Zeit Unannehmlichkeiten auf sich nehmen, gewinnt aber langfristig einen großen Vorteil. Wenn wir unserem Basis-Selbst

helfen, «wirklich zu werden», und es dazu erziehen, auch langfristige Konsequenzen – positive wie negative – zu erkennen
und zu berücksichtigen, können wir uns von unseren alten Gewohnheiten befreien.

Aber meist begnügen wir uns mit einer raschen Beseitigung
der Symptome und kehren die Ursache des Problems unter den
Teppich. Vor Jahren, als Joy und ich ein Studentenwohnheim
am Oberlin College leiteten, klopften manchmal Studenten bei
uns an, die vom vielen Feiern schon ganz krank waren. Sie baten
uns um eine Tablette, die sie von den lästigen Symptomen be-
freite, damit sie weiter dem frönen konnten, was sie krank
gemacht hatte. Wenn wir nur die Symptome heilen, statt uns
Gedanken über die Lebensweise zu machen, die zu diesen Symptomen geführt hat, unterliegen wir immer wieder demselben
Kreislauf – bis wir die Dinge endlich so akzeptieren, wie sie sind.

Entscheidungen und Konsequenzen

1. Erinnere dich an eine wichtige Entscheidung, die du vor ein
   paar Jahren getroffen hast. Das kann etwas sein, was du getan, oder auch etwas, was du unterlassen hast. Blicke objektiv
   auf diese Entscheidung zurück – ohne Bedauern, ohne Werturteile.
2. Und jetzt mache dir die Konsequenzen dieser Entscheidung
   klar. Stelle dir folgende Fragen:
   - Was für positive Auswirkungen hat die Entscheidung ge-
     habt?
   - Was für negative Folgen hatte sie?
   - Würdest du heute anders entscheiden?
   - Hast du daraus etwas gelernt, was dir jetzt oder in Zukunft
     weiterhelfen kann?

Vor ein paar Jahren habe ich sehr nachdrücklich erfahren, was
für Konsequenzen es haben kann, wenn man die Warnschilder
des Lebens übersieht. Ich war im Yosemite-Nationalpark den
schmalen Mist Trail zu den Vernal Falls hinaufgewandert. Dort
traf ich einen Parkaufseher, der mir eine wahre Geschichte er-

zählte: Vor kurzem war eine Frau hier an dieser Stelle an dem Bach, der den Wasserfall speiste, über das niedrige Geländer gestiegen. Sie setzte sich am Ufer nieder, zog ihre Wanderschuhe aus und stellte die Füße in das ruhige, seichte Wasser. Nur zwanzig Meter weiter verwandelte dieses friedliche Bächlein sich in einen tosenden Wasserfall und stürzte Hunderte von Metern in die Tiefe.

Der Aufseher lief zu der Frau hinüber, um sie zu warnen. Er war noch etwa hundert Meter von ihr entfernt. Als sie aufstand und im knietiefen Wasser herumwatete, begann der Parkaufseher zu rennen. Plötzlich sah er, wie sie ausrutschte. Jetzt saß sie im Wasser. Ein paar Sekunden später hatte die starke Strömung sie erfaßt und zog sie über rutschige Steine auf den Abgrund zu. Er schrie – aber es war zu spät. Er sagt, daß er den Ausdruck in den Augen dieser Frau, als sie in den Abgrund stürzte, nie vergessen wird – keine panische Angst, nur argloses Erstaunen.

Ein paar andere Leute kamen dazu, die den Vorfall beobachtet hatten – genauso fassungslos angesichts des unerwarteten Dramas, das sich an diesem scheinbar friedlichen Fleckchen Erde abgespielt hatte. Sie konnten es so wenig glauben wie die Frau selbst. Man hätte sich leicht vorgaukeln können, daß hier gar nichts passiert war. Aber die Wanderschuhe standen immer noch am Ufer.

Der Aufseher wies hinter sich auf ein Warnschild, das nicht zu übersehen war. Ich drehte mich um und las: «*Vorsicht, starke Strömung! Nicht in das Wasser hineinwaten oder schwimmen.*» Unter der ruhigen Wasseroberfläche herrschte ein mächtiger Sog, der alles in den Wasserfall hinunterzog. Die arme Frau hatte das Schild entweder nicht gesehen oder die Warnung ignoriert.

Auch das Leben kann wie ein friedlicher Teich sein, unter dessen glatter Oberfläche ein gefährlicher Sog lauert. Im Reich des friedvollen Kriegers können Winde und Strömungen sich von einer Sekunde zur anderen ändern. Wir tun gut daran, optimistisch zu bleiben, aber unsere Augen offenzuhalten und stets auf warnende Zeichen zu achten. Wachbleiben ist eine wichtige Voraussetzung fürs Überleben.

Die Naturgesetze – die fundamentalen Prinzipien der Realität – sind Stütze und Schwert des friedvollen Kriegers. Indem wir unsere innere Realität erkennen, bekommen wir den nötigen Schwung, um unsere Emotionen zu klären und unseren Körper ins Gleichgewicht zu bringen. Wir müssen uns allerdings bewußt vornehmen, unsere Gefühle zum Ausdruck zu bringen, uns gesünder zu ernähren und genügend zu bewegen. Dann verbessern sich unsere Gesundheit und unser allgemeines Wohlbefinden automatisch, und die Symptome unterdrückter Gefühle verschwinden allmählich.

Zurück zum Körper

Unser Körper ist von Natur aus auf die objektive Realität eingestimmt. Wenn wir uns überanstrengen, wird unser Körper müde; wenn wir zuviel oder zuwenig essen, gibt er uns entsprechende Signale. Das Basis-Selbst gehorcht den Naturgesetzen, solange die Wünsche des Bewußten Selbst sich nicht darüber hinwegsetzen. Der Körper lebt im Jetzt; unser Denken dagegen segelt wie ein Geisterschiff ständig zwischen Vergangenheit und Zukunft hin und her.

Im spirituellen Reich der inneren Arbeit kann es von Illusionen wimmeln. Wir können zum Beispiel mit gekreuzten Beinen dasitzen, die Augen schließen, meditieren, uns einbilden, geistig auf einer «hohen Entwicklungsstufe» zu stehen – und dabei unserer Verantwortung in der wirklichen Welt den Rücken zukehren. Im physischen Bereich dagegen können wir der Realität nicht lange entfliehen. Als ich in der Turnhalle an den Ringen trainierte, konnte ich nicht einfach *nur so tun,* als sei ich ein Sportler. Und auch die Krieger früherer Zeiten konnten sich kein Vortäuschen falscher Tatsachen und keine bloßen Posen leisten. Das Leben hätte ihren Bluff rasch entlarvt, und es stand viel für sie auf dem Spiel.

Wenn ich auf mein Leben zurückblicke, wird mir klar, daß ich meine wertvollste Ausbildung in der Turnhalle erhalten habe. Die Rückkehr zum Körper ist der direkteste Weg, wieder mit dem Hier und Jetzt in Verbindung zu treten. So können wir von jedem körperlichen Training und jeder Geschicklichkeitsübung (sei es nun Sport, ein Musikinstrument, eine Kunstrichtung oder ein Handwerk) profitieren, das unseren Interessen und unserem Grad an Bereitschaft entspricht.

Vom Training und den Gesetzen der Realität

Meine Einstimmung auf den Pfad des friedvollen Kriegers begann damit, daß ich mich auf meinen Körper konzentrierte, wo instinktive, unwillkürliche Reaktionen an die Stelle abstrakten Denkens treten. Mein körperliches Training hat mich gelehrt, daß unsere Ansichten und Überzeugungen zwar unsere Realität prägen, daß die Realität sich aber nicht im geringsten um diese Ansichten und Überzeugungen schert. Das Gesetz der Schwerkraft gilt, ganz egal, ob wir daran glauben oder nicht! Wenn ich durch die Luft flog, verlor ich den Verstand, entdeckte aber dafür meine fünf Sinne wieder; und wenn meine Aufmerksamkeit abschweifte, bekam ich das sehr schnell zu spüren.

Aus meinem Training habe ich auch gelernt, die unvermeidlichen Höhen und Tiefen des Lebens zu akzeptieren – die Höhepunkte, die Zeiten der Stagnation und die Mißerfolge. Die körperlichen Übungen gaben mir ein wertvolles Feedback und einen Maßstab, anhand dessen ich meine Realität überprüfen konnte. Ich bin dadurch um einiges weiser geworden.

Ich lernte, daß ich nie weiter zu fahren brauchte als «den nächsten Kilometer» und daß ich, wenn ich bereit war, einen Schritt nach dem anderen zu tun, jedes Ziel erreichen konnte, so fern es auch scheinen mochte – wenn ich mich nur immer auf das nächstliegende, erreichbare Ziel konzentrierte. Ich definierte einfach jeden noch so kleinen Schritt in die gewünschte Richtung als Erfolg. Dadurch erlebte ich eine Reihe «kleiner Erfolge», die meine Motivation aufrechterhielten, so daß ich nicht aufgab und immer auf dem richtigen Weg blieb.

Außerdem hat mein Training mich gelehrt, daß das Ausmaß einer Schwierigkeit davon abhängt, wie gut man darauf vorbereitet ist. Je besser ich mich vorbereitete, um so leichter wurde alles.

Über diese Prinzipien brauchte mir niemand einen Vortrag zu halten. Die Naturgesetze haben sie mir unauslöschlich eingeprägt. In diesen wunderbaren Augenblicken, in denen alles im Fluß war, entdeckte ich eine enge, kinästhetische Verbindung zum Leben. Irgendwann reichen die Lektionen des Trainings über die vier Wände der Turnhalle hinaus und erstrecken sich auch auf die Arena des täglichen Lebens und unseren Weg aufwärts.

5
Die lieben Gewohnheiten: Sucht- und Zwangsverhalten

Nichts ist so reformbedürftig
wie die Gewohnheiten anderer Menschen.
Mark Twain

Ein verbreitetes Problem

Viele meiner Freunde, vor denen ich den größten Respekt habe, nehmen regelmäßig an den Versammlungen der Anonymen Alkoholiker, der Anonymen Drogenabhängigen oder ähnlichen Zwölfschritteprogrammen teil. Diese Menschen haben sich irgendwann einmal kühl und nüchtern im Spiegel ihrer Qualen betrachtet – sie haben sich in der schlimmsten Verfassung gesehen und standen vor einem dunklen Abgrund. Ihnen haftet eine Aura der Glaubwürdigkeit an. Sie haben keine Lust mehr, sich etwas vorzumachen.

Dieses Kapitel soll uns Gelegenheit geben, unsere Realität zu überprüfen. Es wirft einen klaren, mitfühlenden Blick auf das Dilemma der Menschheit, vor allem auf unsere gewohnten Verhaltensmuster – die Art, wie wir blockierte Energien freisetzen oder entladen. Daraus erwachsen nämlich die Triebe und Zwangsverhalten, die zur Sucht werden können. Diese Ausführungen wenden sich an *alle* meine Leser – nicht nur an diejenigen, die alkohol-, nikotin- oder drogensüchtig sind –, denn wir alle leiden an irgendeinem mehr oder weniger ausgeprägten Zwangs- oder Suchtverhalten.

Diese Verhaltensweisen verschlingen oft ein Vermögen und bringen unvorstellbare Leiden und Selbstvorwürfe mit sich. Um den Willen zu einer Veränderung – sowohl auf individueller als auch auf gesellschaftlicher Ebene – aufbringen zu können, müssen wir uns klar und nüchtern sehen, in einem Spiegel ohne mentale Verzerrungen. Es erfordert Mut, unsere Verhaltensmuster zu durchschauen. Aber diese Erkenntnis ist schon der erste Schritt zur Genesung und Wandlung.

Leider ist es erst der Anfang. Die meisten Süchte, die unser Leben kaputtmachen – sei es nun die Sucht nach Drogen, Alkohol, Essen, Glücksspielen oder irgend etwas anderem –, bekommt man nur mit einem entsprechenden Zwölfschritteprogramm, einer Entziehungskur oder der Hilfe eines Fachmanns in den Griff. Feedback und die Unterstützung einer Gruppe sind ebenfalls entscheidend für den Heilungsprozeß.

Süchte und Zwangsverhalten

Ich möchte hier die wichtigsten *Ventile für unsere inneren Spannungen* aufzeigen. An sich sind das ganz normale Methoden des Streßabbaus; nur wenn sie extreme Formen annehmen und sich zu Zwangsverhalten auswachsen, können daraus Suchtprobleme werden. Mancher flüchtet sich in die *physische Abhängigkeit* von irgendeinem Suchtmittel. Sein Basis-Selbst entwickelt dann ein immer stärkeres Verlangen nach dieser Substanz und gewöhnt sich immer mehr daran. Entzieht man ihm die Substanz, reagiert es mit körperlichen, geistigen und emotionalen Entzugssymptomen. Der Konsum von Alkohol oder anderen Drogen kann leicht ein Eigenleben entwickeln und zu einem zwanghaften, suchtähnlichen Ritual werden. Es gibt aber auch Formen *psychischer Abhängigkeit,* mit deren Hilfe wir uns von unserem Streß zu befreien versuchen und die ein ebenso großer Zwang für unser Basis-Selbst sind.

Doch alle echten Suchtverhalten – ob es nun eine körperliche oder eine psychische Abhängigkeit ist oder beides – dienen dazu, Energie aus unserem Körper freizusetzen.

Was ist Energie?

Energie kommt in Form des Sonnenlichts auf unsere Erde. Pflanzen können diese Energie direkt aufnehmen und speichern;

dann wird sie über die Nahrungskette an alle Lebewesen weiter-gegeben. Wir nehmen aber nicht nur aus der Nahrung Energie auf, sondern auch von den Menschen in unserer Umgebung und, wie manchmal behauptet wird, auch durch das Einatmen elektrisch geladener oder ionisierter Luft.

In einem umfassenderen Sinn nehmen wir aber nicht nur Energie auf. Wir sind selbst Energie. Die Organe unseres Kör-pers bestehen aus Geweben, die Gewebe aus Zellen und die Zellen wiederum aus Molekülen. Die Moleküle setzen sich aus Atomen zusammen, und die Atome bestehen aus pulsierenden, vibrierenden, herumwirbelnden Energiefeldern. Das heißt, die Energie umgibt uns nicht nur. Sie durchdringt alle Zellen unse-res Körpers. Wir sind Energiewesen. Wir sind aus demselben Stoff wie die Sterne.

Wir wissen, daß Energie viele Formen annehmen kann. Man-che, zum Beispiel ein Blitz, sind sichtbar. Die Lebensenergie ist feiner. Normalerweise können wir sie mit unseren physischen Augen nicht sehen, aber wir können sie spüren.

Unser Körper und die Welt sind stets voller Energie. Wenn wir uns energiegeladen oder aber schlapp und energielos fühlen, deutet das also nicht auf einen tatsächlichen Überfluß oder einen tatsächlichen Mangel an Energie hin. Es zeigt nur unseren Grad an *Offenheit* für diese Energie. Wir sind ja auch ständig von Luft umgeben – aber wir müssen sie einatmen, um sie aufnehmen zu können. Wenn wir sehr viel Energie in uns spüren, fühlen wir uns quicklebendig; wenn wir dagegen sehr wenig Energie in uns wahrnehmen, fühlen wir uns wie «tot».

Den meisten von uns ist sicher schon aufgefallen, wie energie-geladen sie sich nach körperlicher Betätigung fühlen. Das liegt zum Teil daran, daß der Kreislauf und andere Körperfunktionen angeregt werden. Doch es gibt noch einen tieferen Grund: Be-wegung (oder eine gute Nachricht oder sexuelle Erregung) sti-muliert unser Basis-Selbst, seinen Hahn zu öffnen und die Ener-gie des Universums in sich hineinströmen zu lassen.

Wir können lernen, unser Energiefeld und das anderer Men-schen zu spüren. Nach und nach wird uns das so selbstverständ-lich werden wie Sehen, Hören, Fühlen und Riechen.

Wie man Energiefelder spüren kann

1. Spüre die Energie der Menschen in deiner Umgebung. Stufe alle Menschen, die dir begegnen, in eine Wertskala von eins (sehr geringe Energie) bis zehn (sehr hohe Energie) ein. Du wirst bald feststellen, daß du die Energie der Menschen einschätzt, ohne dir darüber im klaren zu sein, wie du das machst (alle Basis-Selbste stehen miteinander in Verbindung).

2. Nun schätze deine eigene Energie anhand der gleichen Wertskala ein, und zwar zu verschiedenen Tageszeiten. Achte darauf, wie dein Energiefeld sich zu verschiedenen Zeiten und in verschiedenen Situationen ausdehnt oder zusammenzieht.

3. Strecke die Arme aus, als umfaßtest du einen großen Wasserball. Halte die Hände knapp in Brusthöhe, und zwar so, daß die Handinnenflächen zu dir zeigen, die Finger der beiden Hände aufeinander weisen und etwa sieben Zentimeter auseinander sind. Entspanne dich, und atme ruhig ein und aus. Bewege die Hände nun langsam aufeinander zu und dann wieder voneinander weg. Dabei wirst du feststellen, daß deine Finger sich entweder magnetisch anziehen oder magnetisch abstoßen – das ist eine Möglichkeit, das eigene Energiefeld zu spüren.

Der Körper als Energiefeld

Wir funktionieren wie eine Energieleitung, wie ein großer, senkrechter Wasserschlauch, der Energie «von oben» empfängt und sie auf verschiedene Art und Weise nutzt oder verbraucht. Stelle dir vor, daß die Energie wie Wasser durch diesen Schlauch hinabfließt. Wenn es in dem Schlauch (unserem Körper/Geist) keine Blockaden gibt, dann fließt das Wasser (die Energie) mühelos und ungehindert durch uns hindurch – das ist ein Grundprinzip der Strömungslehre. Aber wenn der Schlauch verstopft ist (durch körperliche, geistige oder emotionale Blockaden), entstehen Turbulenzen – das Wasser kann nicht mehr ungestört fließen. Diese Turbulenzen erleben wir als Schmerz oder unangenehmes Gefühl und bezeichnen sie als *Streß*. Wie stark das unangenehme Gefühl ist, hängt von der Menge oder Intensität der Energie ab, die im Augenblick durch uns hindurchfließt, und vom Ausmaß der akuten oder chronischen Blockade in unserem Inneren. Es kann also ein herrliches, aber auch ein schreckliches Gefühl sein, wenn uns eine starke Energie durchströmt – je nachdem, welche Blockaden im Augenblick in unserem Körper, unserem Geist und unseren Emotionen vorhanden sind.

Energie, Blockaden und Schmerzen

So wünschenswert hohe Energie auch sein mag – wenn wir in dem Augenblick, in dem wir einen «Überschuß» an Energie spüren (das heißt, mehr Energie, als wir mühelos bewältigen können), innere Blockaden haben, machen wir uns durch sportliche Betätigung, Sex, Rauchen oder den Genuß einer süßen oder reichhaltigen Mahlzeit Luft. Mit anderen Worten, wir versuchen *unsere «überschüssige» Energie loszuwerden.* Daher ist intensive Energie für die meisten Menschen einerseits ein Segen, andererseits aber auch ein Fluch. Wenn diese Energie ungehindert fließen darf, kann sie Schönes und Großes schaffen. Doch blockierte Energie verursacht Schmerzen. Die meisten Menschen empfinden überschüssige Energie als etwas Unangenehmes. Je intensiver die Energie, um so größer ihr Unbehagen. Bewußt oder unbewußt versuchen wir diese Energie wieder freizusetzen.

Kehren wir zu unserem Vergleich mit dem Wasser zurück, das durch einen Schlauch fließt. Wenn das Wasser schnell fließt (hohe Energie) und auf große Hindernisse stößt, entstehen heftige Turbulenzen, Erschütterungen und unangenehme Empfindungen (mit anderen Worten: extremer Streß). In solchen Fällen haben wir zwei Möglichkeiten: wir können die Wassermenge (Energie) verringern, die durch den Schlauch fließt, oder aber die Hindernisse aus dem Weg räumen.

Wenn wir eine Möglichkeit finden, die Intensität der Energie zu drosseln, die uns durchströmt, so daß sie gewissermaßen nur noch tröpfelt, lindern wir zwar die Turbulenz und das unangenehme Gefühl; *aber die Hindernisse bleiben nach wie vor bestehen.* Und da das Wesen des Universums überströmende Energie ist, wird auch die Energie in unserem Körper letzten Endes immer wieder zunehmen. Deshalb ist es nur eine *vorübergehende* Linderung unseres Unbehagens, wenn wir den Energiestrom drosseln. Bald baut sich die Energie wieder auf, und solange die Hindernisse da sind, wird sie auch wieder nach Freisetzung verlangen. Mit der Zeit entsteht durch diesen Kreislauf ein zwanghaftes Verhaltensmuster oder Suchtverhalten.

Damit das Ganze noch etwas anschaulicher und konkreter wird, wollen wir uns einmal ansehen, was in unserem Leben passiert, wenn wir auf ein typisches mentales Hindernis (zum Beispiel eine Sorge), ein emotionales Hindernis (zum Beispiel Zorn) oder ein physisches Hindernis stoßen (eine Verspannung im Nacken oder im Rücken). Wenn sich hinter diesen Hindernissen *viel* Energie angestaut hat, empfinden wir sie *stärker*. Unsere Gedanken kreisen ständig um unsere Sorge, sie wird zur Zwangsvorstellung. Zorn wird zur Raserei, und das physische Spannungsgefühl kann sich zu einem heftigen Schmerz ausweiten. *Haben wir unsere Energie dagegen reduziert* – haben wir beispielsweise durch eine Droge, Sport, einen Orgasmus oder eines der anderen beschriebenen Ventile Energie freigesetzt –, dann bedrücken unsere Sorge, unser Zorn oder das Gefühl der Spannung uns nicht so sehr. Es tritt eine vorübergehende Linderung ein.

Eine allgemeingültige Formel

Energie plus Hindernis ist gleich Schmerz. Energie, die ungehindert fließen kann, vermittelt uns ein Glücksgefühl. Blokkierte Energie tut uns weh. Je intensiver die Energie und/oder je größer das Hindernis, um so größer der Schmerz. Alle Lebewesen streben nach angenehmen Empfindungen und versuchen Schmerz zu vermeiden. Deshalb weckt Schmerz (oder Streß) in uns das Bedürfnis, die Energie entweder zu entladen oder das Hindernis aus dem Weg zu räumen. Da es Entschlossenheit, Mut und eine bewußte Anstrengung erfordert, Hindernisse aus dem Weg zu räumen, ziehen die meisten Menschen die unmittelbare, wenn auch nur provisorische Lösung vor. Sie setzen die Energie frei.

Innere Blockaden

Zu den mentalen Blockaden gehören Sorgen, Reue, innere Widerstände, Werturteile und Assoziationen. Es sind Gedankenformen, die den Körper (das Basis-Selbst) in einen Zustand der Anspannung versetzen und den freien Fluß der Lebensenergie verhindern.

Emotionale Hindernisse sind hauptsächlich Formen der Furcht, des Kummers und des Zorns – wie Ängste, Neid, Eifersucht, Depressionen, Frustration, Ärger und Wut. Diese emotionalen Blockaden entstehen zwar im Denken, aber wir spüren sie im Körper, wenn sie das Strömen der Lebensenergie blockieren.

Physische Hindernisse entstehen durch Verletzungen, schlechte Haltung und zuwenig oder falsche Bewegung, erwachsen aber auch aus den bereits erwähnten mentalen und emotionalen Blockaden. Das Ergebnis ist immer das gleiche – Turbulenzen im Fluß der Lebensenergie.

Wir erfahren in unserem Körper und in unserem Leben sowohl akute als auch chronische Hindernisse. In den *akuten* Blockaden spiegeln sich gewöhnlich vorübergehende Probleme oder Schwierigkeiten wider. Der Keim *chronischer* Blockaden wurde meist schon in der Kindheit gelegt. Sie liegen in der Regel viel tiefer und im verborgenen, weil sie verdrängt wurden, und sie sind sehr dauerhaft.

Akute Hindernisse (Erschütterungen) sind zwar oft sehr schmerzhaft und dramatisch, haben aber meist eine deutlich erkennbare Ursache: «Verdammt! Ich glaube, ich habe mir den Zeh gebrochen.» – «Tim und ich hatten einen furchtbaren Streit.» – «Was? Eine Rechnung über *tausend Dollar?* Wie sollen wir das bezahlen?»

Solche akuten Hindernisse sind eher etwas Fließendes, Bewegliches als etwas Festes, Stabiles. Sie kommen und gehen wie Ebbe und Flut und verändern sich mit unseren wechselnden Lebensumständen. Wie offen wir sind oder wie viele innere Blockaden wir haben, das kann sich von Tag zu Tag, ja sogar von Stunde zu Stunde ändern.

Mit Hilfe eines oder mehrerer Ventile können wir die streßerzeugenden blockierten Energien vorübergehend freisetzen, bis wir das Problem gelöst haben – bis unser Zeh geheilt ist, bis wir uns wieder mit unserem Partner versöhnt oder einen Ausweg aus dem finanziellen Engpaß gefunden haben.

Im täglichen Leben können akute Blockaden oft schmerzhafte Symptome hervorrufen, die uns zum Arzt, zum Chiropraktiker, zum Psychotherapeuten oder zur Massage treiben. Doch unsere chronischen Blockaden rufen ein viel tiefer liegendes Bedürfnis nach Veränderung hervor.

In *chronischen* Blockaden körperlicher, geistiger oder emotionaler Art spiegeln sich tiefe, ungelöste Probleme wider. Der Körper ist der Aktenschrank des Basis-Selbst, in dem diese Blockaden in Form physischer Erinnerungen, oftmals als Spannungen oder Schmerz, vor sich hin schwären. Je nachdem, wie ihre Kindheit verlaufen ist, haben manche Menschen mit mehr, andere mit weniger chronischen Hindernissen zu kämpfen. Wer zum Beispiel psychisch gestörte oder gewalttätige Eltern hatte oder ganz ohne Eltern aufwachsen mußte, der wird mehr von diesen latenten Problemen zu bewältigen haben. Solange wir sie nicht lösen, begleiten sie uns ständig, und wir nehmen unser Leben wie durch ein dunkles Brillenglas wahr – so «glücklich» oder erfolgreich es nach außen hin auch sein mag.

Bei tiefer liegenden oder chronischen Blockaden, für die keine erkennbare Lösung in Sicht ist, können die Ventile, mit deren Hilfe wir die Energie freisetzen, die Form chronischer, zwanghafter Suchtrituale annehmen – so lange, bis wir uns der Behandlung unterziehen, die notwendig ist, um uns über diese Blockade klarzuwerden und sie aufzulösen. (Das kann zum Beispiel durch eine Kombination aus Psychotherapie und Körperarbeit geschehen.)

Wenn wir uns über die Ventile und ihre Einsatzmöglichkeiten im klaren sind, können wir bewußt entscheiden, wie und wann wir Energie freisetzen und mit welchen Werkzeugen wir etwaige auftauchende Hindernisse bekämpfen wollen. Wir können unseren tiefer liegenden Ängsten und unseren latenten, chronischen Blockaden viel mutiger und klareren Blickes gegenübertreten. Es lohnt sich, diese inneren Blockaden beiseite zu räumen. Eine viel intensivere Energie und größere Lebendigkeit werden der Dank sein.

Die Ursache innerer Blockaden

Als Kinder hatten wir nicht mit vielen inneren Hindernissen zu kämpfen. Frei von komplizierten Gedankengängen blickten wir in eine strahlende, geheimnisvolle Welt und nahmen alles klar und deutlich wahr. Wir hatten noch keine Hemmungen und brachten alle unsere Gefühle ganz selbstverständlich zum Ausdruck. Unser Körper war entspannt, sensibel und beweglich und vollkommen offen für das Leben.

Im Alter von vier bis sieben Jahren und bis in die Pubertät hinein wich dieser ursprüngliche Zustand der Unschuld den verschiedensten Erwartungen, Enttäuschungen, Sorgen und Streßsituationen. Unser Bewußtes Selbst, das für die Entfaltung einer individuellen Persönlichkeit zuständig ist, prägte sich stärker aus. Wir erlebten soziale Konflikte, Konkurrenzkämpfe und Auseinandersetzungen mit Autoritäten. Das Leben erschien uns komplizierter und problematischer als je zuvor. Vor allem die Pubertät ist eine Zeit hoher Ideale – dementsprechend stark desillusioniert uns in dieser Zeit die Welt der Erwachsenen. Die verhältnismäßig sichere, behütete Welt der Kindheit ist dahin. Es ist, als seien wir aus einem angenehmen Traum erwacht und müßten jetzt dem kalten Licht der Realität ins Auge sehen. Unsere Hormone geraten in Aufruhr, und die Veränderungen, die in unserem Körper ablaufen, machen uns unbeholfen und unausgeglichen. Daher leiden Teenager unter besonders schmerzhaften Blockaden und sind sehr anfällig für Suchtverhalten.

Von diesen Entwicklungen bleibt kein Jugendlicher verschont, selbst wenn er unter den bestmöglichen Umständen aufwächst. In zerrütteten Familien, wo Kinder keine Zuwendung und Geborgenheit erleben, keine Selbstachtung entwickeln können und körperlich oder sexuell mißbraucht werden, sind Streß und Ängste, negative Charakterprägung und destruktive Verhaltensweisen entsprechend ausgeprägter.

Außerdem erben wir alle von unseren Eltern ein ganzes Arsenal unbewußter Strukturen. Denn unsere Eltern geben nicht nur ihre Liebe, ihre von den Vorfahren ererbten Stärken, ihre Weisheit und ihre Talente an uns weiter, sondern auch ihre Schattenseiten und Ängste, ihre negativen Verhaltensmuster und Süchte. Selbst wenn wir in der glücklichsten Familie aufgewachsen sind, waren unsere Eltern sicherlich nicht vollkommen erleuchtet, glücklich und selbstsicher. Also haben wir von ihnen auch nicht immer die Zuwendung erhalten, die wir brauchten. Und so sind wir alle auf unserem Weg zwischen Geburt und Gegenwart immer wieder verletzt worden, und das Narbengewebe dieser Wunden hat dazu beigetragen, die Blockaden in unserem Körper, unserem Denken und unseren Emotionen aufzubauen. Das Ergebnis ist jedesmal das gleiche: Suchtverhalten.

Ventile für unseren Streß

Dieser Abschnitt soll uns helfen, unsere zwanghaften Verhaltensweisen besser zu durchschauen und zu begreifen. Denn Bewußtmachung ist der erste Schritt zur Lösung eines Problems – aber eben auch nicht mehr als nur ein Schritt. Wir müssen auch den Willen zur Veränderung aufbringen und die später eingehend beschriebenen Methoden anwenden, um unsere körperlichen, mentalen und emotionalen Blockaden aus dem Weg zu räumen.

Doch zuerst müssen wir die wichtigsten Ventile, mit deren Hilfe wir Menschen unserem Streß Luft machen, einmal genauer untersuchen:

1. *Alkohol, Nikotin und andere Drogen*
2. *Streßbedingte Krankheiten oder Verletzungen*
3. *Überanstrengung*
4. *Ängste und die Neigung, sich Gefahren auszusetzen*
5. *Exzessives Essen*
6. *Grausamkeit*
7. *Orgasmus*

Natürlich handelt es sich nicht *unbedingt* gleich um ein Zwangsverhalten oder eine Sucht, wenn man ein bißchen Wein trinkt, krank wird oder sich verletzt, hart arbeitet, ein opulentes Essen zu sich nimmt, gerne einen Eisbecher ißt, mit seiner Freundin schläft und so weiter. Aber so etwas kann sich zu zwanghaftem Verhalten oder einer Sucht *entwickeln,* denn es gibt unserem Basis-Selbst die Möglichkeit, angestaute Energien zu entladen.

Manche dieser Ventile, zum Beispiel das Spiel mit der Gefahr, lassen zuerst den Adrenalinspiegel rapide ansteigen, darauf folgt dann eine Phase der Erschlaffung oder «Entspannung». Andere Ventile (beispielsweise die Einnahme von Opiaten) versetzen uns sofort in einen Zustand der Lethargie. Jedes Ventil hat seine Vor- und Nachteile. (Wenn sie gar keine Vorteile hätten, würde sich ja niemand ihrer bedienen.) Einen entscheidenden Vorteil haben sie alle gemeinsam: Sie geben uns ein Gefühl der Befriedigung und lindern inneren Streß. Die Schattenseiten dieser Ventile sind den meisten von uns klar. Doch Moralurteile bewirken nur das Gegenteil – daß wir an unseren Verhaltensmustern festhalten, statt uns von ihnen zu befreien. Es ist klüger, sich die Konsequenzen vor Augen zu halten und dann eine entsprechende Entscheidung zu treffen.

Alkohol, Nikotin und andere Drogen

Dieses Ventil verschafft uns Erleichterung durch den übermäßigen Genuß oder den Mißbrauch von Alkohol, von Drogen, wie Aufputsch- und Beruhigungsmitteln, oder von gesellschaftlich anerkannten Suchtmitteln wie Nikotin, Kaffee oder andere koffeinhaltige Getränke. Diese Mittel machen uns nicht nur psychisch abhängig, sondern erzeugen auch einen starken physischen Zwang. Manche anregenden Drogen wirken zwar zunächst wie eine Energiespritze, doch letzten Endes haben alle die gleiche Wirkung. Sie setzen nur Energie frei (Beispiel: Jemand ist zappelig oder nervös und raucht eine Zigarette, um sich zu beruhigen).

Wenn Peter ab und zu bei einer Party ein Glas Wein oder anderen Alkohol trinkt oder hin und wieder in eine Kneipe geht, ist das wohl noch kein Zwangs- oder Suchtverhalten. Hat er aber das Gefühl, *jeden Tag* Alkohol trinken zu müssen, oder wenn er häufig Alkohol braucht, um sich zu entspannen, weil er nervös oder deprimiert ist, dann ist das unter Umständen schon ein suchtmäßiges Verhalten.

Legale und verbotene Substanzen, die körperlich abhängig machen (beispielsweise Alkohol, Nikotin, Opiate und Amphetamine), üben einen starken Zwang auf das Basis-Selbst aus, programmieren es auf Abhängigkeit und erzeugen eine ungeheure

Angst vor dem Entzug der Droge. Deshalb *muß* jede Form der Heilung und dauerhaften Genesung mit physischen, mentalen und emotionalen Methoden arbeiten, die das Basis-Selbst inspirieren, erziehen und stärken. Die Selbstdisziplin, eine bestimmte suchterzeugende Substanz nicht mehr einzunehmen, ist zwar wichtig, aber nur ein Anfang. Wenn jemand einfach nur aufhört, Alkohol zu trinken, ist er noch lange nicht geheilt, sondern lediglich disziplinierter als vorher – ein «trockener» Alkoholiker. Wahre Heilung erfordert eine neue Lebensweise, Einsicht und eine tiefe psychische Wandlung. Es hat sich gezeigt, daß Zwölfschritteprogramme hier besonders wirksam sind. Sie motivieren das Basis-Selbst dazu, sich zu verändern.

Die Überwindung einer Sucht ist ein düsterer und schwerer Weg, aber für viele Menschen auch ein wichtiger Schritt auf dem Weg zu spirituellem Wachstum und Erwachen.

Streßbedingte Krankheiten oder Verletzungen

Im Körper eines jeden Menschen gibt es Bakterien, Viren und oft sogar Krebszellen. Aber unser Immunsystem, das der Leitung des Basis-Selbst untersteht, besitzt die natürliche Fähigkeit, «feindliche» Organismen unter Kontrolle zu halten. Wenn wir jedoch geistigem, emotionalem oder physischem Streß ausgesetzt sind – weil wir uns Sorgen machen oder aufregen, weil wir unseren Körper zu stark belasten oder Drogen einnehmen –, können wir krank werden, denn unter Streß neigt das Unbewußte dazu, die Verteidigungsmauern fallenzulassen und damit die natürliche Abwehrreaktion zu unterdrücken.

So wie Alkohol und andere Drogen Schmerzen vorübergehend lindern können, so bringt eine Krankheit oft eine körperliche Schwäche mit sich, die eine zumindest leicht entspannende Wirkung hat. Trotz ihrer unangenehmen Symptome (die man mit Hilfe von Medikamenten wieder etwas lindern kann) wirkt die Krankheit entspannend auf uns, denn sie leitet angestaute Energien ab. Auch Verletzungen reduzieren die streßerzeugende Energie, denn der Körper braucht die Energie dann zu seiner Heilung.

Manche Menschen setzen dieses Ventil in extremerer Form ein, indem sie sich absichtlich verletzen oder gar selbst verstümmeln (ein solches Verhalten ist im allgemeinen auf ein schweres Kindheitstrauma zurückzuführen – etwa, wenn jemand als Kind mißhandelt wurde). Auch dieses Verhaltensmuster mit seinem Kreislauf «Adrenalinstoß – Energiefreisetzung – Gefühl der Entspannung» kann sich zu einer Sucht entwickeln.

Wer Krankheiten oder Verletzungen unbewußt dazu einsetzt, seine Energie zu entladen, tut das im allgemeinen in Ermangelung eines anderen Ventils – weil man andere Methoden, beispielsweise Sport, meidet oder weil man ein so starkes (häufig unterdrücktes) inneres Unbehagen empfindet, daß das Basis-Selbst diese Krankheiten oder Verletzungen noch zusätzlich zu anderen Ventilen einsetzen muß.

Nicht jede Krankheit oder jeder Unfall ist eine bewußte oder vielleicht auch nur unbewußte Entscheidung, sich von zu starker Energie zu befreien. Virginia zum Beispiel achtet normalerweise sehr auf ihre Gesundheit, trotzdem bekommt sie in der Streßsituation der Vorbereitung auf ihr Abschlußexamen eine heftige Viruserkrankung. Oder Claude, ein vorsichtiger Autofahrer, wird auf der Kreuzung von einem betrunkenen oder unaufmerksamen Autofahrer gerammt. Manchmal werden wir eben einfach krank oder haben einen schlechten Tag. Wird man gelegentlich krank oder verletzt sich, deutet das noch nicht zwangsläufig auf ein Suchtverhalten. Doch Krankheiten oder Verletzungen, die in Form eines *immer wiederkehrenden* Musters auftreten, bedeuten, daß wir unser Leben einmal genau untersuchen und uns bemühen müssen, neue Ebenen des Wohlbefindens zu erreichen.

Überanstrengung

Mäßige, aber regelmäßige Bewegung oder sportliche Betätigung öffnet unseren Körper für vitalere Energien und kann eine gesunde, bewußte, ja sogar angenehme Form der Erholung sein, bei der wir gleichzeitig Kontakt zu anderen Menschen knüpfen und unsere Persönlichkeit entwickeln. *Übermäßige Anstrengung* dagegen ist ein streßbedingtes, zwanghaftes und relativ freudloses Verhaltensmuster. *Wenn es uns entzogen wird, sind wir deprimiert oder frustriert.* Durch zwanghafte, streßbedingte Überanstrengung können chronische Gelenk- und Gewebeschädigungen entstehen, weil man den Körper zu sehr fordert und ihm zuwenig Ruhe gönnt. Ebenso wie es bei Alkoholikern den ersten Schritt zur Heilung bedeutet, wenn sie ihre Sucht als Problem erkennen, können auch Menschen, denen ihre Abhängigkeit von der Überanstrengung in ihrer ganzen Tragweite zum Bewußtsein kommt, schon durch diesen Bewußtseinsakt den Heilungsprozeß und die Kräfte der Veränderung in Gang setzen. Indem wir unsere Verhaltensmuster der Überanstrengung erkennen, darauf achten und uns etwas Mühe geben, können wir diese Verhaltensmuster mit der Zeit in eine entspannte, angenehme körperliche Betätigung verwandeln. Wir müssen uns nur von der zwanghaften Natur und der treibenden Kraft des Suchtverhaltens lösen.

Man kann sich nicht nur in der Turnhalle oder auf dem Spielfeld überfordern. Auch Personen, die viel arbeiten, obwohl ihre Arbeit ihnen eigentlich gar keinen Spaß macht, die sich in ihre Arbeit vergraben, um der Nähe zu anderen auszuweichen; die nur einschlafen können, wenn sie erschöpft sind, oder denen nichts anderes Spaß macht als ihre Arbeit, legen ein Suchtverhalten an den Tag. Sobald wir das Problem klar erkannt haben, können wir beginnen, unser Leben wieder ins Gleichgewicht zu bringen. Natürlich gibt es auch einige, die hin und wieder oder sogar regelmäßig Überstunden machen, weil sie ihre Arbeit lieben – weil sie ihnen das Gefühl gibt, daß ihr Leben einen Sinn und ein Ziel hat. Das ist nicht unbedingt ein Suchtverhalten.

Wir alle kennen Leute, die zwanghaft und ständig reden oder dauernd nervös herumzappeln. In ihnen hat sich streßerzeugende Energie gestaut, und sie versuchen diese durch ihr pausenloses Reden oder ihre Bewegungen zu reduzieren. Diese Überaktivität ist ebenfalls eine Form der Überanstrengung.

Angst und riskantes Verhalten

In Angstsituationen schießt unser Adrenalinspiegel in die Höhe, anschließend schlaffen wir ab. Auch das ist ein typisches Kennzeichen eines potentiellen Suchtverhaltens. Man kann Angst ganz bewußt als Ventil für Streß einsetzen, zum Beispiel durch Ansehen eines Horrorfilms, beim Fallschirmspringen, indem man ein Verbrechen begeht oder irgend etwas anderes tut, womit ein hohes Risiko verbunden ist. Unser Basis-Selbst erzeugt auch unbewußte Ängste in Form von Alpträumen, Panikzuständen oder Phobien.

Stehen keine anderen Ventile zur Verfügung, zum Beispiel in der Kindheit, kann das Basis-Selbst unter Umständen chronische, immer wiederkehrende oder zwanghafte Ängste in Form von *Phobien, Alpträumen oder panischen Angstzuständen* erschaffen. Phobien sind permanente krankhafte, übertriebene oder unlogische Ängste, die in keinem Verhältnis zu der tatsächlichen Gefahr oder Bedrohung stehen. Häufige Phobien sind zum Beispiel Angst vor der Dunkelheit, Höhenangst, Klaustrophobie, Agoraphobie (die Angst vor freien Plätzen) und Angst vor Schlangen, Nagetieren oder Insekten.

Es ist nicht ungewöhnlich, daß sich Leute vor dunklen Straßen oder stechenden Insekten fürchten. Erst wenn diese Angst chronisch wird, uns nicht mehr losläßt oder uns schwächt oder wenn sie den normalen Ablauf unseres Alltagslebens gefährdet (wir verlieren zum Beispiel die Kontrolle über unser Auto, nur weil ein Nachtfalter oder eine Biene hineingeflogen ist, oder wir sind nicht in der Lage, in ein Flugzeug oder einen Fahrstuhl zu steigen), hat sie sich zu einer Phobie ausgewachsen.

Auch Alpträume und panische Angstzustände werden vom Basis-Selbst erzeugt. Die meisten Anfälle panischer Angst erleben wir im Traum, in Form von Alpträumen. Am häufigsten sind beängstigende Träume von Insekten oder Nagetieren, von vagen, formlosen Wesen oder Ängsten (frei-flottierende Angst) oder das von panischer Angst begleitete Gefühl, sich nicht von der Stelle rühren zu können.

Horrorfilme ziehen die Zuschauer mit beängstigenden Bildern in ihren Bann. Man ist gefesselt von der Wirkung der Musik und der Klangeffekte, von der Angst, die den Adrenalinspiegel steigen läßt, und der anschließend folgenden Erleichterung. Wer nach einem Horrorfilm schon einmal mit schlotternden Knien aus dem Kino gegangen ist, der kann diese Wirkung bestätigen. Wer Filme und Bücher, in denen unschöne Dinge passieren, nicht mag, der hat sich einfach gegen dieses Ventil entschieden, das anderen Menschen relativ gute Dienste leistet.

Denn solche Filme und Bücher haben nebenbei auch noch den Vorteil, daß man von einer sicheren Warte aus einen Blick auf die Schattenseiten der menschlichen Psyche werfen kann. Sie sind eine verhältnismäßig harmlose Methode, die dunklen Seiten in unserem eigenen Inneren abzureagieren.

Paradoxerweise haben «zwerchfellerschütternde» Komödien den gleichen Effekt wie Horrorfilme. Das erklärt vielleicht den bekannten Spruch: «Lachen ist die beste Medizin.» Norman Cousins hat entdeckt, daß Lachen ein sehr wirksames Ventil für den inneren Druck ist, der sonst streßbedingte Krankheiten erzeugt. Filme oder Bücher, die *andere heftige Emotionen wie beispielsweise Kummer oder Zorn* hervorrufen, können einen ähnlichen Effekt der Anspannung und anschließenden Entspannung haben. Daher sind viele süchtig nach rührseligen Filmen oder Fernsehserien.

Kinder und Erwachsene können sogar nach dem Nervenkitzel von *Videospielen* und spannenden *Fernsehshows* süchtig werden, wo das Risiko nur vorgetäuscht ist. Auch dabei kann man innere Spannungen freisetzen. Solche Shows, selbst Videospiele können durchaus Spaß machen; aber wenn sie zur Besessenheit oder gar zu einem Zwang werden, können sie familiäre Konflikte auslösen und produktivere, konstruktivere Aktivitäten ersetzen oder beeinträchtigen. Es ist genau wie mit jeder anderen Aktivität auch: Wir müssen uns des Unterschieds zwischen *Gebrauch* und *Mißbrauch* bewußt bleiben.

Die Jagd nach dem Nervenkitzel ist bei Personen, die ihren Streß durch Angst abbauen, eine besonders beliebte Beschäftigung. Diese «Adrenalinsüchtigen» genießen ihre ersten Fallschirm- oder Bungeesprünge, das schnelle Autofahren oder andere Hobbys, die mit einem erregenden Nervenkitzel verbunden sind, denn nach dem Adrenalinstoß folgt der befreiende Spannungsabbau. Viele *Karussellfahrten,* beispielsweise Geister- oder Achterbahn, bringen uns bei einem Minimum an Gefahr ein Maximum an Angst. Sie befriedigen das Bedürfnis nach Streßabbau, wie alle Leute bestätigen können, die das schon einmal ausprobiert haben. Wie bei allen anderen Ventilen zahlen auch hier die Leute eine Menge Geld dafür, um von ihrem Streß befreit zu werden. Aber nicht alle Fallschirmspringer oder Rennfahrer sind süchtig. Manche handeln auch aus purem sportlichem Ehrgeiz und haben dabei überhaupt keine Angst.

Die meisten Formen dieser Suche nach Aufregung, Vergnügen oder Nervenkitzel sind ein verhältnismäßig harmloser Zeitvertreib. Nur wenn sie zum Zwang werden, sollten wir einmal ernsthaft über die schwächende Wirkung nachdenken, die sie auf uns haben. Das scheint besonders für *Glücksspiele* zu gelten, die wie eine harmlose Karussellfahrt sein, aber auch wie eine Horrorgeschichte enden können. Für viele Menschen ist ein gelegentlicher Besuch in Las Vegas, Atlantic City oder anderen Städten, in denen Glücksspiele erlaubt sind, nichts anderes als ein Urlaub und eine willkommene Abwechslung. Man gewinnt oder verliert ein paar Dollars, sieht sich ein paar Shows an, macht einen Ausflug in die Umgebung, geht einkaufen. Doch für Leute, die der Spielleidenschaft verfallen sind, ist das eine genauso ernst zu nehmende und zerstörerische Sucht wie jede andere. Zuerst lockt den zwanghaften Spieler vielleicht nur das «leicht verdiente Geld». Doch bald wird er süchtig nach der Aufregung und Spannung, auf die dann der Energieabbau folgt (egal, ob er gewinnt oder verliert). So reich er auch sein mag, ein besessener Spieler wird immer so viel einsetzen, daß es ein großes Risiko für ihn bedeutet. Er setzt seine Sicherheit, seine Familie, sein Zuhause – alles – für den nächsten Adrenalinstoß aufs Spiel.

Das *Verbrechen* unterscheidet sich zwar von anderen risikoträchtigen Verhaltensweisen durch seinen asozialen Charakter, doch auch hierbei erlebt man eine kurze Phase intensiver Konzentration und Erregung, gefolgt von einem entsprechenden Energieabbau. Wer zum erstenmal ein Verbrechen begeht, tut es vielleicht wegen des Geldes, um der Aufregung willen, aus Leidenschaft, Rachsucht oder gar, weil sein soziales Umfeld Druck auf ihn ausübt. Doch sobald unser Basis-Selbst erst einmal den Reiz des Adrenalinstoßes und des anschließenden Gefühls der Erleichterung erlebt hat, entwickelt das Verbrechen ein Eigenleben, unabhängig von dem Grund, aus dem wir damit angefangen haben. Menschen mit einem zwanghaften Drang zum Stehlen (Kleptomanen) zum Beispiel entwenden oft Dinge, die sie gar nicht brauchen oder die sie sich ohne weiteres kaufen könnten. Sie stehlen nur wegen der Spannung und der anschließenden Energieentladung, die mit dem Risiko verbunden sind.

Kriminalität ist wie Heroin oder andere Drogen: Meistens fängt man klein an, aber mit der Zeit gewöhnt man sich daran. Der Adrenalinstoß bleibt aus, und man geht zu «größeren» oder gefährlicheren Verbrechen über. Man spielt mit dem Feuer und geht immer größere Risiken ein, bis das Spiel vorbei ist. (Menschen, die «nur des Geldes wegen» Verbrechen begehen, sind im allgemeinen asoziale Profis. Sie werden nicht so häufig erwischt wie Amateure, die es nur des Nervenkitzels wegen tun.)

Zu den *riskanten Verhaltensweisen* gehören auch verbotene oder von der Gesellschaft verpönte Aktivitäten (wie sich in aller Öffentlichkeit nackt zu zeigen oder Geschlechtsverkehr auszuüben) und alles, womit man sich bewußt in Gefahr begibt, nur um einen Adrenalinstoß aus Angst oder Erregung und das anschließende Gefühl der Erleichterung oder Entspannung zu erleben – etwa, wenn man am Rand eines Abgrunds entlangbalanciert. Der verstorbene Schriftsteller Graham Greene spielte russisches Roulette, wenn er etwas «Aufregendes» brauchte, um nach seinen depressiven Phasen wieder «aufzuwachen».

Exzessives Essen

Das ist eine der beliebtesten und verbreitetsten Methoden des Energieabbaus. Eine Möglichkeit, die Energie unseres Körpers durch Ernährung zu senken, besteht darin, *Süßigkeiten und wertlose Kohlenhydrate,* wie weißen Zucker und weißes Mehl, zu essen. Das hat psychische Ursachen. Man hat das Gefühl, nicht genügend Zuwendung zu bekommen, und will sich deshalb selber «etwas Gutes tun». Rasch umsetzbare Nahrungsmittel aus raffiniertem Zucker und Mehl, wie Süßigkeiten, Gebäck und anderes, lassen den Blutzuckerspiegel steil ansteigen und anschließend wieder sinken. Manche Leute stopfen so viel von diesen Kohlenhydraten in sich hinein, daß sie davon einschlafen. Sie essen im wahrsten Sinne des Wortes bis zur Bewußtlosigkeit.

Andere erreichen dasselbe Ziel mit einem *hohen Eiweißkonsum,* vor allem Fleisch und Milchprodukte. Dann wird die Energie in den Magen geleitet. Er braucht sie, um die vielen Proteine und Fette abzubauen. Unser Körper fühlt sich dann schwer, er verfällt in einen Zustand der Lethargie oder Entspannung. Wir alle kennen das Gefühl der Schwere und Mattigkeit nach einer eiweißreichen Mahlzeit.

Es kann auch eine Sucht sein, all seine Mahlzeiten stark zu würzen. *Gewürze* stellen eine zusätzliche Belastung für unser Verdauungssystem dar. Viele Gewürze haben positive Wirkungen und werden sogar als anregende Medikamente eingesetzt, aber sie senken auch unsere Energie.

Nicht jeder, der zuviel ißt, um Energie abzuleiten, wird davon dick. Manche überessen sich und trainieren es sich dann wieder ab. Personen mit zwanghaftem Eßverhalten, beispielsweise Bulimie, stopfen Essen in sich hinein und erbrechen anschließend. Leider und paradoxerweise senkt auch das selbstauferlegte Hungern bei der Magersucht, dem Gegenteil von Bulimie, unseren Energiespiegel. Es entsteht ein Gefühl künstlicher «Leichtigkeit» und Mattigkeit – eine Form des Spannungsabbaus, die eine sehr schwächende und letzten Endes sogar tödliche Wirkung haben kann, wenn man nicht rechtzeitig etwas dagegen tut.

Grausamkeit

Bei dem Wort «Grausamkeit» denkt man vielleicht am ehesten an sadistische Gefängniswärter, Naziverbrecher, Soziopathen oder Bösewichter, denen es Spaß macht, anderen Schmerz zuzufügen. Das sind die extremeren und glücklicherweise seltenen Fälle.

Aber es gibt auch die kleinen Grausamkeiten des täglichen Lebens, zum Beispiel die verletzenden Bemerkungen, die wir einander ins Gesicht schleudern, wenn wir gekränkt oder zornig sind, oder die Spannung-Energiefreisetzung-Zyklen von Paaren, die nach heftigen Auseinandersetzungen miteinander ins Bett gehen. Es gibt Kinder, die ihre Kameraden hänseln, und Erwachsene, die Kinder oder andere Erwachsene verspotten, schlechtmachen, kritisieren oder beschimpfen. Kinder und Erwachsene benutzen das Ventil der Grausamkeit auch manchmal, indem sie Insekten oder andere kleine Tiere quälen – ein unschönes Verhalten, das vielleicht häufiger vorkommt, als wir ahnen.

Das Schlagen und Mißhandeln von Partnern oder Kindern sind besonders tragische Beispiele für die Sucht nach Grausamkeit als Ventil für den Streß. Die anschließenden Schuldgefühle des Täters bauen nur noch mehr innere Spannungen auf, die dann wiederum freigesetzt werden müssen – ein verhängnisvoller Teufelskreis zwanghafter Wiederholungen.

Orgasmus

Der Orgasmus – durch Masturbation, Geschlechtsverkehr mit einem Partner oder nächtliche Samenergüsse («feuchte Träume») – ist eine weitverbreitete und verhältnismäßig harmlose Methode der Spannungsentladung. Im Gegensatz zu den höheren Motiven der Liebe, Zuneigung und Gemeinsamkeit ist der Orgasmus ein angeborener biologischer Trieb, der die Erhaltung der Art sichern soll. Wir können auch ohne eines dieser höheren Motive zum Orgasmus kommen und tun das auch oft. Viele Erwachsene schlafen in beiderseitigem Einverständnis zum bloßen Vergnügen miteinander, ohne dabei irgendwelche Bindungen einzugehen. Sie erleben ihren Orgasmus, und dann geht jeder wieder seinen eigenen Weg. Doch die höchste Form der sexuellen Intimität umfaßt Liebe *und* Begehren.

Mit der Sexualität ist es genau wie mit allen anderen Ventilen: Problematisch wird sie erst dann, wenn sie sich zu einem Zwangs- oder Suchtverhalten entwickelt, wenn wir sie nicht *ge*brauchen, sondern *miß*brauchen. Orgasmussüchtige Menschen setzen die verschiedensten Methoden ein, um zum Orgasmus zu kommen, und neigen dazu, ihre Partner oder sich selbst als Sexualobjekte zu benutzen, um ihre inneren Spannungen loszuwerden.

Inzwischen ist wahlloser, ungeschützter Geschlechtsverkehr sehr riskant geworden und kann ernste, ja tödliche Folgen haben, ganz zu schweigen von dem emotionalen Aufruhr, der Unsicherheit und Unehrlichkeit und anschließenden Reue, die solche Affären häufig mit sich bringen.

Ich empfehle allen, die keinen Partner haben, ihre sexuellkreativen Energien durch Selbstbefriedigung freizusetzen. Das tun viele Menschen. Es ist ein einfaches Ventil der Spannungsentladung, bei dem man keine emotionale Bindung eingeht. Selbstbefriedigung scheint mir besser zu sein als unehrliche, lieblose, zwanghafte sexuelle Begegnungen, bei denen wir das

Risiko einer Krankheit, einer Schwangerschaft oder einer einseitigen emotionalen Verstrickung eingehen. Die Selbstbefriedigung ist übrigens auch eine einfache und unproblematische Lösung, wenn der eine Partner stärkere sexuelle Bedürfnisse hat als der andere oder wenn unser Partner gerade einmal nicht an Sex interessiert oder nicht da ist.

Doch bei der Selbstbefriedigung fehlt per definitionem die Beziehung zu jemand anderem. Es gibt keinen Energieaustausch, keine Verletzlichkeit, keine Vertrautheit. Wer nach diesem Ventil süchtig ist, obwohl er einen sexuell verfügbaren Partner hat, sollte vielleicht einmal darüber nachdenken, ob genügend Offenheit und Kommunikation in seiner Beziehung herrschen, und versuchen, tiefere Ebenen der sexuellen Nähe zu erforschen.

Je weniger innere Blockaden wir haben, um so weniger zwingend ist unser Bedürfnis nach Orgasmus. Und je weniger wir selbst brauchen, um so mehr können wir unserem Partner geben. Dadurch wird das Gefühl der Nähe in unserer sexuellen Beziehung intensiver. Etwas anderes ist es, wenn unser Drang nach Orgasmus unterdrückt ist, weil wir Hemmungen haben, sexuell blockiert sind, unsere sexuellen Triebe verdrängen oder aus einem Schuldkomplex heraus versuchen, enthaltsam zu leben. Solche Menschen brauchen unter Umständen die Hilfe eines Therapeuten.

Die Kombination mehrerer Ventile
Nehmen wir unser Leben einmal unter die Lupe, werden wir vielleicht feststellen, daß wir häufig gleich mehrere verschiedene Ventile zum Streßabbau benutzen. Wir überfordern uns zum Beispiel beim Sport, um einen Ausgleich für unser exzessives Essen zu schaffen. Wir stehen beim Geschlechtsverkehr häufig unter Alkohol oder Drogen, oder wir kombinieren Sex und Sport miteinander. Wenn wir einen Blick auf die dunklere Seite der menschlichen Psyche werfen, sehen wir häufig Verbindungen zwischen Drogen, Verbrechen, Grausamkeiten und anderen Verhaltensweisen, bei denen ein hohes Risiko im Spiel ist. Wir alle müssen uns so lange mit dem menschlichen Dilemma des Zwangsverhaltens und der Süchte auseinandersetzen, bis

wir die innere Arbeit beendet haben, die notwendig ist, um unsere Blockaden in Körper, Denken und Emotionen beiseite zu räumen.

Sucht oder nicht?

Wie ich bereits gezeigt habe, ist nicht jeder, der sich eines bestimmten Ventils bedient – der ab und zu ein Gläschen trinkt, hin und wieder einmal krank wird, Sport treibt, mal etwas Illegales getan hat, zuviel ißt, einen geliebten Menschen verletzt oder einen Orgasmus hat –, unbedingt gleich nach diesem Ventil süchtig. Zwischen Sucht- oder Zwangsverhalten und «normalen» Aktivitäten läßt sich keine klare Linie ziehen. Wir können nur sagen, daß wir uns verhältnismäßig frei von Zwangsverhalten oder aber verhältnismäßig unfrei fühlen.

Allgemein kann man sagen, wenn eines dieser Ventile *unser Leben beeinträchtigt* – unsere Beziehungen, unsere Arbeit, unsere Gesundheit oder unser Wohlbefinden –, wenn wir viel daran denken, obwohl wir es gerade nicht benutzen, dann fällt dieses Verhalten wahrscheinlich schon in den Bereich der Zwangsverhalten und Süchte.

Manche Menschen befinden sich hart an der Grenze zur Sucht, ohne es zu erkennen. Denjenigen, die ihre Sucht nicht wahrhaben wollen, rate ich zu einem einfachen Test. So können sie leicht feststellen, ob ihr Verhalten auf freier Entscheidung basiert oder bereits zwanghaft geworden ist: *Unterlasse die betreffende Aktivität (oder Aktivitäten) einmal eine oder zwei Wochen lang, und achte darauf, wie du dich dabei fühlst.* (Bei zwanghaften Eßphasen, die periodisch wiederkehren, ist unter Umständen eine längere Pause notwendig.) Wenn schon der Gedanke, dieses Ventil nicht mehr benutzen zu dürfen, in einem Angst auslöst, sollte man sich die Herausforderungen und Chancen, die einen erwarten, vielleicht doch einmal genauer ansehen.

Benutzen wir eines oder mehrere der beschriebenen Ventile schon so exzessiv, daß die Grenzlinie zum echten Zwangs- oder Suchtverhalten überschritten ist, dann hat unser Bewußtes Selbst die Kontrolle über unser Verhalten verloren. Unser Basis-Selbst gibt der Sucht nach und wehrt sich gegen jeden Versuch, etwas daran zu ändern. Anfangs will das Bewußte Selbst

vielleicht nicht wahrhaben, daß das Verhalten zur Sucht geworden ist. Es glaubt, «alles unter Kontrolle zu haben und jederzeit
aufhören zu können» – so lange, bis es tatsächlich *versucht* aufzuhören. Dann beginnt ein heroischer Kampf um die Rückkehr zu
Würde und Selbstwertgefühl, die Rückkehr zum Leben. Unsere
besten Vorsätze helfen nichts, und unser Wille scheint völlig
machtlos zu sein. Wir versuchen es immer wieder – ein Kreislauf
von Erfolg und Mißerfolg: «Ich möchte ja so gern aufhören,
aber ich schaffe es einfach nicht» –, und ein Gefühl der Hilflosigkeit oder gar Hoffnungslosigkeit beschleicht uns. Dabei *könnten*
wir aufhören, aber nicht mit Hilfe der guten Vorsätze oder Ent-
schlüsse unseres Bewußten Selbst. Wir hören erst dann auf,
wenn wir wirklich verzweifelt sind und es uns ganz fest vorgenommen haben, wenn eine Kraft oder Inspirationsquelle, die
mächtiger ist als unser Ich, die Führung übernimmt und unser
Basis-Selbst sich einem höheren Willen unterwirft. Wenn wir
den Bergpfad des Kriegers hinaufsteigen wollen, müssen wir
uns den Hindernissen entgegenstellen, die auf dem Weg zur
Selbstbeherrschung liegen.

Wer benutzt welches Ventil?

Die Gründe, warum wir uns für bestimmte Streßabbauventile
entscheiden, sind ebenso komplex und unterschiedlich wie die
Persönlichkeiten der Menschen. Es kann sein, daß wir dieses
Ventil zufällig schon frühzeitig kennengelernt haben. Auch das
Verhalten unserer Eltern, die Anschauungen und Wertvorstellungen unserer Altersgenossen und der Druck, der von ihnen
ausging, kann uns unbewußt geprägt haben – oder es liegt ganz
einfach daran, daß uns keine anderen Ventile zur Verfügung stehen.

Wer einen verhältnismäßig passiven oder einfachen Ausweg
aus den Schmerzen der Alltagswelt sucht (die in Wirklichkeit
Schmerzen in unserer Psyche sind), bevorzugt *Alkohol und andere Drogen*. Manche gebrauchen diese Suchtmittel auch als Weg
zur Bewußtseinsveränderung, zu einer offeneren, spirituelleren
Verbindung mit dem Leben. Leider erreichen sie damit auf lange
Sicht genau das Gegenteil.

Kinder, denen andere Möglichkeiten zur Entladung ihrer angestauten Energien nicht so ohne weiteres zur Verfügung stehen, bedienen sich häufig des Ventils der *Krankheit oder Verletzung*. Wer dieses Ventil auch als Erwachsener noch benutzt, hat vielleicht als Kind die Erfahrung gemacht, daß eine Krankheit oder Verletzung die einzige Möglichkeit für ihn war, die Aufmerksamkeit oder das Mitgefühl der Eltern auf sich zu ziehen, oder er benutzte sie als Mittel zum Zweck, um nicht in die Schule gehen zu müssen oder anderen Pflichten auszuweichen, die er als lästig oder bedrohlich empfand.

Menschen, die den Drang verspüren, viel zu leisten, unrealistisch hohe Maßstäbe an ihre körperliche Fitneß anlegen oder puritanische Vorstellungen vom Wert der Arbeit im menschlichen Leben haben, entscheiden sich häufig für das Ventil der *Überanstrengung oder Überarbeitung*.

Sehr viele Leute benutzen die *Angst* als Ventil, und zwar aus ganz unterschiedlichen Gründen. Phobien oder panische Angstzustände treten häufig bei Personen auf, die gehemmt sind und vor der Benutzung anderer Ventile zurückschrecken, oder aber in Zeiten außergewöhnlich hoher Belastung, in denen unsere normalen Streßabbaumechanismen nicht mehr ausreichen. Extravertiertere Menschen sehen sich vielleicht ganz bewußt einen spannenden, schockierenden, lustigen oder traurigen Film an. Hinter Glücksspielen, der Jagd nach dem Nervenkitzel oder anderen risikoreichen Aktivitäten steckt häufig der Drang nach Aufregung und dem damit verbundenen Hochgefühl, die Lust am Spiel mit dem Feuer. Zu Verbrechen neigen vor allem unterprivilegierte Menschen, die keine gute Ausbildung erhalten haben, und solche, die ihrem Zorn über die Ungerechtigkeit der Gesellschaft auf diese Weise Luft machen.

Exzessives Essen kann ein psychischer Mechanismus der Isolation vom Leben sein, eine andere Form jener körperlichen Verteidigungsmauern, die Bodybuilder um sich errichten. Bei Menschen, die sexuell mißbraucht wurden, ist es oft auch ein Schutzwall gegen unerwünschte Aufmerksamkeit vom anderen Geschlecht. Es kann aber auch daher kommen, daß man uns nie beigebracht hat, uns richtig zu ernähren, oder durch familiären Druck oder blockierte Kreativität entstehen. Unser Basis-Selbst assoziiert Essen, vor allem Süßigkeiten und besondere Leckerbissen, vielleicht mit Liebe und Verwöhntwerden. Wir versuchen so, eine Lücke in unserem Leben zu füllen, die sich in Wirklichkeit aber erst schließen läßt, nachdem wir gelernt haben, uns selbst zu lieben und uns geliebt zu fühlen.

Grausamkeit dient Menschen als Ventil, die einen ungeheuren inneren Schmerz und Selbsthaß und große Frustration empfinden (obwohl das äußerlich vielleicht gar nicht zu erkennen ist). Ein Therapeut und die Unterstützung einer Gruppe können uns helfen, die Mauern unserer schlimmen Kindheit zu durchbrechen und uns geliebt und umsorgt zu fühlen.

Der *Orgasmus* ist ebenso wie die Nahrungsaufnahme ein elementarer biologischer Trieb und überdies für die meisten Erwachsenen leicht erreichbar. Wer den Orgasmus als Ventil benutzt, steht nicht allein da! Wir befriedigen uns schon allein aus dem Grund, weil es zweckmäßig ist und beweist, daß wir «auf eigenen Füßen stehen können». Wenn wir einen Partner haben und uns trotzdem lieber selber befriedigen, kann es sein, daß die Kommunikation und die Nähe zu einem anderen Menschen uns Probleme bereiten. Wenn jemand in der Kindheit sexuell belästigt oder mißbraucht wurde, können in seinem Inneren leicht negative «Bilder» und Assoziationen entstehen, die sich mit Hilfe eines guten Therapeuten abbauen lassen.

·—· ·—· ·—· ·—· ·—· ·—· ·—· ·—· ·—· ·—·

Verschaffe dir Klarheit über deine Gewohnheiten!
1. Lies diese Liste durch, und notiere voller Mitgefühl, wann und auf welche Weise dein Basis-Selbst sich schon einmal der hier aufgezählten Ventile zum Streßabbau bedient hat:
   - Drogen (Alkohol, Kaffee, Nikotin oder andere)
   - Streßbedingte Krankheiten oder Verletzungen
   - Überanstrengung (zwanghafte körperliche Betätigung oder Überarbeitung)
   - Ängste (Phobien, Panikzustände, Alpträume); Aktivitäten, bei denen Nervenkitzel im Spiel ist (Glücksspiele, Verbrechen und andere riskante Verhaltensweisen); Filme, die Angst auslösen oder einen zum Lachen oder Weinen bringen
   - Exzessives Essen (nicht, wenn es einmal vorkommt, sondern nur, wenn es immer wiederkehrt)

- Grausamkeit (verbale oder körperliche Mißhandlung anderer Menschen)
- Orgasmus (kein bloßes Interesse am Sex, sondern das zwanghafte Bedürfnis, sexuelle Spannungen abzubauen)

2. Akzeptiere deine früheren (oder jetzigen) Verhaltensmuster und dich selbst voll und ganz; aber mache dir auch bewußt, daß du die Möglichkeit hast, dich anders zu entscheiden, und ergreife alle Maßnahmen, die notwendig sind, um dein Verhalten an diese neue Entscheidung anzupassen (zum Beispiel sportliche Betätigung oder ein Zwölfschritteprogramm). Schaffe dir den Freiraum für Veränderungen.

3. Stelle dir vor, wie *wunderbar* du dich fühlen wirst, wenn diese Blockaden von dir abfallen. Male dir aus, wie es wäre, völlig von diesem Zwang frei zu sein. Spüre deine neugewonnene Selbstachtung und das Gefühl, stark zu sein und dich selbst besiegt zu haben.

Wenn wir uns unserer Ventile bewußt werden, kann es sein, daß wir uns künftig selbst dabei ertappen, wie wir wieder einmal mit Hilfe eines dieser Ventile Streß abbauen: «Jetzt tue ich es schon wieder!» Ich möchte noch einmal betonen, daß diese Ventile notwendig und auch nützlich sind, solange wir unsere inneren Blockaden noch nicht aus dem Weg geräumt haben. Wir müssen sie akzeptieren, mit ihnen zurechtkommen und konstruktive Entscheidungen treffen, gleichzeitig aber auch an der Beseitigung der Blockaden arbeiten, durch die diese Ventile überhaupt erst entstanden sind.

Wie wir unsere Süchte in den Griff bekommen

Die verschiedenen Streßabbauventile funktionieren so wie ein japanisches Spielzeug, das ich einmal gesehen habe – eine Holzschachtel, in der Metallstäbe steckten. Sobald man einen Stab hineinschiebt, kommt ein anderer heraus. Sobald man ein Ventil schließt, öffnet sich automatisch ein anderes.

Ein Freund von mir arbeitete eine Zeitlang ehrenamtlich bei einer Organisation, die Menschen half, von Heroinsucht und

Alkoholismus loszukommen. Fast alle gewöhnten sich statt dessen an, zu rauchen, literweise Kaffee zu trinken oder an den Nägeln zu kauen.

Wenn wir durch Verhaltensänderung, eine Aversionstherapie oder Hypnose versuchen, von bestimmten Gewohnheiten loszukommen, besteht die Gefahr, daß wir statt der einen in eine andere Suchtform verfallen – es sei denn, wir packen das Suchtproblem an der Wurzel an.

Daher ist es bestenfalls eine vorübergehende Lösung des Problems, wenn wir versuchen, unsere Süchte in den Griff zu bekommen – das heißt, uns für die harmlosesten Ventile entscheiden. Um einen langfristigen Heilungserfolg erzielen zu können, müssen wir einen Blick unter die Oberfläche tun.

Die Verantwortung für sein Tun akzeptieren

Das Wort «Sucht» ist zu einem Oberbegriff für alle zwanghaften Verhaltensweisen geworden, über die wir keine Kontrolle haben. Man assoziiert damit Hilflosigkeit und das Gefühl, ein Opfer zu sein. Nach wiederholten vergeblichen Versuchen, unser Suchtverhalten in den Griff zu bekommen, beschleicht uns tatsächlich oft dieses Gefühl, und häufig ist es sehr intensiv. Dabei hat jeder die Möglichkeit, die Kontrolle über sein Leben wiederzugewinnen. Wer den Weg des friedvollen Kriegers geht, muß sich darüber klarwerden, daß er immer die Verantwortung für sein Tun übernehmen kann – egal, wie viele seltsame, negative oder zwanghafte Gedanken und Impulse er hat. *Zwanghafte Gedanken müssen nicht unbedingt zu zwanghaften Handlungen führen.* Wir können uns entscheiden, was wir tun wollen. Auch wenn diese Entscheidung uns manchmal äußerst schwer fällt oder unsere Fähigkeiten gar hoffnungslos zu übersteigen droht, haben wir doch alle die Möglichkeit, sie durch geschickte Arbeit mit unserem Basis-Selbst zu verwirklichen.

Indem wir unsere Suchtverhaltensmuster – die Ventile, mit deren Hilfe wir unseren Streß entladen – verstehen, tun wir den ersten Schritt auf dem Weg zu einer Stärkung und Wandlung unserer Persönlichkeit, der uns helfen wird, unser Leben zu ändern.

Die Macht der Entscheidung

Oscar Ichazo, von dem ich das Wissen um diese Ventile erhalten habe, pflegte zu sagen: «Es ist besser, einen Keks zu essen (exzessives Essen) als Kopfschmerzen zu bekommen (Krankheit).» Er meinte damit, wir können *bewußt wählen,* wie wir unseren Streß ausgleichen wollen, statt uns ausschließlich in einem oder zwei der zur Verfügung stehenden Ventile festzufahren.

Wissen ist Macht. Erkenntnis gibt uns die Möglichkeit, Entscheidungen zu treffen. *Alles in allem sind sportliche Betätigung, übermäßiges Essen und Orgasmus die drei «besten» (am wenigsten destruktiven) Ventile.* Wenn wir sie klug einsetzen, können wir verhindern, daß andere zwanghafte Verhaltensweisen überhandnehmen.

Der gesunde Menschenverstand sagt uns, daß Aerobic, kombiniert mit Stretching-Übungen, unsere Blockaden zwar nicht beseitigen kann, aber die beste Vorbeugungsmaßnahme ist, um inneren Druck abzubauen, der uns sonst vielleicht dazu triebe, andere Ventile für unseren Streß zu suchen. Wer sich regelmäßig körperlich betätigt, ist *weniger anfällig* für Suchtverhalten. Aber Bewegung ist natürlich nicht unbedingt ein sicheres Gegenmittel gegen bereits bestehende Süchte. Manche Menschen, die mit vielen schmerzlichen Blockaden zu kämpfen haben, benutzen das Ventil der Überanstrengung und nehmen zusätzlich auch noch Drogen. Im allgemeinen jedoch gilt, je häufiger wir uns ausgewogen und im richtigen Maß körperlich betätigen, um so weniger haben wir unter Streß zu leiden.

Wenn wir etwas Süßes essen, Sex haben oder trainieren, räumen wir unsere inneren Blockaden damit zwar nicht aus dem Weg. Doch weil wir unsere Energien jetzt bewußt ableiten und nicht mehr unbewußt wie früher, schaffen wir uns doch wenigstens einen gewissen Freiraum. Wir wahren unsere Entscheidungsfreiheit und geben uns die Chance, unser Leben von einer Warte des mitfühlenden Verständnisses aus zu betrachten und uns nicht mehr mit Selbstvorwürfen zu überschütten. Sobald wir unsere Verhaltensmuster in diesem Licht betrachten, können wir objektiver entscheiden, was unserem inneren Wachstum dient und was nicht.

Meide Ventile, mit denen du nicht umgehen kannst

Bis wir frei von inneren Blockaden sind, ist es gut, sich an folgenden Grundsatz zu halten: *Wenn wir etwas nicht gut im Griff haben, sollten wir es lieber unterlassen.* Wenn irgendeine Gewohnheit oder irgendein Verhalten unsere zwischenmenschlichen Beziehungen, unsere Arbeit oder unsere Gesundheit beeinträchtigt, wenn wir häufig an dieses Ventil denken, wenn es den Menschen Kummer bereitet, die uns mögen, oder wenn wir dieses Verhalten jeden Tag wiederholen müssen, um uns wohl zu fühlen – dann haben wir es *nicht* im Griff.

Warum sollen wir uns das Leben unnötig schwermachen? Werden wir bei Süßigkeiten leicht schwach, dürfen wir eben keine Süßigkeiten im Haus haben. Haben wir Probleme mit Drogen, müssen wir eben den Kontakt zu Personen meiden, die Drogen nehmen. Fällt es uns schwer, treu zu sein, sollten wir Situationen aus dem Weg gehen, in denen es leicht zu einem Flirt kommen kann.

Solange man immer wieder in Streßsituationen gerät, wird man auch immer ein Mittel brauchen, die Energien zu entladen oder wieder ins Gleichgewicht zu bringen. Begierden und heftige Gelüste verschwinden niemals ganz. Wer Schwierigkeiten mit körperlich abhängig machenden Substanzen wie Alkohol, Nikotin oder Drogen hat, dem empfehle ich völlige Enthaltsamkeit, gekoppelt mit *regelmäßiger* täglicher Bewegung und der Teilnahme an einem entsprechenden Zwölfschritteprogramm oder einer anderen Therapieform. Eine solche Entscheidung kann dazu beitragen, das gesamte Leben zu verändern.

Wie man eine Sucht überwindet

Viele Menschen, die schon einmal süchtig waren, sagen, man müsse erst einmal ganz unten gelandet sein, ehe es wieder bergauf gehe. Ich bin der gleichen Meinung. Doch was «ganz unten» bedeutet, ist von Mensch zu Mensch verschieden. *Es hängt von unserem Selbstwertgefühl ab.* Indem wir unser Selbstwertgefühl heben (siehe Kapitel 11), können wir in unserem Inneren ein Klima schaffen, in dem uns selbst leichtere Suchtformen unerträglich erscheinen. Dann kommt die Zeit, wo wir genug haben und bereit sind, uns mit unseren Blockaden auseinanderzusetzen – nicht nur mit den äußeren Problemen des Lebens, sondern auch mit den inneren Problemen in unserem Körper, unserem Denken und unseren Emotionen, die schon so lange nach Heilung schreien.

Ein energiegeladenes Wesen

Jede positive Veränderung unserer Lebensweise ist zunächst einmal mit Unannehmlichkeiten verbunden, aber die Mühe lohnt sich. Die inneren Blockaden zu beseitigen bringt mehr Vorteile, als wir vielleicht glauben. Indem wir unseren Körper ins Gleichgewicht bringen, unser Denken klären und unsere Emotionen akzeptieren, öffnen wir uns für Energieebenen, die eine alchimistische Wandlung in uns bewirken bis in die Atomstrukturen unserer Zellen hinein.

Spirituelle Sucher aller Kulturen versuchen die Lebensenergie, die ihnen zur Verfügung steht, mit Hilfe verschiedener Methoden zu steigern. Sie haben entdeckt, daß *erhöhte Energie unter den richtigen Umständen jede menschliche Fähigkeit steigern kann:* Das Denken wird klarer, der Körper und das Immunsystem werden gestärkt. Wir werden zu «Leitungen» höherer Energien und können zur Heilung anderer beitragen. Unser leuchtendes Energiefeld manifestiert sich als persönliche Anziehungskraft, Charme, Ausstrahlung, Charisma. Unser Bewußtseinsfeld wird weiter, unsere Konzentration erhöht sich, und die sogenannten mystischen Zustände stellen sich ganz natürlich ein. Wir befinden uns viel häufiger in einem Zustand des Glücks, der Klarheit, Ausstrahlung, Heilkraft, Konzentration und Stärke.

Aufwärts

Eine Sucht kann uns zum Sklaven machen oder sogar umbringen. Doch wenn wir über sie hinausgelangen, ist sie ein schmerzlicher, schwieriger, aber unausweichlicher Weg zu Freiheit und Selbsterkenntnis. Manchmal muß man durch die Hölle gehen, um den Himmel zu erreichen.

Wissen ist Macht. Wenn wir das Wesen unserer Süchte und Zwangsverhalten begreifen, haben wir die Basis und den nötigen inneren Schwung für eine Veränderung. Die Möglichkeit und die Verheißung liegen noch vor uns. Wenn das Leben uns sowohl seine innere Dunkelheit als auch sein inneres Licht offenbart, können wir uns kraft unserer eigenen Bemühungen und unseres eigenen Mutes von unseren zwanghaften Ritualen befreien. Mit wachsender Selbstachtung und persönlicher Stärke werden wir wieder wie das Kind, das wir einmal waren, und wie der Meister, der wir eines Tages sein werden: mit klarem Denken, offenen Emotionen und einem entspannten, beweglichen, sensiblen Körper – unschuldig, verletzlich und wirklich.

Wenn wir uns vornehmen, unsere Blockaden zu erkennen und aus dem Weg zu räumen, tun wir einen entscheidenden Schritt, einen Quantensprung nach oben auf dem Pfad des friedvollen Kriegers.

6
Kreativ Veränderungen schaffen

In jedem Lebewesen steckt der Drang,
zu sich selbst zu finden:
Die Kaulquappe wird zum Frosch,
die Puppe zum Schmetterling,
der psychisch geschädigte Mensch zum ganzen Menschen.
Das ist Spiritualität.

Ellen Bass

Eine Welt voller Veränderungen

Leben ist Bewegung: Planeten drehen sich im Kreis, Regen fällt, ein Fluß fließt, eine Jahreszeit folgt auf die andere, Samen schlagen Wurzel, Wälder wachsen, und alte Bäume sterben ab, um Platz für neue zu machen, Wind und Gezeiten kommen und gehen. So geht der Tanz des Lebens immer weiter.

Der Druck einer sich ständig verändernden Außenwelt fordert von uns, daß wir auch unsere innere Welt verändern, um mit der äußeren Schritt zu halten. Wie Surfer reiten wir auf einer Welle, die sich immer schneller bewegt. Sie läßt sich nicht aufhalten, nicht einmal durch unsere Ängste. Uns bleibt nichts anderes übrig, als die Fahrt zu genießen. Wer lernt, auf den Wellen der Veränderung zu reiten, den tragen sie in die Zukunft hinein. Wer sich gegen sie wehrt, der wird lernen müssen, daß Widerstand Schmerzen bringt.

Der innere Drang, sich zu verändern, zu wachsen, sich weiterzuentwickeln, brennt tief in jeder Seele und jeder Zelle unseres Körpers. Er ist uns ebenso angeboren wie unser Wissensdrang. Und doch gibt es auch eine innere Stimme, die uns zurückhält. Ein Teil von uns hat Angst vor dem Unbekannten.

Äußere und innere Veränderungen

Als ich in einem Gespräch mit Socrates einmal darauf beharrte, ich sei doch bereit, mich zu verändern, stimmte Socrates zu: «Ja. Du bist bereit, deine Kleidung, deine Frisur, deine Partnerin, deine Wohnung oder deinen Beruf zu wechseln – alles würdest du ändern, nur nicht dich selber.»

Jedes echte Wagnis beginnt in unserem eigenen Inneren.
Eudora Welty

Socrates hatte recht. Ich hatte das Glück jahrelang in der Außenwelt gesucht, hatte vergeblich versucht, die Welt und meine Mitmenschen zu verbessern, statt mich auf die Notwendigkeit zu konzentrieren, mein eigenes Inneres zu verändern – meine Einstellung, meine Ansichten, meine Haltung zum Leben. Ich war so wie der Mann, der hartnäckig behauptet, keine Brille zu brauchen – die Zeitungen würden heute einfach nicht mehr ordentlich gedruckt. Es dauerte Jahre, bis mir klar wurde, daß die einzige Ursache meiner Probleme in mir selbst lag und daß ich, um meine Welt verändern zu können, zuerst einmal mich selber ändern mußte.

Wenn jeder vor seiner eigenen Tür kehren würde,
dann wäre die ganze Welt sauber.
Goethe

Wir sind erst dann richtig reif, wenn wir bewußt die Verantwortung für unser Tun übernehmen. Diese Verantwortung erkennen wir in dem Augenblick, in dem uns klar wird, daß die Welt, die wir sehen, nur eine Widerspiegelung unseres Bewußtseinszustandes ist. Unsere Konflikte und unsere Unzufriedenheit erwachsen daraus, daß wir Glück und Befriedigung in der Außenwelt suchen. Wir können unser äußeres Leben immer wieder verändern und doch niemals bis zur Ursache unserer Unzufriedenheit vordringen. Unsere bewußte Entwicklung beginnt erst dann, wenn wir erkennen, daß es an uns selbst liegt, unsere inneren Blockaden zu überwinden. Im vorigen Kapitel haben wir einige der wichtigsten Blockaden analysiert und uns ihre destruktive Wirkung auf unser Alltagsleben klargemacht. Später werden wir Methoden kennenlernen, wie man diese Blockaden aus dem Weg räumt. Doch bevor wir eine solche Methode anwenden können, müssen wir erst einmal den *Willen* zur Veränderung in uns erzeugen.

Wissen und Tun sind zweierlei

In Büchereien und Buchhandlungen findet man genügend Informationen über alle möglichen Themen, zum Beispiel Fakten, Ratschläge, Anleitungen zur Verbesserung der Partnerbeziehungen, der beruflichen oder finanziellen Lage oder der Gesundheit. Das Problem besteht also in der Regel nicht darin, daß wir nicht *wissen,* was wir tun sollen. Viel schwieriger ist es, unsere Vorsätze in die Tat umzusetzen und echte Resultate zu erzielen. Der Abgrund, der zwischen *Wissen* und *Tun* klafft, ist ein schwaches Glied in der Lebenskette der meisten Menschen.

Nehmen wir zum Beispiel an, wir haben beschlossen, uns gesünder zu ernähren oder endlich Sport zu treiben. Wir haben das ernstlich vor, wir sehnen die Resultate herbei, und wir wissen auch ziemlich genau, wie wir es anstellen wollen. Aber ehe wir die Sache angehen, warten wir erst einmal auf die Erlaubnis von innen: Wir warten, bis unsere Motivation stark genug ist und bis Angst, Selbstzweifel und Unsicherheit von uns gewichen sind. So können wir lange warten. Es verändert sich erst etwas, wenn wir den ernsten Willen haben, *bis zum Schluß durchzuhalten.* Unsere inneren Feinde weichen erst, wenn wir uns ihnen entgegenstellen, wenn wir tun, was wir trotz aller Ängste oder Unsicherheiten, die vielleicht noch in unserem Inneren lauern, für richtig halten.

Dann machen wir, falls wir abnehmen wollen, mindestens eine Stunde am Tag Aerobic-Übungen (zum Beispiel schnelles Laufen) und nehmen eine Zeitlang keine fetten Nahrungsmittel mehr zu uns. Wenn es uns wirklich wichtig genug ist, mit dem Trinken aufzuhören, ergreifen wir alle erforderlichen Maßnahmen, um davon loszukommen – ob das nun ein Zwölfschritteprogramm oder eine Entziehungskur ist. Jeder Süchtige kommt früher oder später auf irgendeine Art von seiner Sucht los, entweder durch seine eigene Willenskraft oder durch die Gnade Gottes oder am Tag seines Todes.

Wenn wir erst einmal soweit sind, daß wir uns selbst lieben, verstehen und akzeptieren, dann werden wir aus dieser liebevollen Einstellung die Entschlossenheit und den heroischen Kraftaufwand schöpfen, die nötig sind, um von unserem selbstzerstörerischen Verhalten loszukommen und unser Schicksal in die Hand zu nehmen.

Es gibt keine einfachen Wege

Manchmal fragen mich Kursteilnehmer: «Ich weiß zwar jetzt, was ich tun muß; aber wo soll ich die Disziplin und die Motivation dazu hernehmen?» Wenn mich jemand fragt, wie er etwas schaffen soll, erinnere ich ihn daran, daß er das ja eigentlich schon weiß. In Wirklichkeit lautet seine Frage: «Wie kann ich mir die Sache leichtmachen?»

Auf unserem Planeten ist es schwer, einen «leichten» Weg zu finden. Jede Leistung erfordert Kraftaufwand, Mut und Willensstärke. Manche Ziele sind leichter zu erreichen, andere schwerer. Im Grunde ist es egal, ob wir energisch auf unser Ziel lossteuern oder ob wir aufgeben, so oder so werden sich uns Schwierigkeiten in den Weg stellen. Das Leben ist niemals leicht.

> *Lebend kommen wir ohnehin nicht davon! Wir sterben entweder als Zuschauer des Lebens oder auf dem Schlachtfeld. Also können wir uns ebensogut aufs Schlachtfeld wagen und etwas riskieren!*
>
> Les Brown

Um eine positive Veränderung, gleich welcher Art, herbeiführen zu können, müssen wir höher emporsteigen, unser Bewußtsein erweitern, Konzentration, Zeit und Energie investieren. Diejenigen, die die Veränderung gemeistert oder zumindest akzeptiert haben, sehen den klaren, nüchternen Realitäten des Lebens ins Auge. Nur wer den Lauf der Welt noch nicht akzeptiert hat, der sucht nach einem einfachen Ausweg – der Zauberformel, mit der man etwas bekommt, ohne etwas dafür investieren zu müssen.

*Für jedes komplizierte Problem
gibt es eine einfache Lösung,
die nicht funktioniert.*
H. L. Mencken

Initiationsriten

In früheren Kulturen unterzogen die jungen Männer und Mädchen sich bestimmten Initiationsriten, die ihren Eintritt in die Welt der Erwachsenen markierten. Diese Riten sollten einen starken Eindruck beim Basis-Selbst hinterlassen und waren daher mit Schwierigkeiten, sogar Schmerzen verbunden. Sie waren ein Symbol für Tod und Wiedergeburt.

Jede positive Veränderung, jeder Sprung auf eine höhere Energie- und Bewußtseinsebene ist mit einem solchen Initiationsritus verbunden. Jedesmal, wenn wir auf der Leiter unserer persönlichen Entwicklung eine Sprosse weiterklettern, durchlaufen wir eine Phase der Initiation, die mit Unannehmlichkeiten verbunden ist. Ich habe noch nie eine Ausnahme erlebt.

Les Brown, ein bekannter und beliebter Redner, vergleicht diesen Aufstieg mit dem Start eines Flugzeugs. «Zuerst», erinnert er uns, «muß man sich anschnallen. Und jedesmal, wenn das Flugzeug an Höhe gewinnt, wird der Flug erst einmal eine Zeitlang unruhig.»

Disziplin und Willenskraft zu haben bedeutet, daß man genügend psychische Energie aufbringen muß, um alte Verhaltensmuster zu durchbrechen. Dabei muß man aber eine Phase der Anpassung durchmachen, die ziemlich große Unannehmlichkeiten mit sich bringt.

Ob wir nun mit einem neuen körperlichen Training beginnen, abnehmen, uns das Rauchen abgewöhnen oder uns in eine Therapie begeben, alles bringt zunächst einmal unangenehme Empfindungen mit sich. Das Leben ist ein ewiger Weg bergauf. Es erfordert Entschlossenheit, Stärke, Mut und Willenskraft.

Ein Basis-Selbst, das Initiationsriten nicht gewöhnt ist, bekommt Angst, daß diese unangenehmen Empfindungen ewig andauern werden – also geht es ihnen lieber von vornherein aus dem Weg. Wer dagegen mit dem Prozeß der Veränderung vertraut ist und schon viele Initiationsriten hinter sich hat, weiß, daß diese Initiationen niemals einfacher werden – man gewöhnt sich nur daran. Wir wissen, daß die Unannehmlichkeiten irgendwann aufhören und einem Gefühl der Energie und Befriedigung weichen werden. Wer bisher immer vor der Schwelle der Veränderung zurückgeschreckt ist, dem fällt es vielleicht schwer, dieses Verhaltensmuster zu durchbrechen. Aller Anfang ist schwer. Aber am Ende des Tunnels der Veränderung schimmert ein Licht. Und wenn wir uns einmal durch das Dunkel gewagt haben, dann weiß unser Basis-Selbst, daß es das immer wieder schaffen kann.

Wie man die Disziplin aufbringt

Das Leben legt uns auf dem Weg zu unserem Ziel selten einen roten Teppich aus. Meist müssen wir uns durch einen Sumpf oder einen Dornenwald kämpfen. Aber wenn das Ziel verlockend genug für uns ist, wird es unseren Weg erhellen wie ein Leuchtfeuer. Es wird uns mit magnetischer Kraft durch den Sumpf oder Wald hindurchziehen. Diese Anziehungskraft weckt in uns die Disziplin und den Willen, weiterzumachen, allen Schwierigkeiten und Unannehmlichkeiten zum Trotz.

Kaum ein Medizinstudent wacht jeden Morgen mit dem Gedanken auf: «Das Studium macht mir soviel Spaß!» Aber wenn er in die Zukunft schaut und sich vorstellt, wie er als Arzt in einem Krankenhaus oder einer Klinik arbeitet und mit seinem Wissen und Können anderen helfen kann, wieder gesund zu werden, wenn er sich seine beruflichen Erfolge ausmalt, dann bringt er die Willenskraft auf, weiterzumachen.

Das gilt für uns alle. Nur wenigen Menschen macht jeder Tag ihrer Schulzeit, ihrer Ausbildung oder ihres Lebens Spaß. Doch wenn wir Ziele finden, die uns auf unserem Weg leuchten – wenn wir eine Vision haben –, dann können wir den Willen aufbringen, uns zu verändern.

Die drei Selbste – Konflikt und Kooperation

Solange unsere drei Selbste zusammenarbeiten, können sie so gut wie jedes Ziel erreichen. Sobald sie getrennte Wege gehen oder miteinander in Konflikt geraten, kann es leicht passieren, daß sie ihre Bemühungen gegenseitig zunichte machen. Wenn das Bewußte Selbst die Unterstützung des Basis-Selbst hat, gelingt ihm eine Veränderung stets mit müheloser Leichtigkeit, selbst wenn sie noch so schwierig zu erreichen ist. Streben unser Basis-Selbst und unser Bewußtes Selbst dagegen in verschiedene Richtungen, stoßen wir auf eine Mauer des Widerstandes.

Die Eigenschaften der drei Selbste

Jedes unserer drei Selbste hat seinen Zuständigkeitsbereich: Das Basis-Selbst unterstützt und erhält den Körper und liefert uns die instinktive Weisheit und Energie für ein erfolgreiches Leben. Das Bewußte Selbst sammelt und interpretiert Informationen und erzieht und leitet unser Basis-Selbst, zum Beispiel indem es das Basis-Selbst mit Erlebnissen konfrontiert, die ihm helfen, Zuversicht und Selbstwertgefühl zu entwickeln. Das Höhere Selbst wacht aus liebevoller Distanz über das Bewußte Selbst, richtet es auf, inspiriert und leitet es durch Intuitionen und Empfindungen, die der Körper (das Basis-Selbst) registriert. Doch wenn das Bewußte Selbst aus dem Gleichgewicht gerät, neigt es dazu, die Gefühle und Intuitionen des Basis-Selbst mit seiner anmaßenden Logik zu übertönen und die Wichtigkeit oder gar die Existenz des Höheren Selbst zu ignorieren.

Wenn die Kommunikation nicht mehr funktioniert

Genau wie Erwachsene und Kinder sich nicht immer einig sind und den Wertvorstellungen des anderen oft verständnislos gegenüberstehen, so haben auch das Bewußte Selbst und das Basis-Selbst unterschiedliche Bedürfnisse und Prioritäten. Die Kommunikation zwischen ihnen kann zum Erliegen kommen. Bewußtes Selbst und Basis-Selbst haben oft keine besonders gute Beziehung zueinander. Sie sind wie ehemals gute Freunde, die sich zerstritten haben und einander entfremdet sind. Die Ziele des Bewußten Selbst können die instinktiven Bedürfnisse und emotionalen Energien unseres Basis-Selbst unterdrücken oder gar völlig verleugnen.

Dann kann es passieren, daß das Basis-Selbst «rebelliert», ähnlich wie ein unzufriedenes Kind einen Wutanfall bekommt oder sich absichtlich unkooperativ verhält. Diese Rebellion mag sich durch Energielosigkeit, geringe Motivation, finanzielle Probleme, eine Krankheit oder Verletzung, in Extremfällen sogar in Selbstmord oder einem tödlichen Unfall äußern.

In der Entfremdung zwischen unserem Bewußten Selbst und unserem Basis-Selbst – zwischen Verstand und Gefühl – spiegelt sich der gleiche Konflikt wider, den wir auch in der Außenwelt zwischen einzelnen Menschen, Gruppen und Völkern immer wieder wahrnehmen. In allen Fällen gibt es nur eine Lösung: gegenseitige Unterstützung, Anerkennung und Kooperation.

Harmonie zwischen den drei Selbsten bewirkt Veränderungen

Man kann eine Atmosphäre gegenseitigen Respekts zwischen Basis-Selbst und Bewußtem Selbst schaffen. Unser Bewußtes Selbst kann das Basis-Selbst unterweisen, unterstützen und erziehen, und unter der liebevollen Herrschaft des Höheren Selbst können wir Kanäle der Kooperation und Kommunikation zwischen den beiden Selbsten eröffnen.

Je besser unser Bewußtes Selbst versteht, wie unser Basis-Selbst (Unbewußtes) funktioniert, um so mehr Energie wird für die Erreichung unserer Ziele zur Verfügung stehen. Haben die drei Selbste Raum für Kommunikation und Kooperation untereinander geschaffen, werden wir leistungsfähiger, energiegeladener und stärker. Wenn wir lernen, unser Basis-Selbst anzuerkennen, zu unterstützen und zu leiten, werden wir erstaunliche Veränderungen erleben in bezug auf Gesundheit, Überfluß und Energie.

Willenskraft und innere Widerstände

Lieber Gott, mache mich keusch.
Aber noch nicht jetzt gleich!
Dem heiligen Augustinus zugeschrieben

Die meisten Menschen glauben, daß sie fähig sein sollten, ihr Leben zu verändern, einfach weil es gute Gründe dafür gibt. Sie bauen bei der Erreichung ihrer Ziele auf die Logik des Bewußten Selbst. Ebensogut könnten sie darauf zählen, daß ein Flugzeug sie zum Mond bringt. Die Willenskraft des Bewußten Selbst allein hat ohne Mitwirkung des Basis-Selbst keine Chance. Sie ist wie eine Zwanzig-Watt-Birne, die versucht, mit einem Leuchtturm zu konkurrieren. Wo ein Wille ist, ist auch ein Gegenwille da, und wenn das Bewußte Selbst keine Unterstützung vom Basis-Selbst bekommt, verliert es diesen Kampf unweigerlich.

Vernunft und Logik machen nur einen kleinen Teil des Wunders der Motivation aus. Logische Gründe helfen uns zwar, die Richtung festzulegen. Doch die nötige Energie zum Handeln kommt nur aus der Begeisterung. Wenn die Logik allein schon die Macht hätte, uns in Bewegung zu setzen, dann wäre die Fernsehwerbung viel logischer! Raffinierte Marketingexperten gestalten ihre Werbung so, daß sie unser Basis-Selbst anspricht. Werbefachleute wissen, daß der Impuls, zum Telefonhörer zu greifen oder in einen Laden zu gehen – der Wille, zu handeln, sich in Bewegung zu setzen, etwas zu verändern –, von unserem Unbewußten ausgeht.

Wenn wir vor einer Veränderung stehen

Ehe wir den Willen aufbringen können, uns zu verändern, müssen wir erst einmal die *Bereitschaft* dazu entwickeln. Diese Bereitschaft kann aus einer zweifachen Erkenntnis erwachsen:

1. Uns wird klar, daß unsere jetzige Situation nicht besonders gut ist.
2. Wir erkennen, daß die Lösung nicht darin besteht, unsere Mitmenschen oder die Welt zu verändern – wir müssen uns selbst ändern.

Ehe wir aufwachen können, muß uns klarwerden, daß wir geschlafen haben. Die Erkenntnis, daß wir den größten Teil unseres Lebens verschlafen haben, kann uns desillusionieren, verwirren, ja deprimieren. Wir sehen, vielleicht zum erstenmal in unserem Leben, was für ein weiter Weg noch vor uns liegt.

Kurz vor einer Veränderung wird unsere Lage scheinbar erst einmal schlimmer, da wir unsere Fehler und Irrtümer jetzt endlich deutlich erkennen. *Wenn wir das Gefühl haben, daß wir fest-*

gefahren sind, nicht weiterkommen – ja, daß uns sogar ein Rückfall droht –, holen wir in Wirklichkeit vielleicht nur Anlauf zu einem neuen Start.

Mit dem Gemüt eines Kindes

Jene von uns, die nie die Energie oder Willenskraft aufbringen können, ihre Ziele zu erreichen, halten sich manchmal für Versager. Dabei ist es ihnen in Wirklichkeit nur nicht gelungen, sich selbst und die tiefe, unbewußte Motivationsquelle in ihrem Inneren zu begreifen.

Das Basis-Selbst schenkt uns die Energie, die wir zum Leben brauchen – die Energie, selbst in schwierigen Situationen nicht aufzugeben. Es hält die Schlüssel zu Motivation, Disziplin und Durchhaltevermögen in der Hand. Seine Wertvorstellungen und Interessen sind jedoch die eines kleinen Kindes. Wenn wir lernen, wie man Kinder motiviert, wissen wir, wie wir zur Lebensenergie unseres Basis-Selbst Zugang finden und es zur Mitarbeit bewegen können.

Kinder mögen *Spaß und Vergnügen.* Sie freuen sich über neue Spielsachen und alles, was aufregend ist. Wenn uns irgend etwas anzieht oder in Begeisterung versetzt, dann gibt unser Basis-Selbst uns die Energie, die wir brauchen, um alle im Weg stehenden Hindernisse zu überwinden.

Aufregende Erinnerungen

1. Erinnere dich an irgendein Ereignis in deinem Leben, das dich begeistert hat – eine Begeisterung, die ungewöhnlich viel Energie in dir erzeugte.
2. Frage dich:
   - Was hat dich damals so beflügelt?
   - Was hat dich inspiriert?
   - Wie könntest du dir wieder Zugang zu dieser Energie verschaffen, falls du sie brauchen solltest?

In Notfällen oder anderen aufregenden Situationen wächst unser Basis-Selbst über sich selbst hinaus. Es besitzt eine unglaubliche Energie. Wir müssen nur lernen, an sie heranzukommen. Die Fähigkeit, sich zu begeistern, ist ebenso wichtig wie die Fähigkeit, sich zu entspannen. Viele Psychologen unterscheiden zwischen «schädlichem Streß» und «positivem Streß», denn ein bißchen Streß – wenn es um die Wurst geht, wenn der Termin herannaht und die Arbeit fast fertig ist – regt das Basis-Selbst an, uns die nötige Energie und Inspiration zu liefern. Dazu ist allerdings Selbsterkenntnis nötig: Denn was auf das eine Basis-Selbst anregend und beflügelnd wirkt, empfindet das andere vielleicht als Streß.

Das Lust/Schmerz-Prinzip
Unser Basis-Selbst strebt nach Vergnügen und geht Schmerzen aus dem Weg. Wir können den Willen zu einer Veränderung aufbringen, indem wir

1. uns darüber klarwerden, wieviel Energie wir dazu brauchen;
2. den natürlichen Widerstand unseres Basis-Selbst berücksichtigen und
3. diesen Widerstand durch Arbeit mit unserem Unbewußten überwinden. Dazu gehört, daß wir
   - uns deutlich vor Augen halten, wie schlimm es wäre, wenn sich an unserer Situation nichts änderte, und
   - uns die Annehmlichkeiten vorstellen, die unser neues Verhaltensmuster uns bringen wird.

In einer günstigen Situation entscheidet das Basis-Selbst sich für die größtmögliche Annehmlichkeit; in einer ungünstigen Situation wählt es den geringstmöglichen Schmerz. Auch das Bewußte Selbst strebt nach angenehmen Empfindungen und versucht Schmerzen aus dem Weg zu gehen; das diktiert ihm die Logik. Doch beide Selbste definieren Annehmlichkeit und Schmerz ganz unterschiedlich: Ein Erwachsener, der sich krank fühlt, geht vielleicht zum Arzt und läßt sich eine Spritze geben, die ihm hilft, wieder zu genesen. Ein Kind dagegen empfindet die Krankheit unter Umständen als weniger schmerzhaft oder beängstigend als die Spritze und trifft eine andere Entscheidung. Das Lust/Schmerz-Prinzip funktioniert bei jedem Menschen anders, je nach unseren Wertvorstellungen, Ängsten und Ansichten. Aber das Grundprinzip «Annehmlichkeiten suchen – Schmerz vermeiden» gilt immer.

▄▄▄ ▄▄▄ ▄▄▄ ▄▄▄ ▄▄▄ ▄▄▄ ▄▄▄ ▄▄▄ ▄▄▄ ▄▄▄

Schmerz und Lust

1. Schreibe rasch alle unangenehmen Dinge auf, die zu deinem jetzigen Zustand gehören. Sieh diesen *Schmerz* während des Schreibens deutlich vor dir – höre ihn, berühre ihn, schmecke ihn, rieche ihn; setze alle deine Sinne ein. Je lebhafter und realer die Szenen sind, die du dir vorstellst, um so stärker wird der Drang sein, etwas an diesen unangenehmen Situationen zu ändern.

2. Nun schreibe rasch deine angenehmen Vorstellungen auf über das, was du erreichen möchtest, deine Ziele. Sieh die damit verbundene *Freude* während des Schreibens deutlich vor dir – höre sie, berühre sie, schmecke sie, rieche sie; setze alle deine Sinne ein. Auch hier gilt wieder. Je anschaulicher und realer die Szenen sind, die du dir ausmalst, um so mächtiger wird auch dein Drang nach einer entsprechenden Veränderung sein.

▄▄▄ ▄▄▄ ▄▄▄ ▄▄▄ ▄▄▄ ▄▄▄ ▄▄▄ ▄▄▄ ▄▄▄ ▄▄▄

Nehmen wir einmal an, Linda möchte sich das Rauchen abgewöhnen. Sie schreibt auf ihre Liste «gelbe Zähne» und stellt sich vor, wie sie mit geöffnetem Mund in den Spiegel schaut und häßliche, verfärbte Zähne sieht. Sie schreibt «Mundgeruch» und sieht vor ihrem inneren Auge, wie die Leute von ihr abrücken und sie angewidert anschauen. Sie stellt sich vor, wie sie den Inhalt eines Aschenbechers ausleckt, kaut und hinunterschluckt und dann dem Mann, den sie liebt, ins Gesicht atmet. Sie schreibt «Lungenkrebs» und malt sich aus, wie Rauch in ihre Lungen eindringt und sie dunkel verfärbt, und so weiter – und sie stellt sich vor, wie sie alt ist, Falten im Gesicht hat und nur noch keuchend atmen kann.

Diesem Schwall unangenehmer Bilder läßt Linda nun positive, angenehme Vorstellungen folgen. Sie sieht sich als Nichtraucherin, schreibt «weiße Zähne» und stellt sich vor, wie sie ihr hübsches Lächeln im Spiegel sieht. Sie schreibt «angenehmer, frischer Atem» und malt sich aus, wie sie einen geliebten Mann umarmt und küßt. Sie schreibt «Ich spare Geld für den Urlaub», sieht eine Keksdose, zum Überlaufen voll mit Zehndollarscheinen; dann sieht sie sich auf Hawaii und atmet die frische Meeresbrise ein. Sie schreibt «blendende Gesundheit» und sieht, wie sie lachend durch die Brandung läuft, die Lungen voller Licht, gesund und kräftig. Sie stellt sich vor, wie sie ihre Zigaretten wegwirft, und spürt die Kraft der Selbstachtung, die sie bei diesem Sieg über sich selbst überkommt. Sie malt sich aus, wie sie über die Reklame in Zeitschriften lacht, in der Zigarettenrauchen mit Genuß assoziiert wird.

Was wir uns vorstellen, wird unsere Wirklichkeit

Bewußte, positive Visualisierungen können uns ungeheure innere Kräfte und die Energien unseres Basis-Selbst erschließen, denn *das Basis-Selbst macht keinen eindeutigen Unterschied zwischen Bildern, die wir mit unseren physischen Augen sehen, und Bildern, die unsere Phantasie erschafft.*

Obwohl ich das Wort *Visualisierung* gebrauche, meine ich in Wirklichkeit, daß man so viele innere Sinne (Sehen, Hören, Tasten, Riechen, Schmecken) wie möglich einsetzen sollte, um ein vieldimensionales Erlebnis zu haben. Indem wir uns ganz auf unsere Vorstellung konzentrieren und dabei alle unsere Sinne einsetzen, können wir uns innere Erlebnisse verschaffen, die viel lebendiger sind als äußere. Die äußeren Sinnesorgane sind häufig abgestumpft, weil unsere Gedanken unsere Aufmerksamkeit wegziehen.

Jedes Basis-Selbst trägt andere Bilder und Ängste mit sich herum und hat andere Fähigkeiten. Wenn wir bewußt positive Bilder vor unserem inneren Auge erzeugen, gewinnen wir die Unterstützung unseres Unbewußten, das uns nahezu *unbegrenzte* Energie liefern kann.

Manche Basis-Selbste haben mehr Kraft oder Mut, andere weniger. Das hängt zum großen Teil mit den inneren Bildern zusammen. Wenn Keith das Wort «Kreuzfahrt» hört, denkt er an einen Swimmingpool am Oberdeck und üppige Mahlzeiten. Peter denkt beim gleichen Wort an den Untergang der *Titanic*.

Viele Sportler steigern ihre körperliche Leistungsfähigkeit, indem sie sich ausmalen und innerlich fühlen, wie sie ihre Übungen mit perfekter Anmut und Körperbeherrschung ausführen. Damit schaffen sie eine positive Erwartungshaltung in ihrem Basis-Selbst und gewöhnen es an den Erfolg. Durch positive Vorstellungen und das Auslöschen negativer innerer Bilder bekommen wir Zugang zu starken inneren Kräften und können alte Blockaden und Ängste aus dem Weg räumen.

Visualisierungen begeistern unser Basis-Selbst, entfachen in ihm Interesse an neuen, Vergnügen versprechenden Möglichkeiten und aktivieren seine Energiereserven. *Was* sollen wir uns vorstellen, um unser Basis-Selbst so zu begeistern, daß es uns die nötige Energie schenkt? Das ist die Frage. Wie können wir unser Unbewußtes motivieren, das uns die Kraft zum Durchhalten gibt?

Da wir jetzt wissen, daß das Basis-Selbst nach angenehmen Empfindungen strebt und Schmerz zu vermeiden sucht, können wir das Prinzip «Zuckerbrot und Peitsche» anwenden: «Wenn du tust, was ich dir sage, bekommst du ein Spielzeug; wenn du es nicht tust, bestrafe ich dich (oder es treten unangenehme Konsequenzen ein).» Um einen möglichst tiefen Eindruck beim Basis-Selbst zu hinterlassen, solltest du dir *sowohl* das Zuckerbrot *als auch* die Peitsche genau vorstellen, um deinem Basis-Selbst klarzumachen, worum es geht.

Auch hier gilt wieder, je mehr wir über die Motivation kleiner Kinder wissen, um so leichter wird es uns fallen, in unserem Unbewußten den Willen zu einer Veränderung zu wecken. Wir wissen, daß kleine Kinder Schmerz und Vergnügen oft anders empfinden als Erwachsene, und wir wissen auch, daß Kinder einfache Grundsätze besser begreifen als abstrakte Ideen und daß sofortige Belohnungen sie mehr locken als zukünftige (wie ich bereits erwähnt habe, schrecken Kinder in der Regel vor dem schmerzhaften Einstich zurück, auch wenn wir ihnen versichern, daß die Spritze ihnen später helfen wird).

Andererseits kann der erwachsene Teil unseres Ichs (unser Bewußtes Selbst) das «Kind» erziehen und ihm klarmachen, was für herrliche Belohnungen die Zukunft für uns bereithält, wenn wir nur einmal eine Zeitlang Unannehmlichkeiten in

Kauf nehmen. So können wir unser Basis-Selbst zur Kooperation – wenn auch nicht unbedingt zu begeisterter Unterstützung – bewegen. Genüsse, die noch in weiterer Ferne liegen, abstrakte Vorstellungen und spirituelle Ideen versetzen unser Basis-Selbst zwar nicht gerade in Begeisterung. Doch wir können uns trotzdem seine Unterstützung sichern, wenn wir die Vorteile, die uns erwarten, in Worte und (vor allem) *Bilder* kleiden, die das Basis-Selbst versteht.

Zurück zum Einfachen

Dem Basis-Selbst geht es darum, in dieser Welt erfolgreich zu sein. Überleben, Vergnügen und Macht sind seine wichtigsten Prioritäten.

Wenn wir uns zum Beispiel dazu motivieren wollen, täglich zu meditieren, und uns dazu Gründe einfallen wie: «Dann kann ich mit dem Geist kommunizieren, meine Gedanken klären, mich höheren Energien öffnen und der Erleuchtung näher kommen», mag unser Höheres Selbst solche spirituellen Motive vielleicht unterstützen. Aber das Höhere Selbst drängt uns nicht und mischt sich auch nicht ein. Es wartet einfach nur voller Liebe. Das Bewußte Selbst, das logisch denkt, wird vielleicht das Gefühl haben, daß die Meditation einem konstruktiven Zweck dienen könnte: Sie wirkt entspannend. Aber das Basis-Selbst wird empört reagieren: «Meditieren? Du meinst, einfach nur *dasitzen*? Du willst mich wohl auf den Arm nehmen. Komm, laß uns lieber eine Pizza essen gehen. Ich will spielen, ich will Spaß haben!»

Falls es uns gelingt, die begeisterte Unterstützung unseres Basis-Selbst zu gewinnen, werden wir die Energie und Willenskraft in uns entdecken, *alles* Menschenmögliche zu erreichen – manchmal sogar Dinge, die über das Menschenmögliche hinausgehen! Aber zuerst müssen wir dem Basis-Selbst irgend etwas Verlockendes bieten: Spaß! Ruhm! Macht! Vergnügen! Annehmlichkeiten! Wenn wir es zum Meditieren bewegen möchten, können wir uns zum Beispiel auf den Gedanken konzentrieren, daß wir durch die Meditation eine entspanntere, genußfreudigere und lockerere Einstellung zum Leben entwickeln; daß wir künftig attraktiver und auch leistungsfähiger sein

werden und uns besser aufs Geldverdienen konzentrieren können – wir werden mehr haben, mehr sein, intensiver leben! «Das
läßt sich schon eher hören!» wird unser Basis-Selbst dann wahrscheinlich antworten. «Also gut – das machen wir!»

Während meines Sportstudiums lebte ich praktisch in der
Turnhalle. Sechs Tage pro Woche trainierte ich täglich vier
schweißgetränkte Stunden lang – egal, ob ich in der Stimmung
dazu war oder nicht. Gleichgültig, was auf dem Campus los
war – wenn ich nicht gerade hohes Fieber hatte, war ich unweigerlich jeden Tag von halb drei bis halb sieben in der Turnhalle
und machte meine knochenverrenkenden, muskelstählenden
Übungen. Manchmal war ich nach meinem Training so erschöpft, daß ich kaum noch die Treppe vom Umkleideraum
hochsteigen konnte.

Wie brachte ich das Engagement und die Motivation dazu
auf? Tat ich das alles, um meinen Körper, mein Denken und
meinen Geist zu trainieren oder um «ein ausgeglichenerer
Mensch» zu werden? Nein. Habe ich meine Anfälle von Trägheit, Erschöpfung, Mutlosigkeit und Unbehagen überwunden,
um mit meiner Selbstdisziplin eines Tages andere Menschen zu
inspirieren? Ach was! Begriff ich vielleicht, daß ich durch mein
Training etwas über mich selbst und die Gesetze der Realität lernen würde? Nicht die Bohne. Solche Ziele waren mir damals
überhaupt nicht bewußt.

Ich trainierte, um Anerkennung und Bewunderung zu ernten. Ich
glaubte, durch meine sportlichen Fähigkeiten für Frauen attraktiver zu werden. Diese Motive kamen nicht von meinem Bewußten Selbst, sie entsprangen direkt aus meinem Basis-Selbst.
Und mit dieser Motivation *schaffte ich es tatsächlich* – ich kam
damit bis in die Landesmeisterschaft und in die Weltmeisterschaft. Während ich mich abmühte, die Ziele meines Basis-
Selbst zu erreichen, erfuhr ich ganz nebenbei auch etwas über die
Gesetze der Realität und über mich, und ich erreichte ein hohes
Maß an körperlicher Koordinationsfähigkeit, Beweglichkeit
und Ausgeglichenheit. Das Turnen bereitete mich auf die Arbeit
vor, die ich später zu leisten haben würde. Aber keines dieser
«höheren» Motive hätte ausgereicht, mir die notwendige Energie für mein Training zu liefern.

Das Geheimnis der Motivation und Selbstdisziplin besteht darin, eine Beziehung zu unserem Basis-Selbst oder Unbewußten aufzubauen – herauszufinden, was *es will,* und nicht, was es nach Ansicht unseres Bewußten Selbst *wollen sollte.*

Haben wir beschlossen, etwas zu erreichen, und uns vorgestellt, daß diese geplante Veränderung mit Sicherheit, *persönlicher Macht oder angenehmen Empfindungen* verbunden ist, wird das Basis-Selbst uns die Energie liefern, die wir für unser Vorhaben brauchen, denn es möchte gern das *Zuckerbrot haben.* Läßt sich unser Ziel nicht mit einer dieser drei Verlockungen in Verbindung bringen, wird unser Durchhaltevermögen uns wahrscheinlich im Stich lassen.

Drei Selbste – drei verschiedene Motive

1. Überlege dir ein Ziel, das du gern irgendwann einmal erreichen möchtest und das nicht leicht zu verwirklichen ist. Vielleicht mußt du dazu etwas an dir oder deiner Lebensweise ändern oder auf einem bestimmten Gebiet erfolgreich sein. Wähle ein realistisches Ziel, eines, das du tatsächlich anstreben würdest, wenn du motiviert genug wärst.

2. Schreibe die verschiedenen Motive deiner drei Selbste, dieses Ziel zu erreichen, auf (oder sprich sie laut vor dich hin):

   a. Zuerst ein Motiv deines Höheren Selbst, zum Beispiel Liebe, Dienst am Mitmenschen oder spirituelle Erleuchtung. *Male dir aus, wie es ist, wenn du diese Ziele erreichst. Wie fühlst du dich dabei?*

   b. Als nächstes schreibe die Motive deines Bewußten Selbst auf: logische, konstruktive Gründe, die dafür sprechen, das Ziel zu erreichen. *Male dir aus, wie du ans Ziel gelangst. Wie fühlst du dich dabei?*

   c. Jetzt kommen die Motive deines Basis-Selbst: Sicherheit und Geborgenheit, Spaß und Annehmlichkeiten, Macht, Anerkennung und Selbstbeherrschung. *Stelle dir die Erreichung dieser Ziele vor. Wie fühlst du dich dabei?*

3. Achte dabei *stets darauf, welche Motive dich am meisten begeistern und in Erregung versetzen.*

Im Prozeß der Veränderung

Der Prozeß der persönlichen Veränderung ist ein ständiges Hin und Her, so wie Ebbe und Flut. Die Entwicklung eines Menschen verläuft nicht geradlinig. Auf unserem Weg bergauf gibt es Hügel, Täler und Ebenen.

Ich habe im Bereich des sportlichen Trainings schon oft die Erfahrung gemacht, daß wir an Fehlern und deren Folgen nur so lange leiden, bis sie uns bewußt geworden sind. Zu Beginn erkennen wir unseren Irrtum gar nicht. Der nächste Schritt besteht darin, daß wir ihn erst *hinterher* erkennen, wenn es schon zu spät ist, und ihn dann bereuen. Dann später sehen wir unseren Fehler schon, *während* wir ihn begehen: «Oje! Jetzt mache ich es schon wieder!» Und ganz zuletzt erkennen wir ihn bereits, *ehe* wir ihn machen, und können ihn auf diese Weise vermeiden.

Zu leicht ärgert man sich über sich selbst, weil man den natürlichen Lernprozeß noch nicht akzeptieren kann und von sich erwartet, daß man alles gleich beim erstenmal «richtig macht». Aber so geht es im Leben nun einmal nicht. Je besser wir den Prozeß der Veränderung durchschauen, um so mehr Geduld haben wir mit uns und mit der Welt.

Das folgende Zitat aus «An Autobiography in Five Short Chapters» von Portia Nelson veranschaulicht den Prozeß der Veränderung sehr schön:

Erstes Kapitel: Ich gehe die Straße entlang, und plötzlich gähnt vor mir im Bürgersteig ein tiefes Loch. Ich falle hinein; ich komme mir hilflos und verloren vor – aber es ist nicht meine Schuld. Ich brauche ewig, um wieder aus dem Loch herauszukommen.

Zweites Kapitel: Ich gehe wieder dieselbe Straße entlang, und wieder gähnt vor mir im Bürgersteig ein tiefes Loch. Ich tue so, als sähe ich es nicht, und falle wieder hinein. Ich kann gar nicht glauben, daß ich schon wieder im selben Loch stecke – aber ich bin nicht schuld daran. Wieder brauche ich lange, um herauszukommen.

Drittes Kapitel: Ich gehe dieselbe Straße entlang, und wieder gähnt vor mir im Bürgersteig ein tiefes Loch. Diesmal sehe ich es – aber ich falle trotzdem hinein. Inzwischen habe ich mich schon daran gewöhnt. Aber meine Augen sind offen; ich weiß, wo ich bin. Ich übernehme die Verantwortung für mein Mißgeschick und klettere sofort hinaus.

Viertes Kapitel: Ich gehe wieder diese Straße entlang, und vor mir im Bürgersteig gähnt ein tiefes Loch. Ich gehe außen herum.

Fünftes Kapitel: Ich gehe eine andere Straße entlang.

Warum wir uns gegen Veränderungen wehren

Die meisten glauben von sich, daß sie sich ändern wollen, daß sie sich verbessern möchten, aber das Basis-Selbst braucht seine Grenzen und hängt an seinen gewohnten Verhaltensmustern. Wir tragen das Gewicht unserer Trägheit, unseres inneren Widerstandes gegen Veränderungen mit uns herum.

Unser ganzes Leben basiert auf Gewohnheiten: wie wir morgens aufstehen, uns waschen und anziehen; was wir vor dem Schlafengehen tun; wie wir in unser Auto einsteigen – Gewohnheiten am Arbeitsplatz und Gewohnheiten zu Hause. Manchmal sind wir so in alten Mustern festgefahren, daß wir selbst dann noch daran festhalten, wenn sie eindeutig nicht mehr angebracht sind. Einmal fragte ich eine Frau, die von ihrem Mann geschlagen wurde, warum sie ihn denn nicht verlasse. Sie antwortete traurig: «Ich habe mich so daran gewöhnt.»

Veränderung heißt den Sprung vom Bekannten ins Unbekannte zu wagen. In unserer Angst vor Veränderungen spiegelt sich die Furcht vor dem Tod wider. Wer ist wirklich bereit zu dem Risiko, vom Regen der Gewohnheit in die Traufe der Veränderung zu springen?

Je weniger Widerstand wir leisten, um so mehr lernen wir. Je rascher wir uns anpassen, um so müheloser lassen wir uns von der Welle der Veränderung mittragen. Doch ob wir uns nun relativ leicht oder nur mit großer Mühe ändern, ändern können und werden wir uns auf jeden Fall. Wir haben die angeborene Fähigkeit und den angeborenen Wunsch, uns zu verbessern.

Das Schwierigste an jeder Aufgabe ist die Vorbereitung. Wenn wir eine schlechte Ausgangsbasis haben, zum Beispiel übergewichtig, unbeweglich und schlecht in Form sind, wird es uns schwerer fallen, eine körperliche Fähigkeit wie Seilspringen, Radschlagen oder den Umgang mit dem Golf- oder Tennis-

schläger zu erlernen. Doch haben wir die notwendigen Vorbereitungen getroffen und eine gute Grundlage geschaffen, können wir so gut wie alles lernen.

Nicht das Basis-Selbst ist das Problem, sondern unser innerer
Widerstand. Indem wir die Angst des Basis-Selbst vor Veränderungen begreifen, so wie wir Verständnis für die Ängste unserer
Kinder haben, entwickeln sich Geduld und Einsicht, und eine
gute Beziehung zu unserem Basis-Selbst entsteht, die wir brauchen, um mit unserem Unbewußten kommunizieren zu können. Ebenso wie ein kleines Kind kann auch unser Basis-Selbst
lernen, Veränderungen zu akzeptieren.

*Wir verändern uns, wir müssen uns verändern, und wir können
nicht mehr dagegen tun als die Blätter im Herbst, die gelb werden
und abfallen.*

D. H. Lawrence

Mit den Veränderungen ist es wie mit dem Surfen – je mehr
Übung wir darin haben, um so leichter fällt es uns. Trotzdem
bleibt es eine Herausforderung. Selbst die kleinste Veränderung
in unserem Leben erfordert Mut und Entschlossenheit. Ram
Dass, ein spiritueller Lehrer, hat einmal gesagt: «Nach all den
Jahren habe ich immer noch dieselben Neurosen wie früher.»
Ich kann es ihm nachfühlen. Auch ich muß nach jahrelangem
Bemühen immer noch gegen alte Gewohnheiten ankämpfen,
zum Beispiel, daß ich zu schnell fahre und zu hastig esse.

Schlüssel zur Veränderung

Wir wollen nun noch einmal rekapitulieren, was wir über das
Basis-Selbst wissen, da es den Schlüssel zu einem ungeheuren
Vorrat an Energien in der Hand hält, die wir für Veränderungen
nutzen können.

1. Das Basis-Selbst lenkt unseren Körper und trägt die Verantwortung für ihn.
2. Es gibt uns die Energie zum Leben.
3. In seinen Eigenschaften, Motiven, Antrieben, Interessen und

Wertvorstellungen und in seiner Logik erinnert es am ehesten an ein kleines Kind.

4. Es gibt seine Energie nur für Aktivitäten her, die es gutheißt oder die es in Aufregung oder Begeisterung versetzen.

   • Wie die meisten kleinen Kinder freut es sich über neue Spielsachen, alles, was Spaß macht, Überraschungen, Anerkennung und Aufmerksamkeit.

   • Wie die meisten kleinen Kinder liebt es Aufregung; es bekommt gern neue Sachen, sieht gern neue Orte, mag angenehme Empfindungen und möchte sich gern sicher und geborgen fühlen.

5. Das Basis-Selbst ist für unser Überleben und unsere Sicherheit zuständig, aber auch für unsere sexuell-kreative Energie, unsere persönliche Macht und unsere Selbstdisziplin. Ihm geht es um *Erfolg in der materiellen Welt*.

6. Wie die meisten kleinen Kinder hat das Basis-Selbst Angst vor dem Unbekannten und neigt dazu, sich gegen jede Veränderung zu wehren – es sei denn, diese Veränderung erscheint ihm so verlockend, daß es seinen inneren Widerstand dagegen überwindet. Wenn wir unserem Basis-Selbst eine angenehme «Entschädigung» für die Veränderung in Aussicht stellen, können wir viel erreichen. (Zum Beispiel: «Wenn ich mit dem Rauchen aufhöre, leiste ich mir jede Woche eine Massage.»)

Bei einer anstehenden Veränderung konzentrieren wir uns meistens darauf, was wir alles aufgeben und worauf wir verzichten müssen. Das zeigt sich schon im Sprachgebrauch. Wir sprechen zum Beispiel davon, daß wir drei Kilo «verloren» haben; wir «hören auf» zu rauchen oder zu trinken; wir «beenden» eine Beziehung und «trennen uns» von einem Partner. Doch in Wirklichkeit beginnen wir in dem Augenblick, in dem wir eine Sache beenden, mit etwas Neuem. Wenn wir Gewicht verlieren, werden wir *leichter;* wenn wir das Rauchen oder eine andere Sucht aufgeben, *tun wir etwas* für unsere Gesundheit und Fitneß und bauen eine neue Beziehung zu uns und zur Realität auf; und wenn wir eine alte Partnerbeziehung beenden, *schaffen wir* dadurch vielleicht *Raum für eine neue, befriedigendere.*

Jede Entscheidung bedeutet zwangsläufig, daß wir etwas, was wir gern haben möchten, aufgeben müssen für etwas, was uns noch wichtiger ist. In der Regel möchte ein Teil unseres Ichs sich verändern, und ein anderer will es nicht. Keine Veränderung ist hundertprozentig gut oder hundertprozentig schlecht. Ob eine Veränderung uns leicht- oder schwerfällt, hängt davon ab, worauf wir unser Hauptaugenmerk legen und worauf wir unsere Energie richten. Wenn wir daran denken, was wir «aufgeben müssen», wird unser Basis-Selbst eine starke Abwehrhaltung einnehmen. Wenn wir uns dagegen auf die Vorteile der geplanten Veränderung konzentrieren, dann wird unser Basis-Selbst sich kooperativ verhalten, uns unterstützen und uns die nötige Energie liefern – vorausgesetzt, es findet die Vorteile verlockend.

——— ——— ——— ——— ——— ——— ——— ——— ——— ———

Was spricht für oder gegen eine Veränderung
1. Schreibe auf oder sprich laut vor dich hin, was du an deinem Leben gern *verändern* möchtest.
2. Stelle eine Liste der wichtigsten Dinge auf, die du durch diese Veränderung *verlieren* wirst.
3. Und nun stelle eine Liste der wichtigsten Dinge auf, die du durch die Veränderung *gewinnen* wirst.
4. Vergleiche die beiden Listen miteinander, und *entscheide* dich.

——— ——— ——— ——— ——— ——— ——— ———

Wiegen die Vorteile einer Veränderung den Verlust einer Sache, an der wir hängen oder von der wir womöglich sogar abhängig sind, nicht auf, können wir uns die Sache durch irgendeine zusätzliche Vergünstigung «versüßen» – eine Belohnung für die Mühen der Veränderung. Beispielsweise können wir uns versprechen, sobald wir eine bestimmte Anzahl an Pfunden abgenommen haben, uns ein heißes Bad zu gönnen, etwas zu kaufen, was wir uns schon lange gewünscht haben, oder uns irgendeine andere Freude zu machen. Unser Unbewußtes wird diese Belohnung als Entschädigung akzeptieren und uns bei unserer Veränderung unterstützen, da es sich nun ein noch größeres Vergnügen davon verspricht.

Wie man das Basis-Selbst über den Körper erzieht

Genau wie wir unsere Kinder dazu anhalten, ihre Stärken weiterzuentwickeln, so können wir auch unser Basis-Selbst dazu erziehen, weniger Widerstand zu leisten und spontaner zu werden, weniger Angst zu haben und zuversichtlicher zu sein, nicht mehr so bockig zu reagieren und mehr Einsicht zu zeigen.

Das Basis-Selbst begreift körperliche Empfindungen und konkrete Erlebnisse besser als abstrakte Konzepte. Durch körperliche Bewegung kann man ihm am besten den Weg zur Entschlossenheit – zur schrittweisen Erreichung eines Ziels – zeigen. Wenn man den angeborenen Widerstand des Basis-Selbst gegen Veränderungen überwinden möchte, kann man ihm zum Beispiel mit Hilfe eines grundlegenden Prinzips aller Kampfsportarten die Kunst der *Widerstandslosigkeit* beibringen. Dieses Prinzip besagt: *Wenn du gedrückt wirst, dann ziehe; wenn du gezogen wirst, dann drücke.* Mit anderen Worten, lasse dich von den Kräften des Lebens tragen, statt dich gegen sie zu wehren – wie ein Baum, der sich im Wind neigt.

Judo- und Aikido-Kämpfer wenden dieses Prinzip beim Training an. Sobald ihr Gegner sie wegzudrücken versucht, tun sie einen Schritt zur Seite und ziehen. Sie bringen ihren Gegner mit Hilfe seines eigenen Gewichts und seiner eigenen Kraft aus dem Gleichgewicht, ohne dabei selbst die Balance zu verlieren. Wenn ihr Gegner sie dagegen zieht, dann tun sie rasch einen Schritt nach vorn und drücken – das heißt, sie verbinden ihre eigene Kraft mit der des Gegners und bringen ihn dadurch zu Fall.

Diese Methode können wir auch bei verbalen Auseinandersetzungen und in vielen anderen Situationen anwenden: aus dem Weg gehen, der Kraft nachgeben, die in unser Leben eingedrungen ist, und sie uns zunutze machen.

Versagensangst

Man darf die Liebe zum Erfolg nicht mit der Angst vor dem Versagen verwechseln. Die Liebe zum Erfolg beflügelt uns und sichert uns die begeisterte Unterstützung unseres Basis-Selbst. «Du kannst alles schaffen, du mußt es nur wagen!» ruft es uns zu. «Lebe leidenschaftlich! Los, tu es einfach!»

Die Angst vor dem Versagen dagegen lähmt uns. Kinder *has-*

sen es zu versagen, und sie kommen sich oft genug wie Versager vor, wenn sie sich mit den Erwachsenen vergleichen. Wir Erwachsenen haben unsere Fähigkeiten im Laufe langer Zeit und durch Erfahrung entwickelt. Aber Kinder begreifen diesen Prozeß nicht immer und unser Basis-Selbst auch nicht, also müssen wir es ihm beibringen.

Es ist uns zwar nicht bewußt – aber im Laufe des Großwerdens mußten wir viele kleine, unvermeidliche Mißerfolge einstecken, und jedesmal, wenn wir deswegen geneckt oder kritisiert wurden, spannten wir unwillkürlich unsere Muskeln an. Diese Spannung war kein angenehmes Gefühl, und so lernte unser Basis-Selbst, daß es unangenehm ist zu versagen.

Die Welt geht nicht gleich unter, wenn wir einmal etwas nicht schaffen. Das ist einer der wichtigsten Grundsätze, die wir unserem Basis-Selbst beibringen können. Indem wir uns durch Mißerfolge nicht unterkriegen lassen, können wir unserem Unbewußten zeigen, daß es sich lohnt, in schweren Zeiten durchzuhalten. Bei meinem Training in der Turnhalle versagte ich mindestens fünfzigmal am Tag. Immer wenn ich beschloß, mich an etwas Neues heranzuwagen, wußte ich schon im voraus, wie das ablaufen würde: *Ich würde so lange versagen, bis ich es irgendwann einmal schaffte.* Mißerfolge können Sprossen auf der Leiter zwischen uns und unserem Ziel sein.

Oft versagen wir viele Male, ehe wir endlich unser Ziel erreichen. Ein Erfolg «über Nacht» dauert in Wirklichkeit oft zehn Jahre oder noch länger. Wenn wir durchhalten und uns nicht beirren lassen, werden wir es früher oder später schaffen.

> *Du mußt tun, was du dir nicht zutraust.*
> Eleanor Roosevelt

Unsere früheren Fehler sind die Schule, die uns zum Erfolg führt, weil sie uns lehren, was wir beim nächstenmal unterlassen sollten. Diesen Prozeß bezeichnet man als Lernen. Wir lernen aus Fehlern, aber Intelligenz bedeutet, daß man *ein und denselben* Fehler nicht ständig wiederholt. Auch aus den Fehlern anderer kann man lernen.

Nutze deinen Zorn

Meist rührt unser innerer Widerstand gegen Veränderungen von Angst (Lähmung) oder Kummer (Schwäche) her. Zorn manifestiert sich in unserem Solarplexus und ist stärker als Angst oder Kummer. Also können wir beide mit Hilfe des Zorns überwinden.

Zorn kann unsere Bemühungen verstärken, von selbstzerstörerischen Gewohnheiten loszukommen. Nehmen wir zum Beispiel das Rauchen. Wohl jeder, der nicht gerade in der Zigarettenindustrie arbeitet, gibt zu, daß Rauchen auf lange Sicht eindeutig gesundheitsschädlich ist. Trotzdem gibt es immer noch Raucher – teils aus Unwissenheit (man ignoriert die Fakten einfach, will sie nicht wahrhaben und schützt sich mit Rationalisierungen und anderen Abwehrmechanismen davor), teils aber auch, weil Nikotin süchtig macht. Aber die meisten Menschen, die sich das Rauchen gern abgewöhnen würden und trotzdem immer noch rauchen, sind einfach noch nicht wütend genug.

Mir fällt dazu eine Geschichte über J. Paul Getty ein, der während des Zweiten Weltkriegs in Frankreich stationiert war. Eines Nachts wachte er gegen zwei Uhr mit dem Gefühl auf, jetzt unbedingt eine Zigarette rauchen zu müssen. Er stand auf und schaute in seine Zigarettenschachtel: leer. Dann suchte er nach einer Kippe im Aschenbecher, in seinen Hosenaufschlägen, in allen Taschen – vergeblich.

Seufzend stand er auf, zog sich an und ging hinaus, obwohl es in Strömen regnete und die Straße matschig war. Er wollte zu einem etwa anderthalb Kilometer entfernten Laden, der die ganze Nacht offen hatte. Zwanzig Minuten später, als er schon die Hälfte des Weges hinter sich hatte und knöcheltief im Schlamm watete, blieb er plötzlich stehen wie vom Blitz getroffen. Er blickte in den strömenden Regen und schrie so laut, daß seine Stimme sogar den Donner übertönte: *«Was tue ich da eigentlich?»*

In diesem Augenblick wurde ihm etwas klar, was er vorher gar nicht gemerkt hatte. Wie er da so im Regen stand, die Füße bis zu den Knöcheln im Schlamm, erkannte er, wie sehr die Raucherei ihn zum Sklaven gemacht hatte. Da packte Jean Paul Getty die Wut – keine Beunruhigung, keine Verärgerung, sondern kalte, rasende Wut. Er drehte sich um, ging zurück und rührte nie wieder eine Zigarette an.

Nicht, daß er kein Verlangen mehr danach gehabt hätte; am nächsten und am übernächsten Tag drängte ein Teil seines Ichs ihn ständig nach einer Zigarette. Aber sein Zorn hatte sich in eine Entschlossenheit verwandelt, die nicht mehr ins Wanken zu bringen war. Wenn Zorn und Entschlossenheit sich zusammentun, dann «versucht» man nicht mehr länger, sein Ziel zu verwirklichen – man verwirklicht es einfach.

Im astrologischen Archetypensystem ist der Planet Mars der Herrscher des Zorns. Ihm unterstehen aber auch Energie, Antriebskraft und Durchsetzungsvermögen. Mit Zorn erreicht man etwas; mit Selbstmitleid nicht. Logik und Verstand zeigen uns nur den Weg; der Zorn drängt uns zum Handeln. Mit dem Zorn auf uns selber sollten wir allerdings vorsichtig sein. Manchmal verschärfen wir ein Problem dadurch nur noch und verstärken die selbstzerstörerischen Impulse, die eine Sucht nähren.

Man sollte sich ständig darüber im klaren sein, daß das Basis-Selbst am Gewohnten festhalten möchte. Hat man einen guten Kontakt zu diesem Teil seines Ichs geschaffen, entdeckt man, daß das Basis-Selbst seine Gründe hat, am Alten festzuhalten. Es hängt mit Problemen aus unserer Kindheit zusammen, die inzwischen vielleicht längst der Vergangenheit angehören. Letzten Endes will unser ängstliches Basis-Selbst uns helfen, aber oft fühlt es sich einfach zu unsicher oder hat zu große Angst. Durch Verständnis können wir ihm helfen, zu lernen und in neue Lebensformen hineinzuwachsen.

> *Wahre Veränderung und Anpassung an etwas Höheres erreicht man nicht, indem man sich gegen das Alte wehrt. Veränderung bedeutet nicht, etwas nicht zu tun; Veränderung bedeutet, etwas anderes zu tun als bisher.*
>
> Da Avabhasa (Da Free John)

Letzten Endes müssen wir uns entscheiden – ob wir an unseren alten Gewohnheiten festhalten und unser Leben zerstören oder uns auf den schwierigen Prozeß der Wandlung einlassen wollen.

Schätze deine Ziele richtig ein

Wahrscheinlich haben wir alle uns schon öfters etwas vorgenommen, unser Ziel aber nicht erreicht. Das lag vermutlich entweder daran, daß wir die Herausforderung, die vor uns lag, *unter*schätzten und dann später resignierten, oder aber daran, daß wir die Aufgabe *über*schätzten und uns dadurch abschrecken ließen.

Wenn wir etwas *unterschätzen,* sind wir voller Optimismus und hochgesteckter Erwartungen («Das ist ja ein Kinderspiel!»). Und müssen wir dann feststellen, daß die Aufgabe doch schwieriger ist, als wir dachten, daß sie mehr Energie, Zeit oder Erfahrung erfordert, ist die Entmutigung vorprogrammiert.

> *Wahrscheinlich erweckt nichts auf der Welt*
> *mehr falsche Hoffnungen*
> *als die ersten vier Stunden einer Diät.*
> Dan Bennett

Wenn wir die Schwierigkeiten unterschätzen, gehen wir zu siegessicher an die Sache heran, und unser Basis-Selbst stellt zu wenig Energie für die Aufgabe bereit. Dann rennen wir in eine Falle, in der viele Vorhaben enden: Wir hätten es *beinahe* geschafft – aber eben doch nicht ganz. Die Krieger früherer Zeiten wußten, daß es meistens den sicheren Tod bedeutete, wenn man den Feind unterschätzte.

Wenn wir unsere Aufgabe andererseits *überschätzen* und von vornherein mit zuwenig Zuversicht an sie herangehen, kann es passieren, daß wir schon aufgeben, ehe wir überhaupt begonnen haben; denn warum sollen wir gegen einen übermächtigen «Feind» antreten oder uns an eine Aufgabe heranwagen, die unlösbar oder «eine Nummer zu groß» für uns ist?

Die Aufgaben, die vor uns liegen, sollten wir realistisch einschätzen. Wir gehen sie zuversichtlich an, trauen uns aber nicht zuviel zu. Mit dieser Strategie werden wir unsere Vorhaben auch zu Ende führen können.

Alles zu seiner Zeit

Man sät nicht im Herbst und erntet nicht im Frühjahr. Alles hat seine Zeit und seinen eigenen Rhythmus. Der indische Heilige Ramakrishna mahnt uns: «Es ist fast unmöglich, eine Nuß zu knacken, die noch grün ist; aber wenn sie reif ist, springt die Schale schon beim kleinsten Schlag auf.»

> *Nimm dir Zeit zum Nachdenken.*
> *Aber wenn die Zeit zum Handeln gekommen ist,*
> *denk nicht mehr lange nach, sondern pack die Sache an.*
> Andrew Jackson

Gelegenheiten sind wie Fenster – sie öffnen sich, und dann schließen sie sich wieder. Wenn wir in der Gegenwart leben, anpacken, was vor uns liegt, und uns von der Welle günstiger Gelegenheiten mittragen lassen, folgen wir der natürlichen Ordnung der Dinge.

Die Macht der Entschlossenheit

Grundsätzlich *möchte* sich jeder ändern, aber nicht jedem ist es so wichtig, daß er dafür auch bereit wäre, die Anfangsphase durchzustehen, die immer mit Unannehmlichkeiten verbunden ist. Man glaubt vielleicht, den festen *Willen* zu einer Veränderung zu haben, doch in Wirklichkeit ist es kein Wille, sondern nur eine vorübergehende Laune.

Mancher hat solche Ängste und fühlt sich so gelähmt, daß er erst einmal «ganz unten» landen muß – zum Beispiel seine Freunde oder seine Familie verlieren oder lebensgefährlich erkranken –, ehe er Bilanz zieht und ihm klar wird, wie ernst die Lage ist. Schließlich, kurz bevor es zu spät ist, macht irgend etwas im Inneren «klick». Jetzt glaubt man nicht mehr nur, daß man sein Ziel erreichen will, sondern ist *felsenfest entschlossen* dazu. Vielleicht betet man und legt sein Geschick in die Hände Gottes oder einer anderen höheren Macht. Hat jemand diesen Wendepunkt erreicht, dann entdeckt er auch eine «niedrigere Kraft» – die wogende Energie und den unbezähmbaren Willen seines Unbewußten.

Veränderungen treten also erst ein, wenn wir uns dazu entschließen. Manche von uns denken zwar, sie seien fest entschlos-

sen, abzunehmen, mit dem Rauchen aufzuhören oder irgendeine andere Idealvorstellung zu verwirklichen. Sie behaupten:
«Ich bin entschlossen», doch sobald sich ihnen größere Hindernisse in den Weg stellen, gerät ihre Entschlossenheit ins Wanken. «Wäre dieses Ziel wirklich das richtige für mich, dann
müßte alles wie von selbst gehen. Diese Probleme sind sicher ein
Zeichen dafür, daß ich lieber eine andere Richtung einschlagen
sollte. Ich war zwar fest entschlossen, aber nun habe ich es mir
eben anders überlegt.»

*Wahre Entschlossenheit ist durch nichts ins Wanken zu bringen –
komme, was da wolle.* Haben wir uns fest für einen Partner entschieden, denken wir nicht mehr darüber nach, ob es nicht vielleicht irgendwo noch jemand anderen gäbe, der besser zu uns
paßt. Wenn wir uns auf eine bestimmte berufliche Laufbahn
festlegen, geben wir in diesem Beruf unser Bestes und vergeuden keine Zeit damit, mit anderen Möglichkeiten zu liebäugeln.
Diese Entschlossenheit kommt aber nicht von selbst. Wir müssen sie in uns entwickeln, und wir müssen sie uns auch verdienen.

*In dem Augenblick, in dem man sich entscheidet, greift auch die
Vorsehung ein. Dann geschehen alle möglichen Dinge zu unseren
Gunsten, die sonst nie passiert wären. Eine ganze Kette von Ereignissen setzt sich in Gang: unerwartete Zwischenfälle, zufäl-
lige Begegnungen und Hilfsmittel, die wir uns nie hätten träumen
lassen. Ich habe inzwischen große Hochachtung vor einem Wort
von Goethe: «Gehe alles, was du kannst oder zu können
träumst. In der Kühnheit liegt Genie, Macht und Zauberkraft.»*
W. H. Murray

Entschlossenheit bedeutet jedoch nicht, daß wir unerschütter-
lich und unflexibel an einem Vorhaben festhalten müssen, selbst
wenn unser Gefühl uns sagt, daß es absolut nicht geht. Entschlossenheit darf nicht zu blindem Starrsinn werden. Deshalb
halte ich mich an folgendes Zwei-Schritte-Verfahren: *Wenn
etwas nicht funktioniert, dann versuche ich erst einmal alles, um es zum
Funktionieren zu bringen.* Das kann unter Umständen auch hei-
ßen, daß ich über neue Alternativen nachdenke, statt die Situa-

tion einfach zu ertragen oder vor ihr davonzulaufen. Die beste
Methode, einem Problem zu entgehen, besteht oft darin, es zu
lösen! Entschlossenheit bedeutet nicht, ein Leben lang mit dem
Kopf gegen die Wand zu rennen. Der zweite Teil meines Grund-
satzes lautet: *Funktioniert die Sache immer noch nicht, obwohl ich
lange genug (das kann eine Stunde oder zehn Jahre oder noch länger
sein – je nachdem, worum es geht) mein Bestes getan habe, dann gebe
ich auf und bin überzeugt davon, daß ich das Richtige getan habe.*

In schweren Zeiten nicht zu resignieren und unseren Problemen ins Gesicht zu sehen hilft uns, mehr über uns und unsere
Reaktionen zu erfahren. Wir lernen dadurch und entwickeln uns
weiter. Aber es besteht ein großer Unterschied zwischen Entschlossenheit und Masochismus. Sagt unser innerstes Gefühl
uns, daß die Richtung, die wir eingeschlagen haben, nicht mehr
unserem höchsten Wohl dient, dann können wir guten Gewissens einen anderen Weg wählen.

Die Bildung neuer Verhaltensmuster

Da das Leben oft immer der gleiche langweilige alte Trott ist,
freut sich ein Teil in uns über jede Abwechslung. Manchmal ist
diese Freude an der Veränderung so stark ausgeprägt, daß es
einigen schwerfällt, zweimal das gleiche zu tun. Also – was soll
dieses ganze Gerede über Widerstand gegen Veränderungen?
Veränderungen können doch auch Spaß machen!

Die wenigsten Menschen haben etwas gegen den *Gedanken,*
ihr Leben zu verändern oder zu verbessern. Oft macht es uns
nicht einmal etwas aus, Eßgewohnheiten aufzugeben, mit
einem Fitneßtraining zu beginnen oder uns neue Ausdrucks-
möglichkeiten zu suchen. Das Schwierige ist nur, über eine längere Zeit hinweg an diesen Veränderungen *festzuhalten.*

Wie wir bereits festgestellt haben, kann das Basis-Selbst uns
bei Veränderungen unterstützen, wenn wir es richtig motivieren. Andererseits neigt es aber auch dazu, sich gegen jede Veränderung zu wehren, *weil es sich an vertraute Verhaltensmuster gewöhnt hat.*

Das Basis-Selbst hat seinen eigenen Lebensrhythmus. Es
braucht Zeit, um sich auf ein neues Verhaltensmuster einzustellen. Deshalb müssen wir uns, solange das Basis-Selbst eine

Neuerung nicht uneingeschränkt unterstützt, auf die Willenskraft unseres Bewußten Selbst stützen, das heißt tun, was unser
Verstand für das Beste hält. Wie wir bereits wissen, liebt das Basis-Selbst Aufregungen und begeistert sich für alles Neue. Vielleicht unterstützt es uns auch gleich auf Anhieb bei einem neuen
Verhaltensmuster, wenn ihm das Spaß zu machen scheint oder
wenn wir ihm eine Belohnung in Aussicht gestellt haben. Aber
unser Basis-Selbst langweilt sich auch schnell wieder. Die
größte Herausforderung besteht darin, bei einem Vorhaben zu
bleiben, wenn der Reiz des Neuen bereits verflogen ist, es jedoch
noch nicht zu einem festen Muster geworden ist.

> *Große Werke vollbringt man*
> *nicht mit Kraft, sondern mit Ausdauer.*
> Samuel Johnson

Als allgemeiner Anhaltspunkt gilt: *Wenn wir eine Veränderung*
etwa dreißig Tage lang aufrechterhalten können, dann wird das Basis-
Selbst sie als neues Verhaltensmuster akzeptieren. Nach dreißig Tagen wird unser Basis-Selbst diese Neuerung stärker unterstützen als vorher. Haben wir uns zum Beispiel ein körperliches
Training vorgenommen und einen Monat lang jeden Tag trainiert, tritt eine Veränderung ein. Das Training wird nun zu
einem gewohnten Bestandteil unseres Tagesablaufs. Wir müssen nicht mehr die gleiche bewußte Willenskraft dazu aufbringen. Weitere Fortschritte zeigen sich nach einem halben Jahr und
dann wieder nach einem Jahr – jedesmal gewinnen wir etwas
mehr Unterstützung von unserem Basis-Selbst dazu.

Die Tendenz des Basis-Selbst, an alten, eingefahrenen Verhaltensmustern und Situationen festzuhalten, zeigt sich auch an unserem Gewicht. Hatten wir mehrere Jahre lang das gleiche Gewicht, gewöhnt unser Basis-Selbst sich an dieses Körpergefühl
und hängt daran. Das Bewußte Selbst will vielleicht abnehmen
oder einen durchtrainierteren, muskulöseren Körper entwikkeln (oder beides); doch unser Unbewußtes drängt uns immer
wieder zur Rückkehr zu dem, was unser Basis-Selbst für ein aus-
gewogenes Gleichgewicht hält, und dieser Drang ist auch körperlich spürbar.

Unser Wille zur Veränderung muß also stark genug sein, nicht nur die Anfangsphase zu überdauern, sondern das neue Verhaltensmuster auch gegen den unvermeidlichen inneren Drang nach Rückkehr zum Alten durchzusetzen – so lange, bis das, was einmal neu für uns war, sich als gewohntes Verhaltensmuster etabliert hat. Dann schlüpft unser Basis-Selbst in diese neue Körperform hinein wie in einen bequemen alten Schuh. Zuerst aber müssen wir den Schuh «eintragen».

Eines Tages kam der Augenblick, wo das Risiko, fest in einer Knospe verschlossen zu bleiben, schmerzhafter war als das Risiko zu erblühen.

Anaïs Nin

Visuelle Vorstellungskraft

Wie wir bereits gesehen haben, unterscheidet unser Basis-Selbst nicht zwischen innerer und äußerer Realität. Wenn wir uns unser eigenes Ich und unser Leben so *vorstellen,* wie wir es haben möchten, ist das für unser Basis-Selbst eine Art Vorschau auf die Zukunft und gibt ihm die Möglichkeit, sich schon einmal an die geplante Veränderung zu gewöhnen. Indem wir uns vorstellen, wie wir diese Veränderung *genießen,* gibt ihm das noch mehr Schwung.

Das Basis-Selbst wird dann kleine Veränderungen in unserem Verhalten bewirken, was unsere Umgebung dazu anregt, die geplante Veränderung ebenfalls zu unterstützen. Das klingt fast so, als wären magische Kräfte am Werk – aber es funktioniert tatsächlich so. Möchten wir zum Beispiel eine körperliche Veränderung, beginnen wir damit, uns vorzustellen, wie unser Körper künftig aussehen soll, und schon zu spüren, was für ein angenehmes Gefühl das sein wird. Dann stellt unser Basis-Selbst Energie für die Erreichung dieses Ziels zur Verfügung. Hätten wir gern mehr Geld, stellen wir uns unser Portemonnaie oder unsere Brieftasche prall gefüllt vor; wir sehen vor unserem inneren Auge, wie wir in ein neues Auto einsteigen oder es uns leisten können, Geschenke für unsere Freunde zu kaufen. Wir spüren, wieviel Spaß uns das macht, und uns wird warm ums Herz, wenn wir daran denken, wie wir großzügig für wohltätige Institutionen spenden, die wir schon lange unterstützen wollten. Solche Bilder versetzen unser Basis-Selbst in Erregung. Wenn wir diese Vision und dieses angenehme Gefühl in uns bewahren, wird es uns die notwendige Energie, Willenskraft und Inspiration schenken, damit wir kreative Wege zur Erreichung unseres Ziels finden können.

Ein Paradox: Wir müssen uns akzeptieren und doch verändern

Die Gefühle und Verhaltensmechanismen unseres Basis-Selbst enthalten die Mittel zur Veränderung. Diese Mittel sind sehr wirksam. Tausende von Kriegern, die es verstanden, sich die Kräfte des Unbewußten zunutze zu machen, haben sie im Laufe der Geschichte erfolgreich eingesetzt. Doch ehe wir uns auf neues, unbekanntes Terrain wagen, sollten wir uns einen Augenblick Zeit nehmen, um uns anzunehmen und zu würdigen, so wie wir *jetzt im Augenblick* sind: unseren Körper, unseren Geist und unsere Emotionen, unsere Stärken und Schwächen, unsere Gewohnheiten und Mißerfolge. Wir sollten sie lieben, verstehen und ehren. Annahme und Mitgefühl sich selbst gegenüber schaffen die besten Voraussetzungen für eine Veränderung und ebnen den Weg.

Wir sollten aber nicht nur unsere Ziele, sondern auch unsere Motive überdenken. Möchten wir einen Wandel, weil es uns zum Beispiel an Selbstwertgefühl mangelt, dann wird dieser Mangel alle unsere Bemühungen untergraben. Selbst wenn wir unser Ziel erreichen, bleibt er dennoch an uns haften. Unser Ausgangspunkt sollte eine vorbehaltlose Liebe zu uns selbst sein – die Erkenntnis, daß wir tief in unserem Inneren gut und stark und tapfer, also *jetzt schon* friedvolle Krieger sind. Eine solche Haltung ermutigt uns, *noch besser* zu werden – nicht aus einem Mangel heraus, sondern aus Sehnsucht nach einem erfüllten, sinnvollen Leben, weil wir die Herausforderung unserer persönlichen Weiterentwicklung annehmen und eine Chance haben möchten, unsere Träume zu verwirklichen. Sobald der Wille zur Veränderung da ist, sind wir bereit, die Mittel zur inneren Wandlung einzusetzen.

DRITTER TEIL

Die praktischen Instrumente zur Wandlung

Einführung

Wir haben unsere Gewohnheiten und die inneren Blockaden, durch die sie zustande kommen, nun einmal klar und voller Mitgefühl betrachtet. Wir wissen, wie wir das mächtige Potential unseres Basis-Selbst dazu aktivieren können, Vorsätze in die Tat umzusetzen und den Willen zu einer Veränderung in uns zu wecken. Jetzt sind wir bereit, den Kampf zu beginnen und die Mittel einzusetzen, mit deren Hilfe wir uns wandeln können.

Fast alle Probleme, die uns im täglichen Leben je begegnet sind, erwuchsen aus irgendeinem schwachen Glied in der Kette unseres Körpers, unseres Denkens und unserer Emotionen. Im folgenden möchte ich zeigen, mit welchen Instrumenten wir unsere schwachen Seiten stärken und Blockaden schon in dem Augenblick beseitigen können, in dem sie auftauchen. Mit der Zeit werden diese Blockaden im Lichte unseres Bewußtseins und in der Glut unserer Entschlossenheit dahinschmelzen. Unsere innere Sicht und unsere Gabe der Intuition werden sich erweitern, und wir werden plötzlich feinstoffliche Energien bemerken, die wir früher nicht wahrgenommen haben. Die «alltäglichen» Momente unseres täglichen Lebens werden zu etwas Außergewöhnlichem werden.

Die Instrumente, von denen ich hier spreche, sollen zu einem ganz normalen, angenehmen Bestandteil unseres täglichen Lebens werden. Die Veränderungen werden so reibungslos geschehen, daß sie uns kaum auffallen – bis wir eines Tages zurückblicken und eine ganz andere Welt wahrnehmen als die, die wir in Erinnerung haben: eine glücklichere, gelassenere, friedlichere, liebevollere Welt. Nun gehen wir die Mißgeschicke, die sich früher als große Hindernisse vor uns auftürmten, mit ruhiger Konzentration an, so wie ein Kampfsportmeister Gegner besiegt, die er einst als bedrohlich empfunden hat.

Je näher wir unserem Ziel – ein Körper im Gleichgewicht, klares Denken und freie, unbehinderte Emotionen – kommen, um so leichter werden wir es in den Lebensbereichen Gesundheit, Finanzen, zwischenmenschliche Beziehungen, Sexualität und Arbeit haben. Wir öffnen uns höheren Energie- und Bewußtseinsebenen, einem engeren Kontakt mit unserem Höheren Selbst und dem erhebenden Licht des Geistes.

7
Den Körper ins Gleichgewicht bringen

Wenn wir unseren Körper vernachlässigen,
wo sollen wir dann leben?
Unbekannte Quelle

Nimm deinen Körper wieder in Besitz

Das Leben und jede spirituelle Übung beginnen und enden mit dem Körper. Nur in einem Körper können wir das Leben auf dieser Welt genießen, anderen Menschen dienen, etwas lernen und uns weiterentwickeln. Wenn der Körper das Haus der Seele ist, dann müssen wir diesem Haus ein starkes Fundament bauen, ehe wir uns in höhere Bewußtseinsbereiche aufschwingen können. Unser Körper ist die Wurzel, durch die wir Himmel und Erde miteinander verbinden. Ist diese Wurzel nicht tief in der Erde verankert, können wir nicht blühen.

Wenn unser Körper krank, schwerfällig und aus dem Gleichgewicht geraten ist, empfinden wir ihn oft als Last, als etwas, das uns Schmerzen bereitet. Vielleicht begeben sich manche aus dem Wunsch heraus auf Astralreisen, der «Mühsal des Irdischen» zu entfliehen. Doch wenn unser Körper sich im Gleichgewicht befindet, gehört er zu den feinstgestimmten Instrumenten der Schöpfung – ein sich selbstregulierender biologischer Organismus, den kein Computer und keine Maschine übertreffen kann. Wie durch ein alchimistisches Wunder verwandelt er grobe Nahrungsmittel in feine Energien. Sobald wir unseren menschlichen Körper als wunderbares Geschenk und unbegreifliche Chance würdigen, werden wir von selbst den Drang verspüren, uns mehr um ihn zu kümmern.

Der Verrat am Körper

Vier unserer fünf wichtigsten Sinne – Sehen, Hören, Schmecken und Riechen – liegen im Bereich des Kopfes. Das läßt leicht die Illusion entstehen, daß unser Bewußtsein von einem Punkt hinter unseren Augen ausgeht. Manchmal scheint es, als *lebten* wir im Kopf. Wir identifizieren uns mit diesem «Kopfbewußtsein» und nennen es unseren *Geist*. Wir bezeichnen es auch als *Ich,* und wir neigen dazu, den Körper als bloßes Gefäß für unseren Geist zu betrachten, als säßen wir oben in einem Kontrollraum und steuerten den Körper unter uns.

Wir identifizieren uns mit dem Bewußten Selbst, das oft danach strebt, unser Basis-Selbst (die körperlichen Instinkte und alle Empfindungen, die «aus dem Bauch heraus» kommen) unter Kontrolle zu halten oder gar zu beherrschen, statt es zu leiten. Die meisten Menschen fühlen sich ihrem Körper bis zu einem gewissen Grad entfremdet. Das ist ja auch verständlich; schließlich empfindet unser Körper ab und zu Schmerz, wird öfters krank und kann die Wünsche unseres Geistes nicht immer erfüllen. Bei den meisten von uns fühlen Körper und Geist sich recht unwohl in ihrer Partnerschaft miteinander. Oft empfinden wir den Körper als Problem, als eine Bürde, die unsere Seele zu tragen hat.

Viele sind auch unzufrieden mit ihrem Körper, weil er nicht den Wertvorstellungen entspricht, die ihnen einprogrammiert wurden. Wir finden unseren Körper zu klein oder zu groß, zu dick oder zu dünn; unser Gesicht hat nicht die richtige Form, unsere Haare sind nicht so, wie sie sein sollten, ja selbst unsere Hautfarbe gefällt uns nicht. Die meisten Menschen seufzen dann resigniert über die Widrigkeit des Lebens und machen das Beste daraus. Aber wir verstehen unseren Körper nicht richtig und haben auch kein Vertrauen zu ihm. Viele würden ihren Körper liebend gern gegen ein anderes Modell eintauschen, wenn sie nur könnten. Die wachsende Beliebtheit kosmetischer Operationen ist der beste Beweis dafür. Und letzten Endes haben wir das Gefühl, daß unser Körper uns betrügt, indem er sich abnutzt, krank wird und schließlich stirbt.

Wir fällen ständig Werturteile über unseren eigenen Körper und die körperliche Erscheinung anderer. Wir messen uns und andere an völlig willkürlichen, vorprogrammierten Schönheitsidealen. Statt körperliche Bewegung und Ernährung als Teil einer harmonischen, ausgewogenen Lebensweise zu sehen, halten wir uns an ständig wechselnde Diäten, nur um ein Bild von uns selbst zu erschaffen und aufrechtzuerhalten, das von anderen diktiert wurde und großenteils auf ungeprüften Wertvorstellungen beruht.

Werfen wir doch einmal über Bord, woran wir jahrelang geglaubt haben: Fettleibigkeit stellt zwar ein gesundheitliches Risiko dar, aber *ein schlanker Körper ist nicht von Natur aus attraktiver als ein rundlicher. Dieser Glaube gehört nur zu unserer Konditionierung.* Jede Kultur hat andere Vorstellungen von Schönheit und richtiger Ernährung. Unser körperliches Schönheitsideal erwerben wir ebenso wie unsere Vorliebe für eine bestimmte Ernährung durch ein kompliziertes Zusammenspiel kultureller, verinnerlichter Normen und persönlicher Assoziationen.

Manche Menschen achten auf ihren Körper, andere ignorieren ihn so lange, bis er ihnen Probleme bereitet. Wer dazu neigt, den Körper zu ignorieren, wer seine Zeit und sein Geld lieber in Gegenstände investiert, beispielsweise in ein Auto oder ein Haus, steht körperlichen Dingen oft mit gemischten Gefühlen gegenüber. Wir kümmern uns viel zu sehr darum, wie wir äußerlich wirken, und ignorieren das Innere, das wir nicht sehen können. Deshalb kann es leicht passieren, daß wir unseren Körper als etwas Selbstverständliches betrachten, ihm mißtrauen oder uns gar über ihn ärgern. Und was noch schlimmer ist: Wir sind nicht mit einem Benutzerhandbuch für unseren Körper auf die Welt gekommen, und so kommt zu unserer Nachlässigkeit oft auch noch Unwissenheit hinzu. Regelmäßiges Rauchen, Alkohol oder andere Drogen, fettes Essen und weißer Zucker tragen zu vorzeitigem Altern, Zivilisationskrankheiten und körperlichem Unwohlsein bei.

Solange wir unseren Körper nicht verstehen, schätzen, lieben und Vertrauen zu ihm haben, werden wir auch nicht gut für ihn sorgen. Die häufig latenten negativen Gefühle, die wir unserem Körper entgegenbringen, sind ein großes Problem, dem wir uns stellen und das wir lösen müssen. Solange unser Bewußtes Selbst keine liebevolle Beziehung zu unserem Körper und unserem Basis-Selbst aufnimmt, nützt es wenig, zu lesen, wie wir körperliche Blockaden beseitigen und unsere Gesundheit verbessern können.

Wir müssen zuerst mit unserem Körper Kontakt aufnehmen und unsere negativen Empfindungen ihm gegenüber zum Ausdruck bringen, ehe wir lernen können, ihn zu akzeptieren und zu lieben.

Wie man seinem Körper verzeiht

1. Stelle dir folgende Fragen:
   - Was empfindest du für deinen Körper?
   - Was gefällt dir an ihm?
   - Was gefällt dir nicht an ihm?
   - Was kannst du an deinem Körper verändern (durch Ernährung, Sport oder auf irgendeine andere Weise)?
   - Was kannst du (realistisch betrachtet) an deinem Körper nicht verändern, womit mußt du dich also abfinden?
2. Wie stehst du zu
   - deiner Haut und Hautfarbe?
   - deiner Größe?
   - deiner Figur?
   - deinem Haar?
   - deinem Gesicht?
   - deinen körperlichen Einschränkungen?
   - deiner Stärke?
   - deinem Gesundheitszustand?
   - deiner Energie?
3. Nachdem du dir deine positiven und negativen Gefühle bewußt gemacht hast, sende deinem Körper Liebe und Vergebung – mache dir klar, daß er tut, was er kann.

Das Innere wirkt nach außen

In unserem Körper, unserem Gesicht und unserer Stimme spiegelt sich vieles von unseren Gewohnheiten, Empfindungen, Gedanken und unserer Lebensweise wider. Unsere innersten Gedanken, unsere neuromuskulären Spannungen und unsere Lebensgewohnheiten tragen sehr stark zur Form unseres Körpers und zur Topographie unseres Gesichts bei. Waagerechte Falten auf der Stirn können zum Beispiel von ständigen Selbstzweifeln, Verwirrung oder Unsicherheit zeugen.

Auch im Tonfall und in der Lautstärke unserer Stimme – zum Beispiel, ob sie gedämpft oder schrill klingt – spiegelt sich unsere geistige Verfassung wider. Unser Körper kann nicht lügen; unsere innersten Empfindungen – positive wie negative – stehen uns förmlich im Gesicht geschrieben. Wenn wir unsere Gedanken und Gewohnheiten ändern, setzen wir Kräfte in Bewegung, durch die sich mit der Zeit auch unsere äußere Erscheinung verändern wird.

Wahrscheinlich sehen wir gern auf Leute mit klassisch schönem Gesicht und einer eleganten, schlanken Figur, weil wir sie ästhetisch finden – genauso, wie wir uns gern eine Blume, einen Sonnenuntergang oder eine schöne Landschaft ansehen. Aber innere Schönheit – Liebe und Glück – schimmert selbst durch die unscheinbarsten Gesichtszüge hindurch.

> *In dem Maße, wie die Liebe wächst,*
> *wird auch die Schönheit in dir wachsen.*
> Augustinus

Unser einziger wahrer Besitz

Gleichgültig, wie unser Körper aussieht und ob er uns gefällt oder nicht – wir haben nun einmal nur *diesen einen,* und zwar ein Leben lang. Anders gesagt: Unser Leben dauert nur so lange, wie unser Körper existiert. Und die Qualität unseres Lebens wird der Qualität unseres Körpers entsprechen.

Während unseres Lebens mit all seinem Auf und Ab werden wir vielen Freunden und geliebten Menschen Lebewohl sagen müssen, wir werden Wohnungen, Autos und Geld verlieren; wahrscheinlich ändern sich auch unsere Ansichten und unsere Wertvorstellungen. Aber unser Körper wird uns garantiert das ganze Leben lang begleiten – treu bis zum Ende. Wenn wir diese Wahrheit begriffen haben, dann werden wir automatisch anfangen, gut für unseren «besten Freund» zu sorgen.

Wir können unseren Körper formen

Jeder Mensch trägt allein die Verantwortung für seinen Körper. Wir sind mit angeborenen *Anlagen* auf die Welt gekommen, den Rest tragen wir selbst zu unserem Leben bei.

> *Gott hat uns ein Gesicht gegeben;*
> *für unseren Gesichtsausdruck sind wir selber verantwortlich.*
> Unbekannter Verfasser

Unser Körper bleibt ein Leben lang formbar. Mit Ausnahme unserer Größe, unseres Grundtyps und anderer ererbter Eigenschaften können wir unser Gesicht und unseren Körper – von innen und von außen – formen, und zwar durch Ernährungsgewohnheiten, körperliche Bewegung und unsere geistige und emotionale Verfassung. *Wenn wir unsere Gewohnheiten ändern, ändert sich auch unser Körper; und mit unserem Körper verändert sich unser ganzes Leben.*

Die Zwillingsbrüder Bob und Sid sind in einer Familie aufgewachsen, in der viel Fleisch, Milchprodukte und Kartoffeln gegessen wurden. Als sie erwachsen waren, starben innerhalb eines Jahres beide Eltern an Herzerkrankungen. Bob ißt nach wie vor viel Fett in Form von Fleisch und Milchprodukten. Er bewegt sich wenig, steht beruflich sehr unter Streß und neigt dazu, seine Gefühle zu unterdrücken. Er wird höchstwahrscheinlich wie viele Angehörige seiner Familie frühzeitig aus dem Leben scheiden und dabei vielleicht sogar noch den einen oder anderen Rekord brechen. Sid dagegen ißt selten Fleisch und Milchprodukte; er treibt regelmäßig Sport, macht Yoga und Atemübungen und meditiert. Er wird wahrscheinlich länger leben als sein Bruder, obwohl er von seinen Eltern eine sehr ähnliche Veranlagung geerbt hat.

Dieser Grundsatz «Mach das Beste aus dem, was du hast» gilt auch für unsere positiven Eigenschaften: Wir alle tragen irgendein Potential in uns. Ob wir es verwirklichen oder nicht, hängt von uns selbst ab. Die angeborenen Eigenschaften sind der Ton, der uns zur Verfügung steht. Mit unseren Lebensgewohnheiten modellieren wir den Ton.

Sobald wir die übernommenen negativen Vorstellungen

überwinden und den Körper, den der Geist uns geschenkt hat, akzeptieren, schätzen und lieben, schaffen wir Möglichkeiten für Veränderungen, denn liebevolle Annahme wirkt viel ermutigender auf unser Basis-Selbst als Kritik.

Stimme dich auf deinen Körper ein

Je mehr sich unser Körper im Gleichgewicht befindet, um so besser können wir die erhebende, inspirierende Gegenwart des Geistes spüren. Wenn unser Körper dagegen schwach oder durch Gifte belastet ist, sich steif anfühlt oder schmerzt, dann fehlt uns die freie und konzentrierte Aufmerksamkeit, um uns auf feinere Energien oder Existenzebenen einstimmen zu können.

Das heißt nicht, daß wir alle Sportler werden oder ein spartanisches Leben führen müssen, um den Pfad des friedvollen Kriegers gehen zu können. Viele Sportler, die darauf gedrillt sind, ihren Körper wie eine Maschine zu «benutzen», haben sich innerlich von ihm getrennt und ignorieren seine Zeichen der Erschöpfung oder des Schmerzes. Sie haben nur ihre ehrgeizigen Ziele im Auge.

Doch wir alle haben Lungen, also ist es sinnvoll, sie auch richtig zu benutzen. Wir sollten lernen, tief und leicht und mit Gefühl zu atmen. Wir alle haben Muskeln; also ist es sinnvoll, sie in Form zu halten. Und wir haben auch alle ein Verdauungssystem; also sollten wir lernen, welche Ernährung für uns am besten ist. Auch die Fähigkeit, sich in jeder Situation entspannen zu können, sollte jeder beherrschen.

Verbringe Zeit in der Natur

Uns selbst zu akzeptieren bedeutet auch, daß wir unseren Körper akzeptieren müssen. Wenn wir den Kontakt zu unserer Körperlichkeit, zu unseren irdischeren oder niedrigeren Seiten verlieren, dann geht uns auch die Verbindung zu unseren höheren Seiten verloren – den intuitiven Gefühlen, die uns unser Körper vermittelt. Wieder Kontakt mit der Erde und mit der Natur um uns herum aufzunehmen ist ein guter Weg, uns auf unseren Körper einzustimmen.

—• —•— —•— —•— —•— —•— —•— —•— —•— —•—

Zurück zur Natur

1. Stelle jeden Tag irgendeinen einfachen, sinnvollen Kontakt zur Natur her: Rieche an einer Blume, berühre oder betrachte sie; fahre mit den Händen an der Rinde eines Baumes entlang, und spüre seine Energie; kaufe dir eine Zimmerpflanze, und pflege sie; lege in deinem Hof oder auch nur auf dem Fensterbrett einen kleinen Garten an. Solche einfachen Dinge können helfen, ruhelose Geister zu beschwichtigen. Kontakt zur Erde aufzunehmen und Pflanzen zu ziehen ist ein guter Weg, die Verbindung zu deinem eigenen inneren Wesen wiederherzustellen.

2. Nimm dir am Wochenende oder in den Ferien ein bißchen Zeit, in den Bergen, am Strand oder im Park herumzulaufen. Während solcher Spaziergänge spürst du vielleicht, wie du deinen Körper auf ganz neue Art zu schätzen beginnst.

—• —•— —•— —•— —•— —•— —•— —•— —•— —•—

Unser Körper und die Naturgesetze

Unser Körper (unser Basis-Selbst) funktioniert am besten, wenn wir mit den Naturgesetzen der Ernährung, Bewegung, Atmung, Dehnung, Ruhe, Entspannung, richtigen Haltung und des harmonischen Gleichgewichts im Einklang leben. Über diese Regeln können wir uns nicht lange hinwegsetzen, ohne die unvermeidlichen Konsequenzen zu spüren zu bekommen. Wie die aussehen, ist von Mensch zu Mensch verschieden.

Für uns alle ist es gut, möglichst frei von Giftstoffen, Streß, Erschöpfung und ausgeglichen zu leben. Es gibt Zeiten, in denen unser Abwehrsystem geschwächt ist und wir uns leicht einen unangenehmen Virus oder eine bakterielle Erkrankung einfangen. Das gehört zum Leben auf dieser Erde dazu. Aber meistens läßt sich unsere Erkrankung auf eine Zeit kurz vor dem Eintreten der Symptome zurückführen, als wir bewußt oder unbewußt unsere Schutzschilde sinken ließen. Vielleicht haben wir zuviel gefeiert, zu hart gearbeitet, zu viele wertlose Nahrungsmittel gegessen und so weiter.

Erschöpfung, Unausgeglichenheit und Giftstoffe schwächen

unsere Abwehrreaktion. Wir *vergiften* uns, wenn wir mehr essen, als unser Körper verarbeiten kann, wenn wir Dinge essen, die unser Verdauungssystem belasten, oder auch, wenn wir nicht richtig essen – zum Beispiel zu hastig oder in einem Zustand innerer Aufgewühltheit. Von außen aufgezwungene und mit Druck verbundene Arbeit, die uns keine Befriedigung schenkt, *erschöpft* uns. Das gleiche gilt, wenn wir Anforderungen an unseren Körper stellen, die er nicht erfüllen kann. Auch ein labiles Nervensystem macht uns anfällig für Krankheiten. Durch starke emotionale Erschütterungen bringen wir unser Nervensystem *aus dem Gleichgewicht,* vor allem, wenn wir unsere Gefühle unterdrücken, statt sie auszudrücken. Ungewohnte Situationen oder Streß bringen uns ebenso aus dem Gleichgewicht. Das können sogar «glückliche» Umstände sein, zum Beispiel ein Lottogewinn, eine Heirat oder eine grundlegende Veränderung, die unser Basis-Selbst verwirren.

Unser bester Trainer

Wir lernen am meisten über unser Herz und unsere Lungen, unsere Muskeln, unser Nervensystem, die Fähigkeit, uns zu entspannen, unser Verdauungssystem und unsere anderen physischen Aspekte, indem wir auf das *Feedback* unseres Körpers achten – indem wir uns bewußtmachen, was wir tun und wie wir uns hinterher fühlen. Das klingt zwar ganz einfach, aber die wenigsten Menschen beherzigen es.

Wenn Christopher am Dienstag mit einem Fitneßprogramm beginnt und sich am Mittwoch völlig gerädert fühlt, dann will sein Körper ihm damit vielleicht sagen: «Fang mit leichteren Übungen an. Geh langsam und in kleinen Schritten voran.» *Unser Körper ist unser bester Trainer.*

Wenn Paul jeden Tag nach der Arbeit Kopfschmerzen bekommt und darin ein deutliches Signal seines Körpers erkennt, statt es als reinen Zufall abzutun, dann wird er lernen, die Dinge in Zukunft langsamer anzugehen, sich von seiner chronischen inneren Anspannung zu befreien. Vielleicht wird er zusätzlich auch noch ein paar behutsame Nackendehnübungen und Atemübungen machen. Auch Übungen zum Streßabbau vor dem Mittagessen würden ihm guttun.

Wenn Jane hastig und unter Streß ißt oder wenn sie etwas zu sich nimmt, was sie nicht verträgt, bekommt sie von ihrem Körper eine entsprechende Rückmeldung: Blähungen, Magenkrämpfe, Energielosigkeit oder andere Symptome. Wenn sie auf diese Zeichen achtet, wird ihr Körper ihr verraten, welche Ernährung für ihre individuellen Bedürfnisse am besten geeignet ist.

Unser Körper kennt sich selbst sehr gut, unser Basis-Selbst kennt jede Zelle und jedes Gewebe unseres Körpers. Nicht einmal die besten Experten auf dem Gebiet des Sports und der Ernährung können der Körperweisheit des Basis-Selbst das Wasser reichen.

Was unser Körper uns lehren kann

Unser Körper ist denselben Gesetzen unterworfen wie die Planeten und die Sterne. Er hat direkten Zugang zur Weisheit des Universums und kann uns alle Lebensprinzipien vermitteln, die wir je kennenlernen müssen.

Ich zum Beispiel habe durch meine Turnerausbildung vieles über das Leben gelernt. Meine Lehrer und Bücher haben diese Geheimnisse, die ich innerlich und rein intuitiv, auf der Zellebene, durch mein körperliches Training lernte, nur bestätigt – die Gesetze von Gleichgewicht, Sich-selbst-Akzeptieren, Kooperation, Disziplin, Konzentration, Motivation, Mut, Selbstvertrauen und Engagement: lauter Eigenschaften, die, wenn sie voll ausgebildet sind, unser aller Leben verändern können.

Der Weg zum natürlichen Gleichgewicht

Im folgenden möchte ich auf drei wichtige Instrumente beim Prozeß der körperlichen Wandlung eingehen, durch die wir die größte und sichtbarste Wirkung erzielen können: Ernährung, körperliches Training und Körpertherapie. Mit ihrer Hilfe können wir es tatsächlich schaffen, Blockaden zu beseitigen und unseren Körper ins Gleichgewicht zu bringen und zu verjüngen, und zwar ohne allzu große Mühe oder heroische Anstrengungen, die man meist sowieso nicht lange durchhält. Wir brauchen die folgenden Prinzipien und Praktiken nur einfach und direkt in die Praxis umzusetzen.

Der Krieger und die Ernährung

Zwei große Probleme stehen zwischen uns und der idealen Ernährung: *Wissen und Tun.* Ehe wir etwas tun können, müssen wir erst einmal wissen, was. Das können wir indirekt durch unseren Verstand oder auch direkt durch unsere Körperinstinkte erfahren. Die ideale Ernährung ist größtenteils eine Frage der Zusammenarbeit zwischen Bewußtem Selbst (Denken, Geist) und Basis-Selbst (Körper). Als wir noch klein waren, wußte unser Basis-Selbst instinktiv Tag für Tag, welche Nahrung wir gerade brauchten. Es leitete uns durch unseren Hunger und unseren Appetit. Doch seitdem ist uns durch Fernsehen, Eltern, Kameraden und die Werbung und natürlich auch durch die überwältigende Wirkung von Süßigkeiten und verarbeiteten (also nicht naturbelassenen) Nahrungsmitteln vieles einprogrammiert worden, was unsere Instinkte verwirrt hat.

Daher ist es vielleicht nicht unbedingt der beste Weg, sich «auf seine Instinkte zu verlassen». Wir müssen unser Basis-Selbst erst einmal *stimmen* und unsere Instinkte verfeinern, und zwar in kleinen Schritten unter der Leitung unseres Bewußten Selbst. Mit anderen Worten: Wir werden zunächst ein paar gute Bücher über Ernährung lesen und dann mit einigen kleinen Veränderungen unserer Essensgewohnheiten anfangen. Nach und nach werden wir dann immer mehr gesunde Nahrungsmittel in unseren Speiseplan aufnehmen und dafür auf ein paar Dinge verzichten, die nicht gut für uns sind. Für jedes Nahrungsmittel, auf das man verzichtet, kann man einen Ersatz finden, der einem schmeckt. Als ich mich zum Beispiel entschloß, auf Raffinadezucker zu verzichten, begann ich dafür selbstgemachte Desserts mit natürlichen Süßstoffen zu essen, zum Beispiel im eigenen Saft gegarte Zimtäpfel. Man braucht nicht zu leiden!

Wir können uns über den aktuellen Forschungsstand zum Thema «gesunde Ernährung» informieren und sogar Ernährungstherapien ausprobieren, um physische Probleme zu beseitigen, die durch eine unausgewogene Ernährung entstanden sind. Unser Basis-Selbst testet Nahrungsmittel, indem es das Essen kostet, riecht und seine Wirkungen auf den Körper spürt. Unser Bewußtes Selbst liest die Aufschriften auf den Etiketten.

Durch die Umstellung unserer Ernährung werden auch unsere Instinkte sensibler. Uns fällt mehr auf als früher, und das ist wieder ein Schritt zu weiteren Veränderungen. Wir müssen in einem Tempo voranschreiten, das unserem Basis-Selbst angemessen ist. Sobald unsere Instinkte geschärft sind, können wir uns ihrer Führung anvertrauen – das geht aber nur, wenn unser Bewußtes Selbst auch auf diese Botschaften unseres Körpers achtet. Wir können an unseren Nahrungsmitteln riechen, sie sorgfältig schmecken und ihre Lebensenergie spüren, so gut uns das eben möglich ist (das läuft unbewußt ab). Dann können wir uns dem Wandlungsprozeß anvertrauen.

Systematische Unterernährung

Die wichtigste Ernährungsregel für ein langes Leben und eine gute Gesundheit lautet: *Man muß sich systematisch unterernähren.* Unzählige Untersuchungen an Tieren und auch Menschen aus den verschiedensten Kulturen haben gezeigt, daß man, wenn man weniger ißt und schlank ist, länger lebt und gesünder bleibt, als wenn man zuviel ißt. Denn zu reichliches Essen belastet Körper und Verdauungsorgane und kann unsere Fähigkeit, Nahrung zu verarbeiten und Abfallstoffe auszuscheiden, überstrapazieren. Natürlich gilt dieser Rat nicht für Menschen, die bereits *unter* ihrem Idealgewicht liegen. Wie alle Grundsätze sollten wir auch diese Regel nicht sklavisch befolgen, sondern dabei unsere individuelle Situation berücksichtigen.

Ein paar wesentliche Grundsätze

Grundsätzlich müssen wir *mehr* frisches Gemüse, Obst und komplex aufgebaute Kohlenhydrate (Getreide, Vollkornprodukte und Kartoffeln) essen. Wir sollten auch mehr rohe, unverarbeitete Nahrungsmittel zu uns nehmen. Beim Kochen werden viele Enzyme zerstört, die uns dabei helfen, unsere Nahrung umzusetzen und die darin enthaltenen Nährstoffe zu verwerten. Unser Körper besteht größtenteils aus Wasser; deshalb tut es uns gut, regelmäßig gereinigtes Wasser und frische Obst- und Gemüsesäfte zu trinken.

Dagegen sollten wir *weniger* Fette, weniger einfach gebaute Zucker und weniger raffinierte, verarbeitete Nahrungsmittel zu uns nehmen. Wenn wir nur einen Großteil der Fette und des Zuckers aus unserem Speiseplan streichen, kann das unsere Energie sehr steigern und unsere Gesundheit langfristig verbessern.

Essen als heilige Tätigkeit

Von frühester Kindheit an hat bei vielen Menschen das Basis-Selbst eine Angst entwickelt, nicht genug zu essen zu bekommen. Deshalb neigt man dazu, unbewußt zu essen – zum Beispiel, während man liest oder fernsieht –, und achtet kaum darauf, was man zu sich nimmt. Doch wir sollten eine Mahlzeit nicht einfach nur als Mittel zum Zweck betrachten, so rasch wie möglich etwas in den Magen zu bekommen. Wir können aus dem Essen auch eine *heilige Tätigkeit* machen, so etwas wie die Teezeremonie bei den Japanern. Wir können lernen, uns zum Essen Zeit zu nehmen und ihm unsere volle Aufmerksamkeit zu widmen, in kleinen Bissen zu essen und gründlich zu kauen. Wenn wir einen Bissen heruntergeschluckt haben, können wir erst einmal tief Luft holen und uns den Duft des Essens in die Nase steigen lassen, ehe wir den nächsten Bissen nehmen. So bringen wir dem Geist unseren Dank dafür zum Ausdruck, daß er uns mit Nahrung versorgt.

Wie und wann wir essen, ist fast genauso wichtig wie die Frage, was wir essen. Wir sollten zum Beispiel lieber auf Essen verzichten, wenn wir innerlich angespannt oder aufgewühlt sind. Auch direkt vor dem Schlafengehen tut Essen uns nicht gut.

Bewußtes Essen

Nimm dir jetzt oder bei deiner nächsten Mahlzeit ein paar Minuten Zeit, um bewußtes Essen zu üben.
1. Sieh dir dein Essen an. Was für eine Farbe hat es?
2. Hole tief Luft, und laß dir den Duft deines Essens in die Nase steigen.
3. Entspanne dich, und nimm einen kleinen Bissen zu dir.
4. Kaue langsam, und sei dir dabei ständig des Duftes und Geschmacks deines Essens bewußt.

5. Nach dem Kauen hole wieder Luft, ehe du den nächsten Bissen nimmst.

6. Nimm dir einen Augenblick Zeit, um für die Nahrung zu danken, die diese Mahlzeit dir bietet.

7. Denke einmal darüber nach, wie angenehm es sein könnte, die meisten Mahlzeiten auf diese Art und Weise einzunehmen.

--- --- --- --- --- --- --- --- --- ---

Du mußt herausfinden, was gut für dich ist

Obwohl alle menschlichen Körper ähnlich funktionieren, hat doch jeder seine einmaligen, individuellen Bedürfnisse; deshalb ist ein und dieselbe Ernährung nicht für alle Menschen gut. Die empfohlene Mindestmenge an Vitaminen und Mineralstoffen ist nur ein statistischer Durchschnittswert und keine exakte Richtlinie, die für alle Menschen gleichermaßen gilt. Außerdem verändern sich unsere Ernährungsbedürfnisse von Tag zu Tag. Sie hängen von vielen verschiedenen Faktoren ab – zum Beispiel, wieviel wir uns an diesem Tag bewegt haben und wie großem Streß wir ausgesetzt waren.

Viele Menschen nehmen aus Angst, sich nicht richtig zu ernähren, eine Menge Vitamin- und Mineralstoffpräparate ein und glauben, das sei ein Ausgleich für ihre mangelhafte Ernährung. Für einige spezielle Zwecke sind solche Präparate zwar durchaus sinnvoll, doch sollten wir unser Augenmerk lieber auf eine bewußte, gesunde Ernährung richten. Wir können lernen, uns von unseren Instinkten leiten zu lassen, und zusätzlich ruhig hin und wieder einmal eine Multivitamin- oder Mineralstofftablette nehmen, aber nicht jeden Tag – nur, wenn uns danach ist.

Man muß nicht unbedingt jeden Tag drei «richtige» Mahlzeiten zu sich nehmen; man kann auch mehr oder weniger essen – je nach den Bedürfnissen, die der Körper gerade zu haben scheint. Jeder Körpertypus braucht eine etwas andere Ernährung, um seine Eigenschaften auszugleichen. Wenn wir jeden Tag auf unseren Körper achten, finden wir wieder Kontakt zur Weisheit unserer Instinkte. Sie verrät uns, was am besten für uns ist.

Das Bewußte Selbst neigt dazu, den Instinkten unseres Körpers Theorien oder Systeme aufzuzwingen. Auf dem Papier mögen diese Theorien durchaus überzeugend wirken, aber auf uns als Individuum passen sie vielleicht nicht und funktionieren deshalb auch nicht. Deshalb solltest du sie nicht nur von deinem Bewußten Selbst, sondern auch von deinem Basis-Selbst überprüfen lassen und dann einen Kompromiß finden. Wenn du im Zweifel bist, höre auf deinen Körper. Er weiß, was für dich richtig ist. Zum Beispiel essen die meisten Menschen bei Kälte mehr Kohlehydrate und nehmen während der kalten Wintermonate fünf bis zehn Pfund zu. Unserem Bewußten Selbst gefällt das vielleicht nicht, aber wir brauchen uns wegen der zusätzlichen Pfunde keine Sorgen zu machen. Wenn unsere Instinkte im Gleichgewicht sind, werden wir wieder abnehmen, sobald es wärmer wird, denn dann haben wir weniger Appetit.

Wie man sich an eine neue Ernährung gewöhnt

Wir wissen inzwischen schon, daß echte und dauerhafte Veränderungen nicht so leicht zu bewerkstelligen sind. Also betrachten wir sie auch nicht als selbstverständlich. Da der Schlüssel zum Erfolg in der Einfachheit liegt und ein kleines bißchen immer noch besser ist als gar nichts, sollten wir lieber keine plötzliche, drastische Veränderung anstreben, sondern den Berg der richtigen Ernährung in kleinen Schritten besteigen.

Wie die allermeisten bin auch ich nicht sehr ernährungsbewußt aufgewachsen. Obwohl meine Eltern mir immer wieder rieten, weniger Süßigkeiten zu essen, stopfte ich wahllos alles in mich hinein – jede Menge Fleisch und Milchprodukte, alle möglichen Süßigkeiten, Kuchen, Hamburger, Pommes frites, Pizza und anderes wertloses Zeug. Ich litt an Mandelentzündung, Allergien, Akne, einer ständig verstopften Nase, hatte Schnupfen, die Zähne voller Plomben und alle anderen Symptome, die eine solche Ernährung mit sich bringt – und die viele Amerikaner für «normal» halten und mit Medikamenten zu behandeln versuchen, die dann wieder neue Nebenwirkungen haben. Wäre ich nicht so aktiv gewesen, hätte ich wahrscheinlich auch noch Übergewicht gehabt.

Im Laufe der Jahre begann ich mich mehr mit dem Thema Ernährung zu befassen. Allmählich änderte ich meine Eßgewohnheiten. Mein Geschmack veränderte sich: Nahrungsmittel, die mehr «Lebensenergie» enthielten, schmeckten mir jetzt besser als andere. Ich machte mehrere kurze Fastenkuren, während deren ich nur Saft trank. Das Fasten half mir, meinen Organismus zu entgiften und meine Instinkte zu erwecken. Da Geschmack nichts Angeborenes, sondern etwas Erworbenes ist, begann ich jetzt auch Nahrungsmittel zu mögen, die ich früher als eigenartig empfunden hatte. Ich aß weniger Fleisch, Fett, Süßigkeiten und Gebäck und dafür mehr Salat und frische, vollwertige Nahrungsmittel. Je mehr ich meine Ernährung änderte, um so wacher wurden meine Instinkte. Jetzt merkte ich, ob Nahrungsmittel eine positive oder eine negative Wirkung auf mich hatten – was mir früher nie aufgefallen war. Ich wurde immer gesünder und vitaler. Heute fühle ich mich wohler als je zuvor. Eine gesunde Ernährung macht wirklich viel aus.

Wer sich optimal ernähren möchte, braucht deshalb nicht gleich zum Asketen oder Puritaner zu werden. Es gibt genügend einfache, gesunde und doch schmackhafte Nahrungsmittel, nach deren Genuß wir uns leicht, kräftig und ausgeglichen fühlen. Der wichtigste Grundsatz lautet: Uns muß stets bewußt sein, was wir essen und wie wir uns hinterher fühlen. Schon wenn wir nur auf ein paar kleine Annehmlichkeiten verzichten, bewegen wir uns ganz allmählich in die gewünschte Richtung. Wir nehmen nach und nach mehr Nahrung zu uns, die wir als gesund, leicht und energiespendend empfinden, und essen weniger Dinge, die uns nicht guttun. Manchmal fallen wir für kurze Zeit in unsere alten Gewohnheiten zurück, dann machen wir wieder einen Schritt vorwärts, dann geht es wieder ein Stückchen rückwärts. Aber wir rutschen nie wieder so weit zurück, wie wir einmal waren. So machen wir langsame, aber echte und dauerhafte Fortschritte.

Wir schaffen eine Ernährungsumstellung am besten, wenn uns klar wird, daß wir nicht alles auf einmal erreichen müssen. Es kostet Zeit und Anpassung, bis unser Basis-Selbst sich an eine neue Ernährung gewöhnt hat, selbst an eine gesunde. Die Lektüre guter Bücher über Ernährung, zum Beispiel Marc David: *Vom Segen der Nahrung* (Ansata-Verlag 1992), kann uns sehr helfen, unser Bewußtsein zu erweitern, und uns zu Veränderungen anspornen.

Ehe wir uns jedoch auf eine neue Ernährungsweise festlegen, sollten wir uns den Unterschied zwischen *therapeutischer Ernährung und Ernährung als Lebensweise* klarmachen. Eine therapeutische Diät ist eine nur vorübergehend eingesetzte Heilmethode, um spezielle gesundheitliche Probleme oder die Auswirkungen exzessiver Ernährung (zum Beispiel einen zu hohen Cholesterinspiegel oder Fettleibigkeit) zu beheben. Es kann sogar eine Notmaßnahme sein. Die fettfreie Diät von Pritkin ist ein ausgezeichnetes Beispiel dafür. In Kombination mit Bewegung kann sie die Folgen bestimmter Herzerkrankungen beseitigen. Als Therapie ist eine solche fast völlig öl- und fettfreie Ernährung sehr sinnvoll. Aber auf die Dauer wäre sie für die meisten von uns zu einseitig.

Viele solcher speziellen Diätformen können eine kurze Zeitlang gute Dienste leisten. Aber keine spezielle oder extreme Diät ist dafür bestimmt, ein ganzes Leben lang durchgehalten zu werden. Wenn gesunde Ernährung Teil der *Lebensweise* werden soll, dann müssen wir uns für eine Ernährung entscheiden, mit der wir leben und die wir auch genießen lernen können, und zwar *unser Leben lang*. Nur durch langfristige gute Ernährungsgewohnheiten kann man auch eine langfristige körperliche Veränderung bewirken.

Die Grundsätze einer guten Ernährung sind relativ einfach. Das Schwierige daran ist, sie in die Tat umzusetzen, das heißt sich an eine immer energiereichere, frischere, leichtere und gesündere Nahrung zu gewöhnen. Eine der wichtigsten Hilfen auf dem Weg zu einer gesunden Ernährung hat paradoxerweise nur sehr wenig mit dem Essen zu tun: Je mehr wir einen Sinn und ein Ziel in unserem Leben entdecken, um so erfüllter sind wir innerlich und um so mehr Energie haben wir. Dann essen wir nicht mehr um der bloßen Ersatzbefriedigung willen. Wir essen, um zu leben, statt daß wir leben, um zu essen.

Fasten als Schlüssel zur Ernährungsumstellung

In seinem ursprünglichen Sinn bedeutet *Fasten,* daß man eine Zeitlang ganz aufs Essen verzichtet. In allen alten spirituellen Überlieferungen wird das Fasten empfohlen. Wir alle fasten jede Nacht und brechen das Fasten am Morgen wieder. Doch eine längere Fastenkur bedeutet mehr als bloßen Verzicht aufs Essen. Es wird empfohlen, während einer solchen Kur viel frisches Wasser und verdünnte, frische Obst- und Gemüsesäfte zu trinken.

Bei Krankheiten verliert unser Körper automatisch den Appetit. Auf diese Weise gibt unser Basis-Selbst uns zu verstehen, daß wir nun einmal eine Weile fasten sollten. Dadurch wird eine beträchtliche Energie, die wir normalerweise zur Verdauung brauchen, für den Heilungs- und Entgiftungsprozeß freigesetzt. Fasten ist nicht jedermanns Sache, aber den meisten Menschen tut eine gelegentliche Fastenkur gut – entweder bei bestimmten Krankheiten oder einfach nur zur Entgiftung.

Das Fasten hat verschiedene wichtige Vorteile:

1. Es hilft uns, die tiefverwurzelte Angst zu überwinden, nichts zu essen zu bekommen, und gibt uns das Selbstvertrauen und die Gewißheit, daß wir ziemlich leicht drei, fünf oder sogar sieben Tage ohne Essen auskommen können.
2. Es schärft und verfeinert unsere Instinkte. Mit jeder Fastenkur verändert unser Geschmack sich ein bißchen mehr, das heißt wir lernen, die Nahrungsmittel vorzuziehen, die unser Körper *braucht,* und nicht diejenigen, auf die er Appetit hat.
3. Wie bereits gesagt, trägt Fasten zur Entgiftung des Körpers bei, und zwar durch einen Selbstreinigungsmechanismus, der nach den ersten drei Fastentagen in Gang kommt.

Jeder, der länger als einen oder zwei Tage fastet, sollte sich unbedingt in einem Buch Rat holen. Wer länger als fünf Tage fasten möchte, sollte einen Arzt oder einen anderen Experten befragen.

Ernährung und Bewußtseinserweiterung

Wenn wir uns von alten, streßerzeugenden Vorstellungen und verdrängten emotionalen Problemen befreien und ein Gespür für unsere Verbundenheit mit der Welt und unseren Mitmenschen bekommen, ändert unsere Ernährung sich automatisch. Und sobald wir uns anders ernähren als bisher, beginnt unser Lebenshorizont sich auch in anderen Bereichen zu erweitern. Zwischen unserer Ernährung und unserem Bewußtseinszustand besteht eine ständige Wechselwirkung. Deshalb stellt *jede noch so geringe Verbesserung* unserer Ernährung schon einen sehr realen spirituellen Fortschritt dar.

Wir werden nun unsere momentane Ernährung unter die Lupe nehmen und uns dann für eine kleine Veränderung entscheiden, mit der wir gleich heute beginnen wollen. Das größte und verbreitetste Ernährungsproblem in den Industrieländern besteht darin, daß wir zuviel von dem essen, was wir nicht brauchen, und zuwenig von dem, was wir nötig hätten. Also wäre es ein guter erster Schritt, ein bestimmtes Nahrungsmittel seltener und ein anderes dafür häufiger zu sich zu nehmen.

Ernährung: der erste Schritt

1. Lasse die typischen Mahlzeiten, die du jeden Tag einnimmst, einmal rasch an deinem geistigen Auge vorüberziehen.
2. Entscheide dich, ein Nahrungsmittel künftig lieber nicht mehr so oft zu essen.
3. Entscheide dich, dafür ein anderes Nahrungsmittel häufiger zu dir zu nehmen.
4. Jetzt weißt du schon, wie dein erster Schritt aussieht. Du brauchst ihn nur noch zu tun.

Körperliche Bewegung:
eine Erfahrung, die etwas in Gang setzt

Die richtige Ernährung spielt für unsere Gesundheit eine wichtige Rolle, aber Bewegung ist noch wichtiger. Paavo Airola, ein anerkannter Fachmann, der sich die Beschäftigung mit Ernährung und Diäten zur Lebensaufgabe gemacht hat, sagte einmal, es sei immer noch besser, «viele wertlose Nahrungsmittel wie Pommes frites, Süßigkeiten und so weiter zu sich zu nehmen und sich dabei regelmäßig zu bewegen, als sich natürlich und biodynamisch zu ernähren und keinen Sport zu treiben». Wenn wir versuchen, nur durch bloße Ernährung und ohne Bewegung etwas für unsere Gesundheit zu tun, ist das so, als wollten wir ein Auto ohne Motor starten.

Bewegung kräftigt die Muskeln, auch das Herz, sie vergrö-
ßert das Lungenvolumen, erhöht die Sauerstoffzufuhr zu unserem Gehirn und anderen Organen und allen unseren Zellen, und
sie regt das Nervensystem an. Abgesehen von diesen bekannten
physiologischen Vorteilen setzt Bewegung auch blockierte
emotionale Energien frei, intensiviert das «Feuer» unseres Stoff-
wechsels, indem sie ein künstliches «Fieber» erzeugt, das dazu
beiträgt, unseren Körper von Giftstoffen zu reinigen. Dadurch
wird er weniger anfällig für Bakterien und Viren.

Vom Wesen der Bewegung

Ich habe im Laufe der Jahre fast alles praktiziert und auch gelehrt, was zur körperlichen Fitneß beiträgt – östliche und westli-
che Disziplinen, zum Beispiel Kampfkünste, Tanz, Hatha-
Yoga, fast alle traditionellen Sportarten und Spiele und andere
Disziplinen, die Geist und Körper umfassen. Ich habe eine Weltmeisterschaft im Trampolinturnen gewonnen, war Trainer an
der Stanford University und an der University of California in
Berkeley und Professor für Leibeserziehung am Oberlin College und habe sowohl mit Kindern als auch mit Erwachsenen
gearbeitet.

Als Kind hat mir «Sport» im eigentlichen Sinn nie Spaß gemacht. Das geht den meisten Kindern so. Aber ich *bewegte* mich
für mein Leben gern. Es machte mir Spaß, zu spielen, zu tanzen,
zu laufen und zu springen – zu *spüren,* was mein Körper alles
konnte. Am Anfang, ehe die Hemmungen einsetzen, fällt es uns
allen leicht, sich zu bewegen. Wie Katzen genießen wir es, uns zu
bewegen, zu recken und zu strecken und immer in Bewegung zu
sein. Das wissen wir alle, aber aus verschiedenen Gründen handeln wir nicht alle danach.

Viele verlieren den Mut, wenn diese natürliche Bewegung die
Form sportlicher Wettspiele annimmt, die ihnen nicht liegen,
oder wenn ein unerfahrener oder ungeduldiger Lehrer ihnen
einredet, sie «könnten es nicht». Viele Kinder geraten dann in
einen Teufelskreis der Trägheit – sie schauen lieber fern, beschäftigen sich mit Videospielen oder lesen, statt sich zu bewegen. Hat man sich erst einmal eine solche sitzende Lebensweise
angewöhnt, kombiniert mit einer falschen Ernährung, die

einem die Vitalität raubt und die unnatürlich energielos macht, hat man einfach keine Lust mehr, aufzustehen und einen Dauerlauf zu machen.

Wer sich jedoch regelmäßig Bewegung verschafft, kennt das Geheimnis: Körperliche Aktivität kann das Energiefeld *erweitern* und gibt oft mehr Kraft als ein Mittagsschlaf oder eine Ruhepause. Bewegung regt die Bildung von Endorphinen an – das sind die natürlichen Schmerzstiller und Beruhigungsmittel des Körpers. Und sie schärft die Instinkte, denn je feiner unser Körper gestimmt ist, um so genauer überlegen wir uns, was für Nahrung wir ihm einflößen sollen.

Man muß nicht unbedingt Wettkämpfe in Leichtathletik gewinnen oder sich ein intensives Fitneßprogramm auferlegen, um die Vorteile eines körperlichen Trainings genießen zu können. Es gibt für jeden Körper, jedes Alter und jede Kondition Trainingsmöglichkeiten. Selbst für kranke oder anderweitig in ihren Fähigkeiten eingeschränkte Menschen gibt es eine Vielzahl langsamer, konzentrierter, mit Atemübungen kombinierter Bewegungstrainings.

Neue Horizonte für die Fitneß

Früher assoziierte man mit den Begriffen «Fitneß» und «Vitalität» brutale Gewalt, Körpergröße oder Muskeln. Doch in den letzten Jahren sind unsere Vorstellungen von Fitneß anspruchsvoller und verinnerlichter geworden. Jetzt ist nicht mehr unser rein äußerliches körperliches Rüstzeug, sondern die Leistungsfähigkeit unserer Herzkranzgefäße und unsere Ausdauer Meßlatte für unsere Fitneß. Und selbst diese viel sinnvolleren Maßstäbe werden vielleicht bald einer neuen Definition weichen müssen, nach der Fitneß nichts anderes bedeutet als ein elastischer, entspannter, ausgeglichener Körper, ein ruhiger, klarer, konzentrierter Geist und ungehindert fließende, ausdrucksvolle emotionale Energien. Mit anderen Worten: Vielleicht definieren wir Fitneß bald im ganzheitlichen Sinn als *Freisein von inneren Blockaden*.

Bewußte Bewegung

Im Gegensatz zu den meisten Spielen, Sportarten und Leichtathletikdisziplinen ist *bewußte Bewegung* eine ausgewogene, ganzheitliche Bewegungsform, die der *Gesundheit von Körper, Geist und Emotionen dient.* Bewußte Bewegung umfaßt alle wichtigen Aspekte körperlicher Leistungsfähigkeit: Kraft, Beweglichkeit, Ausdauer und Sensibilität (dazu gehören auch Gleichgewicht, ein Gefühl für Rhythmus und das richtige Timing, Koordinationsfähigkeit und Reflexgeschwindigkeit). Durch jede sportliche Betätigung kann man ein paar dieser Fähigkeiten fördern, aber bei den meisten Sportarten geschieht das eher zufällig, planlos und unsystematisch.

Wettbewerbsfreie Gymnastik und Turnen, moderner Aerobictanz, einige Kampfsportarten und viele Yogaformen sind heutige Beispiele für eine bewußte Bewegung. Eine Abfolge bewußter Bewegungsübungen kann man in weniger als fünf Minuten am Tag durchführen. Jeder Leser kann nach den Grundsätzen in diesem Kapitel selbst ein Programm bewußter Bewegungsübungen aufstellen, das sich gut in seinen Alltag einfügt.

Trainingsgrundsätze

Die folgenden Grundsätze sollen uns helfen, bewußte Bewegung mit größtmöglichem Genuß zu praktizieren und die größten Vorteile daraus zu ziehen, unabhängig von unseren Interessen und Bedürfnissen.

Etwas ist besser als nichts

Einer der größten Stolpersteine auf dem Weg zu einem konsequent durchgeführten Übungsprogramm ist die Alles-oder-nichts-Haltung: «Ich muß es hundertprozentig machen, sonst hat es gar keinen Zweck.» Wer in diese Alles-oder-nichts-Falle geraten ist, verzichtet dann vielleicht an Tagen, wo er sich nicht besonders fühlt oder wenig Zeit hat, ganz auf seine Bewegung. Er vergißt, daß auch ein kleines bißchen schon sehr viel bringen kann.

Wir wissen schon, daß unser Basis-Selbst nach festen Verhaltensmustern sucht und dazu neigt, diese Muster zu unterstützen, vor allem, wenn wir die Dreißigtagesschwelle überschritten haben. Wenn wir jeden Tag nur *fünf Hampelmannsprünge* machen oder uns *eine Minute* lang im Rhythmus von Musik bewegen und wenn wir das *jeden Tag* tun, egal, was passiert, dann erkennt unser Basis-Selbst es als festes Verhaltensmuster und liefert uns die notwendige Energie dafür, so daß es bald zu einem selbstverständlichen Teil unseres täglichen Lebens wird.

Man soll das schwächste Glied stärken

Je schwieriger eine Aufgabe für uns ist, um so weiter bringt es uns, wenn wir sie bewältigen. Auf den Sport übertragen, ist der Sinn dieses Prinzips ganz klar: Jeder hat andere Stärken und Schwächen, und die Bewegungen, die uns am schwersten fallen, werden uns am meisten helfen, sobald wir sie einmal beherrschen – denn diese Bewegungen kräftigen unser schwächstes Glied.

Der Schlüssel zum Erfolg liegt in der Einfachheit

Als Socrates mich unter seine Fittiche nahm und ich unter seiner Anleitung ein sehr intensives Übungsprogramm und erschütternde Erfahrungen durchlebte, war ich ein junger Sportler, und seine Anforderungen entsprachen meinem Temperament. In meinem Unterricht zeige ich eher, wie man den Weg zu echten und dauerhaften Veränderungen finden kann, ohne gleich soweit gehen zu müssen.

Körper, Temperament und Kondition sind von Mensch zu Mensch verschieden. Ein körperliches Übungsprogramm (oder eine bestimmte Ernährung oder irgend etwas anderes) werden wir nur durchhalten, wenn es *realistische Anforderungen* stellt, das heißt, wenn es *praktisch, bequem und angenehm* genug ist, um unserem Basis-Selbst auch über längere Zeit hinweg zuzusagen. Nur dann werden wir wirkliche und dauerhafte Resultate erzielen.

Viele Leute schaffen sich eines der vielen hervorragenden Gymnastik-Videos an, die es auf dem Markt gibt. Doch nur die wenigsten führen diese Übungen dann hinterher auch konsequent und dauerhaft durch. Ich habe mir einmal ein Paar «inversion boots» gekauft, eine hervorragende und sehr praktische Erfindung von Dr. Robert Martin. Das sind Schuhe, mit deren Hilfe man sich mit dem Kopf nach unten aufhängen und auf diese Weise Gymnastikübungen machen kann, die den Körper angenehm dehnen, Gehirn und Oberkörper stärker durchbluten und auch noch verschiedene andere Vorteile haben. Aber bald benutzte ich diese Schuhe nicht mehr, weil es nicht bequem genug war – und ich habe sehr viel Selbstdisziplin!

Statt uns böse zu sein, weil wir Dinge, die wir unserer Ansicht nach tun *sollten,* nicht durchhalten, sollten wir lieber auf den Boden der Realität zurückkehren und die Sache richtig angehen: Ob wir nun unseren Körper, unseren Verstand, unsere Emotionen oder unseren Mut trainieren wollen – wir sollten auf jeden Fall Methoden wählen, die sich leicht in unser Alltagsleben integrieren lassen, die bequem, ohne große Anstrengungen durchführbar und angenehm sind. Sie sollten unserer Motivation und unseren Wertvorstellungen entsprechen. Nur dann *werden wir auch wirklich daran festhalten.* Der Schlüssel zum Erfolg liegt in der Einfachheit.

Nimm dir nicht zuviel vor

Vielleicht liegt es in der Natur des Menschen, alles mit großem Enthusiasmus und heroischen Vorsätzen anzugehen: «Ich werde jeden Tag einen Drei-Kilometer-Dauerlauf machen.» Bei manchen von uns funktioniert das vielleicht auch. Doch wenn wir langfristige Resultate erzielen wollen, werden wir vielleicht feststellen, daß der Vorsatz, jeden Tag einen Spaziergang zu machen und dabei zügig auszuschreiten – verbunden mit tiefem Durchatmen und vielleicht auch noch einer Audiokassette mit informativem Inhalt oder schöner Musik –, sich sehr viel leichter durchhalten läßt. Mit heroischem Kraftaufwand kann man zwar auch Resultate erzielen – wenn man sich dabei nicht verletzt –, aber sie werden nicht von langer Dauer sein, es sei denn, man hält seine heroischen Bemühungen für immer und ewig aufrecht. Wir sollten uns also für eine Übungsform und -intensität entscheiden, die uns Spaß macht und die wir auch über lange Zeit durchhalten können.

Das richtige Gleichgewicht zwischen Annehmlichkeit und Schmerz

Früher oder später müssen wir uns alle gegen den Feldwebel in unserem Inneren wehren, der uns unbarmherzig drillen will: «Sei doch nicht so zimperlich! Diese Übung ist noch viel zu einfach. Training muß wehtun!» Wenn unangenehme Gefühle zum Maßstab für «gutes Training» werden, was sollen wir dann tun, wenn es uns keine Mühe mehr macht, unsere anderthalb Kilometer zu joggen? Dann befiehlt unser Feldwebel: «Zwei Kilometer!» Bald werden es drei, dann vier, dann fünf. Und irgendwann landen wir beim Orthopäden.

Das gleiche gilt für Dehnungsübungen: Auch hier gibt es mehrere Möglichkeiten. Wir können uns nur so leicht strecken, daß es ganz bequem für uns ist, aber dadurch werden wir nicht elastischer; oder wir können unseren Körper so extrem dehnen, daß es uns Höllenqualen bereitet; oder wir denken daran, wie wichtig das richtige Gleichgewicht zwischen Genuß und Schmerz ist, und dehnen uns ganz allmählich immer mehr, nach dem Grundsatz: «Nicht brechen, sondern biegen!»

Akzeptiere den Punkt, an dem du im Augenblick stehst, und schreite langsam voran

Ein Mann – nennen wir ihn Mac – heuerte mich als persönlichen Fitneßtrainer an. Mac wog 170 Kilo, er lag etwa 60 Kilo über seinem Idealgewicht. Sein Körper machte einen verspannten und unbeweglichen Eindruck, und er hatte einen schwachen Muskeltonus. Außerdem litt er seit einem Autounfall, bei dem er sich eine Schulterverletzung zugezogen hatte, unter Depressionen. Er hatte sich wirklich gehen lassen und lebte völlig zurückgezogen wie ein Einsiedler. Später stellte ich fest, daß er auch Drogen nahm, zuviel trank, sich fettreich ernährte und viele Süßigkeiten aß. Sein Cholesterinspiegel hatte eine astronomische Höhe erreicht. Mit anderen Worten: Mac war ein katastrophaler Fall – vor uns beiden lag eine schwere Aufgabe.

Wir fingen bei dem an, was Mac im Augenblick konnte – es war nicht viel –, und gingen dann ganz langsam und schrittweise voran. Am ersten Tag zeigte ich ihm, wie man ganz leicht auf einem kleinen Trampolin federt. Das war so ziemlich das einzige, wozu er in der Lage war. Später baute ich ein paar leichte Dehnungsübungen, muskelstärkende Übungen und Aerobic-Elemente in sein Training ein.

Nach anderthalb Jahren hatte Mac 60 Kilo abgenommen. Seine Schulterverletzung war geheilt, und sein Cholesterinspiegel hatte sich wieder normalisiert. Er ernährte sich auch anders als früher, trank kaum noch und nahm keine Drogen mehr. Mac fühlte sich so wohl wie schon seit Jahren nicht mehr und sah auch entsprechend besser aus. Wir hatten seinen Ausgangspunkt akzeptiert und waren von dort aus langsam vorangeschritten – und er hatte das Ziel erreicht, das er anstrebte.

Bleibe realistisch

Kurzfristige Ziele (zum Beispiel: «Ich möchte gleich jetzt zehn Liegestütze schaffen») halten unsere Konzentration und Motivation viel besser aufrecht als Idealvorstellungen, deren Verwirklichung noch in weiter Ferne liegt (zum Beispiel: «Ich möchte in sechs Jahren Sieger bei der Olympiade werden»). Wenn wir nur das ferne Ziel im Auge haben, versagen wir jeden Tag, denn wir haben es wieder nicht erreicht. Doch wenn unser Ziel der nächste kleine Schritt in der richtigen Richtung ist, bringt uns jeder Tag ein neues Erfolgserlebnis.

Wie gute Resultate wir erreichen, hängt davon ab, wieviel Mühe wir uns geben. Wir bekommen nicht mehr, als wir investieren. Trotzdem sollte man lieber zu klein als zu groß anfangen. Viele Menschen stürzen sich voller Begeisterung in ein Training und geben es nach einiger Zeit wieder auf. Meist haben sie sich zuviel vorgenommen, es wurde ihnen zu anstrengend, und deshalb haben sie wieder aufgehört. Als Faustregel gilt: Versuche immer nur die Hälfte deines nächsten Ziels zu erreichen, oder laß dir dafür doppelt so viel Zeit, wie du für notwendig hältst. Bei diesem Tempo fühlen dein Basis-Selbst und dein Körper sich wohl und sind bereit für den nächsten Schritt.

Der Schlüssel zum Erfolg ist bei jedem Trainingsprogramm der gleiche: Wir sollten immer nur das tun, was wir als relativ angenehm, bequem und leicht durchführbar empfinden – was bei uns wirklich funktioniert –, denn uns nützt nur das, was wir auch wirklich tun.

Sei konzentriert

Arnold Schwarzenegger hat einmal gesagt: «Wenn ich mich bei

einer Kraftübung ganz auf die Muskeln konzentriere, die dabei
beansprucht werden, erreiche ich mein Ziel rascher, als wenn ich
die Übung einfach nur mechanisch ohne besondere Aufmerksamkeit mache.» Dieser Satz aus der direkten Erfahrung eines
geschulten Beobachters paßt zu dem, was wir über unser Basis-
Selbst wissen. Ganz gleich, ob wir einen Bereich unseres Körpers entspannen, dehnen oder kräftigen, wir sollten uns dabei
auf das *angestrebte Gefühl* (Entspannung, Beweglichkeit oder
Kraft) konzentrieren, dann wird das Basis-Selbst uns unterstützen und die Veränderung auf diese Weise beschleunigen.

Meide Extreme

Man kann alles, auch Bewegung und Sport, bis zum Extrem
treiben. Jede Entscheidung, jede Handlung hat ihre Vor- und
Nachteile. Manche haben weniger Nachteile, andere mehr. Immer, wenn wir etwas übertreiben – wenn wir unser angeborenes
Gespür für das richtige Maß verlieren –, beginnen die Nachteile
zu überwiegen.

Das Gesetz von der fallenden Zuwachsrate bezieht sich nicht
nur auf die Wirtschaft, sondern auch auf Essen, Sexualität, Sport
und jede andere Aktivität. Durch Gewichtheben zum Beispiel
können wir unsere Muskeln kräftigen, aber wenn wir das richtige Maß aus den Augen verlieren und unser Training zum
Selbstzweck wird, dann entwickelt unser Körper mehr Muskeln, als wir brauchen. Diese Muskeln nützen uns zu nichts anderem als dazu, noch schwerere Gewichte zu heben, und Muskeln wiegen mehr als Fettgewebe – also schleppen wir am Ende
nur ein zusätzliches Gewicht mit uns herum, das keinerlei sinnvolle Funktion hat.

Was «extrem» bedeutet, ist natürlich von Mensch zu Mensch
verschieden; es hängt von unserem Typus und unseren Stärken
ab. Wir müssen uns stets unserer Grenzen bewußt sein, sonst
merken wir es nicht, wenn wir sie überschreiten – oder besser
gesagt, wir merken es erst dann, wenn sich die ersten negativen
Symptome zeigen. Viele Menschen ignorieren sogar diese Symptome, bis das Leben sie eines Tages mit seiner Trumpfkarte
darauf aufmerksam macht: mit physischem, emotionalem oder
geistigem Schmerz.

Vertraue auf den Übungsprozeß

Fortschritt braucht Zeit. Menschen, die irgend etwas völlig mühelos und spielerisch zu beherrschen scheinen, haben garantiert eine Zeitlang hart an dieser Fähigkeit gearbeitet. Das veranschaulicht eine berühmte Zen-Geschichte:

> *Ein reicher Mann, der Katzen liebte, bat einen berühmten Zen-Maler um ein Katzenbild. Der Meister war einverstanden und bat den Mann, in drei Monaten wiederzukommen. Der Mann tat, wie ihm geheißen, wurde aber immer wieder weggeschickt, bis ein Jahr vergangen war. Auf Bitten des Mannes zog der Meister schließlich einen Pinsel hervor und zeichnete ihm mit Anmut und Leichtigkeit in einem einzigen Strich eine Katze hin – das wunderbarste Bild, das der Mann je gesehen hatte. Erst staunte er; dann wurde er wütend. «Du hast doch bloß dreißig Sekunden gebraucht, um diese Katze zu zeichnen! Warum ließest du mich dann ein Jahr warten?» fragte er. Wortlos öffnete der Meister einen Schrank. Heraus fielen Tausende von Katzenzeichnungen.*

Jede hervorragende Leistung ist das Ergebnis von Zeit und *Übung*. Übereile niemals etwas: Wer immer ungeduldig vorwärtsdrängt und den Berg im Laufschritt erklimmt, der erreicht zwar als erster den Gipfel – aber vielleicht wird ihm oben klar, daß er ganz vergessen hat, den Aufstieg zu genießen.

Abwechslung ist die Würze des Lebens

Gestalte dein Training abwechslungsreich. Es ist sowohl für die Psyche als auch für den Körper besser, seine Kondition jeden Tag ein bißchen anders zu trainieren. Erstens macht das unserem Basis-Selbst mehr Spaß. Es könnte ihm leicht langweilig werden, jeden Tag die gleichen Übungen zu machen. Zweitens lassen sich durch ein abwechslungsreiches Training Abnutzungserscheinungen vermeiden, die durch die ständige einseitige Belastung bestimmter Muskeln und Gelenke entstehen könnten. Muskeln und Bänder erhalten so die Möglichkeit, sich immer wieder zu erholen und zu regenerieren. Wenn wir ein bißchen experimentieren, finden wir rasch heraus, welche Übungsabfolge für uns am besten ist.

Es wird einem nichts geschenkt

Jede Veränderung bringt Unannehmlichkeiten mit sich – aber nur *vorübergehend.* Wir können diese Anfangsphase alle gut überstehen, wenn wir uns klarmachen, daß am anderen Ufer des Sumpfes der sichere Lohn wartet. Schon sechs Wochen nach Beginn eines ausgewogenen Trainingsprogramms spürt man weniger Erschöpfung und mehr Energie, weniger Unbehagen und mehr Freude am Training. Man erreicht einen Punkt, wo Bewegung *ungeheuren* Spaß macht.

Gehen: die Meisterübung

Sicherlich kennen die meisten Menschen die Vorteile des Gehens bereits. Trotzdem möchte ich gern noch ein paar Worte darüber verlieren. Gehen ist das einfachste, natürlichste Training für den menschlichen Körper. Wir sind dafür wie geschaffen. Bei raschem Gehen bewegt man mehr Muskeln als beim Joggen, und man vermeidet die Erschütterungen, denen man beim Joggen auf Asphalt ausgesetzt ist und die selbst die besten Joggingschuhe niemals ganz abfangen können.

In raschen Schritten mit locker schlenkernden Armen und rhythmischen, tiefen Atemzügen zu gehen, stärkt die Herzgefäße, verbessert den Muskeltonus in Beinen, Armen und Oberkörper und erzeugt das «Bewegungsfieber», das unser Abwehrsystem stärkt. Gehen fördert die Lymphzirkulation und erweitert das Energiefeld rund um unseren Körper, und es hat außerdem den Vorteil, daß man es draußen in fast jedem Gelände oder auch zu Hause auf einem Laufband tun kann.

> *Kräftiges Ausschreiten ist besser für einen unglücklichen, ansonsten aber gesunden Jugendlichen als alle Medizin und Psychologie der Welt.*
>
> Dr. Paul Dudley White, Arzt

Ein einstündiger Spaziergang, bei dem wir flott ausschreiten, erhöht unsere Stoffwechselrate, und diese Wirkung hält, genau wie beim Dauerlauf, auch noch beträchtliche Zeit hinterher an, so daß Fett rascher verbrannt wird. Das ist sicher auch interessant für Leute, die abnehmen möchten.

Gehen kostet uns nicht mehr als ein Paar gute Schuhe. Vielen fällt es am leichtesten, ein solches Training konsequent durchzuhalten, wenn sie es zusammen mit einem Partner oder einer kleinen Gruppe tun können. Manchmal sind die Gespräche, die man dabei führt, so interessant, daß einem die Kilometer wie im Fluge vergehen. Hier gilt das gleiche wie für das Laufen (wenn man es nicht als Wettkampfsport betreibt): Wenn wir zu sehr außer Atem sind, um sprechen zu können, dann haben wir ein zu schnelles Tempo angeschlagen.

Körperarbeit

Viele Therapieformen befassen sich nur mit dem Geist. Sie versuchen überholte oder destruktive Anschauungen, Erinnerungen und Assoziationen zu ändern oder sie aus dem Weg zu räumen. Aber Erinnerungen sind nicht nur in unserem sogenannten «Geist» gespeichert, unbewußte Erinnerungen speichert unser Körper in Form neuromuskulärer Spannungen. Immer wenn wir an unserem Körper arbeiten, arbeiten wir also automatisch auch an unserem Geist und unseren Emotionen. Bei der Tiefengewebsmassage, wenn der Therapeut verkrampfte, schmerzende oder blockierte Partien unseres Körpers knetet, steigen oft längst vergangene Erinnerungen und Gefühle in uns auf. Körperarbeit bringt solche gespeicherten Erinnerungen an die Oberfläche, und das wirkt körperlich und psychisch befreiend. Oft ist es hilfreich, sich anschließend noch in die Behandlung eines Psychotherapeuten zu begeben. Ebenso wie Psychotherapeuten manchmal einen Patienten auch noch zu einem Körpertherapeuten schicken, um die Arbeit am Denken und den Emotionen durch Körperarbeit zu ergänzen.

Körperarbeit ist ein wirksamer und direkter Weg, mit allen drei Selbsten gleichzeitig zu arbeiten – vor allem, wenn der Therapeut geschickte Hände, eine klare, frei fließende Energie und ein offenes Herz hat.

Die sogenannte Körperarbeit ist ein weites Feld: Sie umfaßt die verschiedensten Methoden der Spannungsfreisetzung, Verjüngung, Gleichgewichtsfindung und Heilung. Ich möchte die Verdienste der verschiedenen Richtungen hier nicht bewerten oder miteinander vergleichen, sondern meine Leser einfach dazu ermutigen, es mit Körperarbeit zu versuchen. Sie ist eine der grundlegendsten Methoden, den Körper von Blockaden zu befreien.

Den verschiedenen Richtungen mögen unterschiedliche Prinzipien zugrunde liegen, das Ziel aber ist immer das gleiche: den Körper durch Berührung bewußter zu machen und dadurch Heilungsprozesse in Gang zu setzen. Die Massage ist aus einem Urinstinkt des Menschen entstanden – dem Impuls, schmerzende oder verletzte Stellen unseres Körpers mit den Händen zu reiben oder zu kneten.

Wenn man einen Muskel sanft berührt oder Druck auf ihn ausübt und dann wieder losläßt, lockert und entspannt der Muskel sich, und die in ihm angestauten Spannungen und unbewußten, unnötigen Verkrampfungen verschwinden.

Massage oder Körperarbeit durch einen Freund oder Therapeuten kann das Wohlbefinden spürbar steigern. Aber es gibt auch Prinzipien der Spannungsfreisetzung, die man ohne fremde Hilfe anwenden kann, indem man seine Muskeln einfach systematisch anspannt und dann wieder entspannt.

Ein-Minuten-Entspannungsübung

1. Konzentriere dich auf eine Körperpartie, die ständig verspannt ist – Nacken, Stirn oder Augenpartie, Kiefern, Schultern, obere Rückenregion, Magen, Schenkel oder Kreuz. Taste in Gedanken deinen ganzen Körper nach Verspannungen ab und entscheide dich dann für eine bestimmte Stelle.

2. Atme langsam ein und spanne dabei diese Körperpartie allmählich so stark an, wie es für dich angenehm ist. Dann atme langsam aus mit einem hörbaren «Aahhh» und entspanne den Körperteil dabei allmählich wieder, und zwar *völlig*.

3. Lasse diesem tiefen Atemzug drei entspanntere, leichtere Bauchatemzüge folgen. Atme dann wieder ganz normal, bleibe dir aber der Körperpartie, die du angespannt und wieder entspannt hast, bewußt. Schüttle deinen ganzen Körper sanft aus, ganz locker, wie eine Stoffpuppe.

4. Wenn du willst, wiederhole diese Übung noch einmal. Das

Ganze dauert höchstens eine Minute – es ist nur ein kleiner Aufwand, mit dem man aber viel bewirken kann.

—•— —•— —•— —•— —•— —•— —•— —•— —•— —•—

Selbstmassage und Massage durch andere

Es hat verschiedene Vorteile, sich von jemand anderem massieren zu lassen:

1. Man bleibt dabei vollkommen entspannt und rezeptiv, ähnlich wie man sich in einem Zug oder Bus entspannen kann, weil man nicht selbst zu fahren braucht.
2. Ein Masseur oder Körpertherapeut hat die Qualifikation und Erfahrung, die nötig ist, um etwas zu bewirken.
3. Er kommt auch an Körperpartien heran, die wir nicht so gut oder gar nicht erreichen können.

Doch auch die Selbstmassage hat ihre Vorteile:

1. Wir selbst kennen unseren Körper am besten, und er gibt uns direktes und sofortiges Feedback und sagt uns, was für ihn am angenehmsten ist.
2. Durch Selbstmassage können wir direkt und bewußt die Verantwortung für die Beseitigung unserer Verspannungen übernehmen und ein liebevolles Band zwischen Bewußtem Selbst und Basis-Selbst knüpfen.
3. Wir können uns je nach Notwendigkeit so gut wie überall und jederzeit selbst massieren und brauchen uns nicht erst einen Termin geben zu lassen.
4. Selbstmassage kostet nichts.

Prinzipien der Selbstmassage

Bei jeder Form der Massage gibt es drei Grundtechniken: Streichen, Kneten und Anwendung von Druck.

1. Beginne mit leichten, liebevollen Berührungen, um dein Bewußtsein zu der Körperpartie hinzulenken, die du gerade massierst. Dann dringe allmählich zu tieferen Körpergegenden vor.

2. Übe möglichst viel Druck aus. Als grundsätzliche Richtlinie gilt: *Massiere so kräftig, wie du kannst, aber nicht so kräftig, daß die Muskeln sich dagegen wehren, weil sie es als unangenehm empfinden.* Das würde nur zusätzliche Verspannungen und Ängste hervorrufen, statt sie abzubauen.

3. Massiere *langsam* und vorsichtig. Jeder plötzliche Druck ist ein Schock für das Basis-Selbst und steigert seine Ängste.

4. Ebenso wichtig wie der rein mechanische Druck ist die Bereitschaft, dich deinen Händen anzuvertrauen, dich *fallenzulassen* und deine Hände (oder Knöchel) tief in deinen Körper eindringen zu lassen.

5. Atme während der Selbstmassage langsam, tief und bewußt.

6. Mit der Zeit werden sich immer tiefere Schichten des Körpers der Entspannung öffnen.

Ein-Minuten-Selbstmassage

1. Denke daran, daß ein kleines bißchen besser ist als gar nichts. Taste in Gedanken deinen Körper ab, und entscheide dich für einen Körperteil, dem eine Massage guttun könnte. Kritische Bereiche sind vor allem die folgenden:
   • Hände (zwischen Daumen und Zeigefinger)
   • Schultern, Nacken und obere Rückenpartie
   • Gesicht (Augenumgebung, Kiefern, Stirn)
   • Unterleib (mit Solarplexus)
   • obere Brustpartie und Unterarme
   • Kreuz (mit den Fäusten massieren)
   • Oberschenkel und Füße.

2. Vertraue auf deine Hände. Sie wissen, was sie zu tun haben. Sie werden spüren, an welchen Stellen gearbeitet werden muß und wieviel Druck sie ausüben müssen, um das beste Resultat zu erzielen.

3. Finde die Stelle, die sich am unangenehmsten anfühlt, und arbeite daran. Sei dir dabei der Tatsache bewußt, daß du angestaute Spannungen befreist und auflöst. Schon eine einminütige Selbstmassage kann helfen, Spannungskopfschmerz und andere Streßsymptome zu verhindern.

Dehnübungen

Von Katzen kann man viel lernen. Erstens strecken Katzen sich häufig, vor allem beim Aufwachen. Dabei gähnen sie herzhaft und biegen das Rückgrat sehr stark durch. Vielleicht bleibt ihr Körper deshalb oft bis ins hohe Alter hinein elastisch und beweglich. Auch wir könnten unser Leben lang einen so elastischen, kräftigen, vor Wohlbefinden strotzenden Körper haben. Vielleicht empfinden wir Menschen es als «normal», mit zunehmendem Alter immer unbeweglicher zu werden. Doch es gibt keinen Beweis dafür, daß das unbedingt so sein muß.

Steifheit und chronische neuromuskuläre Beschwerden rühren teilweise aus unterdrückten Emotionen her, die der Körper in Form von Spannungen speichert, aber auch aus Verletzungen, angestauten Ängsten, Verwachsungen, Narben und anderen Belastungen unseres Körpers. Solche Dinge bleiben nur wenigen Menschen völlig erspart. Deshalb neigt unser Körper dazu, sich im Laufe der Zeit zusammenzuziehen, zu verkrampfen und immer unbeweglicher zu werden, und ältere Leute hatten eben einfach mehr Zeit, unterdrückte Emotionen in sich anzustauen.

Neben Massage und bewußter Entspannung können auch Dehnübungen den Alterungsprozeß verlangsamen. Ich mache solche Übungen, sooft ich kann – ein paar am Morgen, ein paar am Abend und ein paar zwischendurch, immer dann, wenn ich das Bedürfnis danach habe. Wir alle können dem Beispiel der Katze folgen, uns so oft wie möglich zu strecken und dadurch elastisch und beweglich zu bleiben.

Wie man sich richtig streckt

Es gibt zwei Arten des Streckens: das *Katzenstrecken* (wie eine aufwachende Katze) und das *intensive Strecken* (mit dem Ziel, beweglicher zu werden). Das Katzenstrecken ist immer angenehm und bequem. Das intensive Strecken dagegen ist stets auch mit einer gewissen Unannehmlichkeit verbunden. Man muß erst das richtige Gleichgewicht zwischen angenehmen Empfindungen und Schmerz finden.

Wenn wir innerlich angespannt oder ängstlich sind, genügt oft schon ein langsamer, tiefer Atemzug, bei dem wir uns instinktiv strecken, die Arme in die Höhe recken und den Rücken durchbiegen oder Kopf oder Schultern sanft bewegen. Das weckt auf und bringt den Kreislauf wieder in Gang. Sanfte, bewußte Dehnungen wirken nicht nur entspannend, sondern können auch die Beweglichkeit erhöhen, wenn man sie regelmäßig macht. (Wenn das Training allerdings nicht konsequent durchgehalten wird, erkennt das Basis-Selbst darin kein Verhaltensmuster und auch keine Anforderung. Dann wird sich kaum etwas oder gar nichts ändern.)

Man sollte sich an den Grundsatz halten: Genau wie die Kraft kommt auch die Beweglichkeit ganz allmählich mit dem Üben. Viele Menschen, die sich steif und unbeweglich fühlen, scheuen Dehnübungen, weil das unangenehme Gefühl, das sich dabei einstellt, sie nur an ihre eingeschränkte Bewegungsfreiheit erinnert. Doch durch sehr leichte, aber *regelmäßige* Dehnungen (selbst wenn es nur eine Minute am Tag ist) können wir beweglicher werden und Spannungen und unangenehme Gefühle in unserem Körper abbauen – ein wichtiger Schritt zur Beseitigung innerer Blockaden und zur Erreichung unseres Gleichgewichts.

Eine Dehnübung

1. Suche dir eine Körperpartie aus, die du gern dehnen möchtest.

2. Achte wie bei der Massage auf das richtige Gleichgewicht zwischen angenehmer Empfindung und Schmerz. Wenn du dich zu sehr anstrengst, wird es wehtun, was Spannungen erzeugt. Dann wird dein Basis-Selbst sich gegen die Dehnung wehren. Geh immer nur so weit, wie du es in relativ entspanntem Zustand kannst.

3. Wenn dein Körper deine Spannung festhalten will, dann laß ihn gewähren und warte, bis er sie aus eigenem Antrieb losläßt.

4. Hole in der Dehnung ein- bis zweimal tief Luft. Spüre beim Einatmen, wie das Gefühl der Dehnung intensiver wird, beim Ausatmen entspanne dich noch ein bißchen mehr in die Dehnung hinein. Bei Dehnübungen sollte immer auf diese

diese Weise geatmet werden, denn wenn man den Atem an-
hält, spannt sich der Körper sofort an.

—•— —•— —•— —•— —•— —•— —•— —•— —•— —•—

Atmen ist lebenswichtig

Scheinbar ist Atmen ein rein mechanischer Vorgang – wir atmen Sauerstoff, Stickstoff und andere Gase ein und Kohlendioxyd aus. Aber wir können uns beim Atmen auch der Tatsache
bewußt sein, daß wir Energie, Geist, Leben in uns aufnehmen.

Würden wir noch so frei, entspannt und natürlich atmen wie
kleine Kinder, könnte unser selbstregulierendes Basis-Selbst
sich genauso um unsere Atmung kümmern, wie es das Schlagen
unseres Herzens oder unsere Verdauung steuert. Doch aufgrund
akuten oder chronischen Stresses neigen die meisten Menschen
im täglichen Leben zu einer beengten, flachen Atmung.

Die Fähigkeit, tief zu atmen – gewissermaßen bis in die Fuß-
sohlen hinein –, ist eine wichtige Voraussetzung für gesunde
Herzgefäße und eine gute Vorbereitung auf Gefahrensituatio-
nen. Mit einem größeren Lungenvolumen fällt uns das Atmen
auch leichter.

—•— —•— —•— —•— —•— —•— —•— —•— —•— —•—

Leichtes Atmen

1. Beobachte gleich jetzt deine augenblickliche Atmung.
2. Nun hole bewußt ein paarmal Luft. Fühle, wie dein Bauch,
   deine untere Rückenpartie und schließlich deine Brust sich
   dabei ausdehnen. Atme sehr langsam und tief, aber nicht so,
   daß es anstrengend wird. Tu das den ganzen Tag über immer
   wieder.
3. Fühle, wie sich beim Einatmen dein Körper mit Energie und
   Vitalität füllt. Und spüre, wie deine Schultern, deine Brust,
   dein Bauch und dein ganzer Körper sich beim Ausatmen entspannen, die Spannung loslassen.

—•— —•— —•— —•— —•— —•— —•— —•— —•— —•—

Wie wir unsere Energiekapazität erweitern können

Die folgende Übung hilft uns, langsamer und tiefer zu atmen, unsere Energiekapazität zu erweitern und jede rhythmische Tätigkeit zur Meditation werden zu lassen. Vielleicht trägt sie sogar zur Lebensverlängerung bei.

Man kann sie bei jeder rhythmischen Tätigkeit machen, z. B. während man geht, radfährt, auf einem kleinen Trampolin federt, auf dem Heimfahrrad strampelt und so weiter. Sie ist sogar als sitzende Meditationsübung zum Rhythmus einer tickenden Uhr möglich. Von all diesen Möglichkeiten scheint mir das Gehen die beste und natürlichste zu sein. Deshalb habe ich sie für das folgende Beispiel gewählt.

Im Rhythmus atmen

1. Atme während des Gehens zwei Schritte lang ein, dann zwei Schritte lang aus («Einatmen, zwei, ausatmen, zwei...»).
2. Wenn du dich daran gewöhnt hast und es beginnt, dir leichtzufallen, kannst du langsame, aber stetige Fortschritte in diese Übung einbauen:
   - Atme drei Schritte lang ein und drei Schritte lang aus.
   - Atme vier Schritte lang ein und vier Schritte lang aus und so weiter.
3. Mache so weiter, und dehne deine Atemzüge immer länger aus, bis du die Grenze erreicht hast, an der es *für dich noch angenehm* ist. Dann lasse deine Atemzüge schrittweise wieder kürzer werden. Das heißt, wenn du so weit gekommen bist, zwölf Schritte lang einzuatmen und auszuatmen, dann reduziere auf elf, zehn, neun Schritte und so weiter, bis du wieder einen bequemen Atemrhythmus erreicht hast (sagen wir vier Schritte), und bleibe bei diesem Rhythmus.
4. Bei kürzeren Spaziergängen kannst du auch in Abständen von zwei Schritten voranschreiten. In ein oder zwei Wochen wirst du deutlich erkennbare Resultate sehen.

Bewußtes Atmen

Bewußtes Atmen hat nichts mit körperlicher Anstrengung zu tun. Man kann es überall und jederzeit tun – beim Schlangestehen vor dem Postschalter, im Verkehrsstau oder während man auf jemanden wartet. Gleichzeitig hat es den Vorteil, beruhigend auf unsere Gedanken und Emotionen zu wirken.

«Geduld bedeutet, während der Wartezeit etwas anderes zu tun zu haben», hat mich einmal jemand erinnert. Die Konzentration auf langsame, tiefe Atemzüge ist eine der bewußtesten und konstruktivsten Möglichkeiten, sich die Zeit zu vertreiben, spielt sie doch eine wichtige Rolle bei der Beseitigung innerer Blockaden. Bewußtes Atmen kann auch eine Methode für uns sein, uns zu entspannen und abzuschalten.

Ein paar Worte über die richtige Haltung

Für viele Menschen bedeutet «richtige Haltung» geradezusitzen. Da ist tatsächlich etwas Wahres dran, aber Geradesitzen ist noch lange nicht alles. In Wirklichkeit ist mit dem Begriff «gute Haltung» die natürliche Beziehung unseres Körpers zur Schwerkraft gemeint. Unser Skelett ist darauf ausgerichtet, sich senkrecht im Gleichgewicht zu halten, so wie übereinanderliegende Bausteine. Wenn wir einen oder zwei dieser Steine ein wenig nach rechts oder links ziehen, so daß sie keine gerade Linie mehr bilden, wird der Stapel früher oder später in sich zusammenstürzen. Das kann im Laufe der Zeit auch unserem Körper durch die Schwerkraft zustoßen.

Babys haben eine hervorragende Haltung, denn sie bewegen sich vollkommen natürlich. Doch unsere Einstellungen, unsere Gefühle, aber auch frühere Verletzungen und Bewegungsgewohnheiten haben unsere Haltung beeinträchtigt, und zwar sowohl im Ruhezustand als auch in der Bewegung. Durch eine schlechte Haltung vergeuden wir Energie und belasten unsere Muskeln übermäßig, da sie sich ständig anspannen müssen, um Teile unseres Körpers, die sich nicht in der richtigen Linie befinden (beispielsweise der Kopf), zu tragen. Eine solche schlechte Haltung trägt oft zu chronischen Kopf-, Nacken- und Rückenschmerzen und anderen Beschwerden bei.

Der Versuch, geradezustehen oder -zusitzen, nützt uns nicht viel, wenn wir verkürzte Gewebe haben, die unser Becken kippen, unseren Kopf vorschieben oder unsere Schultern nach hinten ziehen oder nach vorn krümmen. Jede Gymnastik oder andere Körperübung ist nur so gut wie die Haltung, in der sie ausgeführt wird. Und so können zwei Menschen mit ein und derselben Übung völlig unterschiedliche Ergebnisse erzielen, je nachdem, wie gut die Haltung und die Ausrichtung des Körpers ist.

─ ─ ─ ─ ─ ─ ─ ─ ─ ─

Die perfekte Haltung

1. Sitze vornübergebeugt da, und versuche tief einzuatmen. Und nun setze dich aufrecht, aber entspannt hin und atme tief ein. Spürst du den Unterschied?
2. Stelle dir immer beim Sitzen, Stehen oder Gehen vor, daß an der obersten Stelle deines Hinterkopfes ein Faden befestigt ist, der deinen Kopf nach oben zieht. Sei dabei ganz entspannt, und spüre, wie die gesamte Wirbelsäule sich streckt.
3. Wenn du länger als nur ein paar Minuten sitzt oder stehst, wechsle öfter die Haltung.
4. Wenn du sitzt und dich nach vorn beugst, zum Beispiel am Schreibtisch, neige dich stets aus den Hüften heraus vor, und halte den Rücken dabei gerade, statt ihn zu krümmen.
5. Achte mindestens einmal am Tag ganz bewußt auf deine Haltung, und freunde dich mit der Schwerkraft an, aber bleibe dabei locker und entspannt, verkrampfe dich nicht.

─ ─ ─ ─ ─ ─ ─ ─ ─ ─

Die richtige Wirkung

Wenn unsere Lebensweise und unsere Gewohnheiten sich ändern, unsere Ernährung sich verfeinert hat und unser Körper durch Bewegung und Dehnübungen kräftiger, leichter und elastischer geworden ist, braucht unsere Aufmerksamkeit sich weniger auf die groben alltäglichen Probleme zu richten. Wir beginnen jetzt die feineren Energien und Intuitionen wahrzunehmen, die uns zur Verfügung stehen. Schmerz weicht angenehmen Empfindungen, und wir sehen, fühlen, riechen, schmecken und empfinden ganz anders als bisher. Wir stimmen uns auf andere Kanäle der Energie und des Geistes ein und erkennen selbst mitten im Alltagstrott, daß jeder Augenblick ein Wunder ist.

8
Die Befreiung des Denkens

Mit dem Leben ist es wie in einem Kampf:
Wenn wir anfangen, zuviel zu denken, sind wir verloren.
Michael Bookbinder

Widersprüchliche Erfahrungen

Wenn wir beginnen, uns zu öffnen und die blockierten, abgestumpften Stellen in unserem Körper und unserem Leben aufzubrechen, nehmen wir Schmerzen an Stellen wahr, wo wir bisher überhaupt nichts gespürt haben. Wir decken bisher nur latent vorhanden gewesene Symptome auf und erleben vielleicht so etwas wie eine «Heilkrise», während der unser Körper sich reinigt. Dabei kann es auch zu Krankheiten kommen. Meist scheint es mit unserem Leben erst einmal bergab zu gehen, ehe es wieder besser wird. Das ist offensichtlich ein Teil des Wandlungsprozesses.

Schmerz soll uns aufrütteln
Körperliche Schmerzen und mentales und emotionales Leiden können manchmal auch ein Segen sein. Denn wenn das Leiden heftig genug wird, erwachen wir aus unserem Schlummer und suchen nach der Ursache. Notgedrungen wird dann der Gejagte zum Jäger, das Opfer zum Krieger. Schmerz zeigt uns den Weg zur Heilung. Da wir uns den Luxus tröstlicher Illusionen jetzt nicht mehr leisten können, beginnen wir unsere Aufmerksamkeit auf einen anderen Punkt zu verlagern. Uns wird klar, daß der Schmerz eigentlich nicht von «draußen» kommt (von unserem Chef oder unserem Beruf oder unserem Partner), sondern

in unserem eigenen Denken entsteht – unseren Annahmen, Überzeugungen und Interpretationen.

In dem Augenblick, wo wir ganz bewußt erkennen, daß wir uns unseren Schmerz selbst schaffen, haben wir die Macht, ihm Einhalt zu gebieten. So trägt der Schmerz bereits den Keim zu seiner eigenen Vernichtung in sich.

Das Phänomen, das wir als unseren *Geist,* unseren Verstand oder unser *Denken* bezeichnen, ist die Hauptquelle der Spannungen in unserem Körper, unseren Emotionen und unserem täglichen Leben. Der Verstand bildet einen Schleier, eine getrübte Linse, durch die wir die Realität sehen. Wir neigen dazu, diese verzerrten Wahrnehmungen als wahr und real zu akzeptieren – so lange, bis uns klar wird, daß unser eigenes Denken der Störenfried ist, der Schwindler und Magier, der Illusionen erfindet und sich dabei in unserer eigenen Psyche versteckt, der uns Dinge tief ins Ohr flüstert und sich dabei als unser Freund und vertrauter Ratgeber ausgibt.

Der Verstand ist der größte Feind des Kriegers. Doch vom Standpunkt des mitfühlenden Zuschauers (des Höheren Selbst) aus können wir die Fesseln des Denkens durchbrechen, indem wir unsere Gedanken *wahrnehmen,* statt an sie zu *glauben* oder uns mit ihnen zu *identifizieren.*

Die Wahl zwischen zwei Welten

Im Laufe eines jeden Tages springt unser Bewußtsein unablässig zwischen zwei Welten hin und her. Nur eine dieser beiden Welten besitzt greifbare Realität.

Die erste könnte man als *objektive* Welt bezeichnen, alles, was *ist* oder was passiert, ohne irgendeinen Zusatz. Wir öffnen zum Beispiel eine Tür und gehen in ein Zimmer, in dem Leute um einen Tisch herum sitzen.

Die zweite ist unsere *subjektive,* innere Welt, der Schleier unserer Überzeugungen, Wertvorstellungen, Wahrnehmungen und Gedanken über das, was ist oder was passiert. Durch diesen Schleier interpretieren wir die Realität. Ob ich heute wohl gut aussehe? Wahrscheinlich wundern die Leute sich, warum ich zu spät gekommen bin. So ein Pech! Ich hoffe, daß die Besprechung gut läuft... Dieser Bereich des Subjektiven umfaßt auch die Assoziationen unseres Basis-Selbst (Unbewußtes), die im Körper gespeichert sind.

Die Fallstricke des Verstandes

Ted, ein Klient, schilderte mir ein sehr schmerzliches Erlebnis, die Trennung von seiner Verlobten: «Es war Abend. Ich saß in meiner Wohnung, las und wartete auf Sally. Wir wollten das Wochenende zusammen verbringen. Da klingelte es an der Tür. Weil Sally einen Schlüssel zu meiner Wohnung hatte, nahm ich an, es sei der Postbote, und war überrascht, sie vor der Tür stehen zu sehen. Ich weiß noch, daß ich mich freute. ‹Hast du deinen Schlüssel verloren?› fragte ich sie.

‹Nein›, sagte sie. Ich spürte sofort, daß irgend etwas nicht stimmte. Sie sah so ernst aus. Irgendwie machte sie einen bekümmerten Eindruck.

‹Komm doch rein›, forderte ich sie auf, aber sie blieb vor der Tür stehen. Und dann schlug ihre Bombe ein.

‹Ted›, sagte sie und streckte mir den Schlüssel und den Verlobungsring hin. ‹Ich muß dir das zurückgeben.›

Ich stand da wie angewurzelt. Ich konnte es einfach nicht fassen, unser letztes Wochenende war doch so wunderschön gewesen! Ich hatte ein flaues Gefühl im Magen, und ich glaube, es verschlug mir auch den Atem. ‹Was?› konnte ich nur noch herausbringen.

Mit Tränen in den Augen sprudelte Sally hervor: ‹Bob, dieser Freund von mir, der nach Europa gegangen ist – er ist zu Besuch gekommen. Wir haben nur eine Tasse Kaffee miteinander getrunken, aber... Ted, ich werde ihn heiraten. Ich gehe nach Europa. Es tut mir so leid...›

Aber sie sah gar nicht so aus, als ob es ihr leid täte. Natürlich weinte sie, aber ihrem Gesicht sah man an, wie aufgeregt sie war! Sie sagte noch mehr, aber ich hörte kaum noch zu. Ihre Mitteilung hatte mich wie ein Fausthieb in den Magen getroffen, ich war wie betäubt. Da kommt irgend so ein Kerl dahergelaufen, und die große Liebe meines Lebens – eine Frau, der ich vertraut und auf die ich gebaut hatte – sagt Sayonara, und mein ganzes Leben stürzt in sich zusammen wie ein Kartenhaus! Wie konnte sie mir das antun? Ich wollte sie bitten, nicht zu gehen, ihr sagen, wie verletzt ich war. Aber ich brachte kein Wort heraus. Ich glaube, ich habe irgend etwas Dummes gesagt, so etwas Ähnliches wie: ‹Wenn du das wirklich willst, Sally...› Sie wirkte erleichtert, doch ich denke, sie glaubte mir nicht ganz. Verdammt nochmal, ich selber glaubte es mir ja auch nicht!

Sie ging ganz offensichtlich gern von mir. Zum Teufel mit ihr! Nachdem sie weg war, fühlte ich mich so einsam wie schon seit Jahren nicht mehr. Es war, als sei ein Teil meines Lebens von mir abgeschnitten worden. Dann packte mich die Wut. Ich hatte ein halbes Jahr lang Überstunden gemacht, um ihr diesen Ring zu kaufen... Was sollte ich jetzt damit anfangen? Ich hatte Lust, mich zu betrinken oder mit irgendeiner Frau ins Bett zu gehen – oder beides.

Ich überlegte, ob ich sie anrufen sollte. Oft. Aber das hätte die Wunde nur wieder aufgerissen. Offensichtlich liebte sie diesen Mann viel mehr als mich. Ich habe einmal ein Bild von ihm gesehen. Er ist größer als ich und sieht auch besser aus. Trägt teure Klamotten. Manchmal ist das Leben einfach ungerecht. Was stimmt mit mir eigentlich nicht? Jede Frau, in die ich mich verliebe, entliebt sich früher oder später wieder. Ich habe es so satt.»

Von all den Dingen, die passieren, hat letzten Endes nichts eine *Bedeutung*. Deshalb erfinden wir unsere Bedeutungen selbst. Ted hatte mir seine *subjektive Interpretation* seines Erlebnisses erzählt, all die Gefühle und Deutungen und Leiden, die er damit assoziierte. Natürlich müssen wir diese Empfindungen akzeptieren und verstehen. Doch gleichzeitig können wir uns klarmachen, daß psychische Schäden selten von einem Ereignis selbst herrühren, sondern eher von der Reaktion unseres Denkens auf dieses Ereignis, es sei denn, es ist tatsächlich ein objektiver, physischer Schmerz oder eine Verletzung im Spiel. *Streß entsteht, wenn unser Denken sich gegen irgend etwas wehrt, was ist.* Ich bat Ted, mir die Geschichte noch einmal zu erzählen, aber diesmal so einfach, kurz und objektiv wie möglich, *ohne seine Überzeugungen, Interpretationen, Vermutungen und Sinngebungen.* Ich erklärte ihm, daß Sallys Entscheidung, jemand anderen zu heiraten, vielleicht mehr mit ihr selbst zu tun hatte als mit seiner Person.

Doch Ted war nach wie vor überzeugt: Wenn er größer, attraktiver oder reicher gewesen wäre, dann hätte er Sally für sich «gewonnen». Ich stimmte ihm zu. Wenn wir uns in einen anderen Menschen verwandeln könnten, dann würden wir natürlich anziehend auf Leute wirken, die diesen Typ Mensch mögen. Aber vielleicht ist es besser für uns, jemanden zu finden, der uns so, wie wir jetzt sind, attraktiv findet. «Sagen wir, Sallys jetziger Ehemann ist ein Apfel, und du bist eine Apfelsine», schlug ich ihm vor. «Du hast doch sicher Verständnis dafür, daß manche Frauen lieber Äpfel essen und andere vielleicht lieber Apfelsinen, nicht wahr?»

«Ja, sicher.»

«Dann hältst du es also auch für möglich, daß Sallys Entscheidung, nach Europa zu gehen und Bob zu heiraten, nicht unbedingt etwas über deinen Wert als Mensch aussagt?»

«Na ja, wahrscheinlich hast du recht», lächelte Ted. «Aber das nächste Mal werde ich mir eine Frau suchen, die Apfelsinen mag.»

Ich erzählte Ted, mir sei schon vor vielen Jahren, während meines Studiums, aufgefallen, daß ich in punkto Frauen einen anderen Geschmack hatte als manche meiner Freunde. Dem einen gefielen kleine Frauen, dem anderen große. Der eine mochte Mädchen mit zierlicher, beinahe knabenhafter Figur; der andere hatte eher etwas für kurvenreiche Figuren übrig. Einer meiner besten Freunde liebte nur Frauen, die ihm intellektuell unterlegen waren; ich dagegen hatte eine Vorliebe für ausgesprochen intelligente Frauen. Je mehr wir unseren Frauengeschmack verglichen, um so mehr Unterschiede traten zutage.

Einem meiner Freunde wurde klar, daß die Frauen, die ihm gefielen, alle seiner Mutter ähnelten, und das machte ihn ein wenig verlegen. Ein anderer mochte Frauen, die ganz anders waren als seine Mutter. Und so weiter.

Mir kam in den Sinn, daß dann Frauen ebenso ihre Vorlieben haben – daß es stets Frauen geben würde, denen ich auf jeden Fall gefiel, egal, was ich tat, und auch Frauen, die sich auf keinen Fall zu mir hingezogen fühlten, egal, was ich tat. Und *ich brauchte das gar nicht persönlich zu nehmen.* Für welchen Mann diese Frauen sich entschieden, lag in ihrem Wesen begründet, nicht in meinem.

Ich unterhielt mich noch eine Weile mit Ted, und er analysierte seine psychischen Wunden und durchschaute einige seiner Interpretationen und Ansichten über das Geschehene. Ihm wurde klar, wie diese Deutungen sich auf sein Selbstwertgefühl ausgewirkt hatten.

Durch Selbstanalyse können wir uns klarmachen, welchen Einfluß unser Denken auf uns hat. Doch viele Menschen verbringen die Hälfte des Tages damit, ihre Probleme zu analysieren, und die andere Hälfte damit, sie zu dramatisieren. Dadurch verändert sich im Grunde nichts, *denn sie analysieren nur die äußeren Ereignisse.* Erst wenn wir erkennen, daß unser Denken für unsere Wahrnehmungen und Schmerzen verantwortlich ist, hören wir auf, der Welt und unseren Mitmenschen die Schuld zu geben, und fangen an, vor der eigenen Haustür zu kehren.

Doch die Analyse ist noch nicht der letzte Schritt. Sie ist nur eine Möglichkeit für das Bewußte Selbst, aus einem Ereignis etwas zu lernen. Das Bewußte Selbst mag das, was geschehen ist, vielleicht schon lange analysiert, «verstanden» und gelöst haben. Doch um dem Basis-Selbst bei der Befreiung von der emotionalen Belastung zu helfen, unter der man immer noch leidet, obwohl das Ereignis gedanklich bereits akzeptiert wurde, muß man die Erfahrung innerlich noch einmal an sich vorbeiziehen lassen und sie jetzt objektiv sehen und durchleben. *Wenn wir von einem emotional besetzten Ereignis den subjektiven Teil – unsere gedanklichen Assoziationen, Sinngebungen und Überzeugungen – sozusagen «einkochen lassen», dann bleibt nur noch das objektive, schmerzfreie Ereignis übrig.*

Danach ist uns nicht nur wohler zumute, sondern es wird auch unwahrscheinlicher, daß wir dasselbe Verhaltensmuster in Zukunft wiederholen, weil wir sowohl bewußt aus dem Ereignis gelernt wie auch die unbewußten Anteile verarbeitet haben.

Die wahre Geschichte

Ich hatte Ted ja gebeten, zu erzählen, was *tatsächlich passiert ist,* ohne seine subjektiven Hinzufügungen, kurz und bündig und aufgrund dessen, was man mit seinen fünf Sinnen wahrnehmen kann. Das hörte sich so an:

«Sally, meine Verlobte, klingelte an meiner Wohnungstür, wollte aber nicht hereinkommen. Sie gab mir einen Schlüssel und einen Ring zurück, den ich ihr geschenkt hatte, und sagte, sie wolle einen Mann namens Bob heiraten und mit ihm in Europa leben. Wir haben nur kurz miteinander gesprochen. Dann ging sie wieder.»

Obwohl Ted in einfachen Worten und ganz «objektiv» das Geschehene beschrieb, war mir, als ich ihn dabei beobachtete, klar, daß die Sache ihn immer noch belastete, denn wie nicht anders zu erwarten, bedrückten seine Assoziationen und Gefühle ihn nach wie vor. Manchmal muß man eine Geschichte eben viele Male erzählen, ehe die gefühlsmäßige Belastung verschwindet. Aber Ted war wenigstens bewußt geworden, woher diese Belastung kam – von den Ansichten und Überzeugungen, in denen er gefangen war.

Er wiederholte die Geschichte noch einmal und wirkte jetzt schon ein bißchen entspannter. Er hat sie noch oft erzählt. Beim letzten Mal lächelte er sogar, als ihm klar wurde, daß er mit seinen Worten das tatsächliche Ereignis beschrieb und *den Rest nur erfunden hatte*. Als Ted das erkannte, war er erleichtert und wie erlöst.

Interessanterweise löst diese Übung oft starken inneren Widerstand aus. Der Haupteinwand ist, daß objektive Aussagen «kalt» und bar jeder «echten Emotion» wirkten. Das hängt natürlich davon ab, wie man *Emotion* definiert. Je weniger unsere Wahrnehmung eines Ereignisses von Emotionen getrübt ist, zu um so tieferen *Gefühlen* sind wir in Wirklichkeit fähig.

Ted entdeckte, daß im Grunde nichts von dem, was Sally getan hatte, verletzend gewesen war. Hätte er mit ihr Schluß machen wollen, aber nicht gewußt wie, dann hätte er ihre Neuigkeit mit Freude und Erleichterung aufgenommen. Die Verletzung entsprang aus seiner eigenen geistigen Verfassung – seinen Wünschen und Vorstellungen –, nicht aus Sallys Verhalten.

Sally hat Ted weder geschlagen noch getreten noch seinen Ring mitgenommen. Sie hat ihn weder angeklagt noch lächerlich gemacht. Ted litt nur unter den Auswirkungen seines eigenen Denkens.

Er erkannte schließlich den Wert dieses Erlebnisses: Er hatte daraus etwas über sich selbst gelernt. Wie ein friedvoller Krieger begann er nun, die Probleme des täglichen Lebens zu nutzen, um daran zu wachsen – Schmerz in Weisheit zu verwandeln.

Dieser erste große Schritt zur Erkenntnis der objektiven Realität mag zwar sehr einfach erscheinen, aber er ist keineswegs leicht. Die Illusionen unseres Denkens zu durchbrechen ist wie die Wanderung durch einen Dornenwald. Bei manchen Menschen erfordert dieser Prozeß jahrelanges bewußtes Bemühen. Aber manchmal kommen wir auch plötzlich und ganz zufällig mit der Realität in Kontakt.

Zurück zur Realität

Eines Tages erwachte ich aus einem tiefen Schlaf. Ich schlug die Augen auf, wußte aber nicht, wo ich war. Ich fand mich überhaupt nicht mehr zurecht. Nichts schien einen Sinn zu ergeben. Ich blickte zur Decke und *begriff nicht*. Ich starrte auf die Uhr und sah die Zahlen, aber ich wußte nicht, was sie bedeuteten. Ich sah aus dem Fenster und *begriff nicht*. Ich schaute auf den Fußboden und *begriff nicht*.

In meiner Verwirrung tastete ich mich ins Badezimmer. Ich hoffte, ein heißes Bad würde mir helfen. Ich drehte den Heißwasserhahn auf, vergaß aber, auch das kalte Wasser aufzudrehen. Während das Wasser einlief, gelang es mir irgendwie, mich von meinen Kleidern zu befreien; doch dann verlor ich das Gleichgewicht und fiel rückwärts, mit dem Hinterteil zuerst, in das siedendheiße Wasser. Und plötzlich *begriff ich*.

Physischer Schmerz bringt uns wieder mit der objektiven Realität in Berührung und erinnert uns daran, wo die Prioritäten liegen. Aber ich empfehle niemandem, das auszuprobieren.

Zwei Arten von Wissen

Jede der beiden Realitäten, die objektive und die subjektive, geht mit einer anderen Art Wissen einher. Zum objektiven Bereich gehört das praktische Wissen, das wir im Leben nutzen können – zum Beispiel, wie man einen tropfenden Wasserhahn repariert oder daß man erst nach rechts und links schauen muß, ehe man über die Straße geht. Zu diesen objektiven Informationen gehören auch praktische Grundsätze des täglichen Lebens, mit deren Hilfe wir unseren Horizont erweitern, humorvoller oder für andere Menschen wertvoller werden und dafür sorgen können, daß unser Leben besser funktioniert.

Der Bereich des Subjektiven dagegen ist mit «reinem Wissen» und abstrakten Ideen verbunden. Ich habe gelernt, an alle Informationen folgende Fragen zu stellen: Wie kann ich das gebrauchen? Hilft dieses Wissen mir in meinem Leben? Trägt es zu meinem Glück bei? Dient es irgend jemandem? Kann es mir helfen, meine Beziehung zu anderen zu verbessern oder meine Familie zu ernähren? Was ändert dieses Wissen an meinem Leben?

Statt mit abstrakten Konzepten herumzuspielen, die wenig Bezug zur Realität des täglichen Lebens haben, frage ich mich lieber: Was bewegt meine Gedanken gerade? Und was bewegt mein Herz? Durch solche Fragen schärft man seine Achtsamkeit und seine Fähigkeit zur Selbsterkenntnis. Sie wappnen uns gegen die Falle, Abstraktionen mit Realität zu verwechseln, wenn unsere Gedanken ihr Netz aus Illusionen weben.

Eine Ahnung des Möglichen

Die meisten Menschen erinnern sich sicherlich noch an irgendeinen seltenen Augenblick, in dem sie ein ruhiges, glückliches Gefühl der inneren Klarheit hatten, als die Stürme ihrer Gedanken sich legten und die Welt ihnen friedlich, ruhig und heiter erschien. Es kann alles so einfach, so schön und richtig sein – ganz unabhängig von unseren Lebensumständen –, wenn wir nicht mehr auf das unablässige Geplapper unseres Verstandes achten.

Menschen, die ihren Verstand *durch*schauen, statt *mit* ihm zu sehen, und die die Fenster ihrer Wahrnehmung gereinigt haben, nehmen das Leben nicht mehr durch die trüben Schleier ihrer Gedanken, Überzeugungen, Assoziationen und Deutungen wahr. Natürlich haben sie immer noch Gedanken, Überzeugungen und Assoziationen. Sie interpretieren, unterscheiden und vergleichen nach wie vor und fällen auch Werturteile. *Aber sie verwechseln diese Gedanken nicht mehr mit der Realität.*

Eine Definition unseres Denkens

Wir wissen, daß unser Gehirn zwei Hälften hat, die unterschiedlichen Funktionen dienen: eine linear und rational denkende
linke Gehirnhälfte und eine ganzheitlichere, phantasievollere
rechte Gehirnhälfte. Die spezialisierten Zellen unseres Gehirns
ermöglichen es uns, Daten zu speichern, zu vergleichen und zu
unterscheiden und die fast an ein Wunder grenzende Vielfalt an
Prozessen durchzuführen, die wir als *Denken* bezeichnen.

Wir können uns bewußt mit Hilfe unserer Willenskraft dazu
zwingen, an etwas Bestimmtes zu denken – zum Beispiel, uns an
eine Begebenheit aus der Vergangenheit zu erinnern, eine Mathematikaufgabe zu lösen, einen Brief an einen Freund oder ein
Gedicht für unseren Liebsten zu schreiben. Doch innerhalb unseres Bewußtseinsfeldes und ein wenig darunter entstehen auch
unbeabsichtigte Gedanken. Oft sind diese Gedanken mit negativen
Emotionen besetzt – Ängsten oder kalten Bildern, an die wir lieber nicht denken möchten –, Gedanken, die anscheinend die
Macht haben, uns aufzurichten oder niederzudrücken, uns hier-
hin und dorthin zu zerren und uns hin und her zappeln zu lassen
wie Marionetten. Diese zufälligen Gedanken sind genau wie unsere Träume eine natürliche Freisetzung von streßgeladenen
Eindrücken und Erinnerungen.

Unser Basis-Selbst hält diese inneren Eindrücke oft irrtüm-
licherweise für real und reagiert darauf mit körperlicher Anspannung und Labilität. Auch das Bewußte Selbst, das die Welt
durch den Filter unserer Gedanken deutet, sieht und interpretiert die Bedeutung von Ereignissen häufig falsch und macht unser Leben dadurch viel problematischer und komplizierter, als es
eigentlich sein müßte.

Die größeren Zusammenhänge

Vom höchsten metaphysischen Standpunkt aus besteht das
ganze Universum und alles, was darin enthalten ist, aus BE-
WUSSTSEIN. Ich schreibe den Begriff *BEWUSSTSEIN* hier
in Großbuchstaben, weil ich ihn als Synonym für Gott oder den
Geist gebrauche – die Urkraft des Lebens und der Liebe, die alle
Dinge beseelt, vom winzigsten Elementarteilchen bis zur Uner-

meßlichkeit der Schöpfung. Im Menschen manifestiert dieses BEWUSSTSEIN sich als reine *Bewußtheit*. Wenn wir schlafen, scheint uns die Welt um uns herum nicht bewußt zu sein; wenn wir dagegen erwachen, scheinen wir uns der Außenwelt relativ bewußt zu sein.

Der Begriff *Aufmerksamkeit* bezeichnet den Grad, in dem wir unser Bewußtsein *konzentrieren* können, so wie man Sonnenstrahlen mit einer Lupe bündelt. Es funktioniert auch genauso: Je stärker wir uns konzentrieren können, um so tiefer kann unser Denken vordringen. Wir können die Fähigkeit, unsere Aufmerksamkeit zu bündeln – das, was wir als *Konzentration* bezeichnen –, durch Übung verbessern.

Unser Gehirn spaltet mit Hilfe der Sinne das BEWUSST-SEIN auf, so wie ein Prisma weißes Licht bricht, und teilt es in verschiedene Bewußtseinsarten ein. Eine davon, das Denken, ist, wie wir bereits wissen, eine willkürliche Geräuschkulisse zufälliger Bilder, Worte, Bedeutungen, Interpretationen, Assoziationen und Ansichten, die zwischen uns und einer klaren, einfachen, direkten Wahrnehmung der Welt stehen. Mit anderen Worten: Die Welt ist nicht so, wie wir *denken*.

Wenn wir zum Beispiel in den Park gehen oder uns in der Stadt aufhalten, können wir uns Gedanken darüber machen, was wir sehen – wir können die Frau, die ihren Hund frei herumlaufen läßt, innerlich kritisieren; wir können uns fragen, ob der Obdachlose, der auf uns zukommt, uns wohl um Geld anbetteln wird, und uns schon einmal eine Antwort zurechtlegen; und wir können uns über die Teenager ärgern, die ihr Radio so laut aufdrehen, daß der ganze Park mithört. Wir können uns aber auch auf eine Parkbank setzen und ohne jeglichen Gedanken Zwiesprache mit der Natur halten, die Energie spüren und alles, was wir sehen, und die vielen verschiedenen Menschen, die an uns vorbeigehen, ganz einfach genießen.

Wie man seine rastlosen Gedanken bezähmt

Unser Verstand ist wie ein Radio, das ständig spielt (außer im Tiefschlaf) und sich selbst von einem Sender zum anderen umschaltet. Wahrscheinlich erfüllt dieses Phänomen durchaus einen sinnvollen Zweck – es ist eine Art Befreiung für unser

Nervensystem –, und unsere willkürlichen Gedankenformen sind vielleicht unvermeidliche Nebenprodukte unseres Gehirns. Unsere Gedanken zu bezähmen bedeutet nicht unbedingt, daß wir diese ständige Geräuschkulisse abstellen müssen. Wir müssen nur erkennen, daß dieser Lärm nicht mit uns identisch ist, damit wir nicht verrückt werden, wenn wir in unserem Kopf Hardrock zu hören bekommen, oder unwillkürlich in eine schwermütige Stimmung geraten, wenn Geigen spielen. Und uns muß auch klarwerden: Sobald wir *merken,* auf welchen Sender unser Radio eingestellt ist, erhalten wir auch die *Möglichkeit, uns selber einen Sender auszusuchen.*

Socrates erklärte mir das damals mit Hilfe eines ganz anderen Bildes. «Unsere Gedanken sind wie ein bellender Hund», sagte er. «Du brauchst den Hund nicht abzuschaffen. Schließlich ist es normal, daß Hunde bellen. Aber du mußt ihn so erziehen, daß du nicht die Kontrolle über ihn verlierst. Halte ihn an der Leine.»

Wenn wir das Radio unseres Verstandes als das akzeptieren, was es ist, können wir mit ihm umgehen. Dann lernen wir, den Sender selbst einzustellen, und schließlich lernen wir auch, es leiser zu stellen, damit wir die Vögel singen hören und in der Stille zu uns selbst finden können.

Gedanken und Bedeutungen

Das Leben ist von einem Geheimnis umgeben. Wir können über fast alles auf der Welt nahezu unendlich viele Fakten im Kopf haben, aber trotzdem wissen wir niemals, was es eigentlich *ist* – jedenfalls nicht wirklich. Wenn wir erkennen, daß *nichts irgendeine Bedeutung hat und daß wir unsere Bedeutungen selbst erfinden,* ist das das erste große Erwachen für uns.

Das meiste von dem, was wir sehen, hören, berühren, schmecken oder riechen, existiert wirklich. Doch in dem, was wir darüber sagen, denken oder glauben, spiegelt sich unser eigenes Denken wider. Wenn man das begreift, dann hat man einen größeren Zusammenhang oder eine höhere Ebene, von der aus man die Arbeitsweise seines Verstandes beobachten kann, statt darin gefangen zu sein. Das ist eine Art ständiger «Meditation». Bei genauerem Hinsehen wird uns klar: Immer wenn wir ein Problem hatten, dann hatte irgend etwas irgendeine *Bedeutung* für uns. Wir deuteten, erinnerten uns, verglichen und urteilten.

Ich möchte an einem Beispiel zeigen, wie wir uns unsere Bedeutungen und Realitäten selbst schaffen. Zwei Familien – die Bakers und die Johnsons – wohnen nebeneinander. Beide Väter sind die ganze Woche über unterwegs und kommen immer nur am Wochenende nach Hause.

Mrs. Baker beklagt sich den Kindern gegenüber öfters: «Euer Vater ist nie für euch da, wenn ihr ihn braucht, weil er dauernd unterwegs sein muß. Er sieht euch immer nur am Wochenende.» Diese Kinder werden sich später daran erinnern, daß ihr Vater «nie da war» und «nie Zeit für sie hatte», außer am Wochenende.

Mrs. Johnson erzählt ihren Kindern etwas ganz anderes: «Ihr habt einen wunderbaren Vater! Er tut alles für euch. Obwohl er gern immer bei uns wäre, arbeitet er die ganze Woche über hart, um uns zu ernähren, damit er seine *schönste Zeit* am Wochenende mit euch verbringen kann. Ihr habt wirklich Glück!» Diese Kinder werden sich später wahrscheinlich an einen «liebevollen Vater» erinnern, «der alles für sie tat und *jedes Wochenende* zu ihnen nach Hause kam».

Das ist der alte Unterschied zwischen dem Glas, das noch «halb voll», und dem Glas, das schon «halb leer» ist. Wir sehen die Dinge nicht so, wie *sie* sind, sondern so, wie *wir* sind.

Natürlich erfahren wir im Leben auch wirkliche, objektive körperliche Schmerzen, und manche Dinge in der Außenwelt werden tatsächlich eine Bedrohung für unser Wohlbefinden. Doch ein großer Teil unserer Angst, unseres Stresses und unserer Unzufriedenheit entsteht im *Denken,* nicht im Körper. Unsere ängstlichen Gedanken machen objektiv vorhandene körperliche Schmerzen sogar noch schlimmer, da *solche Gedanken den Körper in einen Zustand der Anspannung versetzen.* Die Anspannung verstärkt den Schmerz, und *Schmerz in Verbindung mit* Angst tut viel mehr weh als Schmerz *ohne* Angst.

Gedanken schaffen Streß

Psychischer Streß entsteht, wenn unser Denken sich gegen etwas wehrt, was ist. Wenn uns zum Beispiel ein langjähriger Lebenspartner verläßt, erleben wir eine Veränderung. Wir haben zusammengelebt, und nun trennen wir uns. Hätten wir uns dieses Ereignis gewünscht oder wären gut darauf vorbereitet gewesen, würden wir es nicht als Problem empfinden. Aber unser Widerstand und die Bedeutungen, die wir mit dieser Veränderung assoziieren, können Wellen des emotionalen Aufruhrs erzeugen: «Ich habe versagt. Er hat mich fallenlassen wie eine heiße Kartoffel. Und das nach allem, was ich für ihn getan habe. Das ist einfach unfair. Da steckt jemand anders dahinter – ich weiß es –, jemand, der attraktiver ist als ich, besser im Bett, erotischer. Ich bin nicht gut genug.» Und so stürzen wir in ein dunkles Loch der Depression.

Derjenige, der die Beziehung beendet, wird die Trennung wahrscheinlich in erster Linie als angenehm empfinden, weil er vor allem positive Bedeutungen damit verbindet. Doch der verlassene Partner empfindet das Ereignis unter Umständen als schwere Belastung, gegen das er sich innerlich sträubt. Zwar erleben beide Partner das gleiche – eine Trennung –, aber wie sie sich dabei fühlen, hängt von der Bedeutung ab, die sie dem Geschehen beimessen.

Was den einen ängstigt oder streßt, hat für einen anderen, der sich innerlich nicht dagegen wehrt, vielleicht gar keinen negativen Beigeschmack. Patrick zum Beispiel springt ohne jede Angst aus einem Flugzeug, weil er ein begeisterter Fallschirmspringer ist, aber er hat panische Angst davor, vor einer Gruppe sprechen zu müssen. Jane geht es genau umgekehrt. Mary empfindet Partys und große Menschenmengen als Streß, während Roberta bei solchen Anlässen förmlich aufblüht. Dafür dreht Roberta durch, wenn sie einen Termin einhalten muß, während Mary es als «aufregend» und als «Herausforderung» empfindet, rechtzeitig mit ihrer Arbeit fertig zu werden.

Im *Pfad des friedvollen Kriegers* habe ich erzählt, wie ich mich einmal furchtbar über ein verregnetes Picknick im Park aufregte. «Der Regen ist nicht das Problem», wies mich Socrates zurecht. «Er ist gut für die Pflanzen.» Das Problem entstand erst durch meinen inneren Widerstand gegen den Regen, aber das war mir damals noch nicht klar. Das Prinzip *«Wo kein Wider-*

stand, da ist auch kein Streß» gilt für jede Situation, so schwierig sie auch sein mag. Wenn wir uns gegen etwas wehren, werden die Unannehmlichkeiten nur noch schlimmer. Das gilt sogar für Angst und Schmerzen.

Die Entscheidung liegt also bei uns. Wir können uns ständig Sonnenschein wünschen und enttäuscht sein oder aus der Fassung geraten, wenn die Sonne einmal nicht scheint, oder wir können aufhören, uns gegen schlechtes Wetter zu sträuben. Immer wenn wir spüren, daß wir uns gegen etwas wehren, was ist, sollten wir uns fragen: «Warum halte ich das für ein Problem?» Oder wie Socrates sagte, als wir an einem Tennisplatz vorbeikamen: «Jeder Schlag macht jemanden glücklich.»

Wie man verzerrte Ansichten erkennt

Wenn wir nicht glücklich über unsere Gemütsverfassung sind, können wir unsere Denkweise ändern. Denken ist so etwas Ähnliches wie ein Selbstgespräch, aber so leise, daß wir es oft gar nicht bemerken. Wir sagen uns selbst das, was unsere Eltern früher zu oder über uns gesagt haben oder was wir für ihre wahren Empfindungen hielten. Diese Botschaften, die in unserem Unbewußten gespeichert sind, lösen negative körperliche und emotionale Reaktionen aus.

Wenn uns ein anderes Auto schneidet, können wir uns sagen: «So ein unverschämter Mensch!» oder «Armer Kerl, der hat wohl einen anstrengenden Tag hinter sich.» Diese Gedanken führen zu sehr unterschiedlichen körperlichen und emotionalen Reaktionen. Es gibt viele negative Überzeugungen, die Streß schaffen und aufrechterhalten. Hier ein paar Beispiele:

- Wenn jemand nichts von uns zu halten scheint, bedeutet das, daß wir im Unrecht oder schlechte Menschen sind (deshalb müssen wir unbedingt dafür sorgen, daß jeder uns mag und unser Verhalten billigt).
- Unser Wert hängt davon ab, wieviel wir leisten und produzieren (deshalb *müssen* wir leisten und produzieren, sonst sind wir nichts wert).
- Um glücklich zu sein, brauchen wir die große Liebe und eine stets erfreuliche Partnerbeziehung.

- Wir müssen immer alles gut machen (und die anderen Menschen auch).
- Unsere Weltsicht ist die richtige (und deshalb haben alle Menschen, die nicht der gleichen Meinung sind wie wir, unrecht).

Sehr beliebt sind auch verzerrte Vorstellungen mit Absolutheitsanspruch, in deren Falle wir nur allzuleicht geraten. Hier eine kleine Auswahl:

- *Die Entweder-oder-Haltung:* Entweder wir haben eine Sache ganz richtig oder ganz falsch gemacht. (Gegenvorschlag: Auch die Nuancen und Zwischentöne des Lebens akzeptieren, statt alles schwarz oder weiß zu sehen.)
- *Die totale Verantwortung:* Wenn jemand schlecht gelaunt ist, fühlen wir uns persönlich dafür verantwortlich, ihn aufzuheitern. (Gegenvorschlag: Den Rücktritt als Manager des Universums einreichen und statt dessen ein gutes Buch über Co-Abhängigkeit lesen.)
- *Das Sich-selbst-Abstempeln:* Wenn wir einen Fehler machen, akzeptieren wir ihn nicht etwa und lernen aus ihm, sondern beschimpfen uns: «Ich Dummkopf!» (Gegenvorschlag: Darüber nachdenken, als was unsere Eltern uns früher immer abgestempelt haben, und uns fragen, ob wir das jetzt an ihrer Stelle fortsetzen wollen.)
- *Überbewertung des Negativen:* Von zwölf Aufgaben erledigen wir zehn sehr gut; aber wir konzentrieren uns ausgerechnet auf die zwei Dinge, die uns nicht so gut gelungen sind. (Gegenvorschlag: Daran denken, uns jedesmal zu loben, wenn wir eine Sache gut gemacht haben.)
- *Negative Gedanken und Erwartungen, mit denen wir unseren Mißerfolg von vornherein vorprogrammieren:* «Du hast sicher keine Lust, mit mir auszugehen?» (Gegenvorschlag: So schwierig oder seltsam es uns auch erscheinen mag, wir können lernen, unsere Äußerungen möglichst positiv zu formulieren und mit positiven Resultaten zu rechnen.)

Zwar erkennt unser Bewußtes Selbst, wie unlogisch dieses auf Schwarzweißmalerei basierende Denken ist, aber durch unsere

Eltern oder andere Einflüsse in unserer Kindheit ist unser Basis-Selbst so vorprogrammiert, daß es diese negativen Gedanken akzeptiert. Also erleben wir trotzdem die Auswirkungen. Indem wir uns diese Tendenzen bewußtmachen und unser Denken zum Beispiel mit Hilfe positiver Visualisierungen neu programmieren, können wir unser Basis-Selbst allmählich umerziehen. Mit der Zeit werden sich dann immer weniger streßerzeugende Probleme und Erschütterungen «da draußen» zeigen.

Interpretationen der Realität

Ereignisse sind nichts weiter als Ereignisse. Nehmen wir einmal das Beispiel Party. Auf manchen Partys haben wir uns wohlgefühlt und auf anderen wieder nicht, je nachdem, was sich *in unserem Inneren* abspielte und ob wir den Interpretationen unseres Verstandes Glauben schenkten oder nicht.

Durch seine falschen Deutungen oder verzerrten Sinngebungen ruft der Verstand oft emotionale Unwetter in uns hervor. Eines Tages fuhr ich eine kurvenreiche Straße entlang. Die Fahrerin eines Autos, das mir entgegenkam, öffnete ihr Fenster und schrie laut: «Schwein!» zu mir herüber. Ich war beleidigt und außer mir, daß eine völlig fremde Frau mich einfach Schwein nennen durfte. «Wahrscheinlich hat sie Probleme mit Männern», dachte ich, als ich um die Kurve bog – und hätte beinahe ein Schwein überfahren, das mitten auf der Straße stand.

Gesundheit, Streß und innere Widerstände

Die meisten Krankheiten beginnen mit streßerzeugenden Gedanken, die Spannungen im Körper auslösen. Jeder Gedanke hat eine entsprechende Auswirkung auf den Körper. Neueste Forschungen auf dem immer weiter werdenden Feld der psychosomatischen Medizin haben ergeben, daß das feingestimmte Abwehrsystem unseres Körpers nahezu sofort auf positive und negative Gedanken und Einstellungen reagiert.

Innerer Widerstand ist wie ein Stein, der auf die ruhige Oberfläche eines Teiches trifft und sie in Bewegung versetzt. Die Wellen, die dabei entstehen, sind unsere Emotionen. Chronischer Streß, der in unserem Denken beginnt, löst emotionalen

Aufruhr aus und prägt sich dem Körper in Form gespeicherter Spannung ein. Diese Spannung setzt sich in Schmerzsymptome um wie Kopf-, Magen- oder Kreuzschmerzen oder andere Beschwerden. Jeder hat sicherlich schon einmal solche Symptome verspürt, die plötzlich, ohne eine erkennbare körperliche Ursache, da waren.

Unser Denken und unsere Emotionen

Ist unser Körper entspannt, unsere Atmung gleichmäßig und unser Denken klar, dann bleiben auch unsere Emotionen offen und friedlich. Es gibt keinen emotionalen Aufruhr, der nicht durch unser Denken erzeugt würde. Diese Erkenntnis ist nicht neu, selbst in der westlichen Welt nicht. William James, einer der Begründer der modernen Psychologie, hat festgestellt, daß jedes Individuum Angst, Kummer oder Zorn auf die gleiche Art und Weise erlebt: als Spannung oder Kontraktion im Unterleib oder in der Brust. Erst danach *interpretiert* der Verstand dieses Gefühl als Zorn, Angst oder Kummer, je nachdem, was für Gedanken oder Bedeutungen uns gerade durch den Kopf gehen.

Immer wenn wir uns über etwas aufregen, erwächst unser innerer Aufruhr aus den Überzeugungen und Sinngebungen, die knapp unterhalb unseres Bewußtseins in unserem Kopf herumschwirren. Vorüberhuschende Bilder, innere Dialoge, Regeln, Assoziationen und gespeicherte Erinnerungen lösen die emotionale Kontraktion aus.

Ich erinnere mich noch an ein Erlebnis vor ein paar Jahren, als ich vor dem Bankschalter Schlange stehen mußte mit meiner zweijährigen Tochter an der Hand. Ich wartete schon geraume Zeit. Als ich endlich dran war, kam ein Mann herein, warf einen Blick auf die lange Schlange, ging nach vorn und stellte sich vor mich! «Ich habe es eilig», sagte er. Zuerst war ich entsetzt über seine Unverschämtheit, dann wurde ich wütend. Meiner kleinen Tochter dagegen machte das überhaupt nichts aus, weil sie noch keine vorgeformten Ansichten oder Sinngebungen zu diesem Zwischenfall entwickelt hatte. Sie hatte die *Regel* «Man muß sich anstellen und warten, bis man dran ist» oder das ungeschriebene Gesetz «Wenn jemand sich vor dich drängelt und du dich nicht wehrst, halten die anderen dich für einen Duckmäuser» noch nicht gelernt, und deshalb empfand sie keinen inneren Widerstand, keinen Streß.

Das heißt nicht, daß wir immer ruhig bleiben und uns alles gefallen lassen sollen. Aber wenn wir uns von unseren inneren Überzeugungen und den daraus entstehenden emotionalen Kontraktionen befreien, können wir bestimmt und mitfühlend zugleich auftreten und unsere Ziele viel leichter erreichen. Bei dem Zwischenfall in der Bank zum Beispiel tat ich gar nichts, murmelte nur etwas vor mich hin. Ich wollte vor meiner Tochter keine «große Affäre» daraus machen. Heute würde ich lächeln, ruhig an den Schalter gehen und der Bankangestellten sagen, daß der Mann nicht in der Schlange gewartet hatte und daß sie mich als nächsten bedienen sollte... oder ich würde es dem Mann durchgehen lassen, je nachdem, was mir in der Situation am angemessensten erschiene.

Das leere Boot

Es gibt eine kleine Geschichte, die mir sehr gut gefällt. Wenn man sie beherzigt, bietet sie einen Schlüssel zu emotionaler Ruhe, eine Möglichkeit, die Gedanken, die uns fast ständig beherrschen, auszuschalten.

Ein Mann ruderte in einem kleinen Boot flußaufwärts, nach Hause. Da spürte er, wie ein anderes, flußabwärts fahrendes kleines Boot an seines stieß. Da er Vorfahrt hatte, wurde er wütend. Er drehte sich um und schrie den Mann in dem anderen Boot an: «Passen Sie auf, wo Sie hinrudern! Seien Sie doch vorsichtiger!»

Der andere Mann entschuldigte sich und ruderte an ihm vorbei. Doch eine Stunde später rammte ihn wieder ein Boot. Wütend drehte er sich um, um den rücksichtslosen Ruderer anzuschreien. Aber sein Zorn verrauchte, als er sah, daß das Boot leer war – es hatte sich wohl von seinem Ankerplatz losgerissen. Ruhig stieß er es beiseite und ruderte weiter.

Er hat seitdem nie wieder die Beherrschung verloren, denn von diesem Tag an war jeder Mensch für ihn wie ein leeres Boot.

Das Geschenk der Meditation

Nun, da wir die Problematik unseres Verstandes erkannt haben – da wir gesehen haben, wie er funktioniert und was für einen Aufruhr er in uns erzeugt –, können wir uns der Lösung zuwenden und Möglichkeiten suchen, die unser Denken befreien und uns die Wahrheit erkennen lassen, daß es keine alltäglichen Momente gibt

Die *Meditation* ist eine der wunderbarsten Methoden, *sein Basis-Selbst vom Lärm der Gedanken zu befreien* und es den Unterschied zwischen der Realität und den zufälligen Gedanken zu *lehren.* Mit genügend Übung lernen wir, zwischen Objektivem und Subjektivem zu unterscheiden. Zwar entsteht nach wie vor immer wieder neuer Gedankenlärm in uns, aber unser Basis-Selbst hält ihn dann nicht mehr fest. Unser Körper bleibt entspannt, unsere Emotionen bleiben ruhig.

Was ist Meditation?

Wenn wir ruhig und bequem mit gerader Wirbelsäule und halb oder ganz geschlossenen Augen dasitzen und meditieren, steigen Gedanken in uns auf – zornige Gedanken, glückliche Gedanken, beunruhigende Gedanken, angenehme Gedanken –, aber wir kümmern uns nicht um sie. Wir verkrampfen uns nicht, wir reagieren nicht, wir leisten keinen Widerstand und achten nicht auf sie. Wir sitzen einfach nur da. Dabei entdecken wir, daß Gedanken auftauchen und wieder verschwinden wie Wolken am Himmel oder Wellen im Ozean. Wenn uns klar wird, wie flüchtig und vergänglich unsere Gedanken sind, dann erkennen wir unser eigenes wahres Wesen im Schweigen, jenseits aller Worte, jenseits aller Gedanken.

Die elementarste Form der Meditation ist die reine *Aufmerksamkeit.* Wir beobachten die Dinge vollkommen losgelöst, ohne uns an etwas zu klammern oder etwas zu beurteilen, nicht vom Standpunkt des Bewußten Selbst aus, sondern vom Standpunkt des Bewußtseins selbst. Wir sehen zu, wie körperliche Empfindungen, Emotionen, Sorgen, Bilder und innere Dialoge kommen und gehen.

Um unsere Konzentration zu unterstützen, können wir unsere Aufmerksamkeit auch auf etwas Bestimmtes richten: Wir beobachten oder zählen unsere Atemzüge, konzentrieren uns auf einen Laut, den wir im Geist ständig wiederholen (ein Mantra), oder auf ein Bild (zum Beispiel eine Kerzenflamme). Wenn wir merken, daß unsere Aufmerksamkeit abschweift und dem Strom unserer Gedanken folgt, lenken wir unser Bewußtsein einfach wieder auf den Gegenstand unserer Aufmerksamkeit zurück, mühelos, ohne uns zu beunruhigen oder ein Werturteil zu fällen.

Es gibt viele verschiedene Meditationsformen und genügend Schulen und Bücher, die die Grundprinzipien und -praktiken der Meditation lehren. Ich möchte hier auf den Kern der Meditation hinweisen: klare, losgelöste Beobachtung.

Der Sinn der Meditation

Alle paar Sekunden zieht knapp unterhalb der Schwelle unserer bewußten Wahrnehmung eine Riesenmenge an Gedankenformen, Bildern, Klängen und Gefühlen vorbei. Sie alle sind in der Lage, uns unterschwellig zu überzeugen. Ein zorniger Gedanke entsteht knapp unterhalb unserer bewußten Wahrnehmung, also werden wir wütend, ohne genau zu wissen, warum. Ein trauriger Gedanke entsteht, und wir haben plötzlich schlechte Laune. Ein furchterregendes Bild taucht auf, und wir fühlen uns unsicher oder bekommen Angst.

Werbefachleute machen sich die Macht der unterschwelligen Überzeugung schon seit Jahren zunutze. Sie umgehen damit das kritische Urteilsvermögen unseres Bewußten Selbst und zielen direkt auf das leicht beeinflußbare Basis-Selbst mit ansprechenden Bildern, die uns dazu motivieren, Produkte zu kaufen – vom Papierhandtuch bis zum Auto.

Die Meditation dient dazu, unsere Gedanken «lauter zu stellen» und gleichzeitig die rasch vorbeihuschenden unterschwelligen Botschaften unseres Denkens zu verlangsamen, damit wir sie erkennen können, statt ihnen zum Opfer zu fallen. Die Meditation gibt uns die Freiheit wieder, zu entscheiden, ob wir auf unsere Gedanken reagieren wollen oder nicht.

Was geschieht bei der Meditation?

Wenn wir uns hinsetzen und meditieren, fällt uns zuallererst das auf, was sich auf der physischen Ebene abspielt. Vielleicht fühlen wir uns nicht ganz wohl, irgendwo tut uns etwas weh, wir sind nervös und zappelig oder möchten uns an einer Stelle kratzen, wo es uns juckt. Wenn wir uns dann daran erinnern, das alles loszulassen, und unsere Aufmerksamkeit wieder auf unsere Atmung, unser Mantra oder ein Bild richten, für das wir uns entschieden haben, oder auf einfaches, aufmerksames Gewahrsein, und alles, was in uns aufsteigt, vorüberziehen lassen, dann stimmt unsere Aufmerksamkeit sich auf eine tiefere Ebene unserer Psyche ein.

Als nächstes werden wir uns der emotionalen/mentalen Ebene bewußt: Wir fangen an, uns zu langweilen, und fragen uns, wie lange wir wohl schon so dasitzen. Ein alter Ärger oder irgendeine emotional belastende, unerledigte Geschichte dringt wieder in unser Bewußtsein – eine Sorge, etwas, was wir bereuen, ein Problem. Wir fangen an, über mögliche künftige Ereignisse nachzudenken, oder geben uns angenehmen Phantasievorstellungen hin. Davon können wir uns so hinreißen lassen, daß wir den Sinn der Meditation – Einsicht ohne Anhaftung, Sehen und Loslassen – vergessen. Doch wenn wir immer wieder daran denken, diese Gedanken und Gefühle vorüberziehen zu lassen und unsere Aufmerksamkeit zurück auf den Gegenstand unserer Meditation oder auf einfaches Gewahrsein richten, dringt unsere Aufmerksamkeit zu einer noch tieferen Ebene vor.

Nun beginnt unsere Meditation viel interessanter zu werden, denn auf dieser Ebene sendet das Basis-Selbst uns Botschaften in der ihm eigenen symbolischen Verschlüsselung, so wie im Traum. Wir beginnen rasch vorbeihuschende Bilder und halluzinatorische Klänge wahrzunehmen, ein Gesicht, das wir schon seit Jahren nicht mehr gesehen haben, kreative Ideen oder Inspirationen. Es ist bestimmt nicht leicht, sich von *dieser* Ebene zu lösen. Doch wenn wir die Aufmerksamkeit jetzt wieder auf den Prozeß der Meditation richten, dann kann sie eventuell die Leere berühren: das Nichts, das reine, transzendente Sein, die große Ruhe, in der es kein Ich mehr gibt.

In dem Augenblick, wo das Bewußte Selbst sich wieder dazwischendrängt – «Toll! Ich erlebe die Leere!» –, ist natürlich alles vorbei, und wir werden wieder auf die emotionale/mentale Ebene zurückgezogen.

Während wir die Leere erleben, stimmt unsere Aufmerksamkeit sich immer feiner ein, und auf der anderen Seite dieses stillen Ortes fließt der tiefe, unterirdische Bewußtseinsstrom, der alles miteinander verbindet. Dort können wir alles wissen und kennen, aber das kümmert uns dann nicht mehr. Haben wir einmal eine Verbindung zu diesem Ort hergestellt, ist es leichter, wieder dorthin zurückzukehren, denn jetzt «weiß» unsere Psyche, «wo er ist». Das Ganze ähnelt jetzt dem Lernprozeß des Körpers, sich zu entspannen.

Die volle Entfaltung des Meditationsprozesses kann viele Monate und Jahre dauern. Das hängt von unserer Bereitschaft ab. Unsere Entschlossenheit, losgelöstes, reines Gewahrsein zu bleiben, wirkt sich auch auf die tiefsten (oder höchsten) Ebenen der Erkenntnis, der Erfahrungen und Phänomene aus.

Aufmerksamkeit

Stillsitzen, die Augen für ein paar Minuten schließen und einfach nur atmen, das kann jeder. Es mag auch aussehen wie Meditation, aber in Wirklichkeit macht man vielleicht nur ein Nickerchen im Sitzen oder läßt einfach seine Gedanken schweifen und träumt in den Tag hinein. Stillsitzen und In-sich-Hineinschauen kann Raum für kreative Ideen schaffen, ist aber nicht unbedingt echte Meditation.

Meditation entspringt aus einem zweifachen Vorsatz: Einblick in unsere Gedanken zu bekommen und sie, ohne anzuhaften, loszulassen.

Man muß bei der Meditation nicht unbedingt sitzen. Man kann auch im Stehen, Liegen oder Laufen meditieren, solange man aufmerksam bleibt, den Standpunkt des unbeteiligten Zeugen beibehält und die Aufmerksamkeit auf etwas Höheres richtet als seine Gedanken.

Beim Laufen, beim Sport oder bei irgendeiner anderen Bewegungsform können wir dynamische, bewegte Meditation praktizieren. Es ist auch Meditation, wenn wir unsere volle *Achtsam-*

keit darauf richten, *was wir tun,* so wie wir es z. B. beim Autofahren machen (besonders bei einem Autorennen, wo Unaufmerksamkeit tödlich wäre) oder bei einem Videospiel. Alles, was wir im Laufe unseres täglichen Lebens tun, vom Schuhezubinden bis zum Frühstücken, kann zu einer Form der Meditation werden, wenn wir ihm unsere volle, bewußte Aufmerksamkeit widmen, statt in den Bereich zufälliger Gedanken abzuschweifen.

Richtlinien für die Meditation

Sollten wir uns entscheiden, Meditation freiwillig, bewußt und regelmäßig zu praktizieren, können uns die folgenden Prinzipien, die auf dem Verständnis des Basis–Selbst basieren, helfen:

1. Nimm dir fest vor, *jeden* Tag zu meditieren, egal, was passiert – selbst wenn es nur ein paar Minuten sind. Zwanzig Minuten pro Tag lassen sich viel leichter einhalten als ein- bis zweimal pro Woche eine Stunde. Zehn Minuten oder fünf Minuten, selbst *eine* Minute, sind wesentlich besser als gar nichts.

2. Meditiere möglichst jeden Tag zur selben Zeit und am selben Ort. Das Basis–Selbst, das genau festgelegte Verhaltensmuster mag, wird deine Aufmerksamkeit rascher und müheloser in die Tiefe vordringen lassen, wenn du das Meditieren zur Gewohnheit gemacht hast.

3. Schließe die äußere Welt aus. Achte darauf, daß dich niemand beim Meditieren stört: Lege den Hörer neben das Telefon, schließe deine Tür ab, oder hänge ein Schild mit der Aufschrift «Bitte nicht stören» davor. Wenn du die Welt nicht hinter dir läßt, wird dein Unbewußtes dich nicht so tief gehen lassen.

4. Mache deine Meditation zu etwas Besonderem, zu einem heiligen Augenblick. Je mehr du ihr die Aura des Besonderen verleihst, um so mehr Energie und Konzentration wird dein Basis–Selbst dir zur Verfügung stellen.

5. Sorge dafür, daß dein Körper es bequem hat. Meditiere nicht in zu gesättigtem oder zu hungrigem Zustand. Leere vorher die Blase. Vermeide physische Ablenkungen, die dich ans körperliche Bewußtsein binden.

6. Versuche es nicht krampfhaft. Meditiere ohne jede Bewertung und ohne unbedingt irgendwelche Resultate erreichen zu wollen. Bleibe entspannt, meditiere in einer Haltung der Mühelosigkeit, mit einem «inneren Lächeln».

7. Nimm die Position ein, die für dich am besten ist. Sie ist bei jedem Menschen anders. Du kannst auf dem Fußboden, auf einem Kissen oder auf einem Stuhl sitzen oder auch liegen (aber schlaf nicht ein!).

8. Halte die Wirbelsäule gerade, achte darauf, daß deine Bauchmuskulatur entspannt und dein Hinterkopf nach oben gezogen ist. Atme leicht. Die Zunge liegt leicht am Gaumen, und Kiefer, Schultern und der Rest des Körpers sind entspannt.

Ein paar Worte zur Ermutigung

Viele Menschen haben sich irgendwann schon einmal in der Meditation versucht und sind wieder davon abgekommen, weil sie das Gefühl hatten, es nicht zu können (so wie Kinder das Korbballspielen oder Schwimmen rasch wieder aufgeben, wenn sie nicht gleich von Anfang an Erfolgserlebnisse dabei haben).

Manche von ihnen hatten das Gefühl, nicht richtig zu meditieren, weil sie glaubten, ihr Geist müsse wie ein stiller Teich werden. Statt dessen langweilten sie sich, und es gingen ihnen viele Gedanken durch den Kopf, denen sie nicht Einhalt gebieten konnten. Die Gedanken fließen immer weiter, und das *soll* auch so sein! Laß deine Gedanken einfach auftauchen und vorüberziehen, laß deine Aufmerksamkeit nicht von ihnen in Anspruch nehmen. Wenn du merkst, daß du abschweifst, kehre wieder zum Gegenstand deiner Konzentration zurück.

Meditation bedeutet nicht, daß man seinen Gedanken Einhalt gebieten soll; es bedeutet, seine Gedanken zu *sehen*. Vergeude keine Zeit und Energie mit dem Versuch, die Gedanken zum Stillstand zu bringen – das ist, als ob du versuchtest, einen Fluß mit der Hand anzuhalten. Statt dessen kehre immer wieder zum Gegenstand deiner Aufmerksamkeit zurück, und laß den Strom deiner Gedanken weiterfließen, ohne dich von dem Treibgut fesseln zu lassen, das da an dir vorbeizieht.

Natürlich passiert uns das trotz aller Bemühungen immer wieder: Irgend etwas fesselt unsere Aufmerksamkeit. Deshalb müssen wir beständig weiterüben. Es werden zwar weiterhin Gedanken in uns aufsteigen, doch allmählich wird es uns leichter gelingen, diese Gedanken zu bemerken und loszulassen.

Mit dem Meditieren ist es genau wie mit dem Joggen, Spazierengehen oder anderen Formen körperlicher Betätigung. Es wird uns selbstverständlicher vorkommen und leichterfallen, wenn wir die ersten dreißig Tage, die Initiationsphase, hinter uns und schon ein bißchen Übung haben. Mit der Zeit wird die Meditation zu einer natürlichen, heilsamen und erfreulichen Methode, unsere eigenen Tiefen zu entdecken.

Der einzige Weg nach draußen ist der Weg nach innen.
Unbekannter Verfasser

Die Vorteile der Meditation

Meditation kann uns auf vielen verschiedenen Ebenen nützliche Dienste leisten: von der einfachen Streßbefreiung (durch gesunde Entspannung, Ruhe und Verjüngung) auf der Ebene des Anfängers bis hin zu tiefer reichenden Formen der Befreiung von unseren Gedanken. Regelmäßiges Üben inmitten der Hektik des Alltags hat außerdem folgende Vorteile:

1. Wir werden zentrierter, reagieren weniger und gehen mehr auf unsere Umgebung ein, da wir jetzt weniger denken und mehr fühlen. Mit «weniger denken» meine ich, daß wir uns weniger von zufälligen Gedanken ablenken lassen und uns daher besser konzentrieren und die natürlichen Fähigkeiten unseres Gehirns besser nutzen können.

2. Unser Bewußtsein erweitert sich und beginnt auch subtilere Aspekte des Lebens zu umfassen. Wir bekommen ein intensiveres Gefühl für unsere Energie und unsere Intuitionen, während wir früher hauptsächlich die groben Elemente der Materie wahrgenommen haben.

3. Die Trennwand zwischen Träumen und Wachen wird durchlässiger. Wir können uns besser an unsere Träume erinnern und erhalten hilfreiche Botschaften von unserem Basis-Selbst.

4. Wir erleben eine tiefere Verbindung zur Gegenwart des Gei-

stes und beginnen eine ganzheitlichere Welt, eine stärkere Einheit wahrzunehmen. Die Meditation öffnet uns für unsere Spiritualität, und wir entdecken mehr Herz und mehr Wahrheit in dem spirituellen oder religiösen Weg, den wir eingeschlagen haben.

5. Forschungsstudien haben gezeigt, daß die Meditation auch noch zahlreiche andere Vorteile hat, zum Beispiel eine Steigerung der Kreativität, eine höhere Lebenserwartung, weniger Krankheiten und bei weitem weniger Anspannung und Streß. Mit anderen Worten, Meditation ist ein gutes Heilmittel für fast alle Probleme, die unsere unsteten Gedanken erzeugen.

Meditation als Wegweiser über den Tod hinaus

Die Meditation kann uns auch darauf vorbereiten, den Wandlungsprozeß des Todes mit größerer Bewußtheit, Klarheit und Anmut zu überstehen. Berichte von Menschen, die an der Schwelle des Todes gestanden haben, zeigen, daß die Meditation und der Sterbevorgang einiges gemeinsam haben. Bei beiden läßt das Bewußtsein seine Objekte allmählich los oder distanziert sich von ihnen. Bei der Meditation lösen wir uns genau wie beim Tod zuallererst von unserem Körperbewußtsein, dann von unseren Emotionen und Gedanken, dann von den tieferen Ebenen unserer persönlichen Psyche – dem Unterbewußtsein und dem Unbewußten. Danach erfahren wir die Leere, treffen auf das Eine BEWUSSTSEIN und verschmelzen schließlich mit dem Licht.

Zum Wesen der Meditation gehört auch die Übung des *reinen Bewußtseins*. Dazu müssen wir die Fähigkeit entwickeln, uns von unseren Rollen zu lösen. Wir sind nicht mehr Mann oder Frau. Wir geben unsere Rollen als Eltern, Arbeiter oder Künstler auf. Wir lassen unsere Probleme, Talente und Ideen los, unsere Verantwortungen und Überzeugungen. Wir lösen uns von unserer Angst, unserem Kummer, unserem Zorn; von Vergangenheit und Zukunft; vom Leben, Sein und Tun. Wir vergessen die Welt, vergessen unser Ich, vergessen *alles*. Während der heiligen Zeit der Meditation befinden wir uns außerhalb der Zeit und können die Welt anhalten. Wir können für diesen Augenblick annehmen, wir seien bereits allem, was wir wissen und was wir sind, gestorben.

Das Paradoxe daran ist, je intensiver wir diesen Prozeß des «Sterbens im Leben» üben, um so mehr können wir unser Sterben *leben* und unser Leben genießen. Für viele Menschen ist der Tod und die Loslösung vom Körper das transzendenteste Ereignis ihres Lebens. Ich freue mich auf meinen Tod, aber ich werde so lange leben, wie ich kann, denn je mehr wir unser Bewußtsein während des Lebens geklärt haben, um so bewußter können wir den Prozeß des Todes durchlaufen – wie friedvolle Krieger.

Nach der Meditation schlagen wir die Augen auf und beginnen wieder von vorn. Vielleicht entspricht auch das dem Prozeß von Tod und Wiedergeburt.

Das Wesen der Meditation

Dennoch bleibt die Meditation etwas Widersprüchliches, denn obwohl sie viele praktische Vorteile mit sich bringt, sind diese Vorteile nicht der eigentliche Sinn der Meditation. Letzten Endes hat der reinste «Grund» zum Meditieren nichts damit zu tun, daß man irgendwo hinkommen oder irgend etwas erreichen will. Wir meditieren ganz einfach, weil das zum Leben eines friedvollen Kriegers gehört.

Wenn wir den Verstand verlieren, kommen wir zur Besinnung. Statt von unseren *Gedanken* lassen wir uns jetzt von tieferen Intuitionen leiten. Unser Handeln wird spontan, und alles geschieht zur richtigen Zeit. Wir fühlen uns verbunden mit allem, was geschieht, und mit den Menschen, mit denen wir zu tun haben. Ein zorniger Gedanke bringt uns nicht mehr in Wut; ein trauriger Gedanke macht uns nicht mehr traurig; ein erschreckender Gedanke jagt uns keine Angst mehr ein. Wir suchen uns unsere Gemütsverfassung selbst aus. Wir entscheiden uns für die Liebe, und wir können im Theater des Augenblicks jede beliebige Rolle spielen. Wir erkennen, daß es keine alltäglichen Momente gibt, und wir sind frei.

Eine ganz einfache Übung

Mir ist klar, daß nicht jeder Leser den Wunsch haben wird, täglich zu meditieren. Deshalb möchte ich eine ganz einfache Meditationsübung beschreiben, die man ab und zu machen kann, um negative Gedanken aus seinem Bewußtsein auszuschalten.

Wenn ein beunruhigender Gedanke in unserem Bewußtseinsfeld auftaucht, so existiert er als Gedankenform, als Manifestation erstarrter Energie, die in unserem Energiefeld umherschwebt. Das Problem, das uns bewegt, wird vielleicht trotz unserer Meditation weiter bestehen. Aber Probleme schaffen keine Gedankenformen, *wir* schaffen sie. Auf die gleiche Schwierigkeit reagieren Menschen oft ganz verschieden, weil sie unterschiedliche Gedankenformen erschaffen haben.

Wir können eine negative Gedankenform beseitigen, indem wir in eine Kerzenflamme schauen. Vielleicht müssen wir uns dann trotzdem noch mit diesem Problem praktisch auseinandersetzen, aber der Gedanke daran wird uns nicht mehr so bedrücken.

Kerzenflammenmeditation

Wenn du dir das nächste Mal Sorgen über etwas machst oder wenn dich irgendein Gedanke beunruhigt, dann versuche es mit dieser einfachen und doch wirkungsvollen Meditation.

1. Hole eine Kerze mit einer kräftigen Flamme.
2. Stelle die Kerze auf einen Tisch, in gebührender Entfernung von leicht brennbaren Gegenständen wie beispielsweise Gardinen. Setze dich in die Nähe der Kerze, und zwar so, daß die Flamme nur dreißig bis vierzig Zentimeter von deinem Gesicht entfernt ist.
3. Hole tief Luft, zentriere dich und stelle dir vor, vom liebevollen Licht des Geistes eingehüllt zu sein.
4. Schaue in die Flamme und zwinkere möglichst wenig. Stelle dir die Flamme dabei als eine Art Staubsauger vor, der die negativen Gedankenformen aus deinem Energiefeld saugt – in die Flamme hinein und hinauf in den Äther.
5. Meditiere so ein bis drei Minuten lang, bis dich ein Gefühl der Erleichterung überkommt und du dich von deiner Sorge befreit fühlst.

Ich mag diese Flammenmeditation, weil sie nur ein paar Minuten dauert und äußerst wirkungsvoll sein kann. *Wir alle haben sie schon oft praktiziert,* wenn wir in die Flammen eines Kamin- oder Lagerfeuers schauten und das warme, entspannte Gefühl erlebten, das uns überkommt, wenn das reinigende Feuer die Sorgen aus unserem Bewußtsein vertreibt.

Wie man sein Denken befreit – hier und jetzt

Was ich jetzt beschreibe, ist meiner Ansicht nach eine *meisterhafte Methode* zur Befreiung unseres Denkens. Sie ist so einfach und doch so wirkungsvoll, daß sie den Körper von vielen negativen Symptomen befreien und unser ganzes Leben verändern kann. Am besten ist es, wenn wir diese Methode völlig in den normalen Ablauf unseres täglichen Lebens integrieren – überall, jederzeit. Man braucht nicht einmal eine Sekunde zusätzliche Zeit zu investieren.

Diese Methode ist der Schlüssel, der unser Denken öffnen kann. Wir müssen uns nur *daran erinnern, unser Bewußtsein zum gegenwärtigen Augenblick zurückzulenken.* Viele glauben, bereits alles über das «Hier und Jetzt» zu wissen. Dieser Ausdruck ist inzwischen in New-Age-Kreisen sehr beliebt. *Der Pfad des friedvollen Kriegers* hatte viel dazu zu sagen, Ram Dass hat dazu sein schon klassisches *Be Here Now* geschrieben, und unzählige andere Autoren und Lehrer empfehlen ihren Schülern wärmstens den gegenwärtigen Augenblick. Wir *wissen* es also. Aber wie viele von uns *handeln* auch danach? Wie viele üben, ihre Aufmerksamkeit mitten im Alltagsleben auf die Gegenwart zurückzulenken?

Wie kann man so etwas überhaupt üben? Als ich siebzehn Jahre alt war, mußte ich mal wieder zum Zahnarzt, vier alte Plomben sollten herausgeholt und durch neue ersetzt werden. Der Termin war in zwei Wochen. Ich hatte in dieser Hinsicht schon genug trübe Erfahrungen gesammelt, denn ich hatte sehr schlechte Zähne. Der Gedanke, zum Zahnarzt zu müssen, begeisterte mich nicht gerade. Ich wußte, daß er mir wieder eine Spritze verpassen würde. Aber das ist doch erst in zwei Wochen, sagte ich mir. Warum jetzt schon daran denken?

Am nächsten Tag fuhr ich an der Praxis meines Zahnarztes vorbei, und plötzlich fiel mir der Termin wieder ein. Ich stellte mir vor, wie ich in dem Stuhl liegen würde, sah die helle Lampe über mir, meine Hände umklammerten die Armlehnen, und mir wurde flau im Magen – dieses Gefühl der Hilflosigkeit... Dann schnellten meine Gedanken wieder in die Gegenwart zurück. He, wies ich mich zurecht, in zwei Wochen werde ich noch Zeit genug zum Leiden haben. Warum soll ich jetzt schon damit anfangen? Jetzt bin ich hier, auf der Fahrt nach Hause.

Eine Woche später, als ich im Supermarkt in der Schlange stand, drehte ich mich um und sah meinen Zahnarzt direkt hinter mir stehen. Die Kassiererin nahm mir mein Geld ab und stellte meine Tüten in den Einkaufswagen, aber ich merkte es kaum. Als ich auf den Parkplatz hinaustrat, stellte ich mir die schmerzhafte Prozedur vor und spürte den Einstich der Nadel... Da fuhr ein geistesabwesender Autofahrer rückwärts aus einer Parklücke, ohne nach hinten zu schauen, und hätte mich mitsamt meinem Einkaufswagen und Lebensmitteln im Wert von fünfzig Dollar beinahe überfahren. Blitzartig stimmte ich mich wieder auf die Gegenwart ein. Der Autofahrer entschuldigte sich und sagte, er sei mit seinen Gedanken woanders gewesen. Zurück zur Gegenwart: Warum soll ich mir jetzt schon Sorgen wegen des Zahnarztbesuchs machen? Es reicht doch immer noch, wenn ich mir in einer Woche hilflos vorkomme. Jetzt brauche ich noch nicht daran zu denken. Ich vergaß den Zahnarzt wieder.

Eine weitere Woche verstrich. Eines schönen Morgens wachte ich auf, und schlagartig kam mir zum Bewußtsein: *Heute ist es soweit.* Das Dröhnen des Bohrers in meinem Kopf übertönte das Vogelgezwitscher vor meinem Fenster. Dann sagte ich mir: Schau dir nur diesen herrlichen blauen Himmel an! Im Augenblick ist doch alles in Ordnung. Heute nachmittag um zwei Uhr kannst du leiden, soviel du willst. Ich war wieder in der Gegenwart, räkelte mich und genoß die wärmenden Sonnenstrahlen.

Kurz vor zwei Uhr saß ich im Wartezimmer und versuchte mich auf einen Zeitschriftartikel zu konzentrieren. Meine Hände zitterten nur ganz leicht, als ich im Hintergrund den

Bohrer hörte – den echten Bohrer. Ich verkrampfte mich innerlich, doch dann wurde mir klar: Warum verkrampfe ich mich
eigentlich? Ich spüre doch gar keinen Schmerz. Ich sitze nur da
und lese einen guten Zeitschriftenartikel. Dann kam die Sprechstundenhilfe herein und sagte: «*Mr. Millman, bitte.*»

«Was – schon?» Ein bißchen kam ich mir vor wie ein zum
Tode Verurteilter, der aus seiner Zelle geholt wurde. Ich stand
auf. Mein Herz sank in die Hose.

Dann lag ich auf dem Stuhl, hilflos und ausgeliefert. Mein
Zahnarzt lächelte und machte einen Witz, aber ich hörte kaum
zu. Ich war zu sehr damit beschäftigt, seine Hand mit der ge-
fürchteten Spritze zu beobachten, die über mir schwebte. Jetzt
war es soweit. Ich umklammerte die Armlehnen und bereitete
mich innerlich auf den Einstich vor.

Nun fragte die Sprechstundenhilfe den Zahnarzt etwas. Er
drehte sich zu ihr um und gönnte mir noch eine kleine Galgen-
frist. Da wurde mir klar, daß doch eigentlich gar nichts passierte
– jedenfalls nicht *in diesem Augenblick*. Noch immer kein
Schmerz, nur ich, der sich in einem sehr teuren Stuhl zurück-
lehnte. Eigentlich konnte ich die Sache ebensogut genießen.
Also entspannte ich mich.

Dann spürte ich einen kurzen, fast schmerzlosen kleinen
Stich, und schon war es vorbei. Und deswegen all diese Sor-
gen...? Als ich mich bei meinem Zahnarzt bedankte und auf die
Tür zusteuerte, ging mir das alte Sprichwort durch den Kopf:
«Ein Feigling stirbt tausend Tode...»

Diese Geschichte zeigt, wie wir üben können, unsere Aufmerksamkeit im täglichen Leben immer wieder zur Gegenwart
zurückzulenken. Das geht genau wie bei der Meditation: Wenn
wir merken, daß unsere Aufmerksamkeit von der Gegenwart
abgeschweift ist – normalerweise äußert sich das in beunruhi-
genden Gedanken –, führen wir sie behutsam wieder dorthin zurück. Wir erinnern uns daran, im «Hier und Jetzt» zu leben. Wie
alles im Leben wird auch das mit der Zeit immer leichter. Diese
einfache Praxis, immer wieder zum gegenwärtigen Augenblick
zurückzukehren, hat meine Lebensqualität unvorstellbar verbessert.

Die Macht des gegenwärtigen Augenblicks

Wie kann etwas so Einfaches wie die Rückkehr unserer Aufmerksamkeit zum Hier und Jetzt die Problematik des Verstandes lösen, die in diesem Kapitel angesprochen wurde – die innere Anspannung, die Krankheiten und den Streß?

Zunächst einmal kann sich der Lärm unserer Gedanken ja nur auf die Vergangenheit oder auf die Zukunft beziehen. *Es ist unmöglich, «über» etwas nachzudenken, was sich jetzt in diesem Augenblick abspielt.* Wir können nur *über* etwas nachdenken, was schon passiert ist – sei es vor einer Sekunde, vor fünf Tagen oder zehn Jahren – oder was in der unmittelbaren oder ferneren Zukunft liegt. Liegt das nicht auf der Hand? Überlege doch einmal, immer wenn du über etwas nachdachtest, war das entweder ein Ereignis in der Vergangenheit oder Zukunft – in diesen beiden Bereichen lebt unser rastloses Denken, von dort bezieht es seine Macht – und dorthin lockt es unsere Aufmerksamkeit wie ein Dämon, heraus aus dem Frieden und dem gesunden Menschenverstand des jetzigen Augenblicks.

Vielleicht müssen wir uns im Leben allen möglichen Herausforderungen stellen, echten, manchmal sogar schmerzlichen Problemen. Doch fast nie *erleben* wir ein Problem in *diesem* Augenblick. Nehmen wir an, unser Vermieter hat uns gestern ganz unerwartet gekündigt. Wir werden wütend, wenn wir daran denken, aber das war gestern. Vielleicht müssen wir nächste Woche ausziehen, aber das ist erst nächste Woche. Vielleicht hatten wir letzte Nacht einen fürchterlichen Streit mit unserem Partner, und wir werden uns heute noch voneinander trennen. Vor drei Tagen wurde uns unsere Stellung gekündigt; morgen müssen wir uns eine neue Arbeit suchen.

Natürlich sind das alles echte Probleme, aber trotzdem frage ich: Haben wir *jetzt* – in diesem Augenblick – ein Problem? Oder existiert das Problem nur in unserem Kopf? An dem Tag, an dem wir ausziehen müssen, haben wir kein Problem. Dann gehen uns keine Bedeutungen oder Interpretationen durch den Kopf. Wir reagieren. Wir setzen einen Fuß vor den anderen, tragen Umzugskartons die Treppe hinunter – und so geht es weiter.

Ich will versuchen, es noch ein wenig klarer zu machen. Als

ich einem meiner Freunde aus dem Horoskop seinen Lebens-
zweck erklärte, sah ich plötzlich, wie seine Stirn sich in sorgen-
volle Falten legte. Dann stiegen ihm Tränen in die Augen, und er
erzählte mir, er habe seine Stellung verloren, seine Frau wolle
ihn verlassen, er habe so viele Probleme.

«Was tut dein Körper in diesem Augenblick, Burt?» unterbrach ich ihn.

«Was?» Er verstummte, sah zu mir hoch und kehrte aus den
düsteren Tiefen seiner Gedanken in die Gegenwart zurück.
«Was mein *Körper* in diesem Augenblick tut? Mein Körper – tja,
der sitzt einfach da.»

«*Richtig»*, sagte ich. «Wie klug von deinem Körper.»

Doch in Wirklichkeit verkrampfte sich Burts Körper in diesem Augenblick, vermutlich vor Schmerz, und wahrscheinlich
war auch sein Abwehrsystem geschwächt, weil sein Basis-
Selbst an all die Bilder glaubte, die er erschuf, während er erzählte und seine ganzen vergangenen und zukünftigen Probleme in die Gegenwart holte. Mit ein wenig Übung begriff er,
daß er sich nur mit dem gegenwärtigen Augenblick auseinanderzusetzen brauchte – denn dieser Augenblick war das einzige,
was existierte.

Natürlich würde Burt sich in seinem Leben nach wie vor mit
Problemen auseinanderzusetzen haben. In diesem Augenblick
jedoch in meinem Büro hatte er kein Problem. Wir saßen einfach nur ruhig zusammen. Ich machte ihm klar: Wenn er sich all
diese Ereignisse *gewünscht* hätte, dann würde er sich jetzt großar-
tig fühlen. Der Schmerz käme nur von seinem eigenen inneren
Widerstand her. Selbstverständlich müßte er, wie die meisten
Menschen, schwierigen Aufgaben und Herausforderungen ins
Auge sehen, aber das größte Problem seines Lebens läge in seinem Denken begründet.

Das einfache Leben

Für den Körper ist das Leben sehr einfach. Der Körper lebt in der
linearen Zeit, im gegenwärtigen Augenblick. Obwohl in ihm
viele verschiedene Funktionen gleichzeitig ablaufen, kann er nur
im Hier und Jetzt existieren. Mit unserem Denken ist das ganz
anders. Wenn wir zum Beispiel in der Hauptverkehrszeit im

Stau stecken, sitzt unser Körper einfach nur hinter dem Steuerrad. Doch der Verstand steht vorn auf der Stoßstange, schiebt das Auto vor uns ungeduldig an und schreit: «Fahr doch endlich *weiter!*»

Viele Menschen wachen mit einer Checkliste im Kopf auf, auf der steht, was sie heute alles erledigen müssen. Und dabei können wir nach dem Aufwachen doch nur eins nach dem anderen tun: Erst richten wir uns auf, dann setzen wir einen Fuß auf den Boden, dann den nächsten, und dann stehen wir auf.

Unserem Denken kommt das Leben sehr hektisch und kompliziert vor. Der Körper dagegen empfindet es als sehr einfach: Er kann nur eine Sache auf einmal tun. Ganz egal, wieviel wir vorhaben, unser Körper hat immer nur eines zu tun – den nächsten Schritt.

Wir alle wünschen uns ein friedliches, einfaches Leben, doch Frieden scheint eher etwas *Inneres* zu sein als etwas Äußeres. Wer auf der Suche nach dem einfachen Leben in eine Hütte im Wald zieht, empfindet in dieser ruhigen, schönen Umgebung vielleicht tatsächlich eine kurze Zeitlang Frieden. Doch bald schaltet der Lärm seiner Gedanken sich wieder ein. «Verdammt! Ich muß mir unbedingt überlegen, wie ich die Waschbären aus dem Garten rauskriege. Und die Rehe! Ich fühle mich so einsam – jetzt, wo Joe und Susie mir nicht mehr bei der Arbeit unter die Arme greifen!» Und so weiter.

Für manche Menschen bleibt der innere Friede ein fernes, unerreichbares Ziel. So sehr wir ihm nachjagen, er ist uns doch immer voraus, aber nur um eine Nasenlänge.

> *Selbst wenn du besser bist als alle deine Kollegen,*
> *bist du deshalb noch lange kein besserer Mensch.*
> Lily Tomlin

Das Geheimnis unseres Körpers

Erst wenn der gegenwärtige Augenblick uns stärker in seinen Bann zieht als alle Vergnügungsreisen unserer Gedanken, kehrt Friede in unser Leben ein. Unser Körper kennt das Geheimnis und hält den Schlüssel dazu in der Hand. Er lautet: *Kehre zu deinem Körper zurück; löse dich von deinen Gedanken.*

Wir können jederzeit durch einen bloßen Akt der Aufmerksamkeit die Illusionen der Vergangenheit und Zukunft fallenlassen und uns einfach nur um das kümmern, was vor uns liegt – jetzt und jetzt und jetzt.

Ein friedvoller Krieger kann seine Aufmerksamkeit von einer Sekunde zur anderen auf den jetzigen Augenblick zurücklenken, indem er zu seinem Körper zurückkehrt. Dazu muß man sich nur, wann immer man daran denkt, auf folgende drei Fragen konzentrieren: *Bin ich entspannt? Atme ich leicht? Bewege ich mich anmutig?*

Vielleicht wirkt es fast schon wie eine Obsession, daß ich es für so wichtig halte, sich auf den gegenwärtigen Augenblick zu konzentrieren – als sei es ein Dogma, daß «wir unsere Aufmerksamkeit immer auf das Hier und Jetzt richten müssen, egal, was passiert». Diesen Eindruck möchte ich gern korrigieren. Es ist ganz natürlich, daß wir unser Bewußtsein in eine mögliche Zukunft hineinprojizieren, um unseren Tag vorauszuplanen (wir dürfen uns nur nicht zu sehr an unsere Pläne klammern, denn das Leben hält immer Überraschungen bereit). Vielleicht haben wir auch den Wunsch, unser Bewußtsein in die Vergangenheit zu projizieren, unsere Gabe der Erinnerung zu nutzen, um Vergangenes noch einmal zu rekapitulieren, daraus zu lernen und unsere Wunden zu heilen.

Aber wenn uns Angst, Sorge oder Reue bedrücken, ist das ein Signal für uns, einmal tief durchzuatmen und uns zu fragen: *Wo bin ich? Hier. In was für einer Zeit? Jetzt.* Wenn unser Denken Probleme schafft, ist es Zeit, zum Körper und zur heiteren Ruhe des jetzigen Augenblicks zurückzukehren.

Entscheidungen

Selbst wenn wir regelmäßig meditieren und in der Gegenwart leben, müssen wir uns immer noch den Entscheidungen des täglichen Lebens stellen. Auch im gegenwärtigen Augenblick müssen wir manchmal eine Entscheidung treffen, die Auswirkungen auf die Zukunft hat. Wenn es an der Zeit ist, sich um einen Studienplatz zu bewerben, kann Jeanine sich nicht einfach sagen: «Noch bin ich auf dem Gymnasium. Warum soll ich mir jetzt

schon Gedanken über das Studium machen?» – ebensowenig
wie ein Eichhörnchen mit dem Nüssesammeln bis zum Winter
warten kann. Zu Jeanines jetzigen Aufgaben gehört es dann, sich
für eine Universität und ein Studienfach zu entscheiden.

Nehmen wir an, zwei gute Universitäten sind bereit, sie aufzunehmen. Jetzt muß sie sich entscheiden. Das macht sie ganz
verrückt, denn sie weiß beim besten Willen nicht, was sie tun
soll. Universität A hat den besten Ruf und hat ihr bei ihrem
Besuch damals so gut gefallen. Aber ihre beste Freundin Sally
hat sich für die Universität B entschieden, und sie könnten sich
im Studentenheim ein Zimmer teilen.

Dieses Dilemma, in das uns Entscheidungen manchmal treiben, kennen die meisten. Irgendwann ist es uns allen schon einmal schwergefallen, eine wichtige Entscheidung zu treffen. Ich
kenne einen jungen Mann, der jedesmal, ehe er in den Supermarkt ging, das I Ging zu Rate zog, um zu entscheiden, was er
einkaufen sollte!

Was Entscheidungen oft so schwierig macht

Den meisten Menschen fällt es aus zwei Gründen schwer, wichtige Entscheidungen zu treffen: Erstens *versuchen wir unsere Entscheidung bereits zu fällen, ehe es überhaupt nötig ist.* Schon lange,
bevor wir an der Weggabelung angekommen sind, versuchen
wir uns darüber klarzuwerden, welche Richtung wir einschlagen sollen. Das ist so ähnlich, als überlegten wir uns, welchen
Fuß wir zuerst auf die Straße setzen sollen, obwohl wir noch
fünfzig Meter von ihr entfernt sind. Und so wandern unsere
Gedanken ständig hin und her, wägen ab und wollen ganz
sichergehen, daß sie auch wirklich die absolut richtige Entscheidung treffen. Aber eine echte Entscheidung können wir nur
treffen, indem wir *handeln.* Und das tun wir erst, wenn der
Augenblick dazu gekommen ist. Das ist der richtige Moment,
uns zu entscheiden – nicht schon vorher. In diesem Moment erfassen wir das, was vor uns liegt, erst richtig. Jetzt ist es real. An
diesem Punkt klärt sich normalerweise von selbst, welche Entscheidung am besten für uns ist.

Zweitens haben wir oft Schwierigkeiten, uns zu entscheiden,
weil wir fürchten, die falsche Entscheidung zu treffen. Nehmen wir

einmal an, wir haben die Weggabelung jetzt erreicht und entscheiden uns für den Weg, der nach links führt. Unterwegs stürzen Bäume um und versperren uns den Weg, wir müssen Umwege machen, wilde Tiere bedrohen uns, und Erdrutsche und alle möglichen anderen Hindernisse erschweren uns die Reise. Heißt das, daß wir die falsche Entscheidung getroffen haben? Natürlich nicht. Vielleicht sind diese Schwierigkeiten genau das, was wir zu unserem höchsten Wohl brauchen und woraus wir etwas lernen können.

Wenn unser Herz uns an irgendeinem Punkt unserer Reise sagt, daß die Situation sich geändert hat und daß das nun nicht mehr der richtige Weg für uns zu sein scheint, können wir fast immer noch umkehren und den anderen Weg einschlagen. Es gibt nur wenige Entscheidungen im Leben, die sich nicht wieder rückgängig machen lassen.

Wie man sich Zugang zur Weisheit des Basis-Selbst verschafft

Wenn wir mit Hilfe einer Zeitmaschine in die Zukunft reisen und von diesem Punkt aus das Ergebnis jeder Entscheidung sehen könnten, würde es uns überhaupt nicht mehr schwerfallen, uns zu entscheiden. Ich habe eine gute Nachricht: So eine Zeitmaschine gibt es tatsächlich. Es ist unser Vorstellungsvermögen.

Die Zeitlinie

Um eine wichtige Entscheidung aus der bestmöglichen Perspektive beurteilen zu können, mußt du eine Linie in die Zukunft ziehen.

1. Werde dir über deine Alternativen klar: Sagen wir, du möchtest dich zwischen Möglichkeit A und Möglichkeit B entscheiden.
2. Nun nimm einmal an, du hättest dich bereits entschieden, und zwar für die Möglichkeit A. *Spüre* in deinem Körper und *stelle* dir in Gedanken *vor,* wie du nach dieser Entscheidung aussehen wirst, wie du dich fühlen und was du tun wirst:
   - in *einem Monat*
   - in *einem Jahr* und

- in *zehn Jahren.*

Du hast dazu nur drei Minuten Zeit.

3. Dann löse dich von dieser Vorstellung, hole tief Luft und mache das gleiche noch einmal im Hinblick auf die Möglichkeit B. Innerhalb von knapp zehn Minuten wird dir schon viel klarer sein, welche Entscheidung für dich am besten ist.

Vertraue auf deine Intuition

Unser Gehirn ist wie eine Bücherei mit einem Erdgeschoß und einem Untergeschoß. Unser bewußtes Denken hat in der Regel nur zum Erdgeschoß Zugang, seine Daten sind also unvollständig. Unser Bewußtes Selbst kann vieles, aber für Entscheidungen ist es nicht besonders gut ausgerüstet – jedenfalls nicht ohne die Führung der Intuition.

> *Ein guter Instinkt sagt uns meistens schon, was zu tun ist,*
> *ehe unser Kopf sich darüber klargeworden ist.*
>
> Michael Burke

Die liebevolle Führung des Höheren Selbst, das sich unserem bewußten Denken durch das Basis-Selbst – über Intuitionen und durch Gefühle, die «aus dem Bauch heraus» kommen – mitteilt, befähigt uns, raschere, klarere und weitsichtigere Entscheidungen zu treffen, denn das Unbewußte hat zu mehr Faktoren Zugang als der bewußte Verstand. Wenn wir unserem Basis-Selbst vertrauen lernen und Kommunikationskanäle zwischen Basis-Selbst, Bewußtem Selbst und Höherem Selbst eröffnen, erkennen wir, daß es in unserem Leben durchaus ein Gleichgewicht und eine Ordnung gibt. Sobald wir die Grenzen unseres bewußten Denkens überschreiten, werden wir eine intensivere Energie, größere Zuversicht und eine wachsende Nähe zum Geist erleben.

9
Seine Emotionen akzeptieren

Ich bin hier, um laut zu leben.
Emile Zola

Wie wichtig Gefühle sind

Eine Intuition sagt mir, daß du, der du dieses Buch in den Händen hältst, zu der ständig wachsenden Anzahl Menschen gehörst, die sich auf einen evolutionären Bewußtseinssprung vorbereiten – einen Sprung des Glaubens, der Erleuchtung, des Aufwachens und Lebendigwerdens. Unsere Zeit erfordert es.

Ein wichtiger Teil dieses Prozesses besteht darin, wieder Kontakt zu unseren tiefsten, wahren Gefühlen zu suchen. Wenn wir wie Inseln des Ichs von unserem Basis-Selbst abgeschnitten sind und auf einem Meer der Isolation dahintreiben, werden wir auch von der Erde selbst abgeschnitten bleiben, und die Spezies Mensch wird nicht mehr lange überleben.

Bei genauerem Nachdenken wird uns klar, daß viele politische, wirtschaftliche und ökologische Probleme der Welt vielleicht nur Symptome einer einzigen Grundursache sind – nämlich der Tatsache, daß wir unsere Gefühle verleugnen. Schon als Kinder erben wir diese Gefühlsverleugnung von unseren Eltern. Jetzt wird es Zeit, den Kreislauf zu durchbrechen, damit die Kinder unserer Generation die reichen Früchte emotionaler Freiheit ernten können. Wie kann unsere Politik erleuchtet sein, solange unsere Politiker nicht endlich aufwachen? Letzten Endes läuft es immer auf das eine hinaus: Um die Welt ändern zu können, müssen wir zuallererst uns selbst ändern.

Gefühle und Beziehungen

Meistens assoziiert man das Wort *Emotion* automatisch mit Partnerbeziehung. Sie stellt eindeutig den Schauplatz dar, auf dem wir am meisten über unsere Gefühle erfahren. Vielleicht bieten Partnerbeziehungen sogar die größte spirituelle Herausforderung, die uns je begegnen wird.

Männer und Frauen besitzen unterschiedliche Arten der Kommunikation – ja, sie sehen sogar die Welt in einem ganz anderen Licht. Und das ist noch nicht alles: Die Bewußten Selbste zweier Menschen kommen in der Regel nicht besonders gut miteinander aus, da sie zu Isolation und Konkurrenzdenken neigen, und auch Basis-Selbste vergleichen sich miteinander und rivalisieren, so wie es die meisten Kinder tun. Wenn die Werbungsphase und die Flitterwochen vorbei sind, verlangt das Drama unserer zwischenmenschlichen Beziehungen ständig von uns, daß wir über unser Bewußtes Selbst und unser Basis-Selbst hinauswachsen, eine wunderbare Gelegenheit dazuzulernen.

Selbst die Beziehungen, die wir in unserem weiteren sozialen Umfeld knüpfen, spielen sich vor dem Hintergrund einer vom Konkurrenzkampf geprägten Gesellschaft ab, in der ständig verschiedene Ichs aufeinanderprallen. Konkurrenzdenken – eine «Wir-gegen-die-anderen»-Mentalität – beherrscht unsere Regierungen, unser Rechtssystem und unseren Sport. Wir haben noch viel zu lernen.

Seine Emotionen verstehen

Ehe wir unsere Emotionen akzeptieren können, müssen wir sie aus dem Blickwinkel des friedvollen Kriegers begreifen. Die meisten Menschen verstehen unter *Emotionen* Gefühle oder Empfindungen: positive wie Glück, Freude und Begeisterung oder negative wie Zorn, Kummer, Neid, Niedergeschlagenheit und so weiter.

Viele haben Angst vor ihren eigenen Emotionen und auch vor denen anderer. Sie bringen sie mit Schwäche oder mit Unannehmlichkeiten in Verbindung, obwohl das völlig unbegründet ist. Man möchte «objektiv» und kühl bleiben und «vernünftig» sein, im Gegensatz zu Personen, die «zu gefühlsbetont» sind. So sehen die meisten die Dimension des Fühlens. Viel mehr haben sie von ihren Eltern oder Lehrern nicht gelernt.

Und doch wissen wir aus Erfahrung, daß Emotionen kommen und gehen wie Wolken am Himmel. Wir würden lieber häufiger Glück oder andere positive Regungen empfinden, und negative dafür weniger oft. Daher suchen wir nach Erlebnissen, die positive Empfindungen in uns auslösen – wir freuen uns auf eine schöne Fernsehsendung, auf das Ausgehen am Freitagabend oder darauf, jemandem zu begegnen, den wir lieben und der unsere Gefühle erwidert.

Trotzdem erleben wir tagtäglich Angst, Kummer, Enttäuschungen und Zorn, wenn auch manchmal nur latent oder unterdrückt. Wir verstehen zwar, daß nur unser Denken die physischen Spannungen und den emotionalen Aufruhr in uns erzeugt. Doch wenn wir wirklich Angst haben, traurig oder zornig sind, nützt es uns nicht viel, diese Empfindungen als bloße Ausgeburten des Verstandes abzutun. Wir müssen uns mit ihnen auseinandersetzen.

Was sind Emotionen?

Mit Hilfe der Kraft und Klarheit unserer Vernunft können wir unsere Emotionen soweit begreifen, daß wir mit ihnen arbeiten können, und sie gleichzeitig anerkennen, klären und akzeptieren.

Ich möchte hier die Behauptung aufstellen, daß *Glückseligkeit unser normaler, angeborener Gemütszustand ist* – das einzig wahre Gefühl. Oft assoziieren wir das Wort *Glückseligkeit* mit außergewöhnlichen oder abgehobenen spirituellen Zuständen oder mit religiöser Transzendenz. Doch in Wirklichkeit können wir gleich *jetzt*, in diesem Augenblick, die Seligkeit erleben, wenn wir die Schichten emotionaler Statik durchbrechen, die diese Erfahrung umhüllen und vor uns verbergen.

Um zu verstehen, wie man diesen Zustand der Glückseligkeit wiedererlangt, müssen wir zu unserer Kindheit zurückkehren – zu dem Zeitpunkt, als wir noch offen und in keiner Weise durch unsere Umwelt programmiert waren. Als Babys haben wir geweint, wenn wir Hunger hatten oder müde waren. Aber gleich wieder nach einem Schläfchen und nachdem unsere Mutter uns gefüttert und mit uns geschmust hatte und wir aufgestoßen hatten, lagen wir auf dem Bauch oder auf dem Rücken und schauten glückselig und staunend in die Welt hinein. Unsere großen Augen nahmen das Geheimnis in sich auf. Wir wußten zwar nicht, was das alles um uns herum war, aber es sah so interessant aus! In den Augen eines jeden Babys, das nicht gerade hungrig oder müde ist oder nasse Windeln hat, sehen wir den gleichen Blick voll staunender Seligkeit – die entspannten, offenen Augen eines winzigen friedvollen Kriegers.

Emotionen sind keine spezielle *Art* des Empfindens. *Emotionen sind das frei dahinströmende Empfinden selbst.* Emotionen sind reine Energie, die ungehindert durch uns hindurchfließt – nicht die Kraftenergie, die uns Gewichte heben, hart arbeiten oder weite Strecken joggen läßt, sondern die *Gefühls*energie, die uns zu diesen Aktivitäten *bewegt*.

Als kleine Kinder mit ungehemmten emotionalen Energien spürten wir einen natürlichen Drang, uns zu bewegen, Dinge zu erforschen und zu entdecken, zu lernen und zu handeln. Wenn ich sage, daß unsere Emotionen ungehemmt waren, meine ich damit nicht, daß wir immer glücklich waren; aber wenn wir wütend oder traurig waren oder Angst hatten, ließen wir diese Gefühle durch uns hindurchfließen und wegziehen und kehrten rasch und ganz selbstverständlich wieder in einen Zustand des Glücks und der Seligkeit zurück.

Was ist inzwischen bloß mit uns passiert? Warum lassen wir als Erwachsene unsere Gefühle nicht mehr frei fließen? Warum schämen wir uns, Angst zu zeigen? Warum sind wir verlegen oder fühlen uns als «Schwächlinge», wenn man uns unseren Kummer ansieht? Warum trauen wir uns nicht zu zeigen, daß wir wütend sind? Warum haben manche Menschen so sehr den Kontakt zu ihren Emotionen verloren, daß sie nicht einmal mehr wissen, *was* sie eigentlich empfinden? Warum können wir unsere Gefühle nicht einfach uneingeschränkt und ganz natürlich erleben und dann in einen Zustand des Glücks zurückkehren, statt unsere Gefühle zurückzuhalten, zu unterdrücken und dann unter den physischen Symptomen zu leiden, die entstehen, weil wir die Schreie unseres Basis-Selbst ignoriert haben?

Wir haben bereits gesehen, wie das Bewußte Selbst mit seinem logischen Verstand jedes Anzeichen von Gefühl oft abwertet und unterdrückt. Unsere Wertvorstellungen und Prioritäten, die Schulen und die Naturwissenschaften haben das bewußte Denken, den Intellekt, auf ein Podest erhoben. Wieviel Raum nimmt in unserer Ausbildung die Förderung des Denkens ein, und wieviel Raum wird dem Körper gewidmet? Haben wir in der Schule oder in der Berufsausbildung gelernt, unsere Emotionen zu entfalten, zu akzeptieren und zu öffnen? Wurden wir als Kinder und Teenager in unseren Emotionen bestärkt, oder wurden sie eher unterdrückt?

Für viele Menschen ist der Umgang mit ihren Emotionen nach wie vor ein schwaches Glied in der Kette ihres Lebens. Die meisten haben das Leben so lange nur in Grauschattierungen erlebt, daß sie gar nicht mehr wissen, wie es sein könnte, es in lebendigen Farben erstrahlen zu sehen.

Um die Lebendigkeit, die Erregung und die unglaubliche Motivation, die uns als Kinder beflügelte, wieder erleben zu können, müssen wir die Hindernisse aus dem Weg räumen, die unsere Gefühlsenergie blockiert haben, so daß sie nicht mehr frei fließen kann.

Die drei Kontraktionen

All die vielen Nuancen und Schattierungen negativer Gefühle – zum Beispiel Eifersucht, Wut, Haß, Niedergeschlagenheit, Neid, Ärger, Sorge und Frustration – leiten sich von *drei Grundzuständen* ab: *Angst, Kummer und Zorn.* So wie die drei Primärfarben (Gelb, Blau und Rot) vermischen Angst, Kummer und Zorn sich miteinander, und so entstehen all die feinen Farbnuancen emotionalen Aufruhrs.

In Wirklichkeit sind Angst, Kummer und Zorn gar keine *Emotionen.* Sie manifestieren sich eher als die drei Haupthindernisse für die frei strömende Energie, die wir als Glückseligkeit bezeichnen, oder als die drei *Kontraktionen* innerhalb dieser Energie. Angst, Kummer und Zorn sind die drei Grundtypen emotionalen Schmerzes, die wir empfinden können.

In dem Abschnitt über Streßventile wurde das grundlegende

Streßproblem beschrieben, das entsteht, wenn Energie auf innere Hindernisse stößt. Wir haben die *physischen* Hindernisse unter die Lupe genommen, die durch schlechte Ernährung, schlechte Haltung, zuwenig Bewegung, Verletzungen, flaches Atmen und streßbedingte Spannungen entstehen. Sie spiegeln innere Turbulenzen wider oder lösen sie aus.

Wir haben uns auch mit *mentalen* Hindernissen beschäftigt, zum Beispiel ungeprüft übernommene Ansichten, Assoziationen, Sinngebungen und Interpretationen und starre, rückständige oder widersprüchliche Gedanken, die die Wurzel sowohl physischer wie auch emotionaler Hindernisse bilden.

Jetzt können wir lernen, die *emotionalen* Hindernisse beiseite zu räumen, die den freien Energiefluß blockieren, und den Weg für intensive Freude und Glückseligkeit frei zu machen, selbst mitten im Alltagsleben.

Physisch äußern Angst, Kummer und Zorn sich alle auf die gleiche Art und Weise: als Kontraktion, Verkrampfung, Anspannung oder Schmerz in den wichtigsten Bereichen unseres Körpers – Brust und Unterleib. Dann deuten wir diese Kontraktion mit dem Verstand und empfinden entweder Zorn (Ärger, Abscheu, Frustration, Wut) oder Trauer (Niedergeschlagenheit, Melancholie, Schwermut) oder Angst (Sorge, Nervosität) – je nach unseren Deutungen.

Die meisten werden verstehen, daß das Gefühl der Angst aus Problemen erwächst, bei denen es um das persönliche Überleben, um Sicherheit und Geborgenheit geht. Sie begreifen auch, daß aus Problemen mit Macht und Disziplin Gefühle des Zorns und der Frustration erwachsen. Die Assoziation von Kummer mit Sexualität und Vergnügen ist vielleicht weniger naheliegend, aber ebenso real. Die meisten von uns haben, als sie zum erstenmal verliebt waren, ohne zu wissen, ob der oder die Angebetete ihre Gefühle erwiderte, wahrscheinlich keinen Appetit mehr gehabt, öfters melancholisch vor sich hin geseufzt und so etwas Ähnliches wie Kummer empfunden. Sexuelle Anziehung und Begehren sind zwangsläufig mit Verlust oder zumindest mit dem Risiko eines Verlusts verbunden. Auf den feinsten Energieebenen bedeutet sogar der Orgasmus eine Art körperliches Opfer, den Verlust von Lebensenergie.

Angst, Kummer und Zorn haben ihren Sitz unterhalb des Herzens, das wir mit Liebe und Glück in Verbindung bringen.

Die Hierarchie der emotionalen Blockaden

Von allen emotionalen Hemmnissen schwächt die Angst uns am allermeisten, sie kann uns lähmen. In panischer Angst halten wir oft den Atem an und erstarren förmlich – und das ausgerechnet in einer Situation, in der wir eigentlich entschlossen handeln müßten. Angst ist die Wurzel aller emotionalen Kontraktionen, sie liegt noch unterhalb von Kummer und Zorn. Wenn John einen wütenden Eindruck macht oder wütend reagiert (weil er frustriert ist oder sich machtlos fühlt), liegt unter diesem Zorn Kummer, das heißt, in Wirklichkeit ist er verletzt oder schrecklich traurig, und noch viel tiefer unter diesem Kummer vergraben sitzt die Angst – Angst davor, nichts wert zu sein, Angst vor dem Verlassenwerden, Angst vor dem Tod. Das ist bei jedem Menschen so. Wenn wir tief in uns hineinsehen, erkennen wir es.

Kummer kann uns nicht lähmen. Niemand ist «vor Kummer wie erstarrt». Aber er schwächt uns. Er wirkt zwar nicht so stark wie die implosive Kontraktion der Angst, doch auch er zehrt an unserer Energie und führt zum Zusammenbruch. Wir lassen den Kopf hängen, unsere Schultern sinken nach vorn. Schwer depressive Menschen haben nicht einmal mehr die Kraft, morgens aufzustehen.

Zorn ist stärker als Angst und Kummer. Wir können unseren *Zorn nutzen*, indem wir ihn als Triebfeder zum Handeln verwenden. Mit Hilfe des Zorns kann man sowohl Angst als auch Kummer überwinden. Wenn ich beim Turntraining eine gefährliche neue Serie von Saltos ausprobierte, hatte ich oft große Angst, das Adrenalin schoß durch meine Adern, und mein Herz hämmerte wie verrückt. Doch instinktiv hatte ich gelernt, eine Art Zorn oder wilder Entschlossenheit in mir zu erzeugen, um die Angst zu überwinden. Die Angst verschwand dadurch nicht, mein Zorn durchbrach sie einfach.

Wenn wir unsere Arbeit verloren haben oder ein langjähriger Partner uns plötzlich verläßt, dann erleben wir vielleicht, wie unsere Energie langsam durch die Hierarchie unserer Gefühle emporsteigt – Gefühle, zu denen (wenn auch nicht unbedingt in dieser Reihenfolge) Schock oder Benommenheit, Panik und Angst, Schmerz und Verletztsein und schließlich, wenn der Heilungsprozeß weiter voranschreitet, auch Zorn gehören. Zorn kann ein Zeichen von Heilung sein, weil die Energie dann schon höher gestiegen ist, aber er ist noch nicht das letzte Stockwerk, in dem der Fahrstuhl hält. Denn auch der Zorn liegt immer noch unterhalb des Herzens, obwohl er stärker und auch nützlicher ist als Angst oder Kummer. Zorn ist eine Form emotionalen Schmerzes und hemmt den freien Fluß der aufsteigenden Lebensenergien. Deshalb müssen wir ihn ebenso wie unsere Angst und unseren Kummer beseitigen, um den Weg zurück zum Glück und zu einem offenen Herzen zu finden.

Unsere Emotionen und der Atem

Ich möchte nun eine einfache, praktische Methode zeigen, mit deren Hilfe man die Hindernisse der Angst, des Kummers und des Zorns beseitigen und die Verkrampfung lösen kann, die unserem natürlichen Zustand der Gelassenheit und des Glücks im Weg steht. Diese Methode basiert auf der Beobachtung, daß *sich in der Atmung unsere emotionale Verfassung widerspiegelt und umgekehrt.* Unsere Atemzüge spiegeln unseren Gemütszustand wider und beeinflussen ihn gleichzeitig. Wenn wir ruhig und innerlich offen sind, atmen wir leicht, langsam und gleichmäßig. Sind wir dagegen innerlich aufgewühlt, gerät unser Atemrhythmus aus dem Gleichgewicht.

Wenn wir Angst haben, atmen wir unterdrückt oder gar nicht mehr.

Wenn wir traurig sind, atmen wir kräftig ein, aber nur schwach aus, zum Beispiel, wenn wir schluchzen oder nach Luft schnappen. Darin spiegelt sich das Bedürfnis wider, getröstet zu werden, uns von der Energie und Aufmerksamkeit anderer Menschen zu nähren (starkes Einatmen). Ständiger Kummer kann bestimmte körperliche Leiden wie beispielsweise ein Emphysem verschlimmern. Wenn der Kummer uns im Griff hat, sind wir wie ein Energievakuum, und es fällt uns schwer, Energie nach außen abzugeben (schwaches Ausatmen).

Wenn wir zornig sind, passiert das Umgekehrte mit unserem Atem. *Wir atmen kräftiger aus, als wir einatmen.* Das gibt unsere psychophysische Verfassung exakt wieder. Im Zorn stoßen wir etwas von uns fort oder schlagen zu (starkes Ausatmen). Uns geht vorübergehend oder auf Dauer die Fähigkeit verloren, zu empfangen, uns zu öffnen, zu akzeptieren, zugänglich für die Informationen zu sein, die von außen auf uns einströmen (schwaches Einatmen). Chronischer Zorn kann Asthma verschlimmern.

Wie man emotionale Hindernisse beseitigt

Die direkteste Methode, emotionale Hindernisse aus dem Weg zu räumen, besteht darin, unseren Atemrhythmus wieder ins Gleichgewicht zu bringen.

— · — · — · — · — · — · — · — · — · — ·

Wie man wieder ruhig und gelassen wird

1. Wenn du Angst hast, denke einfach daran, zu atmen! Der einzige Unterschied zwischen Angst und freudiger Erregung besteht darin, ob du atmest oder nicht.
2. Wenn du traurig bist, achte besonders darauf, voll und kräftig *auszuatmen*, bis dein Atem wieder im Gleichgewicht ist. Gestatte dir, dich stark zu fühlen. Projiziere beim Ausatmen Energie ins Leben hinein.
3. Wenn du zornig bist, achte besonders darauf, kräftig und tief *einzuatmen*, bis dein Atem wieder im Gleichgewicht ist. Gestatte dir, dich offen und verletzlich zu fühlen, zu empfangen.

— · — · — · — · — · — · — · — · — · — ·

Ist unsere Atmung wieder ausgeglichen, bedeutet das natürlich noch lange nicht, daß die Gedankenformen, die die Erschütterung erzeugt haben, sich in Nichts auflösen. Auch das äußere Problem, das die Gedanken in Gang gesetzt hat, löst sich dadurch keineswegs. Trotzdem ist die Wiederherstellung des Atemgleichgewichts eine wirksame Methode, die emotionale Kontraktion, die Energieblockade, auszuschalten, so daß wir uns wieder öffnen können. Mit anderen Worten: Sie trägt dazu bei, die Lähmung (Angst), Schwäche (Kummer) oder Spannung

(Zorn) zu beseitigen, so daß wir uns wirkungsvoller mit dem zugrundeliegenden Problem auseinandersetzen können.

Ein Reinigungsritual

Ein anderes Instrument, das wir mitten im täglichen Leben einsetzen können, um negative Energien und Gefühle aus unserem Körper, unserem Denken oder unseren Emotionen zu entlassen, ist die Kombination von Atmung, Gefühl und Aufmerksamkeit zu einem reinigenden Ritual.

Wir atmen nicht nur Kohlendioxyd aus, sondern auch noch andere Abfallstoffe, zum Beispiel mentale und emotionale Giftstoffe wie Sorgen, Kummer, Zorn und Angst. Und wir atmen nicht nur Sauerstoff ein, sondern auch Lebensenergie, Licht, Liebe, Glück und Inspiration (oder Geist). Wenn wir uns beim Atmen bewußt auf diese Wahrheit konzentrieren, erhöht das die Wichtigkeit und die Bewußtheit unserer Atmung – eine hilfreiche bildliche Vorstellung für unser Basis-Selbst.

Der reinigende Atem

Unterziehe dich ein paar Atemzüge lang einer bewußten Selbstreinigungszeremonie. Ich kann gar nicht genug betonen, wie hilfreich diese einfache Übung ist.

1. Atme völlig aus und fühle dich dabei so, als atmetest du alle negativen Zustände oder Gefühle in deinem Bewußtseinsfeld aus. Du kannst sie dir wie eine dunklere Energie vorstellen. Wenn dich eine Sorge bedrückt, atme sie aus. Wenn du traurig bist, atme die Trauer aus. Wenn du zornig bist, atme den Zorn aus.
2. Beim Einatmen fühlst du, wie du eine helle, heilende Energie, Liebe und Geist in dich aufnimmst. Spüre deinen Körper, vor allem die Körperbereiche, die vielleicht der Heilung oder Nahrung bedürfen, und erfülle sie mit prickelndem, funkelndem Licht und mit Liebe.

Manchmal, wenn mich eine Sorge bedrückt und ich daran denke, ein paar reinigende Atemzüge zu tun, funktioniert diese

Übung so gut, daß ich mich danach kaum noch daran erinnern kann, was mich vorher eigentlich so bekümmert hat.

Die Sache hat einen Haken!

So einfach die Beseitigung emotionaler Hindernisse über den Atem auch erscheinen mag – was könnte leichter sein, als einfach nur auf die Ein- und Ausatmung zu achten? –, es gibt dabei doch ein großes Problem. Wenn wir Angst haben, traurig oder zornig sind, *ist unsere Aufmerksamkeit oft viel zu sehr von anderen Dingen in Anspruch genommen,* als daß wir merken würden: Aha, meine Atemzüge scheinen aus dem Gleichgewicht geraten zu sein; ich werde mir einen Augenblick Zeit nehmen, um das wieder in Ordnung zu bringen. Es ist schon schwierig genug, in solchen Situationen daran zu denken, bis zehn zu zählen – eine andere hilfreiche Methode, mit emotionalen Belastungen umzugehen (und während des Zählens können wir dann noch atmen!).

Eines Abends, vor ein paar Jahren, kam ich ungefähr zwanzig Minuten zu spät nach Hause. Ich hatte Joy vorher nicht angerufen, um es ihr zu sagen. Und es war schon der dritte Abend, daß ich später heimgekommen war als versprochen. Ich hatte auch keinen vernünftigen Grund dafür, ich hatte einfach nur so herumgetrödelt und in einer Buchhandlung gestöbert. Und wir hatten nur ein Auto. *Und* ich hatte Joy versprochen, rechtzeitig nach Hause zu kommen, damit sie zu einer wichtigen Verabredung gehen konnte. *Und* ich war schuld daran, daß sie jetzt zu spät kam. *Und* statt mich zu entschuldigen, reagierte ich auch noch abwehrend und arrogant. Joy war ziemlich wütend.

In diesem Augenblick machte ich auch noch einen entscheidenden taktischen Fehler und goß damit nur Öl ins Feuer. «Denk an deine Atmung, Joy», ermahnte ich sie. Ich überlasse es dem Leser, sich ihre Reaktion auszumalen.

Wenn wir nicht aufgeregt sind, erscheint es uns vielleicht einfach, an eine ruhige, gleichmäßige Atmung zu denken. Im Ernstfall ist es aber nicht immer leicht. Doch leicht oder nicht – zumindest haben wir die Wahl.

Entspannung und Streßabbau

Die emotionalen Blockaden Angst, Kummer und Zorn sind eine Art Spannung/Kontraktion. Es gibt eine weitere wirkungsvolle Methode, die Verkrampfung zu lösen: *Man muß bewußt daran denken, sich zu entspannen.*

In einem entspannten Körper wird es uns fast unmöglich sein, uns immer noch so ängstlich oder traurig oder wütend zu *fühlen* wie vorher. Während wir uns entspannen, wird auch automatisch die Atmung leichter und kommt wieder ins Gleichgewicht.

Wie man Verkrampfungen im Körper löst

Vielleicht hast du im Augenblick keine Angst und bist auch nicht besonders traurig oder wütend. Aber du solltest dich bei zukünftigen Ereignissen an diese einfache Übung erinnern.

1. Erinnere dich, wann du das letzte Mal sehr ängstlich, traurig oder zornig warst. Je stärker der Zwischenfall dich emotional aufgewühlt hat, um so besser eignet er sich für diese Übung.
2. Wie hast du dich körperlich gefühlt? Achte auf deinen Körper, während du dich an den Zwischenfall erinnerst. Spürst du eine Verspannung im Unterleib oder in der Brust?
3. Hole Luft, entspanne dich und laß die Spannung in deinem Bauch, deiner Brust, deinen Schultern, deinem Nacken und deinen Schenkeln los, während du dich weiter an den Vorfall erinnerst.
4. Achte auf den Unterschied. Beachte, wie dein Körper sich, selbst wenn dein Denken voller Dissonanzen ist, von der emotionalen Kontraktion lösen kann, während du dich entspannst und losläßt.

Emotionale Belohnungen

Ehe wir uns von emotionalen Hindernissen und Kontraktionen befreien können – sei es durch die Atmung oder auf anderem Wege –, müssen wir es erst einmal *wollen.* Doch unser Basis-Selbst klammert sich vielleicht chronisch ans Unglück, weil viele von uns als Kinder «belohnt» wurden, wenn sie unglücklich waren.

Zum Beispiel widmen manche Eltern ihren Kindern nur dann ihre ungeteilte Aufmerksamkeit, wenn die Kinder traurig sind, wenn sie weinen, verletzt oder krank sind. Deshalb werden die Kinder regelmäßig krank, ziehen sich Verletzungen zu oder sind traurig. Vielleicht wagen sie es eher, Kummer zum Ausdruck zu bringen als Zorn. Andere Kinder wiederum können nur die Unterstützung und Fürsorge ihrer Eltern gewinnen, wenn sie in Angst oder Panik geraten.

Hin und wieder zahlt es sich auch aus, an seinem Zorn festzuhalten. Manchmal *wollen* wir zornig bleiben, um jemand anderen für eine echte oder auch nur eingebildete Kränkung zu bestrafen. «Das hast du nun davon. Jetzt spreche ich eine Woche lang nicht mehr mit dir!»

Manche Leute besuchen Seminare, um wieder eine Beziehung zu ihren Emotionen zu bekommen, und empfinden es als so herrlich, ihre Gefühle zum Ausdruck zu bringen, daß das zu einer zwanghaften Gewohnheit für sie wird. Eine Zeitlang wird ihr Leben zum Melodrama – eine seelische Erleichterung nach der anderen.

Kinder beobachten ihre Eltern genau und probieren verschiedene Verhaltensweisen aus, um die gewünschten Reaktionen zu erzielen. Oft lernen wir schon als Kind, uns melodramatisch aufzuführen, um andere zu beeinflussen oder zu beherrschen, indem wir mit Angst (Panik), Kummer oder Zorn reagieren oder dies zumindest androhen. Durch dramatische Zurschaustellung unserer Gefühle manipulieren wir die Erwachsenen in unserer Umgebung, denen der offene Ausdruck ungehemmter Emotionen aufgrund ihrer eigenen Hemmungen und Ängste Unbehagen einflößt. Also geben die Erwachsenen nach: «Schon gut, ich tue ja alles, was du willst. Hör auf zu weinen.» Durch diesen verhängnisvollen Mißbrauch von Emotionen geraten wir in einen Teufelskreis dramatischer Szenen und verstellen uns die Möglichkeit, unsere Gefühle ehrlich und nicht nur aus strategischen Gründen zum Ausdruck zu bringen und schließlich über sie hinauszuwachsen.

Menschen, die früher gelernt haben, ihre emotionalen Energien zu mißbrauchen, können sich ändern, innerlich wachsen und sich von diesem Verhaltensmuster befreien, sobald sie erkennen, daß sie mit ihren alten Strategien nur einen sinnlosen Teufelskreis fortsetzen. Um die Hindernisse der Angst, des Kummers oder des Zorns aus unserem Körper und unserem Leben zu verbannen, müssen wir erst einmal neue, positive Methoden finden, direkt auszudrücken, was wir haben wollen oder brauchen. Wir müssen fest entschlossen sein, Ordnung in unser Gefühlsleben zu bringen. Wissen ist Macht; um Macht über uns selbst zu erhalten, müssen wir unsere Verhaltensmuster einmal kritisch durchleuchten.

Emotionale Verhaltensmuster und «Belohnungen»

Welche der drei Emotionen – Angst, Kummer oder Zorn – bringst du am ehesten zum Ausdruck? Stelle dir einmal folgende Fragen:

- Zeigst du manchmal Angst, um andere Menschen zu einer Reaktion zu bewegen?
- Zeigst du manchmal Kummer, um andere Menschen zu einer Reaktion zu bewegen?
- Zeigst du manchmal Zorn, um andere Menschen zu einer Reaktion zu bewegen?
- Wie könntest du um die erwünschten Reaktionen bitten und sie auch erreichen, ohne Kontraktionszustände dazu einzusetzen?

Warum emotionales Gleichgewicht so wichtig ist

Angst, Kummer und Zorn sind an sich weder gut noch schlecht, aber sie alle haben Auswirkungen und Konsequenzen. In uns wohnt ein starker Drang, diese Hindernisse zu beseitigen, denn akute emotionale Erschütterungen bringen den Körper aus dem Gleichgewicht und schwächen unsere Abwehrkräfte gegen Krankheiten und Infektionen, *vor allem, wenn die Gefühle nicht zum Ausdruck kommen*. Als ich mich vor vielen Jahren von meiner ersten Frau trennte – was eine tiefe seelische Erschütterung für mich bedeutete, obwohl ich mir das damals nicht eingestehen wollte –, entzündeten sich selbst kleinste Risse und Schnitte an den Händen, die ich mir an einem Nagel oder einer scharfen Papierkante zugezogen hatte, sehr rasch.

Länger andauernde oder chronische Blockaden können noch verheerendere Auswirkungen auf unser Immunsystem haben und zur Entstehung von Krebs, Herzerkrankungen und vielen anderen Leiden beitragen. Unser Bedürfnis, gesund zu bleiben, ist der beste Grund für uns, auf unsere Atmung zu achten und die Hindernisse zu beseitigen, die mit Ängsten, Kummer und Zorn zusammenhängen. Wenn wir diese Blockaden nicht aus dem Weg räumen, müssen wir die Konsequenzen tragen.

Löse die Knoten
und bringe deine Gefühle zum Ausdruck

Wer gerade erst lernt, seine Gefühle zu akzeptieren, statt sie zu verleugnen, ärgert sich vielleicht über meine Aufforderung, die Hindernisse Angst, Kummer und Zorn beiseite zu räumen. Wenn wir unsere Atmung ins Gleichgewicht bringen, hat das jedoch nichts mit einer *Unterdrückung* des freien Ausdrucks unserer Emotionen zu tun, sondern es zielt vielmehr darauf ab, *die Hindernisse zu beseitigen*, damit wir nicht daran ersticken. Auf diese Weise können wir das, was uns bewegt, viel wirkungsvoller *zum Ausdruck bringen*, klarer und leidenschaftlicher.

Außerdem sind Angst, Kummer und Zorn manchmal vollkommen berechtigt! Wenn wir einen Straßenräuber im Hinterhalt lauern sehen, bleiben wir bestimmt nicht stehen und verwickeln ihn in ein Gespräch; nein, wir bringen unsere Angst deutlich zum Ausdruck und laufen davon. Wenn wir uns in einem solchen Augenblick nicht innerlich verkrampfen, dann laufen wir auch nicht Gefahr, vor Angst zu erstarren und handlungsunfähig zu werden. Bei der Beerdigung eines guten Freundes wird automatisch ein Gefühl des Kummers in uns aufsteigen. Wenn wir jetzt tief atmen, können wir unsere Gefühle frei strömen lassen, und nach dem Tränenausbruch wird uns ein Gefühl des Friedens überkommen. Wenn wir uns mit einem sturen, bürokratischen Menschen auseinandersetzen müssen, der uns mit unsinnigem Gerede von «Firmenpolitik» und Ähnlichem zur Weißglut bringt, ist Zorn nicht nur eine verständliche Reaktion, sondern oft auch ein wirksames Gegenmittel. Wenn wir dabei einen klaren Kopf behalten, statt uns innerlich zusammenzuziehen, können wir tatsächlich etwas bewirken.

Als Joy und ich ein Haus zur Miete für uns und unsere kleinen Töchter suchten, ging ich zu der Besitzerin des Hauses, das uns bei der Besichtigung besonders gut gefallen hatte, um persönlich mit ihr zu sprechen. Sie machte einen abweisenden und ziemlich kalten Eindruck. Ich hatte ein langes Bewerbungsformular ausgefüllt und ging zu ihrem Schreibtisch, um es ihr zu geben. Sie würdigte mich nicht einmal eines Blickes, sondern zeigte nur auf einen Stapel Papiere und sagte: «Wir haben schon vierzig Bewerbungen. Legen Sie Ihre einfach dazu – *ich bin im Augenblick beschäftigt.*» Da ich sie nicht stören und mir auch nicht ihre Sympathie verscherzen wollte, legte ich meine Bewerbung auf den Haufen und ging auf Zehenspitzen zur Tür. Da überkam mich plötzlich ein Gefühl. Schließlich war ich doch kein Duckmäuser! Ich stürmte wieder an ihren Schreibtisch zurück und sagte laut: *«Entschuldigen Sie bitte!»* Überrascht blickte sie auf. «Ich weiß, was es heißt, ‹beschäftigt› zu sein», sagte ich. «Ich war auch schon oft beschäftigt. *Sie* waren *unhöflich.*» Jetzt hatte ich ihre Aufmerksamkeit geweckt. Zum Teufel mit dem Haus. Ich war in Fahrt und wurde immer redegewandter! «Es wäre nett, wenn Sie mir ein paar Minuten lang Ihre Zeit und Ihre Aufmerksamkeit schenken würden», sagte ich höflich und zeigte auf den Stapel mit den Bewerbungen. «Nur halb so lange, wie ich gebraucht habe, um dieses Formular auszufüllen.»

«Ja?» fragte sie.

«Ich möchte Ihnen nur sagen, daß meine Frau, meine Kinder und ich *begeistert* von Ihrem Haus sind und uns so liebevoll darum kümmern würden, als ob es unser eigenes wäre.» Dann erzählte ich ihr noch ein bißchen mehr über uns, wünschte ihr einen schönen Tag, bedankte mich fürs Zuhören und ging.

Zwei Tage später bekamen wir einen Anruf von der Hausbesitzerin. Sie erklärte uns, daß sie sich von allen vierzig Bewerbern für uns entschieden hätte. Ich war zwar wütend gewesen und hatte ihr die Meinung gesagt, aber sie wußte auch, daß sie sich danebenbenommen hatte, und wenigstens hatten wir ein echtes, menschliches Gespräch miteinander geführt. Es stürzt nicht immer gleich die Welt ein, wenn wir einmal wütend werden und unsere Wut ehrlich zum Ausdruck bringen – manchmal öffnet sich die Welt dadurch auch.

Wie man emotionale Gesundheit erlangt

Es gibt zwei Ebenen der emotionalen Gesundheit. Die erste Ebene, auf der sich die meisten Menschen befinden, ist immer mit irgendeiner Form von *Verleugnung* verbunden, selbst wenn wir glauben, «über etwas längst hinaus zu sein». Die zweite Ebene, die zu einer Verbesserung unserer Gesundheit und unserer zwischenmenschlichen Beziehungen führt, ist mit *Ausdruck* verbunden.

Zu einer Verleugnung von Gefühlen kommt es, wenn unser Bewußtes Selbst die Signale und die emotionalen Bedürfnisse unseres Basis-Selbst ausschaltet. Das führt zu verschiedenen unangenehmen Symptomen. Wenn wir dagegen üben und lernen, unsere Gefühle einzugestehen, das heißt, offen zu sagen, wie wir uns fühlen, und uns auch entsprechend zu verhalten, und zwar auf konstruktive Weise, dann bedankt unser Basis-Selbst sich bei uns, indem es neue Energieebenen freisetzt.

Verleugnung

Ich bezeichne mit dem Begriff *Verleugnung* hier jede Unterdrükkung und Verdrängung von Emotionen, jede Haltung, die keine volle Anerkennung und keinen offenen Ausdruck unserer Emotionen zuläßt. Ich kannte einmal einen Mann namens Kirby, der hartnäckig behauptete, sich nie über etwas aufzuregen, weil es «keinen Sinn hat»; doch seine innere Anspannung und seine physischen Symptome, seine Süchte und anderen Verhaltensweisen deuteten eher auf das Gegenteil hin. Die verschiedenen Formen der Verleugnung stellen die unterste Stufe emotionaler Gesundheit dar.

Diese Verleugnung hat ihren Ursprung in unserer Kindheit. Damals setzten wir sie bewußt ein, um Tadel, Verantwortung oder Bestrafung aus dem Weg zu gehen: «Ich habe das nicht getan! Das war ich nicht!» Wenn sich dann später die Struktur unseres Bewußten Selbst entwickelt, verlieren wir den Kontakt zu den Gefühlen, die unserem bewußten Verstand unlogisch oder «kindisch» erscheinen, oder wir verleugnen sie. Da das Bewußte Selbst dazu neigt, zu dominieren und die Gefühle und Bedürfnisse des Basis-Selbst abzuwerten, müssen die meisten Menschen immer noch die Mauern ihrer Verleugnung durchbrechen, um wieder Kontakt zu ihren wahren Gefühlen und Wertvorstellungen zu bekommen.

Bei schwereren Fällen von Verleugnung vergessen wir sogar gewisse Ereignisse und Empfindungen, um unsere Psyche vor traumatischen Erlebnissen zu schützen, die für sie überwältigend und unerträglich sein könnten, wie zum Beispiel körperliche, emotionale oder sexuelle Mißhandlung. Doch dieses Vergessen ist keine Dauerlösung – ebensowenig, wie ein Zimmer sauber bleibt, wenn wir den Dreck unter den Teppich kehren.

—•—   —•—   —•—   —•—   —•—   —•—   —•—   —•—   —•—   —•—

Wie wir wieder Kontakt zu unseren Emotionen bekommen

1. Frage dich in Situationen, in denen dein Verstand noch nicht weiß, was du empfindest, stets: *Was wäre, wenn ich es wüßte?* Und dann fülle die Lücke aus: «Wenn ich wüßte, was ich im Augenblick empfinde, dann würde ich sagen, ich empfinde folgendes: — — — — — — — — — — — — — — — — — — — .»
2. Wenn dich das immer noch nicht weiterbringt, dann frage dich: *Ist es eher ein Gefühl der Angst, des Kummers oder des Zorns?*

—•—   —•—   —•—   —•—   —•—   —•—   —•—   —•—   —•—   —•—

Unser Bewußtes Selbst *denkt,* unser Basis-Selbst *fühlt.* Mit unseren Gefühlen Kontakt aufzunehmen bedeutet, Kommunikationskanäle zwischen unserem Bewußten Selbst und unserem Basis-Selbst zu eröffnen. Dadurch fördern wir auch unsere intuitiven Fähigkeiten.

Wer gerade erst lernt, wieder Kontakt mit seinen Gefühlen aufzunehmen, dem kommt es vielleicht am Anfang wie ein Ratespiel vor, herauszufinden, was er tatsächlich fühlt, und nicht, was er denkt. Doch schon nach kurzer Zeit beginnen wir uns auf unsere Emotionen einzustimmen, und dann fragen wir uns nicht mehr: «Was wäre, wenn ich es wüßte?», sondern: «Ich weiß ganz genau, was ich fühle.» Nur wenn wir soweit kommen, unsere Gefühle zu kennen, zu akzeptieren und auf sie zu vertrauen, finden wir den Mut, sie auch zum Ausdruck zu bringen.

Ausdruck

Der Ausdruck, die nächste Ebene der emotionalen Gesundheit, ist ein Sprung ins Unbekannte und erfordert viel Mut. Wir finden den Mut zu diesem Sprung spätestens, wenn unsere verleugneten Gefühle unser Basis-Selbst so sehr frustrieren, daß es sich «schlecht benimmt», um unsere Aufmerksamkeit zu wecken – das heißt, es erzeugt physische Probleme.

Irgendwann werden diese Symptome der Verleugnung so unangenehm, daß uns klar wird, daß wir die Voraussetzungen, von denen wir früher ausgingen, in Frage stellen müssen. Wir müssen es anders machen als bisher. Dann beginnen wir, vielleicht mit der Hilfe eines Therapeuten oder Beraters, eines Freundes, Seminars oder Buches, wieder Kontakt zu lange verleugneten Gefühlen zu finden. Wir entdecken, daß unsere Gefühle eine ganze Menge damit zu tun haben, wer wir sind. Mit der Zeit lösen wir uns von alten Anschauungen und Wertvorstellungen. Wir akzeptieren uns und unsere Emotionen. Wir bringen stets unsere Gefühle zum Ausdruck, egal, ob sich das nun «gehört» oder nicht.

> *Was du aus deinem eigenen Inneren hervorbringst,*
> *wird dich retten.*
> *Was du nicht aus deinem eigenen Inneren hervorbringst,*
> *wird dich zerstören.*
> Thomasevangelium

Es klingt, als sei es sehr einfach, seine Gefühle zum Ausdruck zu bringen. Doch wie wir alle wissen, bedeutet «einfach» noch lange nicht «leicht». Mächtige Kräfte in unserem Inneren und auch in der Außenwelt haben sich miteinander gegen unsere

Freiheit verschworen, unsere Gefühle zu erkennen und zu äußern.

Warum soll man seine Gefühle zum Ausdruck bringen?

Unser Basis-Selbst ist wie ein kleines Kind. Es empfindet sehr intensiv. Wenn unser Bewußtes Selbst diese Empfindungen immer verleugnet, weil sie «unvernünftig» sind, bekommt das Basis-Selbst irgendwann einen Wutanfall, aus dem wir nicht ohne Wunden hervorgehen.

> *Unser Körper weint die Tränen,*
> *die unsere Augen nicht vergießen wollen.*
> Sprichwort

Wilhelm Reich hat uns daran erinnert, daß «unausgedrückte Gefühle als Spannung in den Muskeln unseres Körpers gespeichert werden». Der Schlüssel zu emotionaler und physischer Gesundheit liegt also im Ausdruck unserer Gefühle. Wenn wir den Dampf unserer unterdrückten, verdrängten und verleugneten Gefühle ablassen, schließen wir Frieden mit unserem Basis-Selbst.

Äußere Hemmnisse

Nicht nur persönliche Blockaden hindern uns daran, unsere Gefühle ungehemmt zu äußern. Auch weite Bereiche der Gesellschaft fördern, unterstützen und schätzen die Unterdrückung von Gefühlen und belohnen sie sogar. Dessen sind wir uns oft gar nicht bewußt. Man sagt, jemand, der keine Gefühle zeigt, sei «souverän» und «beherrscht», und assoziiert «Gefühlsbetontheit» mit kindlichem Verhalten. Mit Ausnahme progressiver Schulen der Psychologie gibt es meines Wissens keine einzige Ausbildungsstätte, bei der emotionale Verletzlichkeit, Offenheit oder Fähigkeit, seine Gefühle auszudrücken, sich auf die Zulassung oder die Abschlußprüfung auswirken.

Noch etwas blockiert den ungehinderten Ausdruck unserer Empfindungen: nämlich die Tatsache, daß dadurch ähnliche Gefühle in anderen Menschen ausgelöst werden können. Wer seiner Angst, seinem Kummer oder seinem Zorn freien Lauf läßt, wird unter Umständen bald feststellen, daß Freunde oder Angehörige, die nicht gut mit ihren eigenen Emotionen umgehen können, sich in seiner Nähe unwohl fühlen. Sie empfehlen ihm vielleicht, «einmal zu einem Therapeuten zu gehen», der ihm helfen könne, sein «Problem» zu lösen, oder sie versuchen, ihn auf andere Art und Weise zum Schweigen zu bringen. Trotz dieses sozialen und kulturellen Drucks unsere Gefühle zu zeigen, das erfordert echten Mut, den Mut eines friedvollen Kriegers.

Wie man mit seinen Ängsten fertig wird

Wir wissen inzwischen, daß emotionale Kontraktionen von unserem Denken herrühren. Angst ist selten etwas, was im gegenwärtigen Augenblick geschieht. Meist fürchten wir uns nicht vor dem Ereignis selbst, sondern malen uns in negativen Phantasien aus, was alles passieren könnte, und davor haben wir Angst.

Ein gutes Heilmittel dagegen ist, bei Ereignissen, vor denen wir Angst haben, vorher einmal ganz bewußt das Schlimmstmögliche durchzuspielen, auch den Tod. Das ist ein wichtiger Schritt. Uns alle, die wir in einem sterblichen menschlichen Körper wohnen, kann jederzeit ein schmerzliches oder tragisches Ereignis treffen. Dan Greenbergs humorvolles Buch *How to Make Yourself Miserable* trifft den Nagel auf den Kopf. Wer sich ständig nur das Schlimmste vorstellt, denkt bei der Planung eines Campingurlaubs sofort an Bären, Überschwemmungen, Schmutz, Schlangenbisse und Flöhe. Bei dem Gedanken an eine Auslandsreise rechnet er mit terroristischen Bombenanschlägen und tödlichen Erkrankungen, er fürchtet, bestohlen zu werden oder sein Geld zu verlieren.

Menschen, die in Gedanken «tausend Tode sterben», sehen die Welt ganz anders als solche, die eine positive, aber realistische Einstellung haben. Ich ermahnte die Studenten in meinen Kampfsportkursen immer: «Wenn eine Autopanne euch zwingt, nachts eine einsame Straße entlangzugehen, und ihr euch einbildet, daß hinter jeder Ecke ein Straßenräuber steht, leidet ihr an Verfolgungswahn. Wenn ihr euch in Sicherheit wiegt, seid ihr dumm. Wenn ihr meint, daß eine Gefahr bestehen *könnte*, und wachsam, aber optimistisch seid, dann seid ihr klug.»

Mein Freund Mike, den ich vor ein paar Jahren kennenlernte, erzählte mir einmal von einem kurzen Gespräch, das er mit seinem Feldwebel im Dschungel von Vietnam führte. Es herrschte allgemeine Mutlosigkeit, und am nächsten Tag stand Mike sein erster Einsatz bevor. «Sergeant», sagte er, «ich habe das Gefühl, auf einer von den Kugeln, die uns morgen um die Ohren fliegen werden, steht mein Name.»

«Darüber würde ich mir an deiner Stelle keine Sorgen machen», erwiderte der Sergeant. «Mich ängstigen eher die Kugeln, auf denen steht: ‹An alle, die es angeht›.»

Mike erzählte mir weiter, in dieser Nacht hätte er kaum schlafen können. Er mußte seiner eigenen Sterblichkeit ins Auge sehen – der Tatsache, daß er morgen vielleicht schon nach Sonnenaufgang verwundet, verstümmelt, verkrüppelt oder getötet werden würde. Er sah sich in Gedanken im Krankenhaus, im Rollstuhl und im Leichenwagen; er sah, wie seine Angehörigen weinten, und da kamen auch ihm die Tränen. Er setzte sich hin und schrieb für den schlimmsten Fall einen Brief an seine Familie. Er schrieb seiner Frau und den Kindern, daß er sie liebte und an sie dachte. Das war das einzige, was er tun konnte. Nachdem er einmal dem Schlimmsten ins Auge gesehen hatte, wurde seine Angst nie wieder so groß, und er konnte sich nun in Gedanken auf den positivsten Ausgang konzentrieren, der denkbar war: nämlich, daß er diesen und den nächsten Tag überstehen würde, ohne erschossen zu werden oder selbst jemanden erschießen zu müssen.

In der nächsten Übung wollen wir uns einmal ganz *bewußt* den schlimmstmöglichen Fall vorstellen (im Gegensatz zu früher, wo wir unzählige Male *unbewußt* an das Schlimmste gedacht haben), und dann lösen wir uns von dieser Vorstellung und verlagern unsere Aufmerksamkeit auf positivere Möglichkeiten.

Male dir das Schlimmste aus

1. Blicke in die Zukunft und stelle dir eine Situation vor, die dich ängstigt oder nervös macht oder dir Sorgen bereitet.

2. Male dir das Schlimmstmögliche aus.
3. Plane voraus: Wie würdest du reagieren, wenn es passierte?
4. Akzeptiere diesen schlimmsten Fall als mögliche Konsequenz. Und dann löse dich von dieser Vorstellung und *konzentriere deine Aufmerksamkeit auf den günstigsten Fall, der eintreten könnte.*

Wenn Angst aus der negativen Phantasievorstellung erwächst, was alles passieren könnte, dann haben wir auch jederzeit die Wahl, unsere Aufmerksamkeit wieder auf den jetzigen Augenblick zurückzulenken, eine der wichtigsten Übungen im täglichen Leben eines friedvollen Kriegers.

Immer, wenn ich einen neuen, gefährlichen Sprung vom Reck versuchte, bereitete ich mich sorgfältig darauf vor, um die sehr realistische Möglichkeit einer Verletzung auszuschalten. Ich wußte ganz genau, was im schlimmsten Fall passieren konnte – daß ich mir bei diesem akrobatischen Kunststück katastrophale Verletzungen zuziehen konnte –, und deshalb nahm ich mich in acht. Doch nachdem ich die notwendigen körperlichen, emotionalen und geistigen Vorbereitungen getroffen hatte, verschwendete ich praktisch keinen Gedanken mehr an einen möglichen Unfall. Kurz bevor ich mit der Übung begann, konzentrierte ich mich darauf, wie schön ich sie ausführen konnte, und nicht auf die Frage, ob ich sie überleben würde oder nicht. Manche Menschen verfolgt ständig der Gedanke an das Schlimmste; ihr Leben scheint voller Gefahren zu sein, weil sie voller Angst sind. Andere haben es sich zur Gewohnheit gemacht, sich immer das Beste auszumalen; ihr Leben ist voller Energie, günstiger Gelegenheiten und freudiger Erwartung.

Wie man mit Kummer fertig wird

Mit dem Kummer ist es wie mit allen seelischen Problemen: Ehe man ihn bewältigen kann, muß man ihn vollständig akzeptiert haben. Umarme deinen Kummer, so wie du ein kleines Kind in den Arm nehmen würdest. Halte ihn fest, fühle ihn, lote ihn bis in die tiefsten Tiefen aus. Die Fähigkeit zu weinen ist ein Geschenk Gottes. Hinterher fühlen wir uns oft so wohl wie nach einem herzhaften Lachen. Lachen ist ein Spiegelbild des Weinens und umgekehrt. Ist dir übrigens schon einmal aufgefallen, daß ein weinender Mensch fast genauso aussieht und sich genauso anhört wie ein lachender?

Sei dir gleichzeitig der Tatsache bewußt, daß Kummer und Sorge aus Anhaftung und innerem Gebundensein erwachsen und auf der Wahrnehmung eines Verlusts basieren, der sich in einem erweiterteren Bewußtseinszustand sowieso als Illusion erweist. Eine höhere Weisheit gibt uns ein, daß es im Leben letzten Endes keinen Gewinn und keinen Verlust gibt – nur eine tiefere Erkenntnis.

Wir brauchen uns nicht gegen den Kummer zu wehren oder ihm aus dem Weg zu gehen. Kummer ist eine Kontraktion von Energie, aber auch eine ganz normale Reaktion auf einen Verlust. Das Problem mit dem Kummer liegt nicht so sehr darin, ihn zu haben oder zu empfinden, sondern eher darin, daß wir gegen ihn ankämpfen, ihn nicht wahrhaben wollen oder versuchen, ihn loszuwerden. Dadurch gewinnt die Kontraktion nur noch mehr Energie. Wenn wir unseren Kummer einfach gewähren lassen, wird er sich früher oder später selbst verzehren wie eine Kerzenflamme. Er wird nur dann chronisch, wenn wir uns weigern, ihn zum Ausdruck zu bringen und auf diese Weise freizulassen.

Die Kunst, seinen Zorn zum Ausdruck zu bringen

Es gibt viele Möglichkeiten, seinem Zorn Luft zu machen. Die simpelste besteht vielleicht darin, einen Stock zu nehmen und ihn jemanden über den Kopf zu hauen. Damit zeigen wir zwar deutlich, was wir empfinden, aber manchmal ist so ein Verhalten destruktiv. Wir leben in einer Gesellschaft, in der Gewalt, verworrene Anschauungen und unterdrückter Zorn herrschen. Viele frustrierte Menschen reagieren aus Wut mit Gewalttätigkeit. Menschen, die sich nicht gut genug ausdrücken können, um ihre Meinung zu sagen, schlagen ihren Gegner vielleicht einfach zusammen. Auch Menschen, die sich gut ausdrücken können, prügeln manchmal aufeinander ein – aber sie tun es mit Worten, und die können sogar mehr Schaden anrichten als ein Stock.

Eine weniger primitive Art, seinen Zorn auszudrücken, ist vielleicht die folgende: «Ich will dich mit meinen Worten nicht ins Unrecht setzen, aber ich bin im Augenblick ziemlich wütend, und mein Zorn scheint sich gegen dich zu richten. Könnten wir einmal darüber reden?» Mit einer solchen Botschaft kann man positive Resultate bewirken. Wir bringen unseren Ärger zum Ausdruck, unser Gegenüber ist innerlich offen für unsere Worte, und wir klären die Sache.

Es ist ein Unterschied, ob wir unseren Gefühlen Ausdruck verleihen oder «Luft ablassen». Früher glaubte ich, meine Gefühle auszudrücken, wenn ich jemanden anschrie und ihm die Meinung sagte. Dadurch verschaffte ich mir vielleicht Befriedigung, aber es wurde dadurch nur selten etwas besser. Denn mit all meinen beschuldigenden «Du-Aussagen» offenbarte ich nichts von dem, was ich empfand, sondern nur meine Gedanken und Werturteile.

«Ich-Aussagen»

1. Wenn du deine Empfindungen zum Ausdruck bringen möchtest, fange deine Sätze immer mit dem Wort «Ich» an. Sprich die folgenden Sätze einmal laut vor dich hin, nur zur Übung:
   - Ich habe Angst.
   - Ich bin traurig.
   - Ich bin wütend.
2. Diese Übung sieht auf den ersten Blick ziemlich einfach aus; doch wenn du dich in entsprechenden Situationen dieser drei Sätze bedienst, statt dich in den üblichen Vorwürfen und Anschuldigungen zu ergehen, kannst du deine Beziehungen zu anderen Menschen entscheidend und positiv verändern.

Wir können jede Botschaft überbringen, wenn wir sie nur in den richtigen «Umschlag» stecken und so verpacken, daß der andere sie akzeptiert. Noch besser ist es, wenn wir einen «Rückumschlag» beifügen, das heißt, wenn wir auch für die

Gefühle offenbleiben, mit denen unser Gegenüber auf uns reagiert.

Ja oder nein?

Wenn wir unsere Gefühle äußern und unser Gegenüber sich als offen für unsere Worte erweist, können wir zu einem besseren Einvernehmen gelangen und uns einander hinterher näher fühlen. Das wird jeder Beziehung guttun, sei es nun eine persönliche oder eine berufliche. Aber unabhängig davon, ob der andere innerlich offen ist oder nicht, es hilft uns auf jeden Fall, unseren Gefühlen Luft zu machen, denn damit akzeptieren und respektieren wir unser Basis-Selbst und seine Empfindungen. Unser Unbewußtes dankt es uns mit einem Gefühl der Erleichterung, einem Nachlassen der Spannung und einer Linderung oder völligen Beseitigung chronischer Krankheitssymptome.

Selbst wenn die Situation, die dieses Gefühl ausgelöst hat, inzwischen vorüber ist –, es selbst wenn der Mensch, dem wir unsere Gefühle mitteilen möchten, gar nicht mehr da oder verstorben ist – es ist auf jeden Fall hilfreich, unsere Empfindungen voll und ganz zum Ausdruck zu bringen.

Ein großer Teil der emotionalen Ladung, die nach einem unangenehmen Zwischenfall in unserem Körper und unserer Psyche eingeschlossen ist, rührt daher, daß wir gern damals etwas gesagt oder getan hätten, uns aber zurückhielten. Wenn dieses Ereignis, obwohl es schon lange zurückliegt, immer noch als überdimensionales Bild im Museum unseres Gedächtnisses hängt, dann tun wir gut daran, unseren Gefühlen endlich Ausdruck zu verleihen.

—•— —•— —•— —•— —•— —•— —•— —•— —•— —•—

Eine nachträgliche Chance, seine Gefühle zu äußern

1. Wenn dir ein negativ besetztes Ereignis aus deinem Leben einfällt, schließe in einem ungestörten Augenblick einmal die Augen und stelle dir die Szene vor, und zwar *so, wie du sie damals empfunden hast.*
2. Sage oder tue jetzt das, was du damals gern gesagt oder getan hättest.
3. Vielleicht möchtest du dem Menschen, der mit diesem Er-

eignis in Zusammenhang steht, einen Brief schreiben. Wenn es dir angebracht erscheint, schicke ihn ab; wenn nicht, verbrenne ihn.

•—•   •—•   •—•   •—•   •—•   •—•   •—•   •—•   •—•   •—•

Die obige Übung hilft, die emotionale Belastung negativer Ereignisse aufzulösen und freizusetzen. Unser Bewußtes Selbst «weiß» zwar, daß wir uns in Wirklichkeit gar nicht von Angesicht zu Angesicht mit dem betreffenden Menschen auseinandergesetzt haben. Doch unser Basis-Selbst fühlt sich durch diesen Ausdruck seiner Empfindungen befriedigt, und es kann nun mit dem belastenden Ereignis fertig werden. Wenn wir an unserem Groll gegen einen anderen Menschen festhalten, dann halten wir nur die streßerzeugende Erinnerung in unserem Gedächtnis und unserem Körper wach.

Diese Übung ist nicht als Ersatz für Auseinandersetzungen von Angesicht zu Angesicht gedacht. In Fällen, wo eine solche Konfrontation möglich und angebracht ist, ist sie sicherlich die beste Lösung, wenn sie auch Mut erfordert. Du kannst diese Übung jedoch als «Generalprobe» machen, um dich auf eine notwendige Auseinandersetzung mit jemandem vorzubereiten.

Der Mut, seine Gefühle zu äußern

Die Welt wird uns wahrscheinlich nicht auslachen, hassen oder für dumm halten, weil wir unsere Empfindungen zum Ausdruck bringen – obwohl wir das befürchten oder aufgrund unserer Erziehung und unserer bisherigen Erfahrungen damit rechnen. Und selbst wenn jemand so reagiert, was macht das schon aus? Die einzigen, die uns nicht verstehen werden, sind jene, die sich selbst noch nicht mit ihren eigenen Emotionen auseinandergesetzt haben. Die Personen in unserer Umgebung, die sich völlig in der Gewalt zu haben scheinen, befinden sich innerlich vielleicht in einem viel größeren Aufruhr, als wir ahnen. Wir sind es uns schuldig, Empfindungen zu haben und sie zum Ausdruck zu bringen, den Ansichten anderer Menschen zum Trotz – denn wenn wir es nicht tun, lassen wir uns in unserem Verhalten von den Meinungen anderer bestimmen, und das beeinträchtigt unser Wohlbefinden.

Die Macht der Leidenschaft

Unsere Kultur beginnt erst jetzt, über ihr puritanisches Erbe hinauszuwachsen. Die konventionelle Gesellschaft hält es vielleicht immer noch für «geschmacklos», wenn man seine Gefühle offen zeigt, und erwartet von uns, daß wir in jeder Situation «ruhig und vernünftig» bleiben.

Wahrscheinlich schimpfen Joy und ich jeden Tag einmal mit unseren Töchtern, und unsere Töchter schreien zurück! Wir sind nun einmal eine temperamentvolle Familie, aber auch eine sehr liebevolle, und wir stehen uns sehr nahe. Wir drücken unsere Gefühle in dem Augenblick aus, in dem wir sie empfinden, setzen unsere aufgestauten Energien frei, und dann geht das Leben weiter. Niemand in unserer Familie nimmt es allzu ernst, wenn einer von uns einmal laut wird. Unsere Töchter haben gelernt, ihre Gefühle offen und selbstbewußt zum Ausdruck zu bringen. Niemand wird unsere Töchter je durch eine lächerliche Zurschaustellung von Zorn manipulieren können!

Vielleicht ist es jetzt an der Zeit, unsere alten Vorstellungen von zivilisiertem, richtigem, anständigem Verhalten einer kritischen Prüfung zu unterziehen, die Selbstverleugnung aus unseren Regeln für gute Umgangsformen zu streichen und wieder etwas mehr Leidenschaft in unser Leben zu bringen. Und außerdem – wie kann ein Paar im Schlafzimmer wirklich leidenschaftlich sein, wenn es seine Gefühle ansonsten ständig unterdrückt?

Ein Schritt nach dem anderen

Manchmal sind wir in sehr optimistischer Stimmung und reagieren ohne Angst, Trauer oder Zorn auf etwas, was einen anderen Menschen vielleicht bekümmern würde. Aber woher wissen wir, daß wir unsere wahren Gefühle nicht nur verleugnen? Schließlich können wir uns leicht vorgaukeln, über den Dingen zu stehen, indem wir lächeln und so tun, als seien wir heiter und gelassen.

Selbst wenn unser Bewußtes Selbst eine glatte, ruhige Oberfläche zeigt, sendet unser Unbewußtes vielleicht deutliche Botschaften aus: Schlafstörungen, Ausschlag, Schmerzen und andere Symptome. Unser Basis-Selbst kann sehr mächtig sein und sehr wütend werden. Es hat viel zu bieten, aber es umfaßt auch unsere Schattenseiten, die Seiten in uns, die wir nicht wahrhaben wollen und als negativ empfinden. Jeder Mensch muß alle Seiten seines Wesens anerkennen und akzeptieren und mit ihnen arbeiten. Erst dann kann er über emotionale Erschütterungen oder bloßes Reagieren auf äußere Ereignisse hinauswachsen.

Verleugnung oder Souveränität?

1. Versuche in schwierigen Situationen herauszufinden, ob du wirklich innerlich ruhig bist oder ob ein Verhaltensmuster der Verleugnung dahintersteckt, indem du dir die folgenden Fragen stellst. Sie können dir helfen, hinter die Realität zu kommen:
   - Wie fühlt mein Körper sich im Augenblick?
   - Bin ich entspannt?
   - Fließt mein Atem gleichmäßig?
   - Wenn ich jetzt aufgeregt wäre, würde es mir dann leichtfallen, das zum Ausdruck zu bringen?
2. Wenn du das Gefühl hast, daß dein Körper zentriert ist, und du die letzten drei Fragen mit ja beantworten konntest, dann bist du wahrscheinlich nicht aufgeregt. Doch wenn dein Körper unruhig ist und du eine dieser drei Fragen mit nein beantwortet hast, verleugnest du deine Gefühle wahrscheinlich nur. Es wird dir helfen, wenn du daran arbeitest, wieder mit deinen Gefühlen in Kontakt zu kommen.

Es gibt viele Methoden, Veränderungen in Gang zu setzen. Eine der wirksamsten, die uns am meisten reifen läßt, besteht darin, die Gefühlsseite unseres Wesens zu akzeptieren und zum Ausdruck zu bringen. Sobald wir den Druck der Außenwelt und unsere inneren Programmierungen überwunden haben, können wir den Kanal zwischen unserem Bewußten Selbst und unserem Basis-Selbst öffnen und finden wieder Kontakt zu unseren tiefen Gefühlen. Die gegenseitige Unterstützung und Kooperation zwischen Bewußtem Selbst und Basis-Selbst bewirkt eine alchimistische Wandlung, die uns für die Liebe und die Energie unseres Höheren Selbst öffnet. Doch ehe wir den großen Sprung ins Herz hinein wagen, müssen wir erst einmal das Sprungbrett erreichen, Schritt für Schritt, und den Hürden in unserer eigenen Psyche ins Auge sehen.

VIERTER TEIL

Der innere Kriegsschauplatz: Den Kampf mit sich selbst gewinnen

Einführung

Wie wir gesehen haben, finden die größten Kämpfe des friedvollen Kriegers nicht in der Außenwelt statt, sondern im Inneren. Diese *inneren Hürden* sind für die meisten Hindernisse und Schwierigkeiten verantwortlich, die uns im täglichen Leben begegnen. Sie sind gefährlicher als äußere Probleme, denn sie schleichen sich ungesehen und unbemerkt in all unsere Bemühungen und Aktivitäten ein. Wie Saboteure arbeiten sie im Inneren und benutzen Verkleidungen wie «mangelnde Initiative» oder «geringe Motivation».

Wir dürfen niemals vergessen, daß das, was wir *nicht* sehen, die größte Macht über uns hat. Wir können die Macht der inneren Hürden schwächen, indem wir sie sichtbar machen. Dann haben sie keinen so großen Einfluß mehr auf unser Leben und können es nicht mehr so sehr beeinträchtigen. Wir haben bisher schon einige innere Hürden kennengelernt, zum Beispiel den Widerstand gegen Veränderungen, die Neigung, den Gegner falsch einzuschätzen, und die Verleugnung unserer Gefühle. In diesem Teil nun werden wir drei weitere, besonders mächtige innere Hürden untersuchen: ein verzerrtes Selbstbild, ein zu geringes Selbstwertgefühl und gute Ausreden.

Negative und verzerrte Vorstellungen über uns selbst und die Welt, Vorstellungen, die unserer Persönlichkeitsstruktur zugrunde liegen, untergraben unsere Aktivitäten im täglichen Leben und stellen ein machtvolles Hindernis dar. Wenn wir uns ehrlich und selbstkritisch betrachten, werden wir in uns Elemente einer immer wiederkehrenden Unsicherheit im Hinblick auf unsere Fähigkeiten und unseren eigenen Wert entdecken. Manchmal zweifeln wir daran, daß wir geliebt oder auch nur gemocht werden. Wir verurteilen uns wegen unserer eigenen negativen Gedanken. Unsere Leistungen entsprechen oft nicht unseren Hoffnungen oder Erwartungen. Wir sind unsicher, ob wir mit anderen Menschen richtig umgehen können und den Herausforderungen des Lebens gewachsen sind. Unbewußt bezweifeln wir vielleicht sogar, ob wir es überhaupt verdient haben, erfolgreich zu sein. Bis in die kleinsten Details unserer Handlungen und Verhaltensweisen hinein zeigt sich dieses Mißtrauen gegenüber uns selbst.

Erst wenn wir dahinkommen, uns selbst so zu verstehen und zu akzeptieren, *wie wir sind,* wird uns klar, daß die Menschen eigentlich gar nicht kühl und abweisend zu uns sind – wir haben das nur so wahrgenommen. In Wirklichkeit spiegeln sich in dem Verhalten unserer Mitmenschen nur die harten Urteile wider, die wir über unser eigenes Handeln fällen. Sobald wir das Recht der anderen Menschen *akzeptieren und respektieren,* ihre eigenen Gefühle zu haben, und zwar aus ihren eigenen Gründen, empfinden wir sie plötzlich gar nicht mehr als kalt. Denn nun umgibt uns eine Aura der Wärme und Glaubwürdigkeit, weil wir aus unserem eigenen Zentrum heraus handeln, statt von den Gefühlen und Meinungen anderer abhängig zu sein oder sie beherrschen zu wollen.

Sobald wir mehr Verantwortung für unsere Gefühle und Wahrnehmungen übernehmen und die Schuld an unseren Schwierigkeiten nicht mehr den anderen oder den äußeren Umständen geben, gelangen wir zu der bewußten Erkenntnis, daß wir den größten Teil unserer Schwierigkeiten selbst schaffen. Und wenn uns mit gleicher Eindringlichkeit klar wird, daß nur wir selbst unser Leben ändern können, dann werden wir fähig, uns dem Leben zu stellen und den Weg des friedvollen Kriegers zu gehen.

Um unsere eigenen negativen Vorstellungen überwinden zu können, müssen wir sie als willkürliche Illusionen entlarven, die nicht mehr Substanz haben als ein Gespenst.

Ein älterer Japaner, dessen Frau vor kurzem gestorben war, spielte mit dem Gedanken, wieder zu heiraten. Aber dieser Wunsch flößte ihm Schuldgefühle ein. Bald darauf begann der Geist seiner Frau ihm jede Nacht zu erscheinen. Er konnte kaum noch schlafen und fühlte sich sehr elend. Da ging er zu einem Zen-Mönch, von dem er glaubte, daß dieser ihm helfen könne.

«Sie weiß alles, was ich denke», klagte er dem Mönch sein Leid. «Sie weiß, an welche Frau ich gedacht habe; ihr Geist weiß alles!»

«Ich verstehe», sagte der Mönch. «Aber wenn dieser Geist wirklich existiert, dann müßte er dir doch sicherlich alles sagen können.»

«Ja!» bestätigte der Mann.

«Dann fülle heute abend, ehe du schlafen gehst, einen Krug mit Bohnen. Und wenn der Geist wieder erscheint, frage ihn, wie viele Bohnen in dem Gefäß sind.»

Als der Geist in dieser Nacht wieder kam, fragte der Mann ihn: «Wie viele Bohnen sind in diesem Krug?»

Da verschwand der Geist und kehrte nie wieder.

Ebenso können wir Annahmen, von denen wir bisher wie selbstverständlich ausgegangen waren, als Irrtümer entlarven und uns von ihnen befreien. Wir brauchen unsere inneren Hürden nur im Licht unseres Bewußtseins zu betrachten. Dann verschwinden unsere «Geister». Wir eröffnen uns damit ganz neue Möglichkeiten, und unser tägliches Leben ändert sich: Es ist jetzt keine endlose Reihe von Aufgaben mehr, sondern eine Reihe von Abenteuern und Chancen. So wie wir lernen, jeden Augenblick als etwas Besonderes zu betrachten, lernen wir nun auch, uns selbst mit dem gleichen tiefen Mitgefühl und Respekt zu behandeln.

10
Auf ein neues Selbstbild zu

Als sie durch das Land von Oz reisten,
glaubte die schlaue Vogelscheuche, keinen Verstand zu haben;
der liebevolle Blech-Holzfäller hatte das Gefühl, ein Herz zu brauchen;
und der heldenhafte Löwe glaubte, ihm fehle es an Mut.
Nach den Geschichten von Frank L. Baum

Gefangene unseres eigenen Selbstbildes

Es gibt Menschen, die glauben, *alles zu können,* und Menschen, die glauben, *nichts zu können.* Beide haben recht. Denn die Energie folgt unseren Gedanken. Egal, wie sehr wir uns anstrengen oder wieviel wir wissen, wir stoßen meist nur bis zu den Grenzen vor, an die wir glauben, und nicht weiter. Die meisten Personen belasten sich mit falschen, völlig willkürlichen Vorstellungen von ihren eigenen Fähigkeiten, mit Vorstellungen, deren Gefangene sie dann den größten Teil ihres Lebens sind.

Wir erreichen niemals mehr, als wir erwartet haben, und unsere Erwartungen beruhen wiederum auf dem Vertrauen, das andere in uns gesetzt haben, vor allem in unserer Kindheit. Kinder, die in einer Umgebung aufwachsen, die sie unterstützt und ermutigt, entwickeln ein starkes, selbstsicheres Basis-Selbst, Kinder, die ständig kritisiert und herabgesetzt werden und von denen man nur Negatives erwartet, entwickeln ein unsicheres Basis-Selbst, das kaum etwas von seinen eigenen Fähigkeiten weiß.

Wenn du ein Champion werden willst,
mußt du auch dann an dich glauben,
wenn es niemand anders tut.
Sugar Ray Robinson

Sein Selbstbild auf den Meinungen der anderen aufzubauen ist ein tragischer Irrtum. Viele Menschen, die Geschichte gemacht haben, wurden in ihrer Jugend unterschätzt. Man hielt sie nicht für sehr begabt. Albert Einstein versagte in der Grundschule in Mathematik, und seine Lehrer glaubten, er hätte «kein Talent» auf diesem Gebiet. Die Lehrer von Edgar Cayce, dem «schlafenden Propheten», hielten ihn fälschlicherweise für «dumm». Und so rasch, wie andere Menschen uns abstempeln und uns dadurch eingrenzen, so schnell lernen wir, uns selbst Grenzen aufzuerlegen.

Unser Selbstbild ist ein ganzes Bündel von Überzeugungen, zum Beispiel: Ich bin gut in Englisch, aber ein Idiot in Mathematik. Ich bin technisch nicht begabt. Ich kann meine Arbeit gut organisieren. Ich habe zwei linke Hände. Ich wirke anziehend auf Männer/Frauen. Ich bin unmusikalisch. Ich habe ein gutes/ schlechtes Gedächtnis. Ich bin gut im Bett. *Diese Annahmen entbehren manchmal jeder realistischen Basis.*

Wie entwickeln wir solche Vorstellungen über uns? Spiegeln sich darin unsere tatsächlichen Stärken und Schwächen wider, oder steckt etwas ganz anderes dahinter?

Überprüfe deine selbstgesetzten Grenzen

Den meisten Menschen ist klar, daß das, was sie in ihrem Leben tun und wie gut sie es machen, zum großen Teil davon abhängt, ob sie sich für «begabt» halten oder nicht. Doch nur wenige begreifen, wie sehr diese Selbstbilder uns beeinflussen.

Unser Denken, das sich im Bereich der Konzepte und Ideen bewegt, hat Ambitionen, großartige Vorstellungen und Illusionen im Hinblick darauf, was es kann oder nicht kann. Einerseits glaubt unser Verstand vielleicht an seine unbegrenzte Macht, Berge zu versetzen; andererseits aber redet er uns ein, daß wir keinen Lichtschalter installieren, kein gutes Essen kochen, keine Mathematikaufgabe lösen und keinen Videorecorder programmieren können und nicht zu einer dauerhaften Partnerbeziehung fähig sind.

Unser Körper dagegen kennt seine Grenzen und besitzt eine natürliche Bescheidenheit, die auf Erfahrung beruht. Diese Bescheidenheit zeigt sich immer dann, wenn er seine Möglichkeiten erprobt und erforscht, ohne daß die Ambitionen und Vorstellungen unseres Bewußten Selbst sich einmischen.

Wenn unser Bewußtsein sich bis zur Erleuchtung oder bis zu der vollständigen und totalen *Erkenntnis* erweitert, daß es nur Ein Bewußtsein gibt und kein isoliertes Ich, dann können «wir» alles wissen und tun, denn «wir» *sind* alles.

Doch solange wir diese Stufe nicht erreicht haben, solange wir uns noch mit einem Bewußtseinspunkt innerhalb eines physischen Körpers identifizieren, bleiben wir den physikalischen Gesetzen unterworfen. Wir können in einem Flugzeug fliegen, wir können mit Hilfe einer Taucherausrüstung oder eines U-Bootes tief ins Wasser hinabtauchen; aber wir schweben nicht in der Luft, und wir können auch nicht unter Wasser atmen wie ein Fisch.

Jeder hat schon von Leuten mit übersinnlichen Fähigkeiten, von Heiligen und spirituellen Meistern gehört oder gelesen, die in der Luft schweben oder an zwei Orten gleichzeitig erscheinen können und andere Wunder vollbringen. Doch solange wir solche Dinge nicht direkt erlebt oder mit eigenen Augen gesehen haben, verbannen wir sie vielleicht in den Bereich des «Möglichen, aber Unwahrscheinlichen» und bauen unsere Überzeugungen auf etwas Naheliegenderem auf – *unserer eigenen Erfahrung.*

Die Grenzen unserer Erfahrung

Unser Selbstbild und unser Selbstvertrauen gehen fast hundertprozentig auf die Eindrücke und Erfahrungen in unserer Kindheit zurück, und als Kinder gingen wir manchmal von falschen oder unvollständigen Informationen aus.

Ich zum Beispiel trat mitten im Jahr in den Kindergarten ein. An meinem ersten Tag sah ich Kinder an großen Staffeleien stehen und Bäume malen. Ich nahm einen Pinsel in die Hand und versuchte auch einen Baum zu malen. Aber er wurde nicht so, wie ich ihn vor meinem inneren Auge sah. Er sah aus wie ein grüner Lutscher. Da schaute ich mich um und sah mir die Bilder der anderen Kinder an. Ihre Bäume wirkten «echter».

Damals war mir nicht klar, daß die anderen Kinder schon

mehrere Monate lang jeden Tag Bäume und andere Dinge ge-
malt hatten. Ich verglich mich mit ihnen und gelangte, aufgrund
unvollständiger Informationen, zu dem Schluß, daß ich nicht
sehr gut Bäume malen konnte. Ich war nahe daran, zu glauben,
daß ich weniger künstlerische Begabung – und nicht einfach nur
weniger Erfahrung – hatte als die anderen Kinder in meinem Alter.

Vielleicht besteht die Hauptaufgabe eines Lehrers in den ersten Schulklassen darin, den Kindern zu helfen, den Lernprozeß
zu verstehen, das heißt, die einfache, aber entscheidende Wahrheit zu begreifen, daß wir *fast alles können,* wenn wir es längere
Zeit üben, und daß wir auf alle Fälle *meistens mehr können, als wir
glauben.*

Seit meiner Erfahrung im Kindergarten habe ich gelernt, daß
Begabung nicht so wichtig ist wie Übung. Doch Eindrücke aus
der Kindheit bleiben lange im Gedächtnis haften. Sie sind ver-
borgene Hürden, vor denen wir auf der Hut sein müssen, denn
sie begegnen uns ständig auf unserem Weg. Darum müssen wir
zunächst an die Quelle unseres Selbstbildes zurückkehren und
uns klarmachen, wie es entstanden ist. Das ist der erste Schritt
zur Überwindung der falschen und begrenzten Vorstellungen
über uns.

Ich möchte gern noch ein zweites Beispiel schildern, eine
traurige Geschichte, die ich miterlebte, als ich vor ein paar Jahren eine Schule besuchte. Bis zu meiner Verabredung hatte ich
noch ein bißchen Zeit. Also blieb ich neben der Turnhalle stehen
und schaute hinein. Ein junger Sportlehrer schien gerade seine
erste Turnstunde zu geben. Er versuchte einer Gruppe kleiner
Jungen das Radschlagen beizubringen.

«Schaut her», sagte er zu ihnen. Und dann zeigte er ihnen ein
ziemlich durchschnittliches Rad, das er wahrscheinlich bei
einem Anfängerkurs auf dem College gelernt hatte. «So müßt
ihr es machen», forderte er sie auf. «Haltet eure Arme gerade, so
wie ich.»

Ein paar Jungen konnten es offensichtlich gar nicht erwarten,
es zu versuchen. Entweder hatten sie schon Unterricht in einem
Turnverein gehabt, oder sie hatten für sich bereits Handstände
und anderes ausprobiert. Andere machten einen weniger zuver-

sichtlichen Eindruck. Sie hatten wahrscheinlich noch nie versucht, ein Rad zu schlagen oder einen Handstand zu machen. Einige waren zu dick.

Dann versuchten die Jungen radzuschlagen, und es kam so, wie ich erwartet hatte: Einige machten ihre Sache gut, andere stellten sich ungeschickt an und fielen hin, und das war ihnen sehr peinlich.

Der Lehrer, der eindeutig noch nicht viel Unterrichtserfahrung hatte, sagte zu den Jungen, die hingefallen waren: «Ihr müßt nur die Arme geradehalten und den Kopf aufrichten – so!» Und er führte ihnen wieder ein Rad vor, das er wahrscheinlich selbst lange hatte üben müssen, und sicherlich war er auch oft hingefallen, ehe er es gelernt hatte. Die Jungen versuchten es noch einmal, und wieder kippten sie um.

Ich konnte förmlich sehen, wie in ihrem Inneren ein Selbstbild Gestalt annahm. Es stand ihnen im Gesicht geschrieben: «Ich kann nicht Rad schlagen . . . Ich bin nicht gut im Turnen . . . Ich bin ein schlechter Sportler – ein Tolpatsch.» Und so entstand ein verzerrtes Selbstbild.

Ich habe noch nie einen schlechten Schüler gesehen, auch keinen schlechten Lehrer, nur unerfahrene Schüler und Lehrer. Aber dieser Lehrer verletzte an diesem Tag mit seiner Unerfahrenheit ein paar seiner Schüler. Er versäumte seine Chance, ihnen zu erklären, daß Lernen ein *schrittweiser Prozeß* ist, daß einige von ihnen Radschlagen wahrscheinlich schon oft geübt hatten und daß die anderen, selbst wenn sie im Augenblick noch zu dick waren, mit der Zeit ihr Übergewicht verlieren und kräftigere, muskulösere Arme entwickeln konnten und daß das, was an diesem Tag geschah, noch nichts Endgültiges war. Die Vergangenheit und Gegenwart dieser Jungen mußte nicht unbedingt auch ihre Zukunft sein. Genau wie diese Kinder Vorstellungen von ihren eigenen Fähigkeiten entwickelten, die auf begrenzter Erfahrung und falschen Interpretationen beruhten, so haben auch wir Vorstellungen von uns selbst, die genauso falsch und willkürlich sind und uns ebenso enge Grenzen auferlegen.

Vielleicht gehört zu diesem falschen Selbstbild die Idee, daß wir unbegabt in Algebra, Sport, Kunst oder auf irgendeinem anderen Gebiet sind. Aber vielleicht liegt das nur daran, daß wir diese Dinge zu früh lernen mußten: ein paar Monate oder auch nur ein paar Wochen, ehe wir reif dafür waren. Vielleicht waren unsere Eltern damals enttäuscht von uns, weil ihre eigenen ehrgeizigen oder unrealistischen Erwartungen nicht in Erfüllung gingen. Inzwischen wissen wir das alles, *aber damals, als unser falsches Selbstbild entstand, wußten wir es noch nicht.* Es reicht also nicht, wenn unser Bewußtes Selbst diese Dinge versteht. Wir müssen auch unser Basis-Selbst umerziehen, um die Hürde unseres verzerrten Selbstbildes zu überwinden.

Positive Visualisierungen

1. Erinnere dich an ein Ereignis oder an mehrere Ereignisse, durch die du zu der Überzeugung gekommen bist, irgend etwas nicht besonders gut zu können.

2. Lasse dieses Ereignis noch einmal vor deinem geistigen Auge vorüberziehen, aber diesmal mit einem anderen Ausgang: Sieh, spüre und höre, wie du deine Aufgabe sehr gut löst. Vielleicht stellst du dir vor, wie sehr du dich darum bemühst und wie es dir mit der Zeit immer besser gelingt. Erfinde deinen eigenen Film. Schaffe eine Erinnerung, die dein Basis-Selbst beeindrucken und dir helfen wird, auf diesem Gebiet ein neues, positives Selbstbild zu entwickeln.

Durch positive, einfallsreiche Visualisierungen – innere Erlebnisse, bei denen wir stark, begabt und erfolgreich sind – können wir unser Basis-Selbst darauf vorbereiten und dazu ermutigen, alte Barrieren zu durchbrechen. Doch im Anschluß an diese Vorbereitung ist direkte Erfahrung die beste Methode, unser Basis-Selbst umzuerziehen und von seinen einengenden Vorstellungen zu befreien. Wir müssen einfach mehr tun, als wir uns zutrauen. Denn jedesmal, wenn wir Grenzen überschreiten, die nur in unserer Einbildung existieren, durchströmt uns ein Schwall freudiger Energie und Erregung. Doch ehe wir uns das gestatten, müssen wir erst einmal eine gesunde Skepsis entwickeln und unsere alten Vorstellungen einer kritischen Prüfung unterziehen.

Nur durch direkte Erfahrung *über einen längeren Zeitraum hinweg* können wir Genaues über unsere momentanen Fähigkeiten in irgendeinem Lebensbereich erfahren, aber nicht durch eine einzige Erfahrung, sondern viele verschiedene. Unser Selbstbild nur auf einem oder zwei Versuchen aufzubauen ist so, als besuchten wir ein neues Land und beurteilten das Klima dieses Landes danach, ob es am ersten Tag zufällig regnet oder nicht.

Die Lösung von alten Vorstellungen

Ehe wir nicht *alle* unsere alten Vorstellungen aus dem Weg geräumt und neu überprüft haben, wer wir eigentlich sind, was für Wertvorstellungen wir haben und was wir können, sind wir in Vorstellungen gefangen, die auf falschen Informationen beruhen. «Aber ich versuche es doch schon seit *Jahren*», sagt vielleicht jemand, «und trotzdem bin ich immer noch ein mittelmäßiger Golfspieler.» Daran zeigt sich, wie heimtückisch ein verzerrtes Selbstbild sein kann. Wenn wir unsere ersten Versuche auf irgendeinem Gebiet (beispielsweise Golf oder Musik) falsch einschätzen und vorzeitig zu der Überzeugung gelangen, wir hätten «wenig Talent», dann neigen wir dazu, uns zu verkrampfen, es mit Gewalt zu versuchen oder dieses Gebiet künftig zu meiden. Wir konzentrieren uns auf das Problem statt auf die Lösung und behalten unsere Fehler besser im Gedächtnis als unsere Erfolge. Bald haben wir eine ganze Kette von Erinnerungen an Fehler oder Mißerfolge in uns gespeichert, die unsere negative Überzeugung stützen. Wenn wir diese Überzeugungen ändern, öffnen wir uns die Tür zu einer neuen Zukunft.

Solange wir uns immer nur darauf konzentrieren, was wir *nicht* können, merken wir kaum noch, was wir eigentlich *können*. Wir müssen unseren Blickwinkel verändern – nicht auf das Problem schauen, sondern auf die Lösung. Dann strecken wir die Hand nach dem Zuckerbrot aus und machen uns keine Sorgen mehr wegen der Peitsche. Oder um es mit den Worten des Bauarbeiters auf der 76. Etage auszudrücken: «Schau nicht dorthin, wo du nicht hinwillst.»

Wie man es zu überdurchschnittlichen Leistungen bringt

Wie schwer eine Aufgabe uns fällt, hängt immer davon ab, wie gut wir uns darauf vorbereitet haben. Je intensiver und vollständiger die Vorbereitung, um so besser die Leistung. Abraham Lincoln hat einmal gesagt: «Wenn ich sechs Stunden Zeit hätte, um einen Baum zu fällen, dann würde ich in den ersten vier Stunden nur die Axt schärfen.»

Die «Naturbegabung» wird allgemein überschätzt. Sie kann uns nur bis zu einem gewissen Grad weiterbringen, wie es die Schildkröte dem Hasen in Aesops Fabel beweist. In meinem ersten Jahr als Turntrainer an der University of California in Berkeley bemühte ich mich sehr, eine junge Frau namens Patricia jeden Tag zum Training zu motivieren. Doch obwohl sie begabter war als die meisten anderen Turner, die ich bis dahin erlebt hatte, besaß sie nicht die Ausdauer, um auch nur annähernd das zu leisten, was in ihr steckte. Seitdem achte ich bei meinen Schülern mehr auf Charakter und Arbeitsgewohnheiten als auf überragendes Talent.

Die Menschen, die auf irgendeinem Gebiet Überdurchschnittliches leisten, besitzen meistens eine seltene Kombination aus günstigen Erbanlagen, starker Motivation und anderen Eigenschaften. Doch *jeder* Mensch kann auf fast jedem Gebiet in irgendeiner Form *sehr kompetent* werden, und zwar durch bloße Konzentration, Entschlossenheit und Arbeit. Die erfolgreichen Profis auf dem Gebiet der Leichtathletik, der Schauspielerei, des Rechts, der Medizin oder der Wirtschaft, die ich kenne, schreiben ihren Erfolg eher «harter Arbeit» zu als einem «Naturtalent».

Eric, ein früherer Kamerad aus der Universitätsturnmannschaft, hatte eine schwere Kinderlähmung gehabt. Seine Beine waren dünn wie Stöcke. Als er zum erstenmal in die Turnhalle kam und dem Trainer sagte, er wolle an den Ringen üben, konnte er nur auf Krücken gehen. Der Trainer hieß ihn willkommen, aber er hatte seine Zweifel. Wir waren eine der stärksten Mannschaften der gesamten Vereinigten Staaten, und es war sehr unwahrscheinlich, daß Eric sich für die Aufnahme in unser Team qualifizieren konnte. Vier Jahre später machte Eric bereits ohne Krücken Dauerläufe mit unserer Mannschaft und konnte ohne fremde Hilfe einen über zwei Meter hohen Salto ausführen. Er wurde einer der drei besten Kunstturner der Vereinigten Staaten und trat in die Nationalmannschaft ein.

Ron spielte gern Frisbee; aber abgesehen davon wußte er mit neunundzwanzig Jahren immer noch nicht, womit er seinen Lebensunterhalt verdienen sollte. «Werde doch endlich erwachsen, Ron», ermahnten seine Eltern und Freunde ihn. «Mit Frisbeespielen kann man kein Geld verdienen.» Ron trat auch für den Weltfrieden ein. Eines Tages kam ihm eine Idee. Er fand einen Geldgeber, kaufte ungefähr fünfhundert Frisbeescheiben mit der Aufschrift «Weltfrieden» in englischer und russischer Sprache, reiste in die damalige Sowjetunion und brachte den Menschen dort überall das Frisbeespielen bei (das war während des Kalten Krieges). Inzwischen leitet Ron Frisbee-Reisen nach Rußland und China, und viele lebenslustige, gutherzige Menschen nehmen an diesen Reisen teil. So verdient er sein Geld mit einer Arbeit, die ihm Spaß macht, und dient dabei gleichzeitig auch noch seinen Mitmenschen.

Ich könnte noch Hunderte solcher Geschichten von Leuten, die sich keine Grenzen gesetzt haben, erzählen.

Seine Grenzen erweitern

Heutzutage gibt es viele faszinierende Möglichkeiten, bis an die Grenzen seiner Fähigkeiten zu gehen. Welcher der Weisen des Altertums hätte unsere modernen Initiationsriten vorausgesehen? Welcher Schamane hätte sich träumen lassen, daß einmal eine Zeit kommen würde, in der «ganz normale» Leute aus einer Höhe von dreitausend Metern in den Abgrund springen, und das nur so als Sport? Konnten die Männer, die in Neuguinea von fünfzehn Meter hohen Türmen sprangen und dabei nur von Rankenpflanzen gehalten wurden, voraussehen, daß heutige Männer und Frauen an Gummibändern Hunderte von Metern tief aus Kränen und Heißluftballons springen würden? Ahnten die indischen Fakire und die afrikanischen Stammeskrieger, daß an Wochenendseminaren Tausende von Menschen im Land über glühende Kohlen laufen und am nächsten Workshop Holzbretter mit bloßen Händen zerbrechen lernen würden?

Solche dramatischen Erlebnisse sind sicherlich nicht jedermanns Sache. Der Pfad des friedvollen Kriegers beginnt da, wo wir jetzt im Augenblick stehen, und respektiert die individuellen Bedürfnisse eines jeden Menschen. Manche Menschen kostet es viel mehr Mut, ihre innersten Gefühle zum Ausdruck zu bringen, als mit einem Fallschirm vom Himmel zu springen. Für andere bedeutet es schon einen riesengroßen Schritt zu einem neuen Selbstbild, wenn sie eine Zwanzig-Kilometer-Wanderung machen oder ein Mädchen fragen, ob es mit ihnen ausgehen möchte. Mut, Begabung und Mitgefühl kann man auf viele verschiedene Arten zeigen. Manche der waghalsigen Fallschirmsportler, Bungeespringer und Feuerläufer haben wahrscheinlich noch nicht den Mut gefunden, sich mit anderen, viel «alltäglicheren» Lebensbereichen auseinanderzusetzen. Sie wagen es zum Beispiel nicht, zu weinen, wenn sie traurig sind, und lassen sich auf keine verbindliche Partnerbeziehung ein. Für jeden gibt es seine eigenen Herausforderungen.

Haben wir die Herausforderungen akzeptiert und mit etwas – *egal womit* – unsere eingebildeten Grenzen durchbrochen, werden wir in Zukunft Grenzen voraussichtlich nicht mehr so ohne weiteres akzeptieren. Ein Schritt nach oben auf der Leiter des Mutes ermuntert uns zum nächsten, und wenn wir dann wieder einmal der Versuchung erliegen, zu sagen: «Das kann ich nicht», dann haken wir sofort ein und fragen uns: *«Woher weiß ich das eigentlich?»*

Die Erfahrung lehrt uns: Wenn uns einmal etwas gelingt, dann *wissen* wir künftig, daß wir es können. Gelingt es uns nicht, *heißt das aber noch lange nicht,* daß wir es nicht können. Es heißt nur, daß wir es bis jetzt eben noch nicht geschafft haben.

Für alle Möglichkeiten offen bleiben

Ich hätte nie gedacht, daß ich je Trampolin-Weltmeister werden würde; aber ich habe auch nie geglaubt, daß ich es *nicht* werden würde. Für die meisten Menschen ist ein optimistisches, aufgeschlossenes «Ich probiere es auf jeden Fall – mal sehen, ob es klappt» vielleicht die beste Einstellung.

Wenn wir regelmäßig musizieren, tanzen, Sport treiben oder irgend etwas anderes üben, stellen wir fest, *daß uns alles, was wir über einen längeren Zeitraum hinweg praktizieren, mit der Zeit immer besser von der Hand geht.* Auf dieses Prinzip können wir bauen.

Alle Dinge und Menschen verändern sich und entwickeln sich weiter. Heute haben wir ganz andere Zellen als die, aus denen unser Körper vor sieben Jahren bestand. Jeder verändert und entwickelt sich, und so ist es auch mit seinen Fähigkeiten. Was in der Vergangenheit stimmte, muß nicht unbedingt auch jetzt noch gelten. Aus häßlichen Entlein können stolze Schwäne werden, und der unsichere Einsiedler kann lernen, vor Hunderten von Zuhörern mitreißende Reden zu halten.

Gleichgültig, wo unser verzerrtes Selbstbild herstammt – wir können gleich jetzt anfangen, aus unserem Gefängnis auszubrechen und unsere Zukunft nicht länger von unserer Vergangenheit bestimmen zu lassen. Es kommt nicht darauf an, woher wir kommen, sondern wohin wir gehen.

Das Geheimnis des Erfolgs

Wie wir gesehen haben, ist unser Basis-Selbst für unseren Erfolg in dieser Welt verantwortlich. Doch unser Bewußtes Selbst *definiert,* was Erfolg ist, und hält das Ruder in der Hand. Im Idealfall hilft es dem Basis-Selbst, die Welt zu verstehen. Alles, was unser bewußter Verstand über uns sagt oder glaubt, wird als Botschaft an unser Unbewußtes weitergeleitet, und das Unbewußte erkennt diese Bilder schließlich als Realität oder festes Verhaltensmuster an.

Wenn wir immer wieder sagen: «Das kann ich nicht gut» oder «Ich bin so ungeschickt», bleibt unserem Basis-Selbst gar nichts anderes übrig, als diese einprogrammierten negativen Vorstellungen zu akzeptieren. Dann hilft es uns, erfolgreich ungeschickt zu sein. Bald haben wir unzählige Gläser umgeworfen und zahllose Beulen am Kopf, die beweisen, daß wir tatsächlich zwei linke Hände haben. Deshalb sollten wir genau darauf achten, von welchen Voraussetzungen wir ausgehen, was wir über uns selbst sagen und wie wir uns sehen. Wenn wir sagen: «Ich glaube nicht, daß ich das schaffe», dann werden wir es wahrscheinlich auch nicht schaffen.

Da wir ja nun wissen, wie das Basis-Selbst auf solche negativen Programme reagiert, können wir unsere Selbstgespräche und bildlichen Vorstellungen in eine positive Richtung lenken. *Positive Aussagen, kombiniert mit deutlichen, lebhaften positiven Visualisierungen,* bedeuten ein inneres Erlebnis für unser Basis-Selbst. Letzten Endes wird es diese positiven Bilder akzeptieren und die Energie bereitstellen, die wir für solche Leistungen brauchen. Diese Übung funktioniert besonders gut, wenn wir daran denken, was unser Basis-Selbst motiviert: Überleben, angenehme Empfindungen und Macht.

Wenn wir uns beispielsweise sagen: «Ich wirke attraktiv, und alle empfinden meine Gesellschaft als angenehm», und wenn wir uns gleichzeitig vorstellen, wie Menschen ins Zimmer kommen und unsere Ausstrahlung ganz offensichtlich anziehend finden, dann erzeugt unser Basis-Selbst die Energie und die subtilen Verhaltensweisen, die nötig sind, um dieses Ziel auch tatsächlich zu erreichen. Und da alle Basis-Selbste miteinander in Verbindung stehen, werden die Leute, auf die wir anziehend wirken wollen, unser positives Selbstbild bestätigen, wenn ihr und unser Basis-Selbst sich auf der «gleichen Wellenlänge» befinden.

In der Schule hatte ich einen Freund, der für alle seine Erlebnisse mit Mädchen eine positive Interpretation parat zu haben schien. Lächelte ihn eine an, sagte er: «Sie liebt mich.» Ging eine hochnäsig an ihm vorbei, meinte er: «Die ist verrückt nach mir, sie will sich bloß interessant machen.» Ob Jimmys Interpretationen richtig waren oder nicht, spielt gar keine Rolle. Er hatte das Gefühl, auf Frauen zu wirken, und genoß ihre Gesellschaft, weil sie ihn ja alle «liebten». Wenn ich mich recht erinnere, trat Jimmy immer in weiblicher Begleitung auf, und auf seinem Gesicht lag stets ein strahlendes Lächeln.

Wie man seine Möglichkeiten erweitert:
positive Aussagen und Vorstellungen

1. Wähle einen Lebensbereich aus, in dem du ein sehr negatives Bild von dir selbst hast, mit anderen Worten: ein Gebiet, auf dem du deiner Meinung nach wirklich überhaupt kein Talent und keine Fähigkeiten besitzt.

2. Und nun behaupte, daß du *doch* Talent auf diesem Gebiet hast. *Sprich diesen Satz laut vor dich hin.*

3. Erschaffe gleichzeitig vor deinem inneren Auge ein lebhaftes Bild, ein inneres Erlebnis oder eine Vorstellung, die diese Behauptung bekräftigt. Stütze dich dabei auf eines der drei Dinge, die das Basis-Selbst motivieren: Überleben (Sicherheit), angenehme Empfindungen (Vergnügen) und Macht (Kontrolle). Je detaillierter und angenehmer dein inneres Bild ist, um so besser.

4. Nun lasse diese Visualisierung wieder los, halte aber an deinen positiven Erwartungen fest und vertraue einfach auf den Prozeß, der jetzt einsetzt.

Das Leben ist ein Wunder, schon morgen kann unsere Lebensgeschichte sich ändern. Es sind nicht so sehr die äußeren Hindernisse, sondern mehr unsere eigenen begrenzten, verzerrten Vorstellungen, die unsere Möglichkeiten einengen. Wenn wir uns davon losreißen können, finden wir die Kraft, das Kommando zu übernehmen und die Geschichte unseres Lebens selbst zu schreiben. Dann kann sich eine Tragödie oder ein Drama in ein freudiges Abenteuer verwandeln.

Spiele das, was du werden möchtest

Schauspielerei kann eine göttliche Kunst sein, eine an Wunder grenzende Methode, aus dem eigenen Ich herauszutreten und ein anderes Ich anzuprobieren. Sie geht weit über die professionellen oder vielleicht auch nur dilettantischen Versuche auf der Bühne oder vor der Kamera hinaus. Wir alle spielen, doch die meisten sind auf eine einzige Rolle festgelegt: Sie spielen immer nur sich selbst. Sie tun ständig so, als seien sie der Mensch, für den sie sich halten. Die Wertvorstellungen, die uns von wohlmeinenden Menschen aufgezwungen und einprogrammiert worden sind, beherrschen uns so lange, bis wir selbst in unsere Segel blasen und unseren Kurs ändern.

Durch das Spielen bestimmter Rollen können wir unser Selbstbild ändern oder erweitern nach dem Prinzip: «Einfach so tun als ob, irgendwann wird es schon klappen!» Schauspielern bedeutet, die Kunst des «als ob» zu meistern. Handle so, als *ob* du gut aussiehst oder im Geld schwimmst oder das Spiel gewinnen könntest, dann wird dir diese Rolle bald in Fleisch und Blut übergehen. Ich hoffe, es ist klar, daß das Einüben und Spielen von Rollen eine Methode ist, mit der man *bewußt* sein Verhalten und sein Repertoire erweitert – ganz im Gegensatz zu dem großenteils unbewußten «Nur vorgeben als ob», das wir früher praktiziert haben.

Rollen eingeübt haben wir alle schon, wenn auch unbewußt. Auf diese Weise lernt unser Basis-Selbst. Auf diese Weise haben wir zum Beispiel als Kinder sprechen und laufen gelernt und Angewohnheiten, Gesten und andere Verhaltensweisen der Erwachsenen nachgeahmt. Jetzt können wir das gleiche bewußt tun.

Es sieht zwar aus wie bloße Nachahmung, spielt sich aber auf einer tieferen Ebene ab. Man übernimmt dabei die inneren Eigenschaften, Begabungen und Energien einer anderen Person, oder man nimmt, wie es Krieger und Schamanen früher getan haben oder noch tun, bestimmte kraftvolle Eigenschaften von Tieren an. Das ist eine der wirksamsten Methoden, uns zu verändern. Wir können uns die positiven Eigenschaften von Menschen, die wir bewundern, bewußt zu eigen machen. Ein paar Beispiele zur Veranschaulichung:

Beim Peaceful Warrior Intensive Training (Intensivtraining für friedvolle Krieger), das mehrmals im Jahr in Nordkalifornien stattfindet, bringe ich den Teilnehmern die Grundprinzipien und -bewegungen des Messerkampfes (mit Gummimessern) bei, damit sie auf der Ebene des Basis-Selbst Zugang zu Eigenschaften wie Mut, Selbstvertrauen, Entschlossenheit und Selbstannahme gewinnen und zu der wichtigen Fähigkeit, ihre Aufmerksamkeit auf den jetzigen Augenblick zu konzentrieren. Vor ein paar Jahren fiel mir auf, daß ein Teilnehmer, ein Mann namens Roy, sich in der Rolle des typischen langweiligen «Spießers» verrannt zu haben schien. Er trug dicke Brillengläser, sah nie jemand in die Augen, war schmächtig und sehr schüchtern und hatte eine leise Stimme. Und jetzt probierte er endlich einmal aus der Reihe zu tanzen! Als ein Angreifer auf Roy zukam, versuchte er ihn mit seinem Messer zu treffen. Er bewegte sich mit bewundernswerter Ungeschicklichkeit. Was Tölpelhaftigkeit anging, war er wirklich ein Meister.

Ich ging zu ihm hinüber. «Hast du Schwierigkeiten, Roy? Kann ich dir irgendwie helfen?» fragte ich ihn.

«Nein. Das Problem ist nur, daß ich wirklich Angst habe», gestand er. «Ich habe mich noch nie in der Rolle eines Messerkämpfers gesehen, und es gelingt mir auch jetzt nicht.»

«Ich verstehe schon, warum du Angst hast. Schließlich ist das alles hier neu für dich, und es kann einem schon einen ganz schönen Schrecken einjagen, wenn man sich noch nicht viel zutraut. Aber beantworte mir eine Frage: Hätte Bruce Lee in so einer Situation Angst?»

Roy war ein Fan von Bruce Lee. «Nein», sagte er. «Für Bruce Lee wäre das ein Kinderspiel – so ein großartiger Kämpfer, schnell wie der Blitz!»

«Na gut», sagte ich. *«Dann sei doch einmal Bruce Lee.»*

Als ich wieder wegging, hatte Roy einen leeren, träumerischen Ausdruck in den Augen. Ein paar Minuten später drehte ich mich um und sah, wie Roy die gleichen hohen Töne ausstieß wie Bruce Lee beim Kampf – und ich hätte schwören können, er sah sogar ein bißchen aus wie Bruce und bewegte sich blitzschnell. Ein anderer Teilnehmer, Robin, sollte seine Abschlußprüfung machen. Dabei muß man zentriert und entspannt bleiben, ruhig atmen und darf nicht den Mut verlieren, während der Angreifer immer wieder auf einen zurennt. Die ganze Gruppe schaute zu und feuerte ihn an. Aber Robin hörte ihre ermutigenden Rufe nicht. Er war wie erstarrt, gelähmt vor Angst. Gleich würde er vor unseren Augen zusammenbrechen.

Da erinnerte ich mich an einen Filmausschnitt aus *Der Hofnarr,* einer klassischen Abenteuerromanze mit Danny Kaye in der Titelrolle, den wir uns vor ein paar Abenden angeschaut hatten. In der Szene, die wir sahen, duellierte Danny sich mit dem heimtückischen Bösewicht, der meisterhaft mit dem Schwert umgehen konnte. Da hypnotisierte die Hexe Griselda unseren Helden, schnippte mit den Fingern und sagte: *«Du bist der Meister des Schwerts!»* In dem Augenblick, als sie mit den Fingern schnippte, veränderte der Held sich plötzlich: Er war kein verängstigter Anfänger mehr, sondern nahm sein Schicksal in die Hand und konnte so geschickt mit dem Schwert umgehen, daß er den Bösewicht mit spielerischer Leichtigkeit besiegte.

Also schnippte auch ich mit den Fingern und sagte zu Robin: «Du bist der Meister des Schwerts!» Sofort erinnerte Robin sich an die Filmszene. Alle Teilnehmer setzten sich vor Spannung kerzengerade auf. Wie elektrisiert beobachteten sie, wie Robin *von einer Sekunde zur anderen* seine Konzentration wiedererlangte. Ein teuflisches Lächeln trat auf sein Gesicht, und er verwandelte sich vor unseren erstaunten Augen in einen anderen Menschen! Für den Rest der Prüfung *war* er wirklich ein Meister des Schwerts. Wir brauchen nur ein geeignetes Vorbild, um eine neue Rolle zu übernehmen.

Je mehr Rollen wir beherrschen, um so freier sind wir und um so mehr faszinierende Möglichkeiten stehen uns offen. Durch die Fähigkeit, verschiedene Rollen zu spielen, erweitern wir unser Selbstbild und erlangen Freiheit und inneres Gleichgewicht.

Ein Balanceakt

Die einen spielen die Rolle des Puritaners, der sich immer streng an die Vorschriften hält, asketisch, moralisch und in allem peinlich genau, manchmal auch verkrampft und verklemmt. Andere spielen den Hedonisten, den Sinnenfrohen, gehen gern auf Partys, folgen spontan allen ihren Impulsen, und wenn ihnen etwas Spaß macht, dann tun sie es. Der Hedonist hat mehr Freude am Leben – wahrscheinlich hat er auch mehr zu bereuen.

Aber was für einen Spaß kann es erst machen, die Rollen zu wechseln und dem Puritaner einmal einen Tag oder eine Woche oder ein ganzes Jahr frei zu geben: das Leben zur Abwechslung einfach ein bißchen lockerer anzugehen, seine Haare offen oder lang zu tragen, sich auch mal eine Süßigkeit oder ein Stück Kuchen zu genehmigen, ein bißchen zu flirten und manche Dinge nur so zum Spaß zu tun, selbst wenn nichts Konstruktives dabei herauskommt. Und wie interessant ist es für den Hedonisten, sich zur Abwechslung einmal eine puritanische Lebensweise aufzuerlegen – auf seine Ernährung zu achten, mehr Sport zu treiben, vielleicht sogar eine Fastenkur zu machen!

Ich will damit nicht sagen, daß wir tief verwurzelte Wertvorstellungen, die uns hoch und heilig sind und mit denen wir gut zurechtkommen, einfach beiseite fegen sollen. Ich meine nur, daß wir *Alternativen* haben, daß wir auch einmal ganz bewußt *die*

Rolle eines Menschen mit anderen Wertvorstellungen, Ansichten und Verhaltensweisen *spielen* können, die uns erstrebenswert erscheinen – wenn auch nur zur Abwechslung! Auf diese Weise erstarren wir nicht in einer bestimmten Rolle und entgehen der Gefahr, unser Leben lang ein und dieselbe Person zu spielen.

Als ich Turnerinnen auf dem Schwebebalken trainierte, fiel mir auf, daß manche immer auf derselben Seite vom Balken herunterfielen, wenn sie eine neue Bewegung ausprobierten. Ich riet ihnen dann, nicht krampfhaft oben bleiben zu wollen, sondern *sich einmal absichtlich auf der anderen Seite herunterfallen zu lassen*. Dadurch, daß wir beide Seiten einbeziehen, finden wir die Mitte. Zum inneren Gleichgewicht gehört also die Fähigkeit, beide Seiten einer Rolle zu beherrschen. Es bedeutet, Mäßigung und Leidenschaft miteinander in Einklang zu bringen: den Hedonisten zu spielen und das Leben zu feiern, als sei es eine einzige Party, und am nächsten Tag die Rolle des Puritaners zu übernehmen, wenig zu essen, mehr Sport zu treiben und uns wieder von dem Vergnügen zu reinigen, das wir in der Nacht zuvor hatten.

Manchmal muß man innerlich starr und hart sein, man muß nein sagen können und es auch so meinen, muß Grenzen setzen. In anderen Situationen ist es wiederum besser, sich gefühlvoller zu zeigen, Kontakt zu seinen Emotionen aufzunehmen und sie zum Ausdruck zu bringen. Manchmal müssen wir den Skeptiker spielen und wissen, wo die Grenze zwischen dem Absoluten und dem Lächerlichen liegt; dann wieder müssen wir an eine Sache, eine Idee, einen Freund oder an uns selbst glauben. Ich wiederhole, man muß beide Seiten ausprobieren, um die Mitte zu finden.

Ein ausgeglichenes Leben oder der «Mittelweg» kann auch bedeuten, daß man hin und wieder die Extreme auslotet – hart arbeitet oder aber sich ganz dem Vergnügen hingibt, steht oder sitzt –, nicht zwischen beidem hin und her schwankt. Eine erst heiße und dann eiskalte Dusche gibt uns mehr Energie als eine lauwarme. Es ist ein angenehmes Gefühl, es bequem zu haben, aber wenn wir es uns immer bequem machen, versäumen wir die Chance, nach etwas zu greifen und zu wachsen.

＊—＊－ ＊—＊－ ＊—＊－ ＊—＊－ ＊—＊－ ＊—＊－ ＊—＊－ ＊—＊－ ＊—＊－

Was für Rollen spielst du?
Zähle einmal alle Rollen auf, die du in deinem täglichen Leben spielst – bei der Arbeit und zu Hause. Frage dich:

- Welche Rollen sollte ich noch mehr üben?
- Welche Rollen fehlen?
- Wie könnte ich mein Repertoire erweitern?

＊—＊－ ＊—＊－ ＊—＊－ ＊—＊－ ＊—＊－ ＊—＊－ ＊—＊－ ＊—＊－ ＊—＊－

Sicher und geborgen ist ein Schiff nur im Hafen, aber dafür sind Schiffe nicht da. Riskiere ab und zu etwas. Stürze dich einfach ins Leben hinein. Tu etwas, wovor du Angst hast. Wage dich an eine Aufgabe, der du normalerweise lieber aus dem Weg gegangen wärst, weil du sie dir nicht zutraust oder weil irgend jemand anders sie dir nicht zugetraut hat. Du kannst viel mehr schaffen und sein, als du glaubst.

Der goldene Adler

Ein Mann fand einmal ein Adlerei und legte es einer seiner Hennen im Hühnerhof ins Nest. Der Adler wurde zusammen mit den Küken ausgebrütet und wuchs mit ihnen auf.

Da er sich für ein Huhn hielt, gackerte er. Er schlug mit den Flügeln und flatterte immer nur höchstens einen oder anderthalb Meter in die Höhe wie ein anständiges Huhn. Und er scharrte in der Erde nach Würmern und Insekten.

So verging Jahr um Jahr, und der Adler wurde alt. Eines Tages sah er einen prächtigen Vogel, der hoch oben am Himmel majestätisch seine Kreise zog. Bewundernd blickte der alte Adler nach oben.

«Wer ist das?» fragte er ein Huhn, das gerade neben ihm stand.

«Das ist der Adler, der König der Vögel», antwortete das Huhn.

«Wäre es nicht herrlich, wenn wir auch so hoch am Himmel kreisen könnten?»

«Vergiß es», sagte das Huhn. «Wir sind nur Hühner.»
Also vergaß der Adler es wieder. Und er lebte und starb in dem Glauben, ein Huhn zu sein.

Anthony Demello, *The Song of the Bird*

In uns allen wohnt der Geist dieses goldenen Adlers, und in uns allen, Männern wie Frauen, steckt auch ein Held, ein Magier, ein Abenteurer, ein Priester und ein friedvoller Krieger. Wir tragen alle Rollen in uns. Wir sind aus stärkerem Material, als die meisten von uns sich bis jetzt träumen lassen, und in unserem Körper liegen Geheimnisse verborgen, die noch auf Enthüllung warten.

Sobald wir begreifen, daß unser Selbstbild nicht mehr ist als eben nur ein Bild, beginnt der Heilungsprozeß. Der Nebel lichtet sich, und wir sehen ein Schild vor uns, auf dem steht: «Freier Durchgang.»

11
Der Weg zu einem besseren Selbstwertgefühl

*Wenn ich eines Tages die Zügel der Macht niederlege
Und wenn ich dann alle anderen Freunde auf der Erde verloren habe,
Dann werde ich wenigstens noch einen Freund haben,
Und der wohnt tief in meinem Inneren.*

Abraham Lincoln

Was wir verdienen

Im großen kosmischen Rahmen gesehen, bekommen wir als Individuen und als gesamte Menschheit vielleicht genau das, was wir brauchen, um zu wachsen und uns weiterzuentwickeln. Akzeptieren wir das, können wir zuversichtlich und mit einer positiven Einstellung weiterleben, selbst wenn unsere Lebensumstände aufgrund äußerer Kräfte (zum Beispiel sozialer Ungerechtigkeit oder weil wir in einem armen Teil der Erde leben) schwierig sind. Ob wir es im Leben leicht oder schwer haben, hängt von vielen inneren und äußeren Faktoren ab. Ein Teil des Drehbuchs steht vielleicht sogar in den Sternen.

Viele mutige Seelen sind über das Schicksal, das sie zu erwarten hatten, hinausgewachsen und haben selbst extreme Nöte und Schwierigkeiten überwunden. Sie können uns allen als leuchtendes Vorbild dienen. Vielleicht gestalten wir unser Leben nicht allein, vielleicht liegt das Ruder des Schicksals nicht völlig in unserer Hand – aber wir haben auf jeden Fall großen Einfluß auf unser Geschick. Zu einem großen Teil sind wir selber unseres Glückes Schmied. Was für Erfahrungen wir uns gestatten, hängt sehr davon ab, was wir zu verdienen glauben. Unser Selbstwertgefühl, das heißt, wie zufrieden wir mit uns als Mensch sind, spielt eine Schlüsselrolle in unserem Leben.

Les Brown wuchs als Schwarzer in einer armen, ländlichen

Gegend Amerikas auf, und seine Schulbildung war völlig unzureichend. Doch er arbeitete sich hoch, wurde ein beliebter Moderator für Talkshows am Radio und bekam schließlich sogar einen Posten in der Regierung von Ohio. Heute hält Brown Vorträge vor Gruppen und Firmen in ganz Amerika.

Dagegen kenne ich einige Leute, die aus der gehobenen Mittelklasse stammen, in einem teuren Wohnviertel aufgewachsen sind, eine gute Schule besucht und anschließend studiert haben und sich trotzdem auf die eine oder andere Art fast ihr Leben zerstört haben. Ein entscheidender Faktor dabei war ihr Selbstwertgefühl. Besitzen wir ein hohes Selbstwertgefühl, ergibt sich alles andere von selbst; wenn nicht, dann kann uns gar nichts helfen.

Die größte Hürde

Vielleicht kommen wir uns so attraktiv oder schön vor wie ein Fotomodell oder ein Filmstar, vielleicht halten wir uns für hochintelligent, vielleicht stammen wir aus einer reichen Familie oder besitzen die Fähigkeit zum Hochleistungssportler; doch solange wir das Gefühl unserer eigenen Wertlosigkeit nicht überwinden, kann aus unserem Leben trotzdem nichts werden, weil wir es nicht zulassen.

Ich muß hier einen kleinen Unterschied zwischen Selbstbewußtsein und Selbstwertgefühl machen. Im Hinblick auf bestimmte Dinge wie beispielsweise unser Aussehen, unsere körperlichen Fähigkeiten oder unsere Intelligenz können wir durchaus ein großes Selbstbewußtsein haben. Aber solange wir uns als Mensch nicht vorbehaltlos *mögen,* solange wir nicht das Gefühl haben, ein *guter* Mensch zu sein und Erfolg, Reichtum, Frieden, Glück und Liebe *zu verdienen,* begehen wir einen der beiden folgenden Fehler:

1. *Wir sabotieren unsere eigenen Bemühungen* oder gehen der Erfüllung unseres Lebens auf irgendeine andere Weise aus dem Weg. Wir wählen oder schaffen uns schlecht bezahlte Stellungen, problematische Partnerbeziehungen und finanzielle Schwierigkeiten (ganz egal, wieviel Geld wir verdienen). Wir

sabotieren unser Leben, indem wir Drogen nehmen, uns
verletzen, krank werden oder davonlaufen oder durch andere Verhaltensweisen, die Erfolg und Glück unmöglich
machen.

2. *Es fällt uns schwer, Energie oder Lob zu empfangen* oder zu akzeptieren, daß jemand etwas für uns tut. Haben wir trotz allem Erfolg, fühlen wir uns in der Regel nicht wohl dabei oder
   können ihn nicht richtig genießen. Deshalb verfallen wir irgendwann wieder in den alten Teufelskreis, sabotieren unser
   Leben und unsere Beziehungen, und unser beruflicher Erfolg
   scheint vor unseren Augen in sich zusammenzustürzen wie
   ein Kartenhaus.

Das alles tun wir nicht bewußt. Unser Bewußtes Selbst sehnt
sich vielleicht nach Erfolg und stürzt sich begeistert auf jede
neue Chance. Doch da das Gefühl der Wertlosigkeit uns schon
in der Kindheit einprogrammiert wurde, fühlt unser Basis-
Selbst sich leicht unwohl und sabotiert unsere Bemühungen. Jeder Betroffene – auch wir selbst – fragt sich in solchen Fällen,
warum wir das eigentlich tun: «Ich verstehe den Burschen einfach nicht. Er ist ein phantastischer Sportler, aber trotzdem ver-
patzt er im entscheidenden Moment immer alles.» – «Brenda ist
hochintelligent, aber sie leistet einfach nicht das, was in ihr
steckt.»

Das Spektrum unseres Selbstwertgefühls

Natürlich passen nur wenige Menschen genau in eine der Kate-
gorien, die ich hier beschrieben habe. Die meisten versuchen bewußt, in allen Lebensbereichen möglichst erfolgreich zu sein.
Aber in dem Maße, in dem uns das Selbstwertgefühl fehlt,
schränken wir unseren Erfolg ein, gehen ihm aus dem Weg oder
sabotieren ihn vielleicht sogar auf subtile Weise, oder wir sind
nicht in der Lage, ihn vorbehaltlos zu genießen, wenn wir ihn
trotz allem erreicht haben.

Wenn ich dich fragte: «Glaubst du, Reichtum und inneren
Frieden verdient zu haben?», würdest du vielleicht antworten:
«Ja, natürlich!» Aber wenn ich deinem Basis-Selbst diese Frage
stellte, bekäme ich unter Umständen eine ganz andere Antwort.

Unser Bewußtes Selbst ist nur die Spitze des Eisbergs. Es kann nicht die ganze Wahrheit kennen oder sagen, denn die tieferen Motive, die unter dem Meeresspiegel liegen, sind ihm nicht bewußt. Wir setzen unserem Selbstwertgefühl selbst Grenzen. Geht es uns zu gut, haben wir oft das Gefühl, das alles nicht wert zu sein: «Eigentlich habe ich meinen Partner/meine Partnerin gar nicht verdient. Er/sie ist viel zu gut für mich.»

Marilyn Monroe konnte den Erfolg und die Verehrung, die ihr zuteil wurden, nicht ertragen und beendete auf tragische Weise ihr Leben. Manche Kinderstars mit zu geringem Selbstwertgefühl laufen ernstlich Gefahr, ihr eigenes Leben zu sabotieren, weil der plötzliche Reichtum und die plötzliche Bewunderung ihnen unheimlich vorkommen und eine Dissonanz in ihr Leben bringen. Viele Lottogewinner empfinden ihren hohen Gewinn als große Belastung. «Aber ich habe doch gar nichts getan, um dieses Geld zu verdienen!» sagt ihr Basis-Selbst, und viele verlieren es schon nach kurzer Zeit wieder.

Es gibt nur einen Weg

Nehmen wir zur Übung einmal an, wir könnten genau angeben, wieviel wir von dem zu verdienen glauben, was das Leben zu bieten hat, und zwar auf einer Skala von eins bis einhundert. Wenn wir ganz ehrlich zu uns selbst sind, uns auf unsere tiefsten inneren Empfindungen einstimmen und uns weniger als hundert Punkte geben, dann müssen wir an unserem Selbstwertgefühl arbeiten. Auch wenn unser Bewußtes Selbst antwortet: «Natürlich hundert Punkte!», liegt der wahre Maßstab für unser Selbstwertgefühl in unserem Basis-Selbst. Vielleicht gibt es nur einen einzigen Weg, herauszufinden, für wie wertvoll wir uns halten: *Wir müssen untersuchen, wie unser Leben jetzt im Augenblick aussieht, denn unser Leben ist ein Spiegel dessen, was wir unserer Meinung nach verdient haben.* Das ist eine viel zuverlässigere Information als unsere *Meinung* darüber, was wir verdient haben.

–•– –•– –•– –•– –•– –•– –•– –•– –•– –•–

Beurteilung unseres Selbstwertgefühls
1. Stelle dir einmal folgende Fragen:
   • Hast du das Gefühl, du müßtest eigentlich mehr tun, mehr

geben oder dich mehr anstrengen, um deine Existenz zu verdienen oder zu rechtfertigen?

- Fällt es dir leichter, etwas zu geben als etwas zu empfangen?
- Macht es dich verlegen, wenn du Geschenke oder Aufmerksamkeit oder Applaus bekommst?
- Wenn sich in deinem Leben etwas Positives ereignet, sagst du dann: «Das bleibt bestimmt nicht lange so» und wartest auf den nächsten Tiefschlag?
- Leidest du relativ oft an Krankheiten oder Verletzungen oder sabotierst du deine eigenen Bemühungen auf irgendeine andere Art und Weise? (Nicht jede Krankheit oder Verletzung ist Eigensabotage!)
- Wenn du Geld hast, juckt es dich dann in den Fingern, es möglichst schnell wieder auszugeben? Fällt es dir schwer, Geld zu erwerben?
- Triffst du häufig «falsche» Entscheidungen und machst dir das Leben schwerer, als es eigentlich sein müßte?

2. Wenn du einige dieser Fragen oder gar alle mit ja beantwortet hast, steht die Hürde eines zu geringen Selbstwertgefühls dir noch im Weg.

Das Paradoxe am menschlichen Selbstwertgefühl

Die Erleuchtetsten von uns – diejenigen mit den *höchsten Idealen,* den höchsten Visionen, den höchsten Maßstäben – haben häufig das *geringste* Selbstwertgefühl, denn sie messen sich an ihren hohen Maßstäben und stellen dann fest, daß ihr Verhalten und ihre Leistungen zu wünschen übriglassen. Wenn das Sonnenlicht des erhöhten Bewußtseins direkt über den dunklen Brunnen unserer Psyche streift, dann sehen wir unsere negativen Seiten und unsere Ängste. Menschen, denen diese Sensibilität oder diese erleuchtete Vision fehlt, messen sich an niedrigeren Maßstäben. Daher scheinen sie eine höhere Selbsteinschätzung zu besitzen als die wacheren und bewußteren Menschen!

Das Paradoxe daran ist, daß es denen, die tatsächlich den Pfad des friedvollen Kriegers gehen, die offenen Auges durch die Welt gehen und ihre Eigenheiten und Fehler sehen, manchmal am schwersten fällt, zu erkennen, daß sie friedvolle Krieger sind.

In den vergangenen Jahren habe ich bewußt an den Problemen gearbeitet, die mit meinem Selbstwertgefühl zusammenhängen. Unter anderem habe ich eine Karteikarte an einer Stelle befestigt, wo ich sie jeden Tag sehen kann. Auf diese Karte habe ich eine Botschaft geschrieben, die mich nun jeden Morgen begrüßt: *Wieviel Gutes kannst du heute verkraften?* Denn uns wird immer nur so viel Gutes zuteil, wie wir innerlich ertragen können.

Wie unser Selbstwertgefühl entsteht

Das Selbstwertgefühl entwickelt sich fast ebenso früh wie das Ichgefühl. Später in unserer Kindheit während des Sozialisationsprozesses entwickelt sich dann der Gerechtigkeitssinn, und wir beginnen uns der einen oder anderen Seite zuzuneigen.

Als Kind lernen wir, uns so zu behandeln, wie unsere Mitmenschen uns behandeln. Zeigen unsere Eltern uns Liebe, vor allem in den frühesten Kleinkindstadien, indem sie uns berühren, liebevoll mit uns sprechen, uns im Arm halten und uns *beachten*, dann sind wir zufrieden mit uns und unserem Körper. Wir haben das Gefühl, wertvoll zu sein und Aufmerksamkeit und liebevolle Berührungen zu verdienen.

Später, wenn wir heranwachsen und uns besser verständlich machen können und unsere Eltern uns loben, uns unsere Fehler und Ungezogenheiten verzeihen und uns immer wieder sagen, was für «gute Kinder» wir sind, lernen wir, mit uns zufrieden zu sein, weil wir einfach so sind, wie wir sind – und nicht, weil wir dies oder das getan oder uns so oder so verhalten haben. Das ist vielleicht das größte Geschenk, das meine Eltern mir je gemacht haben.

Sind wir zufrieden mit uns, sind wir ganz natürlich offen für alle Möglichkeiten, die das Leben bietet. Wir sind optimistisch und bereit, das zu erreichen, was wir vom Leben erwarten. Es würde uns niemals einfallen, uns mit weniger zu begnügen.

Der innere Richter

Doch irgendwann, im allgemeinen zwischen dem vierten und zehnten Lebensjahr, wird dieses Muster durchbrochen. Ältere Kinder hätscheln die Eltern nicht mehr einfach nur mit bedingungsloser Zuneigung. Jetzt werden wir zu Mitgliedern der Gesellschaft erzogen. Unsere Eltern und unsere Umgebung beginnen uns für «gutes» Verhalten zu *belohnen* und für «schlechtes» Verhalten zu *bestrafen*. Zu den primären Belohnungen können zum Beispiel Aufmerksamkeit, Anerkennung, Zuneigung und Lob gehören; sekundäre Vorteile können besondere Privilegien oder materielle Geschenke sein. Zu den primären Strafen gehören der Entzug von Belohnungen (das Zuckerbrot) und sogar körperlicher Schmerz (die Peitsche).

Durch diese subtilen oder weniger subtilen Belohnungen und Strafen und die begleitenden verbalen Stichworte («Du bist ein braver Junge/ein braves Mädchen.» – «Das war falsch!») entwickeln wir einen *Moralkodex,* der vielleicht von Kultur zu Kultur variiert, aber fast immer in irgendeiner Form vorhanden ist.

Wir lernen zwei Regeln, die sich tief in unserem Inneren verankern:

1. Es ist besser, gut zu sein als böse.
2. Gute Jungen/Mädchen (Verhaltensweisen) werden belohnt, böse Jungen/Mädchen (Verhaltensweisen) werden bestraft.

Von diesen beiden Regeln ausgehend, beginnen wir unser Selbstbild als (verhältnismäßig) gute oder böse Menschen zu entwickeln. Es beruht auf den Moralmaßstäben, die wir verinnerlicht haben, und hängt davon ab, inwieweit wir glauben, diesen Maßstäben zu entsprechen.

Wir alle haben schon Schlechtes getan, beispielsweise einen Fehler gemacht oder uns schlecht benommen. Auch wenn unser Verhalten immer gebilligt wurde, wissen wir doch, daß wir insgeheim Tausende von «bösen» Gedanken hatten – gemeine, kleinliche, unsoziale, ja sogar grausame Phantasievorstellungen. Nur einige dieser falschen Verhaltensweisen oder «bösen» Gedanken wurden entdeckt und bestraft. Doch dem Richter in unserem Inneren ist keiner dieser «Verstöße» entgangen.

Da unsere Eltern oder Lehrer uns nicht für alle «bösen» Gedanken und Handlungen bestraft haben, neigen wir dazu, uns für den Rest unseres Lebens selbst zu bestrafen, und zwar aus

Schuldgefühl. Um das Problem auf einen Nenner zu bringen: Viele Menschen haben nie gelernt, zwischen sich als Person und ihren Fehlern und Verhaltensweisen zu unterscheiden. Statt zu denken: «Ich habe mich schlecht *verhalten*», glauben wir unbewußt: «Ich *bin* ein schlechter *Mensch* und verdiene keine Belohnung, sondern Strafe.»

Wenn ein tiefes Gefühl der Schuld und Wertlosigkeit auf dem Basis-Selbst lastet, bestraft es uns mit Krankheiten, Unfällen, Mißerfolgen (großen, dramatischen Fehlschlägen oder einer Serie kleiner Mißgeschicke) oder anderen Formen der Eigensabotage (es sucht sich zum Beispiel einen Geschäftspartner aus, der uns betrügt, oder einen Ehepartner, der nicht zu uns paßt, und so weiter). Diese «Entscheidungen» treffen wir natürlich auf einer unbewußten Ebene.

Wer häufig Unfälle oder Mißerfolge hat, versucht also vielleicht sein (nur von ihm selbst wahrgenommenes) Schuldkonto auszugleichen. Er handelt aus einem niedrigen Selbstwertgefühl heraus. «Eigentlich müßte ich doch inzwischen klüger geworden sein und nicht immer wieder die gleichen Schmerzen durchleiden», sagt man sich. Aber das ist es ja gerade, man ist nicht klüger geworden. Manche Menschen scheinen nach einer schweren Verletzung oder Krankheit trotz aller ausgestandenen Leiden sogar eine Art heiterer Gelassenheit auszustrahlen, als hätten sie das Gefühl, für die «Sünden», die nur in ihrem eigenen Kopf existieren, nun endlich «genügend bestraft» worden zu sein.

Die Wunden der Vergangenheit heilen

Wenn wir an unserem Basis-Selbst arbeiten, um unser Selbstwertgefühl zu steigern oder wiederzuerlangen, und es schaffen, uns auch unter der Oberfläche unseres Bewußtseins zu lieben und zu akzeptieren, werden wir merken, wie das Leben viel besser und leichter wird. Wir haben mehr «Glück», und es tun sich plötzlich neue Möglichkeiten auf.

Zum Pfad des friedvollen Kriegers gehört manchmal auch die Arbeit mit einem professionellen Therapeuten, der uns helfen kann, in den Seiten des Buches unserer Kindheit zu blättern, die Wurzeln unseres jetzigen Selbstwertgefühls zu erkennen und die

Wunden der Vergangenheit durch geschickte Maßnahmen zu heilen.

Visualisierungen, die Mitgefühl mit unserem inneren Kind erwecken, sind sehr hilfreich, um den Heilungsprozeß in Gang zu setzen. Unser Unbewußtes wird umprogrammiert, indem wir dem Kind in unserem Inneren (das ist ein sehr treffendes Bild für unser Basis-Selbst) endlich die Liebe und Vergebung schenken, die es verdient hat.

— — — — — — — — — —

Wie man die Wunden der Vergangenheit heilt

1. Stelle dir dich selbst als kleines Kind vor. Setze dabei alle deine Sinne ein.

2. Empfinde Liebe, Anteilnahme und Mitgefühl für dein junges Ich, das mit den Verwirrungen und Ängsten der Kindheit zu kämpfen hat.

3. Denke einmal an einen Zeitpunkt zurück, als du ein schlechtes Gewissen hattest, weil du dich schlecht verhalten hattest – ganz egal, ob du dafür bestraft wurdest oder nicht.

4. Lasse dieses Ereignis noch einmal vor deinem inneren Auge ablaufen und beobachte es aus einer Perspektive tiefen Verständnisses und Mitgefühls.

5. Stelle dir vor, wie dein erwachsenes Ich neben deinem Kinder-Ich steht, es tröstet und ihm erklärt, daß es zwar einen Fehler gemacht hat, aber tief in seinem Inneren trotzdem *gut* ist. Vergib deinem Kinder-Ich.

6. Und jetzt *erlebe* diesen selben Zwischenfall *noch einmal;* aber diesmal erlaube deinem Kinder-Ich, den Fehler oder das falsche Verhalten zu *ändern,* es irgendwie wiedergutzumachen. Wenn du damals etwas weggenommen hast, gib es wieder zurück, sage die Wahrheit, beichte alles und laß dir verzeihen. Sieh vor deinem inneren Auge, wie die anderen Menschen, die an dem Ereignis beteiligt waren, deinem Kinder-Ich ebenfalls verzeihen. *Spüre* die Liebe und die Erleichterung.

7. Nun verabschiede dich von deinem Kinder-Ich der Vergangenheit mit einer Umarmung, die sagt: Du bist ein guter und wertvoller Mensch und verdienst es, glücklich zu sein.

— — — — — — — — — —

Unseren Schattenseiten verzeihen

Das schlimmste Gefängnis für unsere Psyche – ein dunkles, elendes Loch – ist das Gefühl, nichts wert zu sein, Zorn auf sich selbst oder gar Selbsthaß. «Schlechte» Menschen kommen nicht in die Hölle. Sie *sind* schon in der Hölle, deshalb handeln sie so schlecht. Im Grunde glaube ich, daß kein Mensch mehr Leiden verursachen kann, als er selbst in seinem Inneren bereits empfindet. Nur geschädigte Menschen schaden anderen.

Die Kriminellen unserer Gesellschaft spiegeln unsere eigenen Schattenseiten in übertriebener Form wider. So sehr es unser moralisches Empfinden und unsere Gefühle auch befriedigen mag, den Kopf zu schütteln und Kriminelle zu verdammen, die besonders gewaltsame oder grausame Verbrechen begangen haben – wir dürfen dabei nicht vergessen, daß diese Menschen aus Mangel an Liebe und Selbstwertgefühl kriminell geworden sind. Wer braucht mehr Liebe als solche Menschen?

Liebe bedeutet nicht, daß wir Kriminelle nun weiter Taten begehen lassen sollen, die anderen Menschen wehtun und ihr eigenes betäubtes Leiden nur noch verschlimmern. Wir müssen sie unbedingt daran hindern, weitere Verbrechen zu begehen, doch gleichzeitig müssen wir ihre Seele lieben, egal, was für einen abstoßenden Charakter sie haben und wie wenig Reue sie zeigen mögen. Erst wenn wir unserem eigenen Schatten und dem in anderen Menschen verzeihen, können wir der Menschheit wirklich dienen, und zwar aus einem tief im Inneren verankerten Selbstwertgefühl heraus.

Dienst am anderen

Wir wissen, daß Dienen, indem wir einem Mitmenschen helfen, eine freiwillige, ehrenamtliche Tätigkeit übernehmen oder einfach nur ein liebevolles, mitfühlendes Herz zeigen, etwas Gutes und Moralisches ist. Gleichzeitig kann Dienen auch unser Leben verändern.

Der Dienst am anderen ist eine der besten Möglichkeiten für unser Basis-Selbst, das «Schuldkonto» früherer Verstöße auszugleichen. Da unser Ich und die Welt einander widerspiegeln, können wir gar nicht anders, als uns selbst mehr zu lieben, sobald wir anderen Liebe entgegenbringen. Der Dienst am Mitmenschen ist der edelste, der königliche Weg zu einem höheren Selbstwertgefühl. Mit solch einem Selbstwertgefühl machen wir uns den Weg zu innerem Frieden, Glück und dem Gefühl der Gegenwart des Geistes frei.

Eine Frau, die sich «Peace Pilgrim» (Friedenspilgerin) nannte, durchwanderte (zu Fuß!) siebenmal alle Staaten und Provinzen Nordamerikas und Kanadas. Sie trug kein Geld bei sich und aß nur das, was die Menschen ihr freiwillig anboten. Sie bat nicht um Obdach, sondern nahm auch das nur an, wenn es ihr angeboten wurde. Während des Wanderns betete sie und sprach vom Weltfrieden und vom inneren Frieden:

> *Ich war die ganze Nacht lang, in Gedanken versunken, durch den Wald gewandert. Da empfand ich aus einer sehr tiefen Suche nach einer sinnvollen Lebensweise heraus . . . eine vollkommene, bedingungslose Bereitschaft, . . . mein Leben dem Dienst an der Menschheit zu widmen. Ich sage euch: Wenn man sich erst einmal dazu entschlossen hat, gibt es kein Zurück mehr.*
>
> *Und so begann die zweite Phase meines Lebens: Von nun an gab ich, was ich geben konnte, statt zu nehmen, was ich kriegen konnte. Ich betrat eine ganz neue, wunderbare Welt. Endlich bekam mein Leben einen Sinn. Mir wurde der große Segen einer guten Gesundheit zuteil; seitdem habe ich nie wieder eine Erkältung oder Kopfschmerzen gehabt. Von nun an wußte ich, daß mein Lebenswerk die Arbeit für den Frieden sein würde . . . den Frieden zwischen Völkern, den Frieden zwischen Gruppen, den Frieden zwischen einzelnen Menschen und den sehr, sehr wichtigen inneren Frieden.* *

Was die Liebe zu einem Haustier bewirken kann

Für eine psychologische Studie wurde in mehreren Gefängnissen die Lebensgeschichte der gewalttätigsten, unverbesserlichsten Häftlinge (Wiederholungstäter) untersucht. Dabei zeigte sich, daß kein einziger der Häftlinge als Kind ein Haustier gehabt und nie die Verantwortung für ein lebendes Wesen getragen hatte.

---

* Peace Pilgrim – Eine Pilgerin der Liebe, Aquamarin Verlag, Grafing

Einsichtige Gefängnisdirektoren genehmigten ein Experiment. Diese Insassen durften ein Kaninchen, einen Vogel, eine Ratte, einen Hamster, eine Katze oder einen kleinen Hund als Haustier bei sich aufnehmen. Die Ergebnisse waren positiv, ja sogar überwältigend: Häftlinge, die vorher gewalttätig gewesen waren, wurden ruhiger und bereiteten sich selbst und anderen nicht mehr so viele Schwierigkeiten. Vielleicht, zu diesem Ergebnis kam die Untersuchung, spielt es tatsächlich eine Rolle, ob man sich um ein kleines Lebewesen kümmern und ihm *dienen* darf oder nicht. Für ein Haustier zu sorgen steigerte das Selbstwertgefühl dieser Häftlinge, und so wurde der Teufelskreis der Gewalt und Frustration durchbrochen.

Gelegenheiten zum Dienen

Wahres Dienen ist keine Handlung, sondern eine Einstellung. Man kann auch aus egoistischen Motiven heraus etwas für andere tun. Wahrer Dienst jedoch entspringt aus einem Gefühl der Demut, der Dankbarkeit und der grundlegenden Erkenntnis, daß wir alle im selben Boot sitzen. Liebe bedeutet, hinter die Persönlichkeit eines Menschen zu schauen und zu erkennen, daß wir, wie Plato gesagt hat, alle «einen schweren Kampf kämpfen». Dienst ist Liebe in Aktion, so einfach wie ein freundliches Lächeln oder ein Kopfnicken zu einem Fremden hinüber oder so allumfassend wie das Leben der Friedenspilgerin oder der Mutter Teresa.

Dienst am anderen kann viele verschiedene Formen annehmen. Man kann zum Beispiel:

- in einem Krankenhaus aushelfen
- Menschen in Altersheimen besuchen
- mit Kindern und Jugendlichen arbeiten
- einen Telefondienst für Selbstmordgefährdete oder für Teenager einrichten, die von zu Hause fortgelaufen sind
- ein Obdachlosenheim tapezieren und verschönern
- Kindern irgend etwas beibringen, was man gut kann
- in einer Umweltschutzorganisation mitarbeiten.

Immer, wenn wir Mühen auf uns nehmen, um etwas für andere zu tun, tun wir gleichzeitig auch etwas für uns selbst (solange wir uns wohl dabei fühlen).

Sein Leben in die Hand nehmen

Solange wir glauben, keinen Erfolg, keine Liebe und keinen Reichtum zu verdienen, erlauben wir uns diese Freuden auch nicht – ganz egal, was für günstige Gelegenheiten sich bieten –, oder wir können sie nicht richtig genießen. Unser Basis-Selbst findet immer Wege, uns das Leben schwerzumachen. Doch da dieser Prozeß auf unbewußter Ebene abläuft, merken wir gar nicht, daß wir selbst uns um unser Unglück bemühen. Statt dessen sind wir frustriert und fragen uns, warum gerade uns immer diese «schlimmen» Dinge «passieren» müssen.

Welche der in diesem Buch beschriebenen Methoden wir auch in die Praxis umsetzen und welche Prinzipien wir auch begriffen haben mögen – wenn wir wirklich wollen, daß unser Leben sich bessert, müssen wir etwas für unser Selbstwertgefühl tun. Selbstzerstörerische Verhaltensmuster und die falschen Schuldgefühle, die sie erzeugen, können beseitigt werden.

Ängste, Selbstzweifel, Unsicherheit und das Gefühl der Wertlosigkeit entstehen aus der dunklen Kraft in unserem Inneren, mit der jeder friedvolle Krieger zu kämpfen hat. Sie ist einer unserer hinterhältigsten Gegner, da sie den Talar des Richters trägt.

Die allgemein herrschenden Mißverständnisse über «Gut» und «Böse», «moralische Gesetze», «Verbrechen und Strafe» und eingebildete «Sünden» haben unser Leben mit einer dunklen Wolke überschattet. Jetzt, kraft unserer Erkenntnis, haben wir die Möglichkeit, dieses falsche Glaubenssystem endlich zu untergraben. Zumindest dämmert uns allmählich, daß wir wohl viel mehr verdient haben, als wir dachten, und vielleicht können wir die dunklen Wolken vom Himmel fortblasen.

Mitgefühl

Meist können wir einsehen, daß unsere Eltern ihr *Bestes* für uns getan haben. Ob sie nun gütig oder grausam, erleuchtet oder unwissend waren und viele Fehler gemacht haben, *innerhalb der Grenzen ihrer eigenen Blindheiten, Ängste und Realitätsvorstellungen* haben sie trotzdem getan, was sie konnten.

Auch wir haben immer unser Bestes getan. Mit diesem Wissen fällt es uns leichter, uns unsere Unzulänglichkeiten zu verzeihen. Doch nicht alle wollen akzeptieren, daß sie ihr Bestes gegeben haben. Dazu sehen sie ihre Fehler viel zu deutlich vor Augen.

> *Ich bin nicht in Ordnung, du bist nicht in Ordnung,*
> *und das ist ganz in Ordnung so.*
> Virginia Satir

In irgendeinem absoluten Sinn hätten wir es vielleicht tatsächlich «besser machen können», aber mit diesem Gedanken bereiten wir uns nur den Weg ins Unglück. Wenn wir rasende Kopfschmerzen haben, sind wir vielleicht nicht so konzentriert bei unseren Pflichten wie am Tag zuvor, an dem es uns hervorragend ging. *Aber an beiden Tagen haben wir, so gut wir konnten, unser Bestes gegeben.* Und indem wir unseren Körper, unsere Gedanken und unsere Emotionen klären und ins Gleichgewicht bringen, wird unser «Bestes» noch von Tag zu Tag besser.

Ich und die Welt

Wir alle wissen, daß wir unseren Nächsten lieben (oder so gut behandeln) sollen wie uns selbst. Aber wie können wir dieses Gebot befolgen, wenn wir noch nicht einmal gelernt haben, uns selbst zu lieben?

Je zufriedener wir mit uns selbst sind, um so lieber mögen wir auch die Menschen in unserer Umgebung. Wir möchten nun gesünder und länger leben, wir genießen unsere eigene Gesellschaft und brauchen keine ständigen Ablenkungen. Unsere Gedanken und Träume sind keine dunklen Wolken mehr, die unser Leben überschatten, sondern angenehme Vorstellungen.

Wenn das Gefühl unserer eigenen Wertlosigkeit weicht und dem Mitgefühl mit uns Platz macht, dann erst kommen uns all die vielen Bücher, Seminare und Erfahrungen zugute. Vielleicht schauen wir in die Vergangenheit zurück und erkennen, wie oft wir uns das Leben schwerer gemacht haben, als es eigentlich hätte sein müssen. Aber die Vergangenheit ist vergangen. Wir können höchstens noch etwas daraus lernen. Vor uns liegt eine frohe Zukunft.

Vergebung

Wer glaubt, daß Schuldgefühle uns auf dem «engen, geraden Weg» halten (der von den Moralmaßstäben anderer Menschen definiert wurde), der sollte sich das lieber noch einmal überlegen. Die moderne Psychologie hat oft genug bewiesen, wie gefährlich Schuldgefühle sein können. Um anderen verzeihen zu können, müssen wir erst einmal uns selbst verzeihen. Damit durchbrechen wir die alten Verhaltensmuster und machen den Weg für eine Veränderung frei.

Bei einer Gelegenheit traf ich Gary wieder, einen alten Schulkameraden. Er war in tiefem Selbsthaß versunken, weil er seine Frau und seine Kinder geschlagen hatte. Wir begannen über den Teufelskreis der Wiederholungen zu sprechen. Garys Schuldgefühle, sein Abscheu vor sich selbst und seine Frustration wurden von Mal zu Mal größer, und so begann der Teufelskreis immer wieder von vorn. Ich empfahl Gary einen guten Psychotherapeuten, der ihm half zu verstehen, wie dieses Verhaltensmuster sich bei ihm schon in der Kindheit entwickelt hatte, denn auch sein Vater hatte ihn und seine Mutter mißhandelt. So schuf der Therapeut für Gary die Möglichkeit, sich selbst zu verzeihen und sein Selbstwertgefühl und seine Selbstachtung wiederzugewinnen. Auf diese Weise ließen sich die frustrierenden Erfahrungen aus dem Weg räumen, die Gary zur Gewalt getrieben hatten. (Unser Basis-Selbst lernt nicht das Verhalten, zu dem unsere Eltern uns ermahnen, sondern das Verhalten, das sie uns *vorleben*.)

Wenn wir uns selbst verurteilen, bleiben wir nur in unseren negativen Verhaltensmustern gefangen. Die folgende Übung ist eine einfache psychophysische Methode, uns von unseren Urteilen über uns selbst zu lösen und unser Basis-Selbst von Grund auf zu heilen.

—·— —·— —·— —·— —·— —·— —·— —·— —·— —·—

Wie man sich von seinen Selbstverurteilungen löst

1. Schließe für ein paar Sekunden die Augen, und atme langsam in den Bauch hinein.
2. Laß dein Bewußtsein zu irgendeiner früheren Handlung oder Unterlassung zurückkehren, die du bereust.
3. Sage laut oder leise vor dich hin: «Ich löse mich von allen Urteilen über mich selbst wegen... (der Handlung, die du dir verzeihen möchtest).»
4. Atme dabei tief ein, und stelle dir beim Ausatmen vor, daß du deine Urteile ausatmest. Konzentriere dich dabei nicht auf den Inhalt der Urteile, *fühle* einfach, wie du sie losläßt und dem Geist übergibst.

—·— —·— —·— —·— —·— —·— —·— —·— —·— —·—

Wir können den Kreis unserer Selbstheilung noch erweitern, indem wir etwas demütiger werden und auch öfter einmal um Verzeihung bitten. Manchmal bin ich so sehr in meine Arbeit vertieft, daß ich wütend werde, wenn eine meiner Töchter mich stört. Hinterher entschuldige ich mich dann bei ihr und bitte sie, mir zu verzeihen. Wenn sie dann lächelt und ja sagt, spüre ich meistens sofort, wie uns ein warmes Licht einhüllt. Solche einfachen Akte der Demut können uns helfen, uns selbst und anderen Menschen zu vergeben.

In uns nahestehenden Menschen spiegeln sich manchmal unsere eigenen unerkannten Verhaltensmuster wider. Deshalb kann das, was uns an anderen am meisten ärgert, ein Fingerzeig auf ähnliche, unerkannte Verhaltensweisen bei uns selbst sein. Jemandem zu verzeihen hilft uns also gleichzeitig, uns von unseren verborgenen Urteilen über uns selbst zu lösen.

Jeder verdient ein gutes Leben

Ich muß es noch einmal betonen: Die einzige Möglichkeit, herauszufinden, für wie wertvoll wir uns wirklich halten, besteht darin, unser jetziges Leben zu betrachten. Der Grad unseres Selbstwertgefühls spiegelt sich darin wider, wieviel Gutes wir in unser Leben hereingelassen haben. Je wertvoller wir uns fühlen, um so mehr

Gutes wird uns zuteil. Ein mit sich zufriedenes Basis-Selbst sorgt nämlich in der Regel schon dafür, daß wir zur rechten Zeit am rechten Platz sind.

Wie viele überflüssige Leiden wollen wir noch durchmachen, bis unser inneres Schuldkonto ausgeglichen ist? Für wie viele wirkliche oder auch nur eingebildete «Sünden» wollen wir uns noch bestrafen, ehe wir es uns endlich erlauben, die Reichtümer des Lebens zu genießen wie ein glückliches Familienleben, finanzielle Sicherheit, Gesundheit und eine sinnvolle Aufgabe? Welche Entscheidung werden wir treffen? Mit wieviel oder wie wenig werden wir uns zufriedengeben? Wieviel Gutes können wir verkraften?

Erst nachdem die Macht eines vorbehaltlosen Selbstwertgefühls unser Basis-Selbst erreicht hat und wir aus dieser Tiefe heraus sagen: *«Ich habe etwas Besseres verdient!»*, wird sich unser Leben tatsächlich verbessern – unsere Beziehungen, unsere Arbeit oder auch unsere finanzielle Situation. Das Selbstwertgefühl durchtrennt alle Hindernisse wie das Schwert eines Kriegers und ebnet uns den Weg zu einem neuen Leben.

12
Die Falle der guten Ausreden

Die entscheidende Trennlinie
zwischen Erfolg und Mißerfolg
läßt sich in vier Worten definieren:
Ich hatte keine Zeit.
Unbekannter Verfasser

Die Grenzen der Vernunft

Unser Bewußtes Selbst dient uns mit seiner Fähigkeit zu logischen Prämissen, rationalem Denken und vernünftigen Urteilen – mit anderen Worten, mit seinem *Verstand*. Doch mit der Logik und der Vernunft ist es wie mit allen anderen Dingen: Sie haben Vor- und Nachteile. Wenn die Vernunft uns drängt, unsere Gefühle zu unterdrücken, keine Risiken einzugehen und den Boden des Gewohnten, Altvertrauten niemals zu verlassen, dann ist es höchste Zeit, unser Leben einmal genauer zu überprüfen. Die Vernunft hilft uns, zu überleben. Doch wenn wir sie auf Kosten unserer Intuition, unserer Gefühle und des Geistigen überstrapazieren, dann hindert sie uns daran, alle Möglichkeiten zu entdecken und auszuschöpfen, die in uns stecken. Die Aussprüche folgender Experten basierten auf der Vernunft und Logik ihrer Zeit:

Wer zum Teufel will schon Schauspieler reden hören?
Harry Warner, Warner Brothers Filmproduktion, 1927

Was soll unsere Gesellschaft mit einem elektrischen Spielzeug anfangen?
Western Union als Begründung, warum sie die Rechte am Telefon nicht haben wollte, 1878

Alles, was man erfinden kann, ist schon erfunden worden.
Charles Duell, Direktor des Patentamtes der USA, 1899

Man kann keine Flugmaschinen bauen, die schwerer sind als Luft.
Lord Kelvin, Vorsitzender der Königlich Britischen Akademie der Naturwissenschaften, 1895

Es gibt nicht den geringsten Anhaltspunkt dafür, daß wir je in der Lage sein werden, Kernenergie zu gewinnen. Dazu müßte man das Atom zertrümmern können.
Albert Einstein, 1932

Ich schlage vor, die Vernunft zu untergraben oder sie zumindest von dem Podest herunterzuholen, auf das wir sie gestellt haben. Wenn wir die Grenzen der Vernunft und die Nachteile der Logik erforschen, dann können wir auch gleich unsere vernünftigen Ausreden, warum wir unser Leben nicht so positiv gestalten wie möglich, kritisch unter die Lupe nehmen. Das Leben liefert uns jede Menge «guter» Gründe, warum wir nicht das erreichen, was wir wollen. Meistens akzeptiert man diese Ausreden, weil sie so *vernünftig* klingen.

«Gute» Gründe und «vernünftige» Ausreden haben eine lähmende Wirkung. Sie lassen uns träge werden und bringen all unsere Impulse, über uns selbst hinauszuwachsen, zum Stillstand. Hätte Christoph Columbus auf seinen Verstand gehört, so wäre er sicherlich gemütlich bei Heim und Herd geblieben, statt seine Mannschaften, seine Schiffe und sein Leben aufs Spiel zu setzen, um jenseits des Ozeans nach Land zu suchen. Hätte Harriet Tubman «vernünftig» gehandelt, nachdem sie vor dem amerikanischen Bürgerkrieg nach Norden geflohen war, dann hätte sie nicht ihr Leben riskiert und wäre wieder in den Süden zurückgekehrt, um bei der Sklavenbefreiung mitzuhelfen.

Jedesmal wenn wir beschließen, etwas nicht zu versuchen, etwas nicht zu erreichen, unser Leben nicht zu verbessern, haben wir «gute» Gründe dafür: «Ich habe ja nicht einmal das Abitur, wie kann ich dann je eine eigene Firma leiten?» – «Ich möchte Kampfsportlehrer werden, aber dazu bin ich nicht bekannt genug. Man muß schon Weltmeister sein, um damit Erfolg zu haben.» – «Ich würde gern Heiler werden, aber es gibt schon so viele Leute in diesem Beruf. Ich würde nie genügend Patienten finden, um davon leben zu können.» – «Ich habe nicht genug Geld.» – «Ich sehe nicht gut genug aus ... Ich bin nicht groß genug ... Ich bin nicht intelligent genug.» – «Ich habe nicht genug Erfahrung.» – «Die Konkurrenz ist zu groß.» – «Dazu braucht man Beziehungen.» – «Meine Chancen, das zu schaffen, stehen eins zu eine Million.»

> *Ich will gar nicht wissen, wie groß meine Chancen sind!*
> Han Solo (zu R2D2) in *Krieg der Sterne*

Einundzwanzig Firmen wollten nichts von Chester Carlsons Vision von einem Gerät wissen, das er «Xeroxmaschine» nannte. Achtundzwanzig Verlage lehnten das erste Kinderbuch von Theodor Geisel (der auch unter dem Namen «Dr. Seuss» bekannt ist) ab. Irving Stones erster historischer Roman wurde siebzehnmal abgelehnt, bis er endlich einen Verleger dafür fand.

Diese Leute haben nicht aufgegeben. Sie wußten, daß *es im Leben überhaupt nicht darauf ankommt, wie das Spiel nach der ersten Halbzeit steht.* Sie wußten, daß man in Wirklichkeit niemals versagt. Man hört nur auf, es zu versuchen.

> *Ein Mensch mit einer neuen Idee ist so lange ein Spinner, bis seine Idee Erfolg hat.*
> Mark Twain

Auf der Bühne des Lebens

Die meisten Menschen leben von einem Tag zum anderen, setzen einen Fuß vor den anderen und tun, was von ihnen erwartet wird. Dabei ist ihnen gar nicht bewußt, daß sie über eine große Bühne gehen, auf der sie immer wieder Auftritte und Abgänge haben und ihre Rollen im Theater des Lebens spielen. Wenn uns das in seiner ganzen Tragweite klar wird, dann begreifen wir, daß wir unsere Rollen *wechseln* und daß wir jede beliebige Rolle spielen können. Kannst *du* dir vorstellen, einer Schauspieltruppe anzugehören und *dein Leben lang dieselbe* Rolle spielen zu müssen? Wir haben die Mahnung des großen Dichters vergessen:

> *Das Leben ist eine Bühne, und alle Menschen sind nichts als Schauspieler. Sie gehen ab und treten wieder auf, und jeder spielt im Laufe seines Lebens viele Rollen . . .*
>
> William Shakespeare

Viele von uns geben sich in ihrem Leben mit einer kleinen Nebenrolle zufrieden. Ihr Ehepartner, ihr Chef, ihre Kinder oder ihre Freunde spielen Produzent und Regisseur. Aber das ist Unsinn, schließlich ist *es unser eigenes Stück.* Jeder Mensch ist an seiner eigenen Theaterproduktion maßgeblich beteiligt. Jeder hat ein Anrecht auf eine Hauptrolle. Wir brauchen nie wieder Nebenrollen zu spielen oder Opfer zu sein.

Befördere dich selbst!

1. Erwäge einmal die Möglichkeit, daß dein Leben eine Art Theaterstück ist und daß du nach Belieben die verschiedensten Rollen spielen und das Stück auch selbst leiten kannst.

2. Wenn dir das Drehbuch oder die Geschichte, in der du mitspielst, nicht gefällt, dann werde doch einfach zum Autor und schreibe ein neues Stück!

3. Wenn du mit der Besetzung des Stückes nicht zurechtkommst, dann übernimm die Aufgabe des Regisseurs und engagiere neue Schauspieler.

4. Du kannst Intendant, Dramaturg, Hauptdarsteller, Autor und Regisseur des Theaterstücks deines Lebens sein. Wer eignet sich besser dazu als du? Du brauchst nie wieder eine Nebenrolle anzunehmen.

Diese Ideen habe ich auf einem meiner Seminare vorgetragen. Die Teilnehmer nickten verständnisvoll. Es schien ihnen einzuleuchten. Ich spürte zwar, daß meine Worte sich nur bei ein paar Leuten wirklich tief eingeprägt hatten; aber immerhin hatte ich ein paar Samenkörner in den Boden gelegt, die eines Tages keimen würden. Und tatsächlich rief mich sechs Wochen später eine Frau an und sagte: «Dan, hier spricht Mary Ann – ich war in deinem Seminar – und jetzt habe ich es endlich kapiert!»

«Was hast du kapiert?» fragte ich neugierig.

«Erinnerst du dich noch an diesen Vortrag, den du damals gehalten hast – daß das Leben unser eigenes Theaterstück ist und daß wir gleichzeitig Autor und Regisseur und...»

«Ach so, dieser Vortrag. Ja, ich erinnere mich.»

«Gestern abend kam mein Mann nach Hause und erinnerte mich, daß wir bei seinem Chef zum Abendessen eingeladen waren», erzählte sie. Ihre Stimme klang ganz begeistert. «Er fragte mich, warum ich noch nicht umgezogen war. ‹Ich möchte lieber zu Hause bleiben›, sagte ich zu ihm. ‹Ich gehe nicht gern zu deinem Chef. Viel Spaß, Schatz. Ich bleibe hier und lese.›»

«Aber *Mary Ann*», ermahnte er sie. «Das ist schließlich mein *Chef*! Und er will, daß wir beide kommen. Na komm schon, zieh dich um, wir sind spät dran! Wir müssen hingehen.»

«Nein», sagte sie. «Ich habe das Drehbuch gerade umgeschrieben, *du* bist spät dran, Schatz. Ich nicht.»

Mary Ann hatte begriffen, daß das schließlich ihr Theaterstück war. Sie ließ sich von niemandem mehr sagen, was sie zu tun hatte. Sie übernahm die Regie im Theater ihres Lebens. Wenn wir bei unserem Leben nicht Regie führen, dann tut es jemand anders.

Wie man seine Ziele erreicht

Wir leben in einem physischen Körper und sind den Grenzen der Naturgesetze unterworfen; und doch scheint es unser Schicksal zu sein, unsere Grenzen immer weiter auszudehnen. Die Menschheitsgeschichte ist eine ganze Serie «unerreichbarer» Leistungen – vom Flug in Kittyhawk bis zu Roger Bannisters anderthalb Kilometern in vier Minuten. Oder fangen wir noch früher an bei der Tatsache, daß wir uns aus einzelligen Lebewesen entwickelt haben, die in einem vorsintflutlichen Ozean herumschwammen! Auf dieser Welt wimmelt es von Wundern, und wenn wir einmal eines brauchen und gerade keines entdecken, können wir selbst eines bewirken.

Wir können nicht fliegen wie die Vögel; also erfanden wir Flugzeuge. Wir können nicht schwimmen wie die Fische; doch mit Hilfe von U-Booten können wir tiefer tauchen und schneller und weiter schwimmen als die meisten Fische im Meer. Die Menschheit erreicht alles, was sie sich zu erträumen vermag. Das gilt auch für jeden einzelnen Menschen. Wir haben unser Leben und unsere Realität mehr in der Hand, als wir glauben.

Unser Vorstellungsvermögen, die Brücke zur hellseherischen Begabung, öffnet uns den Weg zu Entdeckungen, wie Mystiker und Schamanen sie beschrieben haben. Jeder positive Gedanke ist ein Gebet, und jedes Gebet wird erhört. Wenn wir uns darauf konzentrieren, was wir erreichen wollen, und die Samen in den Boden unserer Vorstellungskraft legen, dann werden wir auch die Früchte ernten – die materiellen und die spirituellen.

Wenn wir nach den Sternen greifen

Auf den tiefsten Ebenen bekommen wir stets das, was wir wollen. Aber das ist nicht unbedingt das, was unser Bewußtes Selbst sich wünscht. Wenn wir uns den Fuß verstauchen oder Grippe bekommen, denken wir vielleicht, *das* habe ich nicht gewollt. Doch da es hauptsächlich von unserem Basis-Selbst abhängt, was für Menschen, Umstände und Situationen in unsere persönliche Sphäre eindringen, gibt es nur einen einzigen zuverlässigen Maßstab dafür, was wir uns gewünscht haben: das, was wir haben.

Es gibt verschiedene Möglichkeiten, mit dem Basis-Selbst zu arbeiten, um unsere Wünsche auf den tiefsten Ebenen unseres Seins zu ändern: durch Visualisierungen, Gebete, klare Vorsätze und durch *Handeln*.

Manchmal, wenn wir uns etwas wünschen oder um etwas beten und es nicht eintrifft, glauben wir, daß Gott unser Gebet nicht erhört hat. Aber Gott erhört alle unsere Gebete; er sagt nur manchmal nein dazu. Vielleicht entsprang unsere Bitte aus auf Angst begründeten Wünschen und Bindungen unseres Bewußten Selbst und nicht aus der inneren Entschlossenheit, zu lernen und uns weiterzuentwickeln – denn um das zu tun, müssen wir uns häufig von etwas lösen. Wahre Gebete spricht man voller

Vertrauen, aber ohne sich daran zu klammern, was dabei herauskommt, mit der Einstellung: «Dein Wille geschehe.»

Manchmal wünscht unser Bewußtes Selbst sich Dinge, ohne darüber nachzudenken, ob sie auch tatsächlich unserem höchsten Wohl dienen. Vor ein paar Jahren lernte ich Arthur kennen. Er war früher einmal Taxifahrer gewesen. Als junger Mann hatte er nicht viel Geld und träumte davon, eine Million Dollar zu besitzen. Er betete darum und dachte ständig daran. Diese Million – bar auf die Hand – erschien ihm wie die Eintrittskarte zum Glück. Er hatte das Gefühl, wenn er sich nur lange und intensiv genug darauf konzentrierte, dann würde er sie schon irgendwann bekommen, und alle seine Träume würden in Erfüllung gehen. Von einer solchen Konzentration geht eine große Macht aus. Das Universum reagiert auf feste Vorsätze, und so bekam Arthur schließlich seine Million. Ein Lastwagen stieß mit seinem Taxi zusammen, und er erhielt eine Entschädigungssumme von 1,6 Millionen Dollar – aber dafür konnte er nach dem Unfall seine Arme und Beine nicht mehr gebrauchen. *Wenn wir um etwas bitten, sollten wir stets hinzufügen: «. . . wenn es meinem höchsten Wohl dient und wenn ich daraus etwas lernen kann.»*

Wollen wir wirklich das, was wir zu wollen glauben?

Sollen sich unsere Wünsche erfüllen, müssen wir uns in einem ersten Schritt darüber klarwerden, ob wir das Gewünschte *wirklich* wollen. Socrates hat einmal gesagt: «Jeder wünscht sich irgend etwas. Die Frage ist nur, wünschst du es dir auch genug, um alles Erforderliche dafür zu tun? Alle Dinge kosten irgend etwas – Zeit, Energie, Geld, Leben. Du kannst alles haben, wenn du bereit bist, dafür zu bezahlen. Weisheit ist schwer verdient, Kraft muß man sich erwerben, sogar der innere Friede hat seinen Preis.»

Da wir gute Menschen sind, immer das «Richtige» tun und es den anderen recht machen wollen, da wir uns nach Anerkennung und Zuneigung sehnen, sind wir alle durch die Schule der Selbstverleugnung gegangen. Man hat uns beigebracht, nicht das zu tun, was wir wirklich tun wollen, sondern das, was andere wollen, und das auch noch für vernünftig zu halten.

Daher leiden die meisten von uns an einem weitverbreiteten

Übel. Es fällt ihnen schwer, den Unterschied zu erkennen zwischen dem, was sie *wirklich* möchten, und dem, was sie ihrer Meinung nach tun oder wollen *sollten*.

Alan zum Beispiel erklärte mir, er wünsche sich nichts sehnlicher als eine Lebensgefährtin. Ich fragte ihn, wie lange er denn schon keine dauerhafte Beziehung mehr gehabt hatte. «Ungefähr fünf Jahre», antwortete er.

«Da fühlst du dich wohl ziemlich einsam, was?» fragte ich.

«Ja.»

Ich machte ihm klar, daß es ihm, einem gutaussehenden Sportler, trotz seines Einsamkeitsgefühls immerhin gelungen war, fünf Jahre lang keine feste Beziehung einzugehen – bei seinen Qualitäten muß das ein Kunststück gewesen sein! Und ich äußerte die Vermutung, daß ihm auf einer tieferen Ebene (auf der Ebene des Basis-Selbst) seine Unabhängigkeit vielleicht wichtiger war als eine Beziehung.

Er versprach, darüber nachzudenken. Ein paar Monate später rief er mich an und erklärte, er sei sich über seinen Unabhängigkeitsdrang klargeworden und habe einen Kompromiß gefunden. Er wollte eine Partnerin suchen, die ebenfalls ein starkes Bedürfnis nach Unabhängigkeit hatte. Inzwischen ist Alan glücklich verheiratet – seine Frau läßt ihm seine Freiheit, und er läßt ihr ihre.

So geht es immer. Unser Leben wendet sich zum Besseren, sobald wir Kontakt zu unseren Herzenswünschen aufnehmen. Dann erlauben wir uns, zu träumen und uns in Erinnerung zurückzurufen, was uns wirklich begeistert. Das ist ein Zeichen für unser Basis-Selbst, daß wir auf eine Goldader gestoßen sind. Besteht keine Verbindung zu unseren innersten Wünschen, fällt es uns schwer, zu entscheiden, in welche Richtung wir gehen wollen. Jede Gabelung unseres Weges aufwärts stürzt uns in eine Krise: die Qual der Wahl.

Wenn wir etwas *wirklich* wollen, tun wir auch alles, was *notwendig* ist, um es zu bekommen. Wenn nicht, dann wünschen wir es uns eben nicht genug. Wir *glauben* nur, es uns zu wünschen. Und da wir es nicht wirklich wollen, bedeutet es auch kein echtes Problem, wenn wir es nicht bekommen – auch wenn unser Bewußtes Selbst deswegen unzufrieden ist.

Wie man sich über seine wahren Wünsche klarwird

1. Zunächst: *Was wünschst du dir jetzt in diesem Augenblick am allermeisten?*

2. Befrage nicht nur dein Bewußtes Selbst (das sagt dir nur, was du dir wünschen «solltest»), sondern auch dein Basis-Selbst. Dazu mußt du dir das, was du dir wünschst, bildlich vorstellen und sehen, wie dein Körper darauf reagiert. Stelle dir folgende Fragen:

   - Stehe ich der Vorstellung meines Wunsches mit gemischten Gefühlen gegenüber?
   - Begeistert sie mich wirklich?
   - Habe ich das Gefühl, das *wirklich* zu verdienen?
   - Woher weiß ich, ob ich es nicht schon habe?
   - Und woran werde ich es merken, wenn ich es bekomme?
   - Was wird passieren, wenn ich es habe? Wie werde ich mich dann fühlen?
   - Was hindert mich daran, es zu bekommen?

Der Weg ist das Ziel

Wenn unser Glück davon abhinge, ob wir bekommen, was wir suchen, dann wären wir immer nur verhältnismäßig kurze Zeit glücklich. Wir verbringen die meiste Zeit mit der Suche und nur einen geringen Teil mit der Erreichung des Ziels.

Uns geht es wie dem Golfspieler, der nur Freude daran hatte, den Ball zu schlagen, und auf dem Weg zu jedem Loch vor sich hin schimpfte. Wir haben nie gelernt, die «Zeit zwischendrin» zu genießen. Bis jeder Augenblick zu etwas Besonderem geworden ist, liegt der größte Teil unseres Lebens im Bereich des «Zwischendrin». Und dabei könnte unsere Reise ebenso glücklich und befriedigend sein wie die Ankunft. Viele Passagiere des Orient-Expreß mußten gar nicht nach Istanbul; sie reizte nur die Fahrt in dem eleganten Zug.

Oft macht der Weg fast ebensoviel Freude wie die Erreichung des Ziels. Mir fällt in diesem Zusammenhang ein alter chinesischer Fluch ein: «Mögest du deine Ziele erreichen.» Auch in unserer westlichen Welt gibt es so einen ähnlichen Spruch: «Sei vorsichtig mit deinen Wünschen; sie könnten in Erfüllung gehen.» Viele Astronauten bekamen Depressionen, nachdem sie wieder auf der Erde gelandet waren. Endlich hatten sie erreicht, wofür sie sich so lange angestrengt hatten. «Wie können wir diese Leistung noch überbieten?» fragten sie sich.

Wird ein Traum endlich Wirklichkeit, stellt sich oft heraus, daß diese Wirklichkeit längst nicht so schön ist wie der Traum. In jedem Unglück liegt ein kleines Glück verborgen, aber leider auch in jedem Glück ein kleines Unglück. Ich habe gelesen, daß Leute, die viel Geld in einem Quiz oder im Lotto gewinnen, sich häufig damit nur neue Probleme und psychische Belastungen eingehandelt haben.

Die Freude, die mir persönlich das Streben nach einem Ziel bereitet, rührt von der Intensität meiner Suche her. Wenn wir kein Ziel haben, begeben wir uns auch nie auf die Reise. Wir wandern nur ziellos hin und her. Wenn wir nicht wissen, wo wir hinwollen, kommen wir auch nirgends an. Andererseits hat es auch einen Vorteil, wenn es uns egal ist, wo wir sind – dann können wir uns nie verirren. Ich habe es mir in den letzten Jahren abgewöhnt, mir Gedanken darüber zu machen, was bei meinen Bemühungen herauskommen wird. Ich tue einfach mein Bestes, lege die Samen in den Boden, warte ab, was daraus wird, und vertraue darauf: Was auch geschehen mag, es ist ein perfekter Teil meines Entwicklungsprozesses. Ich habe die meisten meiner Ziele erreicht, doch im allgemeinen hat mir der Weg dorthin mehr Spaß gemacht als die Ankunft.

Auch eine gute Ausrede schützt nicht vor den Konsequenzen

Socrates hat einmal gesagt: «Es ist besser, zu tun, was man muß, als es nicht zu tun und eine gute Ausrede dafür zu haben.» Als mir der Sinn seiner Worte endlich klargeworden war – er weigerte sich, Dinge zweimal zu sagen –, begriff ich, daß er recht hatte. Wir finden immer eine gute Ausrede, wenn wir etwas nicht tun wollen. *Aber wenn der blaue Dunst, den wir uns vormachen, sich wieder gelichtet hat und unsere Aufgabe immer noch nicht erledigt ist, was nützen uns dann unsere Ausreden?*

Kurz vor meiner Abschlußprüfung ging ich zwei Wochen lang nicht zum Training. Als ich schließlich wieder auftauchte, begann ich dem Trainer all die guten Gründe aufzuzählen, warum ich nicht gekommen war. Aber er unterbrach mich und sagte: «Für mich ist jede Entschuldigung gut genug, Dan. Aber welche Entschuldigung ist gut genug für dich?»

Ich schaffte zwar die Prüfung, war aber nicht mehr der Beste in unserer Mannschaft. Ich wurde von Sid überflügelt, der regelmäßig gekommen war und jeden Tag ein bißchen trainiert hatte. Ich hatte also eine gute *Ausrede* gehabt, das Training zu versäumen, aber es fehlte mir jetzt doch, und ich mußte die Konsequenzen tragen.

Die meisten Menschen bekommen nicht das, was sie sich wünschen, weil sie so gute Ausreden haben. Durch unser Handeln können wir bestimmen, ob wir einer von vielen oder einer von wenigen sein werden.

Große und kleine Ausreden

Einmal sah ich mir zusammen mit Jon, einem meiner Freunde, der ziemlich übergewichtig ist, die Übertragung eines Turnertreffens im Fernsehen an. Da hörte ich, wie er vor sich hinmurmelte: «Ich würde alles darum geben, so einen Salto schlagen zu können.»

«Aber das kannst du doch lernen», meinte ich.

Er hielt das für einen Witz. «Du weißt doch, daß ich zu dick bin.»

«Warum nimmst du nicht ab?»

«Na gut; aber ich bin auch ziemlich steif und schlecht in Form.»

«Du könntest Dehnübungen machen, dann wirst du beweglicher.»

«Aber ich bin nicht kräftig genug.»

«Noch nie was von Hanteln gehört?»

Jetzt hatte er keine Ausrede mehr. Ich überzeugte ihn davon, daß er sein Ziel erreichen konnte, auch wenn der Weg dorthin länger dauern würde als bei jemandem, der bereits gut durchtrainiert war. Jon brauchte anderthalb Jahre, um es zu schaffen. Der Weg dahin, bei dem er auf Schritt und Tritt mit Herausforderungen konfrontiert war, veränderte ihn völlig – und das alles nur wegen eines Saltos.

Wir Menschen sind sehr erfinderisch. Wir finden hundert phantastische Ausreden, uns nicht gesund zu ernähren, keinen Sport zu treiben und so weiter. Fred sagt: «Ich würde ja Sport treiben, wenn ich nur Zeit hätte.» Ed meint: «Wenn die Gymnastik nur nicht so langweilig wäre.» Bert seufzt: «Mir fehlt einfach die Motivation», und Lucille klagt: «Wenn ich nur jemanden hätte, der gemeinsam mit mir trainiert.» Terry bedauert, daß er nicht genug Geld hat, in einen Sportverein einzutreten oder sich Geräte zu kaufen. «Wenn ich nur mehr Energie hätte», jammert Patricia, und Mike klagt: «Sport ist so anstrengend.»

Manche zaudern und zögern auf ihrem Weg aufwärts und kommen nicht sehr weit, weil sie sich eine psychische Verteidigungsstrategie zugelegt haben, die auf der Angst vor dem Mißerfolg beruht: «Wenn ich es nicht richtig versuche, dann kann ich auch nicht richtig scheitern.» Das stimmt, aber andererseits kann man mit dieser Einstellung auch keinen richtigen Erfolg haben. Hüte dich vor dem gefährlichen Gedanken: «Wenn ich es *wirklich* versucht hätte, dann hätte ich es auch geschafft.»

Wir alle finden ohne große Mühe viele Ausreden und Gründe zu resignieren. Aber warum fegen wir diese Ausreden nicht einfach beiseite? Ein friedvoller Krieger muß immer bereit sein, etwas zu wagen. Er muß zu seinen Entscheidungen stehen, komme, was wolle, und selbst dann noch an sich glauben, wenn es niemand anders tut. Und er muß die Konsequenzen seines Erfolges oder Mißerfolgs mit dem Wissen akzeptieren, daß er nicht lockergelassen und sein Bestes getan hat.

Anerkennung gebührt dem, der sich stets heldenhaft bemüht; der kurz vor dem Ziel scheitert und es trotzdem immer wieder versucht; der zu großer Begeisterung und Hingabe fähig ist; der sich für eine gute Sache aufreibt; der bestenfalls am Schluß den Triumph auskosten kann, viel erreicht zu haben, und schlimmstenfalls, wenn er scheitert, wenigstens wagemutig scheitert, so daß er nie zu den furchtsamen Seelen gehört, die weder Sieg noch Niederlage kennen.

Theodore Roosevelt

Hier gelten keine Ausreden!

Ich möchte an dieser Stelle einmal von einer Gruppe Jugendlicher aus der Gegend von Washington, D. C. erzählen, die genügend gute Gründe dafür hatten, warum sie ihre Ziele nicht erreichten. Sie hatten alle Hoffnungen und Träume aufgegeben. Sie wußten nicht einmal mehr, was sie eigentlich wollten. Warum soll man sich etwas wünschen, wenn man sowieso nicht an die Erfüllung seiner Wünsche glaubt? Sie wußten nur, was sie *nicht* wollten. Sie wollten nicht, daß «die oben» sich in ihre Angelegenheiten einmischten, und sie haßten den Schmerz und die Frustration und das ärmliche Leben, das ihnen – so sahen sie es – eine feindliche, lieblose Welt aufgezwungen hatte.

Die meisten dieser jungen Leute waren schwarz. Es gehörten auch noch ein paar Lateinamerikaner und ein paar Weiße dazu, die zwar nicht gegen Rassenvorurteile ankämpfen mußten, aber dafür andere Probleme hatten. Die meisten dieser Teenager konnten kaum lesen und schreiben; die meisten stammten aus zerrütteten Familien; einige waren von der Schule geflogen; ein paar waren kriminell geworden – die Jungen hatten gestohlen oder randaliert, die Mädchen gingen auf den Strich. Viele nahmen auch Drogen.

Die Behörden wußten, daß diese jungen Leute «gefährdet» waren. Sie standen auf Messers Schneide, ihr Leben konnte sich zum Guten, aber auch zum Schlechten wenden. Die Gemeinde hatte genügend finanzielle Mittel, um ein paar Sozialarbeiter, einen Psychologen und einen Trainer einzustellen. Man ließ die jungen Leute an einem Sportprogramm teilnehmen. Das half ein wenig, doch die Sozialarbeiter fanden nur schwer eine Beziehung zu ihren Schützlingen. «Was wißt *ihr* schon von *unseren* Problemen?» fragten die jungen Leute sie.

Kaum einer von ihnen fand Arbeit; also lungerten sie auf der Straße herum. Ihre Zukunft sah ziemlich düster aus. Manchmal sagte ein Sozialarbeiter zu einem der Jungen: «Hör zu. Du kannst etwas aus deiner Zukunft machen! Dein ganzes Leben liegt noch vor dir, du bist jung und stark – du könntest eine glänzende Zukunft vor dir haben.» Dann sah der Bursche den Sozialarbeiter an, als habe er einen Irren vor sich, und brachte all seine Ausreden vor, die sicherlich sehr überzeugend klangen:

«Ich – eine glänzende Zukunft? Ich lebe als Schwarzer in einem rassistischen Land, ich kann weder lesen noch schreiben, und ich bin schon von fünf Schulen geflogen.»

Dann versuchten die Sozialarbeiter es mit irgendeiner optimistischen Antwort: «Ja, aber – du könntest es doch trotzdem irgendwie schaffen...» Diese gutgemeinten, aber leeren Ermunterungen stießen auf taube Ohren. Sie machten keinen Eindruck, weil diese jungen Burschen so *gute Entschuldigungen* dafür hatten, warum sie nie das erreichen konnten, was sie wollten.

Dann nahm die Stadtverwaltung Verbindung zu mir und ein paar meiner Kollegen auf. Wir begannen mit den jungen Leuten zu arbeiten. Wir versuchten sie auf einem Weg zu erreichen, der noch nie zuvor ausprobiert worden war. Wir boten ihnen eine Kampfsportausbildung an, die ihr Basis-Selbst stärken sollte, denn so draufgängerisch sie sich nach außen hin auch gaben, es war alles nur Bluff. Ihr Basis-Selbst war verängstigt und auf Schmerz und Selbsthaß vorprogrammiert. Die Kampfsportausbildung war ein Weg, mehr Selbstsicherheit, Selbstachtung, Zuversicht und Mut in ihnen zu wecken und in ihnen den Samen zu positiveren Lebenserfahrungen zu legen, und zwar auf eine Art und Weise, die sie ansprach und die sie als sinnvoll empfanden.

Wir gingen mit offenem Herzen an diese Aufgabe heran und überschütteten die jungen Menschen mit Liebe. Wir ließen sie die Liebe fühlen, die wir für sie, für ihre Seelen, empfanden, obwohl sie keineswegs alle einen übermäßig liebenswerten Charakter besaßen. Wir halfen ihnen, sich in einem neuen Licht zu sehen, und achteten darauf, daß sie unsere liebevolle Fürsorge spürten, damit sie anfangen konnten, auch sich selbst ein wenig von dieser Liebe entgegenzubringen.

Wir waren nicht vernünftig. Wir nahmen ihnen all ihre «guten» Ausreden nicht ab. Wir gingen keine Sekunde lang davon aus, daß sie «arme Problemkinder» oder in irgendeiner anderen Hinsicht gehandikapt waren. Wir sagten ihnen, daß es uns nicht interessierte, wo sie herkamen; uns interessierte nur, wo sie hingingen. Und mit der Zeit veränderte sich tatsächlich einiges, obwohl bis dahin noch keiner an diese Jugendlichen herangekommen war!

Natürlich klammerten sie sich wie die meisten Menschen nach wie vor an ihre Ausreden – sie waren ein Schutzschild für sie. Es nützte nichts, ihnen einfach nur zu sagen, daß ihr Leben noch vor ihnen lag. Dazu waren ihre negativen Überzeugungen, Ausreden und Gründe viel zu fest in ihnen verankert. Wir mußten ihnen schon eine Zukunftsperspektive aufzeigen.

So erzählten wir ihnen die Geschichte eines kleinen schwarzen Mädchens aus einer sehr armen Familie im ländlichen Süden der Vereinigten Staaten. Der Vater hatte die Familie verlassen, und die Mutter hatte ungefähr zwölf Kinder zu versorgen. Das kleine Mädchen hatte eine schwere Kinderlähmung gehabt, ihre Geschwister mußten sie in einer Schubkarre herumfahren oder tragen. Ihr sehnlichster Wunsch war es, gehen und mit ihren Geschwistern herumlaufen und spielen zu können. Aber sie konnte nicht einmal stehen.

Eines Tages hörte ihre Mutter von einem Krankenhaus in der Stadt, wo man umsonst behandelt werden konnte. Sie machte sich auf und zog ihre Tochter in einem Handwagen hinter sich her, eine dreitägige Reise auf einer holperigen, staubigen Straße. «Können Sie meiner Tochter helfen?» fragte die Mutter den Arzt. Er untersuchte sie. «Ja, ich glaube schon, daß wir etwas tun können», sagte er. Sie wuschen die Tochter und paßten ihr Krücken an.

Als die Mutter ihre Tochter mit den Krücken sah, sagte sie: «Vielen Dank. Aber meine Tochter will keine Krücken. Können Sie ihr nicht helfen, ohne Stütze zu laufen? Sie wünscht es sich so sehr.»

«Leider nicht», sagte der Arzt. «Sie hatte eine schwere Kinderlähmung und hat nicht mehr genügend Muskelgewebe. Sie wird *nie wieder* ohne Krücken laufen können. Mehr können wir nicht für sie tun.» Das waren überzeugende Worte von dem Mann im weißen Kittel. Ich bin sicher, daß er glaubte, sein Bestes getan zu haben. Er war eben einfach realistisch.

Aber die Mutter gab sich damit nicht zufrieden und die Tochter auch nicht. So gingen sie wieder nach Hause, enttäuscht, aber entschlossen. Schließlich konnten die Ärzte sich ja auch geirrt haben. Die Mutter begann die Beine des kleinen Mädchens zu massieren, betete und rieb die Beine mit Kräutern ein, die eine Nachbarin ihr empfohlen hatte. Das war das einzige, was sie tun konnte.

Nach ungefähr einem halben Jahr hatte die Mutter des kleinen Mädchens das Gefühl, daß es mit den Beinen etwas besser geworden war. Wieder machte sie mit ihrer Tochter den weiten Weg zum Krankenhaus. «Die Beine sehen kräftiger aus», sagte sie zu dem Arzt.

Der Arzt war ein bißchen irritiert, aber mitfühlend. Er untersuchte die Beine des Mädchens kurz und sagte: «Nein, ich habe es Ihnen doch gesagt, *es wird nicht besser.* Es ist wirklich besser für Sie, wenn Sie sich keine falschen Hoffnungen mehr machen.»

Da war das kleine Mädchen völlig am Boden zerstört und die Mutter auch. Trotzdem konnten sie die Hoffnung immer noch nicht aufgeben. Sie waren ganz und gar *unvernünftig.* Sie versuchten es weiter mit den Massagen und den Gebeten.

Zum Schluß fragten wir die Teenager aus Washington, D. C.: «Wißt ihr, warum wir euch diese Geschichte erzählt haben? Weil die Kleine tatsächlich gelernt hat, ohne Krücken zu gehen. Bald konnte sie sogar rennen. Sie rannte immer schneller und überholte all ihre Geschwister. Sie lernte schneller laufen als alle anderen Frauen auf der Erde. Bei den Olympischen Spielen im Jahr 1960 gewann sie vier Goldmedaillen. Sie heißt Wilma Rudolph.»

Nach dieser wahren Geschichte saßen die jungen Burschen aus dem Ghetto nur noch da, starrten uns an und schwiegen betreten. Plötzlich hatten all die Ausreden, all die Gründe, warum sie ihre Ziele nicht erreichten, ihre Wirkung verloren: «Ich bin schwarz. Ich bin schon mit dem Gesetz in Konflikt gekommen. Ich kann weder lesen noch schreiben.» Wir redeten mit den jungen Leuten. Sie wiederholten ihre Ausreden und ihr ewiges «Ja, aber...» Da sagten wir, wir seien schwerhörig, und erklärten ihnen, daß ihre Ausreden bei uns auf taube Ohren stießen. Wir würden ihnen einfach nicht glauben, daß sie nicht lesen könnten, daß sie faul oder dumm wären und was sonst noch alles andere ihnen eingeredet hätten.

Schließlich hatten diese jungen Leute aus Washington, D. C. keine Ausreden mehr, weder für uns noch vor sich selber.

Einige holten ihre Schulausbildung nach und arbeiteten daneben, andere begaben sich in die Obhut freiwilliger Sozialhelfer oder versöhnten sich wieder mit ihren Eltern. Zu einigen verloren wir den Kontakt. Doch selbst diejenigen, die weiterhin auf der Straße herumlungerten und mit denen es immer weiter bergab ging, wußten jetzt wenigstens, daß das ihre eigene Entscheidung war.

Vielleicht sollten wir uns fragen: *Wenn diese jungen Leute, die sich aus so harten Lebensumständen emporarbeiten mußten, keine guten Ausreden hatten, was für Ausreden haben wir dann?*

FÜNFTER TEIL

Aus der Enge in die Weite: Zu einem erfüllten, glücklichen Leben

Einführung

Wir sind gemeinsam bis hierher einen steinigen, steilen Weg ge-
wandert: Wir haben das Fundament für den Pfad des friedvollen
Kriegers gelegt (im 1. Teil). Wir haben uns mit den Zwängen
auseinandergesetzt, die durch unsere inneren Blockaden entstehen (im 2. Teil). Dann haben wir untersucht, wie sich diese körperlichen, mentalen und emotionalen Hindernisse beseitigen
lassen (im 3. Teil). Schließlich haben wir uns an die größten
Hürden herangewagt, an unsere inneren Feinde (im 4. Teil).

Wer es bis hierher geschafft hat, wer all die schwierigen Ein-
sichten und Erkenntnisse verkraftet hat, der darf jetzt die
Früchte unserer gemeinsamen Mühe genießen. Nun können wir
immer weiter und höher klettern bis ins Reich des Höheren
Selbst hinein und die Vision eines friedvollen Kriegers von einer
erweiterten, liebevolleren, glücklicheren Einstellung zum täglichen Leben erkunden.

13
Das Herz öffnen

Liebe ist Freundschaft, die Feuer gefangen hat. Sie begegnet uns in Form von ruhigem Verständnis, Vertrauen, Gemeinsamkeit und Vergebung.

Liebe bleibt in guten und in schlechten Zeiten treu. Sie erwartet keine Vollkommenheit und hat Verständnis für menschliche Schwächen.

Liebe ist zufrieden mit dem jetzigen Augenblick; sie hofft auf die Zukunft; sie grübelt nicht über die Vergangenheit nach.

Zur Liebe gehört auch das tägliche Auf und Ab der Ärgernisse, Probleme und Kompromisse, die kleinen Enttäuschungen, die großen Siege und die gemeinsamen Ziele.

Wenn du in deinem Leben Liebe hast, kann sie dich für vieles entschädigen, was dir fehlt.

Wenn du keine Liebe hast, wird alles andere, was du hast, dir niemals genügen.

Liebe, das mißbrauchte Wort

Liebe ist vielleicht das am meisten mißbrauchte und mißhandelte Wort unserer Sprache. Es fällt uns nicht schwer, es auszusprechen, aber es ist schwer, Liebe zu praktizieren, weil nur wenige sie *wirklich fühlen.*

Meistens lügen wir, wenn wir von Liebe sprechen. Wir belügen sogar uns selbst. Nur wenn unser Bewußtsein schon ständig im *Herzen* weilt und sich über Angst, Kummer und Zorn erhoben hat, können wir die alles durchdringende, mitfühlende, offenherzige Energie der Liebe wirklich spüren und zeigen. Das ist ganz wörtlich gemeint, nicht nur als poetische Metapher.

Wenn wir lernen wollen, unser Herz zu öffnen, müssen wir erst einmal mit unserem Bewußten Selbst kämpfen, diesem einsamen, surrenden Computer, der von Natur aus nicht besonders liebevoll ist. Unser Basis-Selbst kennt Liebe als körperlichen Kontakt, als Berührungen, Zärtlichkeiten, Sex. Es denkt nicht groß über die Liebe nach und stellt keine philosophischen Betrachtungen dazu an. Wegen der Hindernisse, mit denen wir uns ausführlich in den vergangenen Kapiteln beschäftigt haben, können die meisten Menschen die Liebe und Energie ihres Höheren Selbst noch nicht spüren. Doch sobald wir «mit den Augen des Herzens sehen», sind wir fähig, unsere Mitmenschen zu lieben, und können sogar uns selbst lieben.

Vorher jedoch meinen wir mit den Worten «Ich liebe dich» vielleicht nichts anderes als: «Ich empfinde eine Mischung aus sexueller Anziehung und Bewunderung und Ehrfurcht», oder «Ich empfinde eine innige Zuneigung zu dir», oder «Ich habe das Gefühl, dich zu brauchen. Wenn ich mit dir zusammen bin, fühle ich mich vollkommener.»

Wir lieben unseren Partner, unsere Kinder und unsere Eltern auf verschiedene Art und Weise. Diese Liebe unterscheidet sich in ihrer Art und ihrem Grad wiederum von der Liebe, die wir unseren Geschwistern, Vettern, Kusinen, Enkeln, entfernteren Verwandten, Freunden und Kollegen und der Menschheit insgesamt entgegenbringen.

Die Gefühle, die wir für eine bestimmte Person haben und als «Liebe» identifizieren, können sich im Lauf der Zeit ändern. Wie viele wunderschöne Hochzeitszeremonien und Schwüre ewiger Liebe enden mit Groll, Zorn, Kummer, ja sogar Angst voreinander? Was ist aus der Liebe geworden?

Vielleicht hat sie nur kurze Zeit gehalten. Vielleicht haben wir einen Menschen gefunden, dessen gesamte Persönlichkeit – sein Aussehen, sein Charakter, seine Eigenschaften – uns irgendwie für kurze Zeit ins Herz emporgehoben hat, so lange, bis die Hindernisse unter unserem Herzen uns wieder hinabzogen. Wenn wir uns «entlieben», hat das meist weniger mit unserem Partner zu tun als mit uns selbst, mit unseren eigenen Problemen. Oft suchen wir dann nach einem anderen Menschen, der uns wieder in diesen erhabenen Zustand versetzen soll. Doch das alte Muster des inneren Rückzugs und der Selbstschutzmaßnahmen wiederholt sich immer wieder aufs neue.

Es wird viel über die Liebe geredet: «Liebe deinen Nächsten wie dich selbst.» – «Wenn du liebst, kannst du alles erreichen.» – «Liebe ist der Weg.» Das sind hohe Ideale, aber wie sollen wir sie ins tägliche Leben umsetzen? Wie können wir unsere Liebe mitten im Alltag auf mühelose, anmutige, natürliche Weise zeigen?

Kleine Dinge

In den Augen der Welt gelten manche Dinge sehr viel (zum Beispiel ein eigenes Haus, zwei Autos und Geld auf der Bank), doch in den Augen des Geistes fallen sie nicht sonderlich ins Gewicht – nicht, weil daran etwas auszusetzen wäre, sondern weil das nur weltliche Dinge sind, die bald wieder zu Staub und Asche zerfallen.

> *Was du tust, erscheint vielleicht nicht wichtig; aber es ist sehr wichtig, daß du es tust.*
>
> Mahatma Gandhi

Es gibt kleine Dinge, die in den Augen des Geistes sehr viel zählen, einfache Handlungen, aus denen Altruismus, Rücksichtnahme, Liebe und Güte sprechen. Der Welt fallen diese Dinge vielleicht nicht auf, doch wenn wir eines Tages auf unser Leben zurückblicken, dann strahlen sie hell wie ein Leuchtfeuer. Diese kleinen Dinge lassen sich am besten an ein paar Beispielen veranschaulichen.

Eine liebevolle Nachricht

Vor ein paar Jahren aß ich mit meiner Familie in einem Restaurant, in dem wir schon oft gewesen waren. An diesem Abend bediente uns eine neue Kellnerin, die wirklich viel zu tun hatte. Wir erfuhren, daß heute erst ihr zweiter Tag war, und einer der Köche war krank. Das Restaurant war voll, und sie war nahe daran, die Nerven zu verlieren. Wir gaben unsere Bestellung auf. Versehentlich brachte sie uns ein Gericht, das wir nicht bestellt hatten. Sie entschuldigte sich, strich sich das Haar aus der Stirn und hastete mit dem Teller in die Küche zurück. Sie war nicht gerade übermäßig liebenswürdig, aber sie hielt sich tapfer.

Nach dem Essen ließ ich ein sehr großzügiges Trinkgeld auf dem Tisch liegen, damit sie den Zettel nicht übersah, den ich ihr geschrieben hatte. Denn ich begnüge mich nicht gern mit leeren Worten. Auf den Zettel hatte ich geschrieben: «Sie hatten es heute abend nicht leicht, aber wir haben gemerkt, daß Sie sich wirklich Mühe gaben und Ihr Bestes getan haben. Wir möchten Ihnen sagen, daß wir das zu schätzen wissen.» Wer je irgendwo bedient hat, der weiß, was ein solcher Brief an einem hektischen Abend bedeuten kann. Mittlerweile lasse ich oft Zettel mit anerkennenden Worten auf dem Tisch liegen, wenn ich mit meiner Familie essen gehe. Ich habe auch festgestellt, daß man mit solchen kleinen Nachrichten Briefträgern und anderen Leuten, deren Arbeit häufig nicht gebührend gewürdigt wird, eine Freude machen kann.

Ich warte nicht, um zu sehen, ob die betreffende Person meine Nachricht auch findet, doch einige Male kam ein Kellner oder eine Kellnerin zu mir an die Kasse, als ich die Rechnung bezahlte. Eine Kellnerin erzählte mir, sie sei an diesem Abend sehr entmutigt und drauf und dran gewesen, zu kündigen. Sie hatte Tränen in den Augen und war ganz offensichtlich sehr gerührt. Und das alles nur wegen ein paar schlichten Zeilen!

Es ist ja schließlich nur Geld

Wenn ich über die Golden Gate Bridge oder andere gebührenpflichtige Brücken fahre, zahle ich immer die Gebühren für den Autofahrer hinter mir mit. Ich wünsche dem Bediensteten an der Mautschranke einen schönen Tag und bitte ihn, meinem Hintermann in meinem Namen das gleiche zu wünschen.

Für mich ist ein Fremder ein Freund, den ich noch nicht kennengelernt habe. Wenn der Autofahrer hinter mir erfährt, daß ein *Fremder* die Gebühren für ihn bezahlt hat, nickt er vielleicht das nächste Mal auch einem Fremden freundlich zu oder fängt ein Gespräch mit ihm an. Wer weiß, vielleicht ist er sogar so begeistert, daß er bei der nächsten Gelegenheit ebenfalls die Gebühr für jemand anderen mitbezahlt, *einfach weil es ihm Freude macht.*

Wenn wir gerade knapp bei Kasse sind oder in einer Gegend wohnen, in der es keine gebührenpflichtigen Brücken gibt, können wir zum Beispiel Geld in abgelaufene Parkuhren stecken. Vielleicht verhelfen wir den Autobesitzern damit zu einem schöneren Tag, als wenn sie wiederkämen und einen Strafzettel unter ihrem Scheibenwischer fänden. Damit sagen wir: «Wir sitzen alle im selben Boot. Vielleicht steckst du das nächste Mal ein paar Münzen in *meine* abgelaufene Parkuhr» (... aber ohne das zu erwarten).

Anonyme Spenden

Geld selbst ist nur ein Tauschmittel – bedrucktes Papier und geprägtes Metall. Doch wenn wir Geld *anonym* verschenken, ohne Bedingungen daran zu knüpfen und ohne Anerkennung dafür zu erwarten, wenn wir unser Geld selbstlos mit anderen Menschen teilen, dann schenken wir ihnen etwas von unserer Energie, unserer Zeit, unserer Mühe, unserer Liebe und unserem Leben. Es spielt keine Rolle, wieviel es ist. Unser Höheres Selbst und unser Basis-Selbst zählen nicht nach. Sie registrieren nur unser liebevolles Opfer.

Spenden an Menschen oder Organisationen, die wir schätzen, oder ein paar Dollar direkt an einen Bedürftigen verschaffen uns ein Gefühl des Überflusses. Wir hinterlassen damit auch einen stärkeren Eindruck beim Basis-Selbst der anderen Menschen, weil wir ihnen ein greifbareres Symbol unserer Liebe und Zuwendung geben als bloß leere Worte. Wir tun dann tatsächlich etwas, statt nur zu reden.

Ein paar Sekunden unserer Zeit

Oft hat man das Gefühl, sehr beschäftigt zu sein und keine Zeit «verschwenden» zu können (sprich: keine Zeit auf etwas zu verwenden, was man nicht für wichtig hält). Ich habe mich schon häufig dabei ertappt, wie ich meinen Töchtern sagte, ich hätte jetzt keine Zeit, ein paar Minuten mit ihnen zu spielen. Doch kurze Zeit später rief ein Freund an, und ich unterhielt mich eine Viertelstunde lang mit ihm über etwas, was *ich* für wichtig hielt.

Indem wir einem anderen Menschen unsere Zeit und Aufmerksamkeit schenken, verschenken wir uns selbst. Wir sagen ihm damit: «Du und deine Bedürfnisse sind mir wichtig.» In letzter Zeit habe ich begriffen, daß meine Kinder schon Verständnis dafür haben, wenn ich beschäftigt bin. Oft möchten sie nur, daß ich mir eine oder zwei Minuten lang Zeit für sie nehme, damit sie mir etwas erzählen oder ganz einfach bei mir sein können. Statt zu bereuen, daß ich ihnen das früher so oft abgeschlagen habe, habe ich mich entschlossen, meine Prioritäten künftig anders zu setzen. Braucht ein Mensch, der mir nahesteht, etwas von meiner Zeit, dann widme ich ihm eben diese Zeit.

Diese kleinen Dinge machen einen wichtigen Teil meiner spirituellen Arbeit aus. Sie gehören zu meinem Training als Krieger in der Arena des täglichen Lebens. Aus ihnen habe ich gelernt, daß jeder Augenblick eine Chance ist, etwas Positives zu bewirken.

Liebe ist kein Dauerzustand

Genau wie das Glück ist die Liebe ein Zustand, den man immer nur für Augenblicke empfinden kann. Versucht man, ständig glücklich zu sein und zu lieben, ist das, als wolle man nur ein einziges Mal essen und danach für immer satt sein. Unser Bewußtsein geht im einen Augenblick vom Herzen aus und ist im nächsten Moment in unterschwelligen Gefühlen von Angst, Kummer oder Zorn gefangen. Indem wir bewußt bleiben, werden wir fähig, diese Hindernisse immer wieder von neuem beiseite zu räumen, sie als Teil unseres Entwicklungsprozesses zu erkennen, zu akzeptieren und dann mit Hilfe der hier beschriebenen Methoden über sie hinauszuwachsen.

Durch das Öffnen des Herzens setzt ein tiefer, grundlegender Heilungsprozeß für die gesamte Psyche ein. Wenn das Bewußtsein im Herzen weilt, spüren wir ein Glück, das unsere Sorgen, Ängste, Gewissensbisse, unsere Wut und alle anderen Probleme überwindet, die uns vorher bedrückt haben. Selbst wenn sich an unserem äußeren Leben gar nichts ändert, unser inneres Leben wandelt sich von einer Sekunde zur anderen.

Mit einem geöffneten Herzen befinden wir uns auf der höchsten Ebene emotionaler Gesundheit. In dieser liebevollen inneren Verfassung helfen wir anderen Menschen nicht mehr aus Pflichtgefühl. Der Dienst an anderen bereitet uns nun uneingeschränkte Freude. Wir lieben, ohne uns Gedanken darüber zu machen, ob unsere Gefühle erwidert werden. Die Praktiken, die ich hier beschreibe, lassen sich leicht ins tägliche Leben integrieren. Sie erfordern nur bewußte Aufmerksamkeit und einen bewußten Vorsatz: Ehe wir lieben können, müssen wir erst einmal lieben *wollen*. Doch die Liebe ist immer in unserer unmittelbaren Reichweite, sie ist uns so nahe wie unser eigenes Herz.

Wege, unser Herz zu öffnen

Das physische Herz ist der stärkste Muskel, den wir besitzen. Es fungiert auch als Zentrum der Gefühlsdimension. Wie jeder Muskel wird auch das Herz stärker, je mehr man es gebraucht. *Eine Gefühlsverbindung zwischen Herz und Stimme, Gedanken, Tastsinn, Gesichtssinn und Gehör herzustellen ist die einfachste und sicherste Methode, unser Herz zu öffnen.* Diese Gefühlsverbindung schaffen wir, indem wir das Herz vom Bewußtsein durchdringen lassen. In dem Augenblick, wo diese Verbindung entsteht, bekommen wir Kontakt zur Liebe unseres Höheren Selbst, wir überwinden Angst, Kummer und Zorn und wirken heilend auf uns und andere.

Das Schöne an diesem Vorgang ist seine Einfachheit. Es gibt fünf Methoden, mit denen man jederzeit und an jedem Ort sein Herz öffnen kann, ohne daß die Umgebung es weiß; doch sie wird es *spüren*. Dabei richtet man die Aufmerksamkeit nicht *auf* das Herz, sondern man sieht und berührt seine Mitmenschen und die Welt *von* seinem Herzen aus.

--- --- --- --- --- --- --- --- --- ---

Spüre dein Herz

1. Richte deine Aufmerksamkeit auf deine Nase, deine Ohren, deine Füße oder deine Hände. Um dir die Konzentration zu erleichtern, kannst du diesen Körperteil bewegen und berühren. Dann höre wieder auf, ihn zu bewegen, ziehe deine Hand weg, und bleibe mit deiner Aufmerksamkeit dort, bis dir dieser Körperteil bewußter ist als jeder andere.

2. Jetzt richte die Aufmerksamkeit auf dein Herz, indem du die rechte Hand darauf legst. Vielleicht hat deine Aufmerksamkeit nun eine Qualität, die du vorher bei dem anderen Körperteil, den du berührtest, nicht gespürt hast, etwas *Fühlendes*.

3. Nun nimm deine Hand wieder weg, und *spüre dein Herz nur*

noch. Atme, entspanne dich, und registriere alle Empfindungen, die in dir aufsteigen. Dieses Fühlen deines Herzens ist eine der tiefsten, intensivsten und doch einfachsten spirituellen Praktiken der Liebe.

.—. .—. .—. .—. .—. .—. .—. .—. .—. .—.

Nachdem wir unser Herz gefühlt haben, können wir die erste Methode üben, mit der man sein Herz mitten im Alltag öffnen kann.

Die Resonanz der Herzen

Wenn man zwei Gitarren nebeneinanderstellt und bei der einen Gitarre die E-Saite zupft, beginnt auch die E-Saite der anderen Gitarre zu vibrieren. Dieses Prinzip bezeichnet man als Sympathieschwingung. Dieses akustische Phänomen funktioniert auch bei der menschlichen Stimme: *Wenn wir aus unserem Verstand heraus sprechen, reagiert der Verstand unseres Gegenübers; wenn wir aus dem Herzen heraus sprechen, reagiert das Herz unseres Gegenübers.*

Manchmal entscheidet man sich bewußt dazu, aus dem Verstand heraus zu sprechen, zum Beispiel beim Erklären einer Mathematikaufgabe. Um den Unterschied zwischen diesen beiden Sprechweisen zu veranschaulichen, möchte ich ein kleines Erlebnis schildern: Vor ein paar Jahren schaute ich vor dem Schlafengehen noch nach meiner kleinen Tochter. Während ich sie zudeckte, blickte ich auf sie herab und spürte, wie sehr ich sie liebte. Ich hatte den Wunsch, ihr das zu sagen, aber ich wollte sie nicht wecken. Ich nahm mir aber vor, es ihr morgen zu sagen.

Am nächsten Tag fiel mir mein Vorsatz wieder ein, und ich erzählte meiner Tochter, daß ich sie liebte. Sie hörte meine Worte, aber blieb unbeeindruckt. Sie spürte die Liebe nicht, denn in diesem Augenblick war mein Bewußtsein nicht in meinem Herzen wie am Abend zuvor. Meine Aufmerksamkeit befand sich in meinem Kopf. Ich *erinnerte* mich daran, was ich ihr hatte sagen wollen.

Heute brauche ich nicht einmal mehr zu sagen: «Ich liebe dich», obwohl ich das immer noch tue. Ich brauche nur zu fragen: «Wie war es in der Schule?» oder zu loben: «Du hast aber heute etwas Schönes an», denn ich spreche aus dem Herzen heraus, und deshalb spüren die Kinder meine Liebe. Selbst die einfachsten Worte, die aus dem Herzen kommen, reichen weiter und tiefer als das kunstvollste Gedicht, das aus dem Verstand entspringt.

Wenn wir aus dem Herzen sprechen, können wir sogar Dinge sagen wie «Ich habe Schmerzen» oder «Ich möchte, daß du dich anders verhältst», ohne daß bei unserem Gegenüber eine feindselige Stimmung aufkommt.

Wie man aus dem Herzen heraus spricht

Übe einmal, aus deinem Herzen heraus zu sprechen – zu einem Freund oder einem Feind, einem Menschen in deiner Nähe oder in der Ferne. Ob dieser Mensch da ist oder nicht, die Methode bleibt die gleiche:

1. Fühle dein Herz und die Liebe darin.
2. *Bewahre* dir dieses Herzensbewußtsein und -gefühl, und sage dabei in ganz normalem Ton das, was dir angemessen erscheint. Das Gefühl zählt mehr als die Worte.

Das können wir zum Beispiel dann praktizieren, wenn wir jemanden motivieren möchten. Nehmen wir einmal an, wir kommen in die Bank, kurz bevor sie schließt, und haben dort noch etwas zu erledigen, was ziemlich lange dauert. Die Bankangestellte sieht erschöpft und müde aus. Sie wirft einen Blick auf die Uhr und seufzt. Statt jetzt die Defensive zu ergreifen, bemerken wir vielleicht, daß sie ein hübsches Halstuch trägt. Wir gehen in unser Herz und sagen ihr etwas Persönliches, wie zum Beispiel: «Das Halstuch steht Ihnen aber gut.»

Ein solches Kompliment ist eine freundliche Geste der Aufmerksamkeit. Wir machen solche Gesten ständig aus den verschiedensten Motiven. Doch in diesem Fall ist unser offenes Herz der Schlüssel zum Herzen der Bankangestellten (oder irgendeines anderen Menschen). Solch eine Geste menschlicher Güte bewirkt eine kleine, aber wichtige Veränderung bei den Mitmenschen, mit deren Leben wir in Berührung kommen.

Auch hier liegt der Schlüssel zum Erfolg darin, nicht nur den Mund, sondern auch das Herz zu öffnen.

Mit so etwas Einfachem, einer solchen Kleinigkeit, bewirken wir auch etwas bei uns selbst. Denn in dem Augenblick, in dem wir aus dem Herzen heraus sprechen, werden wir mit ziemlicher Sicherheit spüren, daß wir alle Ängste, allen Kummer und allen Zorn überwunden haben, die uns vielleicht vorher bedrückten.

Ein gütiger, liebevoller Gedanke

Manchmal kann man etwas nicht laut sagen, weil derjenige, für den unsere Worte bestimmt sind, nicht da ist, krank ist, im Koma liegt, gerade beschäftigt oder wütend auf uns ist, so daß wir mit jedem Wort nur noch Öl ins Feuer gießen würden. Dann können wir diesen Menschen *innerlich segnen.*

Das ist ein ganz einfacher Vorgang: Wir nehmen Kontakt zu unserem Herzen auf und sagen *innerlich* (nicht laut): «*Ich wünsche dir alles Gute*» oder so etwas Ähnliches. Solche inneren Worte können dazu beitragen, aufgebrachte Menschen zu besänftigen, und wir können Leute in unserer Umgebung, zum Beispiel den Busfahrer oder den Angestellten am Schalter, damit in eine bessere Stimmung versetzen, ohne etwas zu sagen, was vielleicht einen seltsamen Eindruck machen würde.

Ich hatte gerade begonnen, das innere Sprechen zu üben, als es zu Joys Wutanfall kam, von dem ich bereits erzählt habe. Sie war wütend auf mich, weil ich zu spät nach Hause gekommen war und sie dringend das Auto brauchte. Ohne mich zu entschuldigen, ermahnte ich sie: «Achte auf deine Atmung» und brachte sie damit erst recht in Weißglut. Während Joy weiterschimpfte, erinnerte ich mich an die Übung, sich in sein Herz einzufühlen. Innerlich sagte ich zu ihr: «Ich wünsche dir alles Gute, ich liebe dich, Gott segne dich.» Zu meiner Überraschung und Freude hielt Joy daraufhin in ihrem Redeschwall inne. Sie begann zu lächeln und fragte: «Was machst du denn da?» Ihr Zorn und meine Angst waren wie weggeblasen. Zwar bewirkt man mit solchen inneren Worten nicht immer so eine dramatische Veränderung, aber sie setzen stets einen Heilungsprozeß in Gang.

Ich genieße das innere Sprechen, weil es wie eine unterschwellige spirituelle Bewegung ist. Man kann herumlaufen

und Menschen segnen, Samen der Liebe in ihr Energiefeld ein-
pflanzen und bewirken, daß sie sich glücklicher fühlen, nur weil
sie in unserer Nähe waren. Ich hoffe, auch mit diesem Buch solche Samen in die Herzen meiner Leser zu legen, damit viele
Menschen zu «heimlichen spirituellen Heilern» werden. Mit
kleinen Dingen kann man viel bewirken.

Die innere Kommunikation funktioniert mit einem Menschen auf der anderen Seite der Welt genauso wie mit jemandem, der in der anderen Ecke des Zimmers sitzt. Sie funktioniert
mit Freunden wie mit Feinden. Bei Feinden oder bei Leuten, die
uns ärgern, kann sie sogar *besonders* wirkungsvoll sein. Wir müssen nicht unbedingt eine tiefe Liebe zu der Person empfinden,
die wir «segnen». Auf einer Autobahnauffahrt raste einmal ein
Mann in einem frisierten Auto an mir vorbei. Wahrscheinlich
hatte er das Gefühl, daß ich zu langsam fuhr. Jedenfalls machte er
eine «unanständige» Geste, als er mich überholte. Dann an der
Einfahrt, als sich die Spur verengte, hätte er mich beinahe noch
geschnitten, und ich mußte nach rechts ausweichen.

Meine erste Regung war Zorn – eine natürliche Reaktion –,
aber dann erinnerte ich mich an meine Übung und fühlte mein
Herz. In diesem Augenblick wurde mir klar: «Das ist ein
Mensch wie ich. Jemand, der leidet, so wie auch ich schon gelit-
ten habe; jemand, der genau wie ich eines Tages Menschen verlieren wird, die er liebt. Einer meiner Klassenkameraden auf diesem Planeten, der heute einen schlechten Tag hat.»

Diese Gedanken schossen mir in Sekundenschnelle durch den
Kopf. Danach konnte ich aufrichtig Kontakt zu meinem Herzen
aufnehmen und zu dem Mann sagen: «Ich wünsche dir alles
Gute, Gott segne dich.» Ich brauchte meinen anfänglichen Ärger nicht zu unterdrücken oder zu verleugnen, ich wuchs über
ihn hinaus. Denn wenn wir unser Herz spüren, erheben wir uns
über unsere emotionalen Verkrampfungen.

Praktiziere diese ganz einfache Übung bei nächster Gelegenheit einmal. Suche dir für deinen Segen so viele Menschen aus,
wie du willst, aber immer jeweils nur einen – einen Freund,
einen Vertrauten, Vater oder Mutter, einen Fremden oder auch
einen Gegner (ein Ex-Ehepartner eignet sich sehr gut).

Ein innerer Segen

1. Sieh den Menschen, den du segnen möchtest, vor deinem geistigen Auge (wenn er körperlich nicht anwesend sein sollte).
2. Denke an die Worte: «Das ist ein Mensch wie ich...», und fühle dein Herz.
3. Während du den Menschen anschaust (oder vor deinem geistigen Auge siehst), sage innerlich aus deinem Herzen heraus: «Ich wünsche dir alles Gute.»
4. Lasse allen Empfindungen, die in dir aufsteigen, freien Lauf.

Genieße die Überraschung, wenn Leute, zu denen du auf diese Weise Kontakt aufnimmst, sich kurz darauf plötzlich «aus heiterem Himmel» melden und sagen, daß sie gerade an dich gedacht haben, oder dir irgendein anderes Zeichen eines Kontakts oder einer Versöhnung geben. Selbst wenn nichts Erkennbares passiert, weißt du, daß du einen echten Akt der Liebe und Güte begangen hast. Durch solche inneren Worte können auch der Geist und die Wirksamkeit jeder freiwilligen Arbeit und jedes Dienstes erhöht werden.

Man kann das innere Sprechen und das Sprechen aus dem Herzen heraus jederzeit praktizieren – zu Hause oder bei der Arbeit. Jeder braucht Liebe und Güte, und jeder kann auch Liebe und Güte geben.

Unsere spirituellen Sinne

Durch die Verbindung unserer drei wichtigsten Sinne – Gesichtssinn, Tastsinn und Gehör – mit unserem Herzen öffnen wir Kanäle vom Herzen zu unserem Höheren Selbst hin. Kaum merkliche, aber wunderbare Dinge geschehen dann.

Der spirituelle Tastsinn

Der Tastsinn ist unser erster und wichtigster Sinn, denn durch ihn stellen wir körperlichen Kontakt her. Junge Tiere, die niemand berührt, werden häufig depressiv, verweigern die Nahrung und sterben. Das kann auch mit Menschen passieren (unser Basis-Selbst hat, genau wie die Kinder, viele Eigenschaften mit Tieren gemeinsam).

Der Händedruck und andere von der Gesellschaft akzeptierte Formen des Hautkontaktes rühren aus diesem Grundbedürfnis her. Unsere Basis-Selbste öffnen sich dabei füreinander auf eine Weise, die sich mit Worten nicht fassen läßt. Wir alle brauchen persönlichen Freiraum, und er steht uns auch zu, doch durch körperlichen Kontakt können wir andere Menschen viel besser «erreichen» als mit Worten. Wenn man aus dem Herzen heraus spricht und sein Gegenüber gleichzeitig auch noch herzlich berührt, verdoppelt sich die Wirkung.

Manchmal sind Berührungen angemessen, manchmal sind sie weniger angebracht. (Übe deinen spirituellen Tastsinn niemals an einem Fremden in einem leeren U-Bahnabteil!) Doch im richtigen Augenblick kann schon eine leichte Berührung am Arm, kombiniert mit einem Gefühl aus dem Herzen heraus, unser Basis-Selbst daran erinnern, daß es auf dieser Welt Liebe, Zuwendung und Geborgenheit gibt.

Wie man das Herz berührt

1. Fühle einfach dein Herz.
2. Berühre einen anderen Menschen in angemessener Form – klopfe ihm beispielsweise leicht auf die Schulter, oder berühre ihn sanft am Arm.
3. Wenn du diese spirituelle Berührung mit inneren Worten oder mit Sprechen vom Herzen her kombinierst, verstärkt sich die Wirkung von beidem.

Die Fenster der Seele öffnen

Wir alle wissen unser Augenlicht zu schätzen. Doch manchmal vergessen wir, daß wir mit unseren Augen nicht nur hinausschauen, sondern daß sie auch etwas empfangen. Wir sehen nicht nur in die Welt hinaus, es sehen auch andere in uns hinein, wenn wir es zulassen. Die Augen werden zu Recht als «Fenster der Seele» bezeichnet. Leider öffnen die meisten Menschen ihre

Augen gar nicht richtig, und die Augenumgebung zeigt oft Spuren des Stresses und der inneren Anspannung.

Spirituelles Sehen bedeutet, unser Herz zu spüren und es *andere durch unsere Augen «sehen» zu lassen*. Mit anderen Worten, indem unsere Augen offen, entspannt und rezeptiv sind, lassen wir unsere Mitmenschen die Liebe sehen, die wir für sie als menschliche Wesen empfinden.

Bei dieser Übung projizieren wir nichts durch die Augen hinaus. Wir lassen die anderen einfach *hineinsehen* und bleiben uns dabei unseres Herzens bewußt. Selbst wenn der Blickkontakt nicht länger dauert als den Bruchteil einer Sekunde, ist die Botschaft des Herzens doch vorhanden. Und in dem Augenblick, in dem wir jemandem einen Einblick in unser Herz durch unsere Augen gewähren, findet eine innere Gesundung statt.

Spirituelles Sehen

1. Stelle bei nächster Gelegenheit einmal Blickkontakt zu jemand in deiner Nähe her. Vielleicht hast du das schon oft getan, obwohl es viele eher vermeiden, einander direkt in die Augen zu sehen.

2. Spüre dein Herz, und bleibe dir deines Herzens bewußt, während du mit den Augen Kontakt zu den Augen deines Gegenübers herstellst.

3. Habe, während dein Gegenüber dir in die Augen schaut, das Gefühl, als seien deine Augen empfänglich und aufnahmefähig. Spüre dabei weiterhin dein Herz.

Spirituelles Hören

Epiktet, ein griechischer Weiser, mahnte: «Die Natur hat uns nur eine Zunge, aber zwei Ohren geschenkt, damit wir doppelt soviel von anderen Menschen hören können, wie wir selbst sprechen.» Oft denkt man nämlich beim Zuhören zwischendurch an etwas ganz anderes oder überlegt sich irgend etwas Hilfreiches, was man seinem Gegenüber sagen könnte. Das passiert selbst einem guten Zuhörer.

Beim spirituellen Hören konzentrieren wir uns nicht auf unseren Verstand oder denken darüber nach, was wir als nächstes sagen sollen, sondern unser Bewußtsein ruht im Herzen, und wir stellen eine Verbindung zwischen diesem Herzensgefühl und unseren Ohren her. Die Ohren sind genauso empfänglich und aufnahmebereit wie unser Herz, und *durch bloßes Zuhören können wir Wunder bewirken.*

Da die Basis-Selbste aller Menschen miteinander in Verbindung stehen und unser Höheres Selbst *durch* unser Basis-Selbst mit uns kommuniziert – über Gefühle und Intuitionen –, sollten wir mit dem Herzen zuhören, wenn uns jemand seine Probleme schildert. Selbst wenn wir gar nichts dazu sagen, wird dem anderen dann oft die gleiche «Lösung» einfallen, die wir ihm vorgeschlagen hätten.

Aus dem Herzen heraus zuhören

1. Das nächste Mal, wenn jemand mit dir spricht – vor allem deine Kinder oder eine andere dir nahestehende Person –, achte darauf, ob deine Gedanken abschweifen oder ob du nur mechanisch zuhörst und gedanklich schon vorwegnimmst, was dein Gegenüber deiner Meinung nach sagen will, und dir bereits eine Antwort zurechtlegst.
2. *Höre auf zu denken.*
3. Höre einfach zu, *fühle* und schenke diesem Menschen deine ganze Aufmerksamkeit, als ob du jede Menge Zeit hättest. Betrachte das, was dieser Mensch sagt, als etwas ungeheuer Wichtiges.

Schon durch aufmerksames Zuhören lindern wir Schmerzen und Leiden.
Buddhistische Weisheit

Gebrauch und Mißbrauch

Bewußtes gütiges Handeln – dieser täuschend einfache Weg, das Herz zu öffnen, die Emotionen zu heilen und mit dem Höheren Selbst in Verbindung zu treten – sendet Wellen der Liebe und Fürsorge aus, die immer größer werden und sich auf die ganze Welt der zwischenmenschlichen Beziehungen ausweiten.

Doch wie bei jedem Werkzeug und jeder Methode ist auch hier leicht Mißbrauch möglich. Unser Bewußtes Selbst neigt dazu, alle Informationen aufzunehmen, die ihm begegnen, sie fein säuberlich in Schubladen zu stecken und als mentale Technik einzusetzen, um ganz bestimmte Resultate zu erzielen. Wer den Pfad des friedvollen Kriegers gehen will, muß seinen Verstand dem Herzen unterordnen und auf solche Möglichkeiten verzichten.

Vertreter mit wenig moralischem Empfinden, die nicht das Beste für ihren Kunden im Sinn haben, sondern einfach nur einen Abschluß tätigen wollen, bedienen sich manchmal der Techniken des körperlichen Kontakts, des aufmerksamen Zuhörens oder des intensiven Blickkontakts. Geht es dabei um Versicherungen oder um Fragen, die das persönliche «Überleben» betreffen, wie Gesundheits- und Altersvorsorge oder Geldanlagen und sie versuchen, uns mit diesen Methoden in die gewünschte Richtung zu manipulieren, wird unser Basis-Selbst sehr rasch hellhörig werden und uns zu verstehen geben, daß hier das Herz fehlt.

Andererseits ist einer der spirituell fortgeschrittensten Menschen, die ich kenne, von Beruf Versicherungsvertreter, Finanzberater und Börsenmakler. Lew setzt bei jedem Kunden alle seine spirituellen Sinne ein, einfach weil es ihm Freude macht, Menschen in eine bessere Stimmung zu bringen. Seine Arbeit erscheint ihm dann schöner und sinnvoller. Für Lew ist sein Berufen können nur eine Ausrede, mit Menschen in Kontakt zu kommen. Wenn er seine Kunden wieder verläßt, fühlen sie sich wohler als vorher – egal, ob sie mit ihm ins Geschäft gekommen sind oder nicht. Für mich ist Lew ein als Versicherungsvertreter verkleideter spiritueller Heiler.

Ärzte, Anwälte, Bäcker, Sekretärinnen, Menschen aus allen Gesellschaftsschichten und Berufen können neue Dimensionen und Möglichkeiten erforschen, indem sie mitten im Alltag ihr Herz und das Herz ihrer Mitmenschen öffnen. Dann werden sie, genau wie Lew, nie auf die Idee kommen, ihre Arbeit sei nicht «sinnvoll» genug.

Das «Gib-was-du-Brauchst»-Prinzip

Jeder Mensch hat das gleiche grundlegende Bedürfnis, geliebt, verstanden und anerkannt zu werden. Alles, was wir tun, haben oder anstreben – Kleidung, Benehmen, Freizeit, Beruf, Vermögen, Auto, Wohnung und viele andere Entscheidungen, die wir getroffen haben –, hängt mit dem universalen Bedürfnis zusammen, geliebt, verstanden und anerkannt zu werden.

Und doch haben wir trotz all unserer Bemühungen das Gefühl, daß dieses Bedürfnis nach Liebe, Verständnis und Anerkennung selten erfüllt wird. Das stammt aus einem tief verwurzelten Mißverständnis zwischen unserem Höheren Selbst, unserem Basis-Selbst und unserem Bewußten Selbst her, einem so weitverbreiteten Mißverständnis, daß fast jeder darunter leidet: Wir haben uns davon abhängig gemacht, daß die *Außenwelt* unsere inneren Bedürfnisse befriedigt. Doch letzten Endes können innere Bedürfnisse nicht von außen befriedigt werden.

Das «Gib-was-du-Brauchst»-Prinzip hilft uns, diese innere Verwirrung zu beseitigen. Es besagt:

> *Wenn wir Mohrrüben haben wollen, müssen wir Mohrrüben säen;*
> *Wenn wir Radieschen haben wollen, müssen wir Radieschen säen;*
> *Wenn wir Liebe haben wollen, müssen wir Liebe säen;*
> *Wenn wir Verständnis haben wollen, müssen wir Verständnis entgegenbringen;*
> *Wenn wir anerkannt werden wollen, müssen wir Anerkennung geben;*
> *Wenn wir uns geliebt fühlen wollen, müssen wir Liebe schenken.*

Diese Grundsätze mögen den meisten von uns bekannt vorkommen. Doch ein gründlicher Blick wird uns zeigen, daß wir meistens nur etwas hergeben, um etwas zurückzubekommen. Wir zeigen uns liebevoll, um wiedergeliebt zu werden; wir hören verständnisvoll zu, damit auch die anderen uns zuhören; wir schenken Anerkennung und machen Komplimente, damit wir das gleiche erhalten. Hinter all diesen Handlungen steckt unsere Bedürftigkeit, und solche Manipulationen können auch nicht funktionieren, da zu viele Bedingungen daran geknüpft sind.

Das «Gib-was-du-Brauchst»-Prinzip wurzelt in einer tieferen Erkenntnisebene und basiert auf dem allgemeingültigen Grundsatz: *Wenn wir etwas sehr brauchen, will unser Basis-Selbst uns damit sagen, daß wir davon am meisten geben müssen.*

Mit anderen Worten: Die Botschaft unseres Höheren Selbst erzeugt in unserem Basis-Selbst ein Gefühl, das unser Bewußtes Selbst fälschlicherweise als Entbehrung interpretiert: «Ich brauche Liebe (oder Verständnis oder Anerkennung).» Mit der Empfindung, die wir als «Ich brauche Verständnis» interpretieren, will unser Höheres Selbst uns durch das Basis-Selbst sagen, daß *wir selbst* unseren Mitmenschen mehr Verständnis entgegenbringen müssen.

Sobald wir dieses Prinzip verstanden haben und uns danach richten, ändert sich unsere Gemütsverfassung grundlegend. Das Gefühl der Entbehrung weicht einer Stimmung der Offenheit und des Überschwanges. Aus einem Energievakuum wird ein Mensch, der Energie verströmt. Eine Quelle des Schmerzes verwandelt sich in ein Leuchtfeuer der Freude.

329

14
Die Macht des Glücks

Wer ist der glückliche Krieger? Wer ist derjenige, mit dem jeder Mann in Waffen gern tauschen möchte?

William Wordsworth

Die Fähigkeit zum Glücklichsein

Genau wie die *Liebe* hat auch das *Glück* viele verschiedene Ebenen und Bedeutungen. Eine Mahlzeit, wenn wir Hunger haben, oder die Vorfreude auf eine Ruhepause, eine Erholung oder einen unterhaltsamen Abend kann uns glücklich machen. Für manchen bedeutet es sogar schon Glück, wenn er seinen Schmerz mit der nächsten Droge oder dem nächsten Drink oder dem nächsten sexuellen Abenteuer betäuben kann.

In diesem Kapitel geht es nicht darum, daß wir versuchen sollen, ständig glücklich zu sein. Es geht vielmehr darum, jederzeit glücklich oder liebevoll zu sein oder inneren Frieden zu empfinden, wann wir es *wollen,* und zwar durch einen *Akt* der *Aufmerksamkeit.*

Das erfordert Übung wie alle Dinge. Man kann zum Beispiel lernen, bestimmte physiologische Funktionen, die normalerweise automatisch ablaufen und daher für unbeherrschbar gehalten werden, wie Körpertemperatur, Blutdruck oder Herzschlag, durch Biofeedback und bewußte Lenkung des Basis-Selbst zu steuern. Viele von uns glauben, tiefe Gefühle des Glücks, der Liebe und des inneren Friedens seien ebenfalls etwas, das «automatisch» und ohne unseren Einfluß entsteht – abhängig von willkürlichen äußeren Umständen.

Der friedvolle Krieger bringt ein Gleichgewicht von Sponta-

neität, Verletzlichkeit und Selbstbeherrschung in sein tägliches
Leben, statt seinen Körper, sein Denken und seine Emotionen
der Gnade oder Laune der äußeren Umstände zu überlassen.

Was ist Glück?

Wir alle *kennen* das leider nur allzu vergängliche Gefühl der
Liebe, Befriedigung und Erfüllung und des inneren Friedens,
das wir als Glück bezeichnen. Aber wie viele Menschen *leben*
dieses Gefühl tatsächlich? In der Jugend, wenn wir uns an die
Verhaltensnormen der Gesellschaft anpassen und lernen, unsere
Gefühle zu verleugnen, wird uns beigebracht, wie man so *aussieht,* als sei man glücklich, wie man lächelt und «gute Miene
zum bösen Spiel macht». Doch niemand hat uns je beigebracht,
wie man sich glücklich *fühlt.*

Im Gegensatz zu dem, worauf unsere Kultur Wert legt, nämlich glücklich auszusehen und «in die Kamera zu lächeln», *ist
wahres Glück die mit der Zeit und durch Übung erworbene Fähigkeit,*
unabhängig von äußeren *oder* inneren Umständen *positive Energie auszustrahlen.* Mit anderen Worten: die Fähigkeit, Glück auszustrahlen, hängt nicht davon ab, wie gut unser Leben gerade
läuft *und* in was für einer emotionalen Verfassung wir uns befinden. Wenn wir das begriffen haben, dann können wir unsere
Angst, unseren Kummer oder unseren Zorn zum Ausdruck
bringen und uns trotzdem des *darunter* liegenden Glücks bewußt
sein.

Um sich dieses unterschwellige Glück auch inmitten äußerer
und innerer Schwierigkeiten zu bewahren, muß man die Fähigkeit entwickeln, emotionale und mentale Blockaden und Verkrampfungen zu beseitigen. Hat man das gelernt, kann man
Emotionen erleben, ohne in ihnen gefangen zu sein. Wenn Joy
und ich zum Beispiel einen lautstarken Streit haben, empfinde
ich vielleicht Zorn oder Trauer. Mit der Zeit habe ich jedoch
entdeckt, daß mich unterhalb dieser Emotionen immer ein
Glücksgefühl durchströmt, das sich durch kein noch so dramati-
sches Erlebnis auf der Ebene meiner Persönlichkeit schmälern
läßt.

Die Schatten des Schuldgefühls und
die Macht des inneren Strahlens

Viele Menschen haben die auf Schuldgefühlen basierende Überzeugung akzeptiert, die im Grunde besagt: «Glück ist ein gefühlloser Zeitvertreib für Leute, die der satten Mittelklasse angehören und genügend Freizeit haben. Wie kann ich mir Gedanken über mein eigenes Glück machen, wenn so viele Menschen auf der Welt leiden? Der Regenwald ist in Gefahr, Millionen von Menschen sind obdachlos und am Verhungern, und ich sehne mich nach Erfüllung! Ich sollte mich schämen!» Solche Vorstellungen sind ein sehr wirksamer Druck auf den Knopf unserer Schuldgefühle.

Wer Glück für etwas Anstößiges hält, findet in seinem Leben auch nicht sehr viel davon. Sein Glück so lange zu verschieben, bis alle Menschen auf der Welt glücklich sind, zeugt eher von Masochismus als von Altruismus. Es ist das gleiche, als weigerten wir uns so lange, zu essen, bis alle Menschen auf der Welt satt sind.

> *Ich bin nicht für freiwillige Armut;*
> *Ich bin gegen unfreiwillige Armut.*
> Joan Baez

Ich möchte an dieser Stelle eindringlich betonen, daß wir alle den Schmerz, die Leiden und die sozialen Mißstände auf unserer Welt erkennen, ihnen ins Auge sehen und abhelfen müssen. Es gibt auf dieser Welt nicht nur Schönes, nicht nur Glücksfälle und angenehme Dinge, sondern auch großes Leiden: Menschen, die physisch und emotional verhungern; Kinder, die mißhandelt werden, und Millionen andere, die keinen Sinn mehr in ihrer Arbeit und ihrem Leben sehen. Die Welt bedarf noch mancher Verbesserung. Es gibt genug zu tun auf innerer, individueller, familiärer, nationaler und globaler Ebene.

Doch es bleibt eine unbestreitbare Tatsache: Je stärker und strahlender wir sind, um so eher können wir einen positiven Einfluß auf die Welt ausüben. *Je mehr Glück wir in die Welt bringen, um so besser ist es für alle Menschen.* Glück (oder Liebe) ist der

Schlüssel, der alle Türen, auch die zum Fortschritt der Gesell-schaft, öffnet. Glückliche Menschen machen auch ihre Um-gebung glücklich. Glück ist die ansteckendste Energie, die es auf der Welt gibt. Ängstliche, traurige, wütende oder unglückliche Menschen verbreiten nur Angst, Trauer, Wut und Unglück, selbst wenn sie im Namen des «sozialen Gewissens» arbeiten. Sagte Mutter Teresa etwa jeden Morgen beim Aufstehen: «Oh, verdammt, heute muß ich wieder zu diesen Leprakranken gehen»? Natürlich nicht! Sie sagte, daß sie in den Augen eines jeden Menschen, dem sie diente, Jesus gesehen hat. Sie hat einen Daseinszweck gefunden, etwas, das sie lieben und worum sie sich kümmern kann. Mutter Teresas heilende Macht erwächst zum großen Teil aus ihrer Fähigkeit, Glück auszustrahlen.

> *Wir sind da, um zu lernen, uns mit Freude zwischen den Leiden der Welt zu bewegen.*

> Joseph Campbell

Die Suche nach etwas schwer Faßbarem

Was auch immer wir uns vom Leben wünschen, einen Partner, mehr Geld, Gesundheit, eine befriedigende berufliche Laufbahn oder Erleuchtung, letzten Endes läuft alles auf dasselbe heraus: Hinter all diesen Wünschen und Sehnsüchten, jenseits aller Symbole steht der Wunsch, *glücklich zu sein.* Wenn wir voll-kommen glücklich sind, was brauchen wir dann noch mehr? Und wenn wir nicht glücklich sind, kann uns keine Beziehung, keine Karriere und kein Erfolg befriedigen.

Bei genauerer Betrachtung unseres Lebens müssen wir ver-mutlich feststellen, daß wir meist nicht besonders glücklich sind, und zwar weil wir unsere Aufmerksamkeit auf alles kon-zentrieren, was uns *nicht* gefällt. Die Quelle des Glücks ist so schwer zu finden, weil wir gar nicht wissen, wie sie aussieht. Je-dem erscheint das Glück in einer anderen Form, je nachdem, was er sich gerade wünscht.

--- --- --- --- --- --- --- --- --- ---

Alles, was dich glücklich macht

1. Stelle dir vor, du findest am Strand eine alte Flasche, öffnest

sie, und ein Geist kommt heraus. Wenn der Geist aus der Flasche dir sagt, daß du *einen einzigen* Wunsch frei hast und dir wünschen kannst, was du willst (nur nicht die Erfüllung von noch mehr Wünschen) – wofür würdest du dich entscheiden? Nenne deinen größten Wunsch.

2. Angenommen, dein Wunsch erfüllt sich und der Flaschengeist kommt wieder. «Nun, da dir dein größter Wunsch in Erfüllung gegangen ist, wünschst du dir noch etwas anderes? Nenne es!» Was würdest du dir noch wünschen?

3. Auch dieser Wunsch und der nächste werden dir erfüllt. Spinne die Geschichte in Gedanken noch ein bißchen weiter. Denke intensiv nach, und überlege dir immer weitere Wünsche, bis dir beim besten Willen keiner mehr einfällt.

Das Streben nach Glück

Das Streben nach materiellem Erfolg, einem erweiterten Bewußtsein und Liebe trägt dazu bei, das Leben spannend und sinnvoll zu machen. Die ganze Menschheit wird vom Streben nach Glück angetrieben. So groß unsere Leistungen oder materiellen Erfolge auch sein mögen, es bleibt immer eine Sehnsucht oder das Gefühl, daß uns «noch irgend etwas fehlt». Das spornt uns dazu an, weiter auf dem Bergpfad zu bleiben, um den Zustand zu finden, den wir als Glück bezeichnen.

In allen weltlichen und spirituellen Überlieferungen sind die *Sucher* stets gerühmt und verehrt worden. Und doch basiert die Suche auf einer unterschwelligen Ablehnung des gegenwärtigen Lebens, des Glücks hier und jetzt. *Sucher sind in der trügerischen Illusion befangen, wenn sie den Gegenstand ihrer Sehnsucht bekämen, würden sie endlich glücklich sein.* Das Glück ist vielleicht eine der verbreitetsten «Süchte», denn es gibt viele Dinge, die uns für kurze Zeit glücklich machen, aber wieder vorübergehen. An diesen Zustand gewöhnen wir uns mit der Zeit und verbringen den größten Teil unserer Tage, nicht zuletzt auch unserer Zeit und unseres Geldes, mit der Suche nach Wegen zum Glück. Doch letzten Endes bestärkt die Suche uns nur in dem Gefühl der Unzufriedenheit, das uns überhaupt erst auf die Suche getrieben hat. Das Streben nach Glück erwächst aus einem inneren

Widerstand gegen unser Leben, so wie es jetzt im Augenblick ist, und doch ist dieses Jetzt das einzige, was existiert. Also können wir nur jetzt glücklich sein – oder niemals.

Wo man das Glück nicht findet

Der größte Vorteil eines Studiums besteht darin, daß man lernt, daß es einen nicht glücklich macht. Wer nie studiert hat, hängt vielleicht jahrelang dem Gedanken nach, daß sein Leben glücklicher verlaufen wäre, wenn er auf die Universität gegangen wäre. Doch jene, die einen Hochschulabschluß haben, wissen, daß das Glück sich nicht automatisch mit dem akademischen Grad einstellt.

Das gleiche gilt für ein hohes Einkommen. Bei einer Umfrage, die vor ein paar Jahren stattfand, wurden aufs Geratewohl Hunderte von Personen befragt, ob sie ihrer Meinung nach wohl glücklicher wären, wenn sie eine Million Dollar besäßen. Das Ergebnis überrascht nicht – 76 Prozent sagten: «Ja, auf jeden Fall.» Es wurden auch zehn Millionäre gefragt, ob eine Million Dollar sie zu glücklicheren Menschen machen würde. Alle zehn antworteten: «Nein.»

Und was wäre, wenn wir einen Partner fänden, der unseren Idealvorstellungen von einem Freund, Gefährten und Liebhaber entspricht? *Das* müßte uns doch eigentlich das ersehnte Glück bringen! Doch alle, die einen solchen Partner haben, wissen nur zu gut um die Herausforderungen und Probleme einer Partnerbeziehung. Sie wissen, daß selbst die beste Ehe noch nicht glücklich macht und daß auch Kinder nicht das ersehnte Glück bringen.

Vielleicht besteht des Rätsels Lösung darin, eine sinnvolle Arbeit zu tun. Ja, das muß es sein – eine so beglückende Form des Dienstes am anderen, daß wir uns jeden Morgen beim Aufstehen schon auf den Tag freuen. Sinnvolle Arbeit ist sicherlich besser als ein Beruf, der uns keinen Spaß macht. Doch jene mit einer solchen Arbeit wissen, daß auch das keine Garantie für dauerhaftes Glück ist.

Dann muß Gesundheit der Schlüssel zum Glück sein, sagen wir uns. Was nützt uns schließlich alles andere, wenn wir nicht gesund sind? Das hat jedenfalls mein Großvater immer gesagt.

Aber ich kenne einige Menschen, die vor Gesundheit strotzen –
im Augenblick gehöre ich auch dazu –, und auch das allein
macht nicht glücklich. Es hat nur den Vorteil, daß man dann weniger abgelenkt wird, weniger Beschwerden und mehr Energie
hat. Wir könnten diese Liste endlos fortsetzen, denn sie ist so
lang wie unser Leben, so lang wie unsere Hoffnungen und
Träume.

Natürlich ist nichts Verkehrtes daran, zu studieren, zu heiraten, Kinder zu haben, viel Geld zu verdienen, einen guten Beruf
zu ergreifen oder gesund zu bleiben – all diese Dinge sind natürliche, sinnvolle Bestandteile des Lebens. Sie alle können uns eine
Zeitlang *bedingt* glücklich machen. Fast *jeder* unserer Wünsche,
der sich erfüllt, vermag uns ein paar Minuten, Stunden, Tage
oder sogar Wochen lang in Hochstimmung zu versetzen. Doch
nichts auf der Welt kann uns dauerhaftes Glück schenken, denn
das Wesen des Lebens ist Veränderung.

Glück ist eine Sache des Augenblicks

Glück ist kein dauerhafter Zustand, sondern eine Sache des
Augenblicks und jederzeit nach Belieben zugänglich, wenn wir
es wollen. Wenn wir es nicht jetzt und hier finden – unabhängig
von unseren Lebensumständen –, werden wir es nirgends finden. Natürlich könnte fast jeder Mensch seine Lebenssituation
noch verbessern. Doch wenn das Leben unsere grundlegenden
Bedürfnisse nach Kleidung, Essen und Obdach erfüllt und wir
trotzdem leiden, dann entspringt dieses Leiden aus unseren inneren Widerständen, aus dem Denken. Da wir unsere Gedanken
mit in die Zukunft nehmen, werden wir immer leiden, gleichgültig, wie unsere äußeren Lebensumstände beschaffen sind.

> *Nur wenn wir auch die Hölle lieben können,*
> *werden wir den Himmel finden.*
> Unbekannter Verfasser

Ehe ich meine Überzeugungen einer genaueren, kritischen Prüfung unterzog, hielt ich «Glück» für ein ganz persönliches, pri-
vates, freudiges Gefühl in meinem Inneren, ein Gefühl, das nach
Belieben kam und wieder ging. Wenn ich es nicht empfand, ver-

suchte ich es mir zu verschaffen, und zwar meistens auf dem einfachsten, schnellsten Weg: durch einen «Kuß» oder ein «Stück Schokolade». Inzwischen habe ich gelernt, Glück nicht als etwas zu betrachten, was mir widerfährt, sondern etwas, was ich *tue;* nicht als etwas, was ich vom Leben bekomme, sondern etwas, was ich in mein Leben hineinbringe. Positive Energie auszustrahlen ist nicht das Ziel des friedvollen Kriegers, sondern seine innere Einstellung auf seiner Reise. Es ist die höchste Disziplin des Kriegers.

Um trotz der Wechselfälle und Widrigkeiten des täglichen Lebens unterschwellig immer ein gewisses Glücksgefühl bewahren zu können, braucht man den Mut und die Bereitschaft, positive Energie auszustrahlen – nicht nur angesichts äußerer Schwierigkeiten, sondern auch *allem zum Trotz, was sich gerade in unserem Inneren abspielt.*

Ich zum Beispiel praktiziere Glück als Disziplin des Kriegers, wenn ich dringend einen Text fertigstellen muß, mich schon fünf Stunden damit abgemüht habe und anschließend beim Durchlesen feststelle, daß das alles Schrott ist. Oder wenn ich zwei Stunden lang in einem Zustand der «Erleuchtung» am Computer gearbeitet habe und dann die Sicherung durchbrennt und ich zu speichern vergessen habe und all meine schönen Ideen verloren sind und dann zu allem Überfluß auch noch meine kleine Tochter an die Tür des Arbeitszimmers klopft und ruft: «Papa, spielst du jetzt mit mir?»

Das ist der Augenblick, in dem ich auf die Probe gestellt werde – kann ich mich jetzt im Glücklichsein üben oder nicht? Natürlich gelingt mir das nicht immer sehr gut oder auch nur einigermaßen. Aber immerhin kann ich, auch wenn ich innerlich noch so frustriert und deprimiert bin, die Tür meines Arbeitszimmers öffnen und sagen: «Hallo, Schatz!» Ich kann meine Tochter umarmen und anlächeln und sie fragen, wie es in der Schule war. Ich kann mich ein paar Minuten lang mit ihr beschäftigen, obwohl mir zwischendurch Gedanken durch den Kopf gehen wie: «Verflixt! Warum habe ich bloß nicht daran gedacht abzuspeichern...» oder «Warum mußte auch diese verdammte Sicherung durchbrennen!» Ich beobachte diese Gedanken, nehme sie für einen Augenblick zur Kenntnis, und dann gehe ich mit meiner Tochter spielen und schenke ihr meine positive Energie und Aufmerksamkeit. Nur weil ich persönlich gerade in einer kleinen Krise stecke, muß ja nicht gleich die ganze Welt mit mir leiden. Nicht einmal ich selbst brauche deshalb zu leiden!

Ich will damit nicht sagen, daß das leicht ist. Bei jedem Lernprozeß macht man am Anfang erst einmal Fehler, «vermasselt» alles, ist verwirrt und ärgert sich. Doch zum Lernprozeß gehört auch, daß man sich urteilsfrei beobachtet und sich mit der Zeit immer mehr öffnet, bis man schließlich eine neue Fähigkeit zum Glücklichsein an sich entdeckt.

Positive Energie auszustrahlen bedeutet nicht, daß man «so tun soll als ob». Damit würden wir uns nur selbst betrügen. Wenn wir uns in der Disziplin des Glücklichseins üben, sind wir uns voll und ganz über unsere Empfindungen im klaren. Uns ist bewußt, was sich in unserem Inneren und in der Außenwelt abspielt. Wir dramatisieren es nur nicht. Bedingungslos glücklich zu *sein,* ist also etwas ganz anderes, als nur zu *sagen,* wir seien glücklich, oder die Zähne zusammenzubeißen und so zu tun als ob. Die Disziplin des Glück-Ausstrahlens unterscheidet sich auch von dem passiven Zustand des Sich-wohl-Fühlens. Sie ist das einzige Glück, das ich kenne, das nicht von äußeren Umständen abhängt.

Es fließt ständig, wie ein unterirdischer Strom, unter allen äußeren Umständen, allen Situationen, ja sogar unter unseren eigenen inneren Hindernissen, und erhebt sich über sie wie die Wogen eines mächtigen Flusses. Jeder besitzt die angeborene Fähigkeit, jederzeit positive Energie auszustrahlen. Doch je niedergedrückter man ist und je problematischer die Lebensumstände, um so schwieriger wird diese Disziplin. Umgekehrt, je mehr Hindernisse wir aus dem Körper, dem Denken und den Emotionen verbannt haben, um so leichter wird diese Übung (aber niemals ganz leicht, nur *leichter!*).

Mit dem Glücklichsein ist es wie mit allem, was man regelmäßig übt. Wenn man allen inneren und äußeren Lebensumständen zum Trotz immer wieder positive Energie ausstrahlt, gelingt das mit der Zeit immer besser, vor allem, wenn man lernt, seine Gedanken nicht mehr so ernst zu nehmen. Man braucht Geduld, um die Fähigkeit, Glück auszustrahlen, in sich reifen zu lassen. Ehe ein Kind laufen lernt, krabbelt es erst einmal, und ehe es beginnt zu rennen, muß es erst einmal laufen können. Wir beginnen dort, wo wir gerade stehen, und wandern dann stetig weiter bergauf.

Das Bewußte Selbst wird niemals glücklich sein

Mir werden viele Fragen gestellt, aber im Grunde laufen alle auf dasselbe hinaus: Was wird aus *meiner* Beziehung? Welche Richtung soll *ich* in meinem Leben einschlagen? Was wird mit *meinem* Beruf... *meiner* Familie... *meiner* Ausbildung... *meinem* Problem! *Ich* bin verletzt, *ich* bin wütend, *ich* habe Angst.

> *Warum bist du nicht glücklich? Weil neunundneunzig Prozent von allem, was du tust, denkst und sagst, sich nur um dich selbst drehen – und dann bleibt nur noch eines.*
>
> Wei Wu Wei

Als ich drei Jahre alt war, hatte ich ein Erlebnis, das als Gleichnis für unsere Suche nach Glück durch Befriedigung des eigenen Ichs dienen kann. Ich war zum erstenmal im Zirkus und war vor Staunen ganz überwältigt. Hier gab es so viele Dinge, die ich noch nie gesehen hatte. Eines dieser neuen Dinge war eine spitze Papiertüte, aus der eine merkwürdige flauschige rosa Masse herausschaute. «Da, Zuckerwatte für dich», sagte meine große Schwester und reichte mir die Tüte. Hastig warf ich das rosa Zeug auf den Boden und suchte in der Tüte nach der Süßigkeit. Als ich in die leere Tüte starrte, erklärte meine Schwester mir: «Du hast es gerade weggeworfen, du Dummkopf.»

Unser Bewußtes Selbst neigt dazu, die Zuckerwatte wegzuwerfen und dann in der leeren Tüte unserer Erlebnisse nach dem Glück zu suchen.

Glück braucht keinen Vorwand

Beth und Jerry befinden sich gerade mitten in einer heftigen, verletzenden, schmerzlichen Auseinandersetzung, als es an der Tür klingelt. Verbittert und aufgeregt öffnet Jerry die Tür und sieht Michael J. Anthony aus der alten Fernsehserie «Der Millionär» vor sich stehen, in seinem makellosen Smoking und mit seinem charmanten Lächeln auf den Lippen. Er kündigt Jerry an, er habe ihm einen Scheck über eine Million Dollar zu überreichen. Die Steuern seien bereits bezahlt.

Zuerst glauben Beth und Jerry ihm nicht. Das ist sicher nur ein dummer Scherz oder ein Verkaufstrick irgendeines Vertreters, denken sie. Aber allmählich wird ihnen klar, daß tatsächlich der echte Michael J. Anthony vor ihnen steht. «Das kann doch nicht wahr sein!» sagen sie. Plötzlich hat sich ihr ganzes Leben verändert – eine Million Dollar! Jetzt können sie den Wagen abbezahlen, sich ein neues Haus kaufen, Geld anlegen, in Urlaub fahren, einen neuen Beruf ergreifen und für wohltätige Zwecke spenden.

Inzwischen haben Jerry und Beth ihren dummen kleinen Streit vergessen. Sie sind voller überschwenglicher Freude und strahlen vor Glück! Und dabei *hätten sie vor einer Minute, als es noch nicht an der Tür geklingelt hatte, genauso glücklich sein können.* Der Scheck lieferte ihnen lediglich einen *Vorwand,* glücklich zu sein, so lange, bis der nächste Grund zum Unglücklichsein kommt.

Glück auszustrahlen stellt einen inneren Zustand dar. Sobald wir das wirklich begriffen haben, sind wir auch in der Lage, Verantwortung für unsere inneren Zustände zu übernehmen und mit dem Üben zu beginnen. Wer sich für den Weg des friedvollen Kriegers entscheidet, übernimmt selbst die Verantwortung für sein Glück oder Unglück und für die Ansichten und Überzeugungen, die beides verursachen.

Unvernünftig glücklich:
Wir haben die Wahl

Eine Wahl haben wir immer: *Wir können uns ausdehnen oder zusammenziehen.* Das heißt, wir können uns ausdehnen und positive Energie ausstrahlen, oder wir können uns zusammenziehen und in uns zusammensinken (in der Form von Angst, Kummer oder Zorn).

Ich fälle kein Urteil oder sage, was man tun *sollte.* Jeder hat das Recht und die Freiheit, sich zu entscheiden, wie *er will.*

Es ist kein Kunststück, glücklich zu sein, wenn in unserem Leben gerade alles gut läuft. Doch um in schweren Zeiten glücklich zu sein, bedarf es schon der Einstellung eines Kriegers. Wir können immer gute Gründe finden, unglücklich zu sein. Es ist viel schwerer, Gründe zum Glücklichsein zu finden. Also haben wir die Wahl, ob wir aus *vernünftigen Gründen unglücklich oder aus Unvernunft glücklich* sein wollen.

Jetzt wird sicher jemand einwenden, daß es doch Zeiten gibt, in denen es vollkommen angebracht und gerechtfertigt erscheint, unglücklich zu sein. Ein furchtbarer Streit mit unserer Liebsten, der Tod eines Freundes, ein gebrochenes Bein oder eine Kündigung – soll man da etwa *glücklich* sein?

Sicherlich ist es nicht ganz angebracht, in solchen Situationen ein glückliches Gesicht aufzusetzen. Doch wenn wir uns ins Gedächtnis rufen, daß Glück für den friedvollen Krieger keine äußere Pose und keinen Selbstbetrug bedeutet, sondern eine bewußte *Entscheidung,* wie er sich verhalten will – ob er sich ausdehnen oder zusammenziehen möchte –, dann können wir uns entscheiden, trotz unserer Situation positive Energie auszustrahlen.

Eine wichtige Lektion des Lebens

Vor ein paar Jahren hielt ich mitten im Winter ein Seminar in Columbia (Maryland) ab. Draußen heulte der Sturm. Da hörte ich ein Klopfen an der Tür. Jemand erklärte uns, daß gerade ein sehr großer Baum umgestürzt war und vier Autos auf dem Parkplatz zerquetscht hatte. Wir machten eine Pause, und alle liefen hinaus in das Unwetter, um zu sehen, wessen Autos demoliert worden waren.

Das Leben ist ein ständiger Wechsel zwischen Angenehmem und Unangenehmem. Vier der Seminarteilnehmer mußten gerade das letztere erleben. Mehr als eine Unannehmlichkeit war es im Grunde nicht. Niemand war verletzt worden, und alle Autobesitzer waren versichert. Sie mußten lediglich den Abschleppdienst anrufen, ihren Versicherungsvertreter benachrichtigen, den Sachschaden schätzen lassen, einen Mietwagen nehmen und warten, bis die Versicherung zahlte.

Alle Besitzer der vier plattgedrückten Autos reagierten anders. Zwei der interessantesten Reaktionen möchte ich beschreiben. Ein Seminarteilnehmer, nennen wir ihn Jack, saß in sich zusammengesunken da und trauerte um seinen neuen Porsche. Obwohl ich Mitleid mit diesem Mann hatte, der so sehr an seinem neuen Auto hing, fand ich Janes Reaktion noch aufschlußreicher. Sie gab sich große Mühe, in konstruktiver Weise auf ihren plattgedrückten Fiat zu reagieren, lief aufgeregt im Zimmer auf und ab und fragte sich: «Was hat das wohl zu *bedeuten? Was hat das wohl zu bedeuten?*» Sie warf einen Blick aus dem Fenster. In diesem Augenblick flog ein großer Rabe vorbei. Das interpretierte sie als böses Omen – vielleicht hatte sie zu viele Bücher von Carlos Castaneda gelesen – und sagte: «Ich wußte es doch! *Das* ist es – ich hätte heute nicht herkommen sollen. Ich hätte es wissen müssen!»

Janes Reaktion verriet mehr über ihre eigene Gemütsverfassung als über die Bedeutung eines plattgedrückten Autos oder eines vorbeifliegenden Raben. Da wir nichts im Leben *wirklich deuten* können und letzten Endes auch *nichts etwas bedeutet,* sind alle Bedeutungen, Interpretationen und Lektionen unsere eigenen Erfindungen. Wer gesund und innerlich ausgeglichen ist, erfindet positive, konstruktive Deutungen und Lektionen. Die anderen interpretieren alles negativ.

Mir scheint, daß wir aus allen Ereignissen, gegen die wir uns innerlich wehren, dasselbe lernen können. Es läßt sich in der einen Frage zusammenfassen: «Kann ich trotzdem glücklich sein?»

Bei manchen Zwischenfällen, beispielsweise einer Reifenpanne, können wir vielleicht ohne große Mühe, nur mit ein wenig innerer Distanz («In hundert Jahren ist das alles längst vergessen!»), innerlich ausgedehnt bleiben. Doch bei anderen, traumatischeren Erlebnissen, zum Beispiel beim plötzlichen Tod eines geliebten Menschen, erscheint es uns wahrscheinlich fast unmöglich, trotz unserer Trauer positive Energie auszustrahlen. Dennoch bleibt die Herausforderung bestehen: «Kann ich trotzdem glücklich sein?» Jedesmal wenn wir über ein Erlebnis hinauswachsen und jedesmal wenn wir in einer schwierigen Situation üben, uns auszudehnen und innerlich zu strahlen, entwickeln wir unsere Fähigkeit zu bedingungslosem Glück weiter. Und das ist *dasselbe* wie bedingungslose Liebe.

Natürlich dürfen wir die Wogen der Emotionen, die Hindernisse und Kontraktionen, die auftauchen und wieder verschwinden, akzeptieren, wahrnehmen und voll erleben. Wir dürfen Gefühle haben. Wir können weinen, vor Wut schreien oder unsere Angst zum Ausdruck bringen und trotzdem unterhalb dieser Gefühle ausgedehnt bleiben und anderen Menschen eine Stütze sein, selbst wenn wir unserem eigenen Schmerz ins Auge sehen müssen, statt zusammenzubrechen und zu einem Loch zu werden, durch das alle Energie abfließt. Wir sind nicht verantwortlich für die Dinge, die uns widerfahren, nur für die Dinge, die wir festhalten.

Glück ist Liebe, und Liebe läßt sich zwar unterdrücken, aber nicht töten. Deshalb ist das Glück ebenso wie die Liebe die größte Macht des Universums. Doch wie jede Macht muß man sie sich verdienen. Die Frage lautet also: *Wie können wir angesichts unserer täglichen Probleme glücklich bleiben?* Wenn wir bei der Arbeit oder zu Hause in Schwierigkeiten geraten, wie schaffen wir es dann, uns trotzdem auszudehnen und Glück auszustrahlen? Wie können wir uns inmitten der Kümmernisse der Welt und der Schwierigkeiten des täglichen Lebens freudig bewegen?

Wie man es schafft, glücklich zu sein

Wir können mit Sicherheit glücklicher werden, indem wir lernen, unsere Aufmerksamkeit in eine bestimmte Richtung zu lenken. Diese Übung basiert auf dem alten Prinzip von dem Glas Wasser: Je nach unserer Einstellung und Wahrnehmung, das heißt, je nach unserer *Entscheidung,* wie wir die Dinge sehen *wollen,* ist das Glas für uns entweder schon halb leer oder noch halb voll. Da fast alles im Leben positive und negative Seiten hat und beide Seiten «wahr» sind – das Glas ist wirklich halb leer und doch gleichzeitig halb voll –, können wir selbst entscheiden, ob wir unsere Aufmerksamkeit mehr auf das Positive oder mehr auf das Negative richten wollen.

Manche haben sich angewöhnt, nur auf das Negative zu achten, weil sie das für klug, notwendig und realistisch halten. Andere schauen grundsätzlich nur auf das Positive, weil sie festgestellt haben, daß ihnen das Leben dann mehr Spaß macht.

▬▬ ▬▬ ▬▬ ▬▬ ▬▬ ▬▬ ▬▬ ▬▬ ▬▬

In die Richtung des Glücks blicken

1. *Halte* beim nächsten Ereignis, das dich emotional belastet, einmal *kurz inne*, ehe du wie gewohnt reagierst.

2. Rufe dir die *größeren Zusammenhänge ins Gedächtnis*. Denke an etwas Wichtigeres in deinem Leben, was dich glücklich macht. Das kann etwas sein,

   - wofür du dankbar bist,
   - was Staunen, Ehrfurcht oder Anerkennung in dir weckt,
   - worauf du dich freust,
   - was dir hilft, diesen Zwischenfall ganz nüchtern und sachlich zu betrachten, ihn nicht überzubewerten.

3. Konzentriere dich weiter auf diesen Gedanken, fühle dich wohl, und werde dir darüber klar, daß deine Empfindungen von der Blickrichtung deiner Aufmerksamkeit abhängen.

▬▬ ▬▬ ▬▬ ▬▬ ▬▬ ▬▬ ▬▬ ▬▬ ▬▬

Mit was für Ereignissen oder Problemen wir auch konfrontiert werden, selbst wenn *tatsächlich* jemand etwas schrecklich Unfreundliches oder Ungerechtes zu uns gesagt hat, können wir trotzdem die Fähigkeit entwickeln und einsetzen, unsere Aufmerksamkeit in eine andere Richtung zu lenken und an die größeren Zusammenhänge zu denken, so daß uns die momentane Wirkung einer Kränkung nicht mehr so sehr niederdrückt.

Das große Geheimnis bleibt immer bestehen, und wir besitzen die Möglichkeit, unsere Aufmerksamkeit von unbedeutenden Kleinigkeiten, Problemen und Sorgen um unser eigenes Ich abzuziehen und dorthin, auf das große Universum, zu richten, das voller ehrfurchtgebietender Schönheiten und Wunder ist.

Denke daran: Es ist nur ein Film!

Kleine Kinder, die einen Film im Fernsehen oder im Kino sehen, *glauben* alles, was sie da sehen. Ist der Film lustig, lachen sie; ist er glücklich, lächeln sie; und ist er traurig, dann weinen sie vielleicht. In diesem Augenblick *ist der Film ihre Realität.* Wir Erwachsenen können uns ins Gedächtnis zurückrufen, daß das ja schließlich nur ein Film ist, wenn uns einmal angst werden sollte. Auch wenn wir die Ereignisse darin als völlig real und beeindruckend, sogar als traumatisch empfinden, können wir innerlichen Abstand gewinnen und uns erinnern: «Es ist ja nur ein Film.»

Kleine Kinder (oder Basis-Selbste) aber haben diese innere Distanz noch nicht. Wir Eltern (oder Bewußten Selbste) müssen sie ihnen beibringen, sobald sie bereit dafür sind. Wir müssen uns an unsere angeborene, aber nur latent vorhandene Fähigkeit erinnern, auch unser Leben «nur als Film» zu betrachten. Wir können darin mitspielen, als sei er Realität, aber wir können uns auch die Fähigkeit bewahren, einen Schritt zurückzutreten und Abstand zu gewinnen.

Als friedvolle Krieger können wir die Fähigkeit entwickeln, am Leben teilzunehmen, im Bild zu sein und mit dem Leben in Verbindung zu stehen – oder uns davon zu lösen, Abstand zu gewinnen und alles aus der Ferne zu betrachten. Wenn wir gewöhnlich distanziert sind und eine Mauer oder Pufferzone zwischen uns und den Erfahrungen errichten, werden wir uns bald fragen, warum das tägliche Leben gar keine Anziehung, keine Aufregungen und leidenschaftlichen Empfindungen mehr für uns birgt. Und wenn wir die Distanz verlieren und zu sehr in dem Drama des Lebens aufgehen, es zu sehr als real empfinden, dann erleben wir zwar mehr als genug Aufregung und Leidenschaft, aber auch ebensoviel Streß und Leiden. Wie bei allen Dingen ist es am klügsten, sich um Flexibilität und Ausgewogenheit zu bemühen.

Im Laufe der Jahre und durch ständige Übung habe ich die Fähigkeit entwickelt, mein eigenes Lebensdrama und das Lebensdrama meiner Mitmenschen zwar mit Mitgefühl und Verständnis zu betrachten, aber ohne innere Bindung. In dieser Perspektive habe ich ein gewisses Maß an Glück und innerem Frieden gefunden, unabhängig von den Ereignissen in der Arena des täglichen Lebens. Ich gehe einfach an, was vor mir liegt, dankbar für die Intensität meiner Erlebnisse und für die Chance, ein paar «spirituelle Gewichte» zu heben, etwas Neues zu lernen und einen Schritt weiter bergauf zu gehen.

Die Veränderung der Perspektive

Zum Inventar des friedvollen Kriegers gehört die Fähigkeit,

seine Perspektive zu verlagern. Socrates hat mir das einmal sehr plastisch veranschaulicht, als ich ihn bei einem harmlosen Spaziergang in den Wäldern rund um Berkeley nach «der Bedeutung des Glücks» fragte. Er warf mir einen Blick zu, dann riß er mir plötzlich den Rucksack von den Schultern und rannte damit fort. Wer den *Pfad des friedvollen Kriegers* gelesen hat, weiß, daß Socrates sehr schnell laufen konnte – und er war so unberechenbar. Er konnte alles mögliche mit diesem Rucksack anstellen, ihn vielleicht sogar wegwerfen, nur um mir irgend etwas klarzumachen.

Keuchend rannte ich hinter ihm her. «Verdammt noch mal, Socrates!» schrie ich. «In diesem Rucksack ist eine Seminararbeit, an der ich wochenlang geschrieben habe. Ich will sie wiederhaben!» Ein paar Sekunden später sah ich, wie aus einem Busch Papiere in alle Himmelsrichtungen flogen. Offensichtlich verstreute er meine Seminararbeit auf den Hügeln rund um Berkeley!

In panischer Angst stürzte ich mich in das Dickicht. Da saß Socrates, sammelte ein paar leere Blätter vom Boden auf und grinste von einem Ohr zum anderen. Er gab mir meinen Rucksack wieder. Es war alles unangetastet, auch die Seminararbeit.

Sehr erleichtert und glücklich, meinen Rucksack wiederzuhaben, fragte ich ihn: «Was sollte denn das?»

«Ich nehme dir deinen Rucksack weg, und du regst dich auf. Ich gebe ihn dir wieder, und du bist glücklich. Jetzt weißt du, was bedingtes Glück ist», antwortete er.

Dauerhaftes Glück kommt nicht daher, daß wir alles bekommen, was wir wollen, denn das wird nie der Fall sein. Wahres Glück kommt vielmehr daher, daß *wir alles wollen, was wir bekommen.*

Manchmal habe ich die Chance, das in einem Restaurant zu üben. Ich bestelle Karottensaft, und die Kellnerin bedauert: «Tut mir leid; wir haben keinen Karottensaft mehr.» Dann sage ich meistens: «Wunderbar! *Eigentlich* wollte ich sowieso lieber Orangensaft trinken.» Schon der geringste innere Widerstand – «Ich wollte aber Karottensaft, und Sie sollten auch welchen haben; schließlich steht er auf der Karte!» – erzeugt Streß, und das lohnt sich nicht.

Wenn wir üben, «alles zu wollen, was wir bekommen», kommt uns das am Anfang vielleicht so vor, als täten wir nur so «als ob». Doch später wird diese Übung für uns ein ganz natürlicher Weg, geistige Flexibilität zu entwickeln.

Haben wir die Fähigkeit erlangt, alles, was wir haben, auch zu wollen (das heißt, es zu akzeptieren und zu genießen), dann kann uns *alles* glücklich machen. Doch alles zu wollen, was wir bekommen, ist leichter gesagt als getan. Es erfordert einen großen Erkenntnissprung, diesen Grundsatz zu befolgen, einen Sprung über all unsere Anhaftungen, über die gewohnten Denkweisen unseres Bewußten Selbst und die gewohnten Reaktionsweisen unseres Basis-Selbst hinaus. Wir können diesen Sprung jederzeit schaffen. Wir müssen dazu nur unsere Perspektive verändern. Eigentlich ist es ganz einfach. Wir brauchen nur zwei Regeln zu beherzigen:

1. Rege dich nicht über Kleinigkeiten auf.
2. Alles sind Kleinigkeiten.

Es erfordert natürlich Zeit und Übung, bis wir alles akzeptieren und zu schätzen wissen, was uns begegnet. Besonders schwierig ist es bei persönlichen Verlusten wie einer Trennung, einem Todesfall, einem Unfall oder bei Krankheit und Schmerz. Wie können wir so etwas *wollen?* Ich gebrauche das Wort *wollen* hier nicht im Sinn von «sich wünschen». Ich meine damit vielmehr, daß wir alles, was geschieht, aktiv als Teil unseres Wachstums- und Lernprozesses akzeptieren sollen.

Natürlich wünschen wir uns keine Schwierigkeiten und keinen Schmerz, aber wenn wir doch einmal so etwas erleben, dann können wir uns bemühen, daran zu denken, daß unser Bewußtes Selbst niemals wissen wird, was unserem höchsten Wohl oder dem Wohl des Ganzen dient. Wir können soweit kommen, einfach darauf zu vertrauen, was das Leben uns zu bieten hat, und daran zu glauben, daß alles, was geschieht, seinen Sinn hat und weise und vollkommen ist. Durch diese Sichtweise verwandelt sich unser Schmerz zwar nicht in Vergnügen, aber wir sind dann doch gelassener und manchmal vielleicht sogar dankbar.

In unserer bedingten Welt wird Glücklichsein immer eine Herausforderung bleiben. Wir werden immer wieder Gewinne und Verluste, Höhen und Tiefen erleben. Manchmal scheinen Humor, Paradoxes und Veränderung das einzige zu sein, worauf wir uns verlassen können. Doch wenn sich unsere Fähigkeit, der Welt furchtlos ins Auge zu sehen, verbessert, dann geht es uns eines Tages so wie dem Pianisten Arthur Rubinstein, der einmal gesagt hat: «Selbst wenn ich krank und deprimiert bin, liebe ich das Leben.»

Die größeren Zusammenhänge

Solange wir das Leben nur durch unsere eigenen zwei Augen betrachten, scheint es eine ernste Angelegenheit zu sein. Für den, der in dem Gefühl gefangen ist, ein isoliertes Ich zu sein, ohne Verbindung zu den großen Zusammenhängen des Lebens, bedeutet es einen Verlust, wenn jemand anders etwas gewinnt. Wie können wir über diese begrenzte Sichtweise hinauswachsen und unsere Perspektive so erweitern, daß sie das ganze Leben umfaßt?

Wachse über dich selbst hinaus

1. Hole ein paarmal langsam und tief Luft, und lasse die Luft in deinen Bauch hineinströmen; entspanne deinen Körper, und achte darauf, daß du es bequem hast.

2. Stelle dir vor, wie dein Bewußtsein emporsteigt und aus deinem Körper hinausschwebt. Sieh dich von oben. Dann stelle dir vor, dreißig Meter hoch in der Luft zu schweben und nicht mehr an deine individuellen Sorgen oder Wünsche gebunden zu sein.

3. Du steigst jetzt immer schneller in die Höhe. Sieh dich über deiner Stadt schweben, dann über deiner Region, dann über deinem Land, so lange, bis du siehst, wie die Rundung der Erde, dieser blaugrüne Ball, allmählich in der Unermeßlichkeit des Weltraums verschwindet.

4. Erlebe, wie auch unser Sonnensystem in der Ferne verschwindet, während du dich immer weiter in den Weltraum ausdehnst, über die Milliarden Sterne der Milchstraße hinaus

und dann noch weiter, bis alle Galaxien, alle Sternensysteme zu einem einzigen Lichtpunkt verschmolzen sind und du das alles vom äußersten Rand der Schöpfung aus siehst.

5. Spüre das Gleichgewicht, das Geheimnis, die Unermeßlichkeit. Laß deinen Geist von diesem Blickpunkt aus den leeren Raum durchdringen, in dem winzig kleine Pünktchen Materie schweben, und entdecke ein kleines Sternensystem namens Milchstraße. Finde darin den winzigen Stern, der unsere Sonne ist, umgeben von ein paar herumschwirrenden kleinen Stückchen Materie, den Planeten. Und irgendwo, auf einem dieser kleinen Materiepünktchen, auf einem Planeten namens Erde, sieh dich selbst, wie du dasitzt und grübelst: O Gott, was soll nur aus meiner Beziehung, meinem Beruf, meiner Frisur, meinem Geld werden?

6. Spüre den Humor, der sich aus dem Blick auf die großen Zusammenhänge ergibt. Dann kehre wieder in deinen Körper zurück. Bewahre dir die Erinnerung an die großen Zusammenhänge, und wisse, daß du jederzeit wieder diesen Sprung über dich selbst hinaus tun und das Leben aus der richtigen Perspektive betrachten kannst.

Diese distanzierte Betrachtung hilft uns, unseren Humor wiederzugewinnen. Selbst wenn ich mir über irgend etwas Sorgen mache, zum Beispiel über ein Buch, an dem ich gerade arbeite, befindet sich ein größerer Teil von mir dort draußen in der Unermeßlichkeit des Weltalls, beobachtet das alles und erinnert mein kleines Ich daran, daß aus dieser Entfernung «Leben, Tod und alles andere» nur Kleinigkeiten sind. Diese Fähigkeit, unsere Perspektive von unserem Bewußten Selbst auf die größeren Zusammenhänge zu verlagern, hilft uns mehr als alles andere, unser Leben nicht allzu ernst werden zu lassen.

Humor und wie man über sich selbst hinauswächst

Viele Menschen nähren insgeheim die Hoffnung, eines Tages eine plötzliche, dramatische Veränderung zu erleben. Doch das scheint im Leben selten zu passieren. Jahrelange Arbeit und Disziplin bringen uns oft nur eine bescheidene kleine Verbesserung. Wir verlängern vielleicht unsere Lebensdauer, aber trotzdem verschleißen wir irgendwann unsere Kräfte und sterben. Wir verbessern unsere Gesundheit, aber wir werden trotzdem noch alt und krank. Wir reagieren anders auf Schwierigkeiten als vorher, trotzdem müssen wir uns immer wieder neuen Herausforderungen stellen.

Und trotzdem gewinnen wir durch die Arbeit an unserer persönlichen Weiterentwicklung zumindest eine Eigenschaft, die sich bei jeder echten inneren Wandlung einstellt: *Wir nehmen uns selbst nicht mehr so ernst.* Wenn ich merke, daß ich mal wieder anfange, mich zu ernst zu nehmen, dann denke ich an Sam. Ich lernte ihn während eines Intensivtrainings kennen, an dem wir beide teilnahmen. Bald merkte ich, daß Sam sehr stotterte. Wenn wir miteinander sprachen, mußte ich immer geduldig warten, bis er einen Satz beendet hatte.

Ein paar Jahre später lief mir Sam bei einem Treffen wieder über den Weg. Ich erfuhr, daß er genau wie ich seit unserer letzten Begegnung sehr daran gearbeitet hatte, seinen Körper, sein Denken und seine Emotionen ins Gleichgewicht zu bringen. Als er mir erzählte, was er alles an spiritueller Arbeit geleistet hatte, fiel mir auf, daß er immer noch stotterte. Neugierig unterbrach ich ihn: «Sam, obwohl du so sehr an dir gearbeitet hast, stotterst du immer noch.»

«J-j-a», sagte er. «Aber j-j-jetzt ist es mir sch-sch-scheißegal!»

Vielleicht kommt es im Leben nicht darauf an, daß man sich verbessert, sondern daß man über sich selbst hinauswächst. Vielleicht sind wir auch schon über alles hinausgewachsen und haben es nur noch nicht gemerkt. Vielleicht brauchen wir nur die Augen aufzumachen!

> *Dieser Moment ist der Augenblick der Realität, der Einheit, der Wahrheit.*
>
> *Das ist so – du brauchst dazu nichts an den Dingen oder an dir selbst zu ändern. Das ist so – du brauchst dazu nichts zu vermeiden, nichts zu überwinden und nichts zu entdecken.*

Da Avabhasa (auch unter dem Namen Da Free John bekannt)

Vielleicht kommen wir nur zu einem einzigen wichtigen Zweck auf diesen Planeten: um einen *unheimlichen* Sinn für Humor zu entwickeln. Vielleicht liegt im Lachen der Schlüssel, der uns endlich die Tür zum Glück aufschließt.

15
Jetzt oder nie

Wenn ich nicht für mich selbst da bin,
Wer wird dann für mich dasein?
Und wenn ich nur für mich selbst da bin,
Was bin ich dann?
Und wenn nicht jetzt, wann dann?
Hillel

Eines Abends tat Socrates etwas, was gar nicht typisch für ihn war: erstens reichte er mir Papier und einen Schreibstift und forderte mich auf, Notizen zu machen; und zweitens redete er ohne jede weitere Erklärung so lange wie noch nie.

«Du befindest dich mitten in einem Experiment in der Entwicklung der Menschheit», begann er. «Was du jetzt in deinem persönlichen Leben als Teil der gesamten Menschheit in Bewegung setzt, wird weiterreichende Konsequenzen haben, als du dir vorstellen kannst. Wir Menschen sind noch Kinder – wir spielen mit Kräften, die größer sind als wir selbst. Aber wir werden schnell erwachsen.

Uns dämmert erst allmählich, was für eine Herausforderung und was für eine Chance in diesem Augenblick unserer Geschichte liegt. Wir sind gerade erst dabei, aufzuwachen.

Du wirst immer wieder in Versuchung geraten, einzuschlafen, in deine persönlichen Probleme zurückzusinken und in diesem engen Tunnel die größeren Zusammenhänge aus den Augen zu verlieren. Du wirst in einem Meer persönlicher Sorgen Wasser treten und in einer nicht abreißenden Serie von Problemen nur kurze Augenblicke des Friedens und des Glücks erleben.

Aber worum geht es eigentlich im Leben? Sind wir da, um unser Leben mit Wassertreten zu verbringen? Oder gibt es doch noch etwas anderes?

Um die Antwort zu finden, mußt du dich selbst und deine Situation realistisch und mit Mitgefühl betrachten. Sieh deine eigene Rolle darin – deine Verantwortung und deine Entscheidungsfreiheit innerhalb der größeren Zusammenhänge.

Wir alle kennen die Höhen und Tiefen des Lebens; du hast beides schon erlebt. Und obwohl du das, was in der Außenwelt passiert, nicht immer unter Kontrolle hast, kannst du doch selbst entscheiden, wie du darauf *reagieren* willst. Du kannst dich entscheiden, das Leben als Tanz und nicht als Ringkampf zu betrachten. Und du kannst aktiv daran teilnehmen, statt ein Opfer der Umstände zu sein.

Es gibt Zeiten, wo man die Dinge einfach geschehen lassen muß, und Zeiten, in denen es gilt, selber etwas zu bewirken. Jetzt ist es an der Zeit, aktiv zu werden. Du wirst entweder etwas bewirken oder nur zuschauen, was passiert, oder dich hinterher fragen, was eigentlich passiert ist.

Möchtest du ein friedvoller Krieger oder ein Schauspieler in einer rührseligen Familienserie sein? Entscheide jetzt, was du tun und wer du sein willst. Mit deinen heutigen Entscheidungen legst du den Samen für die Zukunft in die Erde.

Hast du den Mut dazu? Und die Liebe? Wenn du von einer dieser beiden Eigenschaften genug besitzt, dann wirst du die andere automatisch entwickeln.

Doch wenn du einschläfst, versäumst du die Show! Wenn du die größeren Zusammenhänge aus den Augen verlierst, dann verlierst du vielleicht auch deinen Sinn für Humor und wirst ängstlich oder frustriert.

Wenn du dich für den Weg des Kriegers entscheidest, mußt du dich nach wie vor den Herausforderungen des Lebens stellen; sie werden vielleicht sogar noch intensiver. Und doch verändert sich alles: Du beginnst diese Welt als Ausbildungsplatz zu sehen, als Schule für die Seele. Wir alle sind menschliche Wesen, die sich noch in der Ausbildung befinden.

Was das Leben auch bringen mag – packe es an. Gehe alles an, was vor dir liegt. Tue, was du tun mußt – *trotz* deiner Angst oder Unsicherheit oder deinen Zweifeln. Warte nicht, bis du die innere Motivation dazu verspürst! Das Leben legt selten einen roten Teppich zwischen dir und deinen Zielen aus; meistens ist es

ein Sumpf. Aber denke daran, daß deine Hindernisse zu Sprung-
brettern werden können!

Eines Tages, im Augenblick deines Todes, wird dein ganzes
Leben noch einmal an dir vorüberziehen. In ein paar Sekunden-
bruchteilen – denn die Gesetze der Zeit gelten jetzt nicht mehr –
wirst du viele Ereignisse deines Lebens noch einmal vor dir
sehen, um etwas daraus zu lernen. Und du wirst dir in deinem
Bewußtsein dabei zwei Fragen stellen: Hätte ich in diesem
Augenblick ein bißchen mehr Mut zeigen können? Hätte ich ein
bißchen mehr Liebe zeigen können? Dann wirst du erkennen, ob
du dich von deinen Ängsten daran hindern ließest, zum Ausdruck zu bringen, wer du bist, was du empfindest oder was du
brauchst. Du wirst sehen, ob du dich in diesen Augenblicken ein
wenig ausdehnen und Liebe zeigen konntest oder ob du dich zu-
sammengezogen hast.

Wenn du lernen willst, den Weg des Kriegers zu gehen, warte
nicht bis zu deinem Tod damit. Tue es jetzt – jeden Abend kurz
vor dem Einschlafen. Laß den Tag noch einmal an dir vorüberziehen, und denke über die beiden Fragen nach dem Mut und der
Liebe nach. Lerne aus jedem Tag etwas, damit du jeden Tag
etwas mehr Liebe und etwas mehr Mut zeigen kannst. Wenn dir
dann das nächste Mal eine Herausforderung begegnet, bist du
ihr gewachsen; und wenn du bei deinem Tod auf dein Leben zurückblickst, wirst du zufrieden damit sein.

Du bist nicht nur auf der Welt, um aufzuwachsen, zur Schule
zu gehen, zu arbeiten, Geld zu verdienen, zu heiraten, Kinder
großzuziehen und schließlich in den Ruhestand zu treten. Diese
Beschäftigungen sind nur der Hintergrund, vor dem sich das
Theater des Lebens abspielt. Sie sind die Verpackung, aber nicht
das Geschenk – nur Werkzeuge deiner Ausbildung –, wichtige
Aspekte des Lebens, aber nicht der Sinn, nicht das Ganze.

Das Leben entwickelt genau die Eigenschaften in dir, die es
von dir verlangt. Deine Probleme sind die spirituellen Gewichte, die du heben mußt, um stärker zu werden. Deine Aufgabe besteht darin, durch die unbedeutenden Kleinigkeiten des
Lebens *hindurchzuleuchten,* und nicht, dich ganz auf sie zu konzentrieren. Und wenn das Leben dir Hürden in den Weg legt,
mein Freund, dann mußt du eben zum Hürdenläufer werden.

Vielleicht kommt irgendwann der Tag, an dem du beginnst, unter die Oberfläche des Lebens zu schauen und zwischen den Zeilen den Sinn zu lesen. Vielleicht kommt der Tag, an dem dir die Hürden und Hindernisse des täglichen Lebens *willkommen* sind – denn durch sie erhältst du deine Ausbildung. Dann wirst du dem Geist für *alles* danken, was dir zuteil wird, egal, ob du es als gut oder schlecht, einfach oder schwierig bezeichnest. Dann hast du keine besonderen Präferenzen mehr und nimmst alles an, was *ist*.

In deinem Leben gibt es Gipfel und Täler. Auf dem Gipfel fühlst du dich vielleicht sehr erhaben und dem Geist nahe. Und der Geist wird dir auch alles geben, was du brauchst, um diesen Gipfel zu nutzen. Dann wieder befindest du dich tief unten in einem Tal, und dieses Tal gibt dir die Möglichkeit, Kontakt zu den Fähigkeiten in deinem eigenen Inneren aufzunehmen, die dir gar nicht aufgefallen wären, wenn du dich immer nur auf dem Gipfel aufgehalten hättest. So kann dir jede Situation auf ihre Weise nützen.

Wenn du auf dem Gipfel stehst und das nicht nutzt, dann mußt du bis zum nächsten Gipfel warten, um wieder die gleiche günstige Gelegenheit zu haben. Dieses Leben bietet den meisten Menschen den Gipfel aller Gipfel, denn es ist eine ganz *unglaubliche* Zeit in der Geschichte unseres Planeten. Ihre Bedeutung geht weit über jedes menschliche Fassungsvermögen hinaus. Es wird Zeit, sich darauf vorzubereiten!

Denn wenn du jetzt einfach nur langsam dahinrollst, statt einen höheren Gang einzulegen, wirst du das bitter bereuen, wenn du aus diesem Leben scheidest. Du wirst sagen: ‹Oh, mein Gott, in all den vielen Leben vorher habe ich alles gegeben, um nur einen kleinen Fortschritt zu machen; und in diesem Leben war alles relativ einfach, viele Menschen sprachen von spirituellen Dingen, niemand hat uns den Kopf abgeschlagen oder uns auf dem Scheiterhaufen verbrannt, und es gab auch keinen großen Krieg und keine schlimme Hungersnot. Diesmal haben mich keine solchen Nöte abgelenkt. Ich hätte wirklich ich selber sein können, und zwar *voll und ganz*. Ich hätte alle meine Möglichkeiten verwirklichen können. Ich hatte den Spielraum, die Zeit und die Energie dazu. Und ich habe ja auch ein kleines bißchen dazugelernt; aber habe ich die Zeit, die Energie, das Leben wirklich *genutzt?*›

Was willst du dann sagen, wenn du auf dein Leben zurückblickst? Wirst du sagen, daß du zwanzig Prozent deiner Möglichkeiten verwirklicht hast? Oder vierzig Prozent?

Jetzt ist es an der Zeit, bis an die äußersten Grenzen deiner Fähigkeiten zu gehen. Doch gerade jetzt neigst du dazu, dich einfach nur treiben zu lassen, denn das ist leicht und bequem. Du willst abschalten, dir einen Becher Eis aus dem Kühlschrank holen und den Fernseher anschalten. Dagegen ist ja auch nichts einzuwenden. Wir alle brauchen ab und zu Ruhe und Entspannung. Doch die Notwendigkeit ist die Mutter der Erfindung, und in diesem Leben ist es nicht immer leicht, große Notwendigkeiten zu erkennen.

Vielleicht meinst du, du hast schon genug damit zu tun, dich über Wasser zu halten, oder du hast einfach keine Zeit. Wenn du Rücken- oder Magenschmerzen oder Beziehungsprobleme hast, nehmen diese Sorgen leicht deine ganze Aufmerksamkeit in Anspruch. Du denkst, ich habe jetzt keine Zeit für die Seligkeit, ich muß bis spätestens morgen mittag diesen Bericht abgeben! Und so wird die Wahrheit, die dich befreien könnte, unter Stapeln von Papier im Eingangskorb begraben. Du suchst nach sofortigen Lösungen für die kleinen Probleme deines Lebens. Du ertrinkst in einer Flut von Nebensächlichkeiten und suchst an allem Halt, was schwimmt, obwohl du deinen Aufenthalt im Wasser eigentlich genießen könntest – wenn du deine Aufmerksamkeit nur ein kleines bißchen verlagern würdest.

Du stehst jetzt in diesem Augenblick – in jedem Augenblick deines Lebens – mitten in einem großen Kampf! Die Schatten der Angst und der Unsicherheit wollen dich in Schlaf lullen. Sie raten dir, dich in einen Kokon einzuspinnen. Die Versuchung ist groß, einfach den Kopf in den Sand zu stecken, damit du deine Ruhe hast. Bequemlichkeit und Annehmlichkeiten, Träume und Illusionen sind die Ruhekissen des Ichs – falsche Hoffnungen und Märchen.

Warum erzähle ich dir das alles? Um dir klarzumachen, daß du gar nicht richtig lebst! Jedenfalls noch nicht. *Jetzt* ist es Zeit, aufzuwachen. Viele Menschen warten auf das Zeitalter des Wassermanns; ich warte auf nichts. Die große Zeit, die Zeit des Kampfes, ist *jetzt*. ‹Armageddon› ist schon gekommen. Es wird *jetzt* in diesem Augenblick in unserem Inneren ausgefochten. Es ist der Kampf mit den Mächten der Angst, des Selbstzweifels, der Teilnahmslosigkeit, Ignoranz und Unsicherheit in uns.

Laß dich nicht überrumpeln. Jetzt ist die Zeit des größten Wachstums, der größten Chancen und auch der größten Arbeit. *Jetzt,* in diesem Leben. Der entscheidende Zeitpunkt ist jetzt. *Jetzt.*

Und deshalb frage ich dich: Wo bleibt dein Engagement? Nun, da du all dies weißt – was wirst du tun? Prüfe deine Möglichkeiten; schau über die Grenzen hinaus, die nur in deiner Einbildung existieren; erkenne deine Angewohnheiten, deine Süchte und deine Ängste. Entschließe dich, über sie hinauszuwachsen, und dann *handle*. Mache die Verpflichtung, über dich hinauszuwachsen, zum Mittelpunkt deines Lebens. Werde dir darüber klar, daß das tägliche Leben mehr ist, als es den Anschein hat. Mache dir dieses Leben zunutze. Finde den Mut und die Liebe, dich auf ein erleuchtetes Leben einzustimmen und es zu führen – nicht, weil du dadurch ‹weiterkommst›, sondern weil du den Weg begriffen hast.

Ich und andere wie ich können eine Brücke zwischen dir und dem Herzen des Universums sein, so lange, bis du keine Brücken mehr brauchst – bis dir klar wird, daß du selbst das Universum und das Herz bist.»

Socrates beendete seinen Vortrag ebenso abrupt, wie er ihn begonnen hatte. Ein leichter Regen begann auf das Dach seines Büros niederzuprasseln. Ich schüttelte meine rechte Hand, die vom schnellen Mitschreiben weh tat, und faltete die Papiere zusammen. Ich wußte, daß Socrates mir etwas Wichtiges mitgeteilt hatte, aber bis zu diesem Augenblick hatte ich keine Ahnung, wie ich es an meine Mitmenschen weitergeben sollte.

Ich habe bei meinen Abenteuern festgestellt, daß mehr hinter der Welt steckt, als man auf den ersten Blick sieht. Unser Leben ist ein Geheimnis. Also gehe sanft und nachsichtig mit dir um. Sei so glücklich, wie du kannst. Denke weniger nach, und fühle mehr. Wir haben nur diesen Augenblick.

ANHANG

Der Beginn:
Eine Woche im Leben eines
friedvollen Kriegers

Übungen für Körper, Seele und Geist

Das Universum ist mein Weg.
Die Liebe ist mein Gesetz.
Der Friede ist mein Obdach.
Die Erfahrung ist meine Schule.
Aus Hindernissen lerne ich.
Schwierigkeiten spornen mich an.
Der Schmerz ist meine Warnung.
Die Arbeit ist mein Segen.
Meine Haltung ist inneres Gleichgewicht.
Mein Schicksal ist Vollkommenheit.
Guillermo Tolentino

Eines Abends, kurz nachdem ich Socrates kennengelernt hatte, ging ich zur Tankstelle. Er zapfte gerade Benzin in den Tank eines Autos. Als er mich sah, nickte er mir zu, warf mir einen Gummischrubber zu und deutete auf die Windschutzscheibe. Aber ich war mehr daran interessiert, ihm Fragen zu stellen, als Fenster zu putzen. Er hatte am Vorabend gesagt, ich besäße zwar viel Wissen, aber wenig Weisheit. Immer noch gekränkt über diese Bemerkung, warf ich den Gummischrubber in die Luft, fing ihn wieder auf und fragte: «Was ist eigentlich der Unterschied zwischen Wissen und Weisheit?»

Er hielt inne. Dann sagte er langsam, als spreche er mit jemandem, für den Englisch eine Fremdsprache ist: «Du *weißt*, wie man eine Windschutzscheibe putzt.»

«Ja», sagte ich und warf den Gummischrubber wieder in die Luft. «Na und?»

«Weisheit besteht darin, es zu *tun*.»

Eine Woche im Leben eines friedvollen Kriegers

Dieses einwöchige Programm enthält die Lebensweise eines friedvollen Kriegers. Du hast damit die Möglichkeit, das, was du gelernt hast, in die *Tat* umzusetzen. Das Programm ist einfach, praktisch und erhebend. Es wird dir helfen,

- deinen Körper ins Gleichgewicht zu bringen, dein Denken zu erleuchten und dein Herz zu öffnen,
- eine stärkere Verbindung zwischen deinem Bewußten Selbst, deinem Basis-Selbst und deinem Höheren Selbst zu entwikkeln,
- deinen Körper zu entgiften und zu reinigen,
- größere Energie und Bewußtheit zu erleben und
- dich auf vielen Ebenen deines Lebens so wohl zu fühlen wie schon lange nicht mehr.

Das Programm funktioniert am besten, wenn man jede der unten aufgelisteten Übungen in den nächsten sieben Tagen einmal am Tag macht. Nur wenigen Menschen wird das «perfekt» gelingen. Denke daran, daß du immer nur das aus einer Sache *heraus*bekommst, was du *hinein*steckst, aber sei milde mit dir – ein kleines bißchen ist besser als gar nichts. Dieses einwöchige Programm ist keine Aufgabe, sondern eine Chance, ein Vergnügen zu empfinden, wie du es vielleicht noch nie erlebt hast.

Zwanzig Minuten körperlicher Übung
Mache regelmäßig eine ausgewogene Gymnastik (wie zum Beispiel die Peaceful Warrior Series, Informationen zur Bestellung findest du hinten in diesem Buch). Vielleicht ziehst du Gehen und tiefes Atmen oder Bewegungen zu Musik vor. Tue, was dir am liebsten ist.

Zwanzig Minuten spiritueller Übung
Das kann Meditation, Kontemplation, Visualisierung oder innere Einkehr sein (das heißt, an den Geist zu denken und ihn zu atmen). Es kann aber auch irgendeine andere Form innerer Arbeit sein, die dich innerlich erhebt, zum Beispiel Wanderungen

durch die Natur, inspirierende Musik oder ein Buch, das dich
mit dem Gefühl des Geistes in Verbindung bringt.

Eine einwöchige reinigende Diät

Beherzige bei deiner täglichen Ernährung nach Möglichkeit folgende Grundsätze:

- Iß weniger Fleisch, Fisch und Geflügel (oder verzichte ganz
  darauf).
- Trinke weniger (oder gar keine) Milch, iß weniger Käse und
  Eier (oder verzichte völlig darauf).
- Iß weniger (oder gar keinen) Raffinadezucker (lies die Aufschrift auf den Verpackungen).
- Nimm weniger (oder gar keinen) Alkohol, Tabak, Kaffee
  oder andere Drogen zu dir. Wenn du rauchen solltest, dann
  gib es so bald wie möglich auf – aber nicht in dieser Woche,
  denn sonst kann es passieren, daß du dieses Programm aufgrund der Entzugserscheinungen nicht richtig genießen
  kannst. Das gleiche gilt für Koffein.
- Genieße viele frische Salate, gedünstete Gemüse, Vollwert-
  teigwaren, frisches Obst, Yamswurzeln, Kartoffeln, Reis und
  andere gekochte Getreidesorten.

Bitte beachte:

1. Diese Diät soll eine leichte, angenehme Disziplin sein und
   keine spartanische Pflichtübung. Versage dir nichts. Hun-
   gere nicht. Iß von den oben aufgezählten gesunden Nahrungsmitteln so viel, wie du möchtest; nur nicht zu viel.
2. Verfalle nicht in eine «Alles-oder-nichts»-Haltung. Tue innerhalb deiner jetzigen Grenzen dein Bestes, und denke
   daran, daß ein kleines bißchen besser ist als gar nichts.
3. Ernährungsspezialisten haben inzwischen herausgefunden,
   daß diese Ernährungsweise am gesündesten ist: Sie schenkt
   uns am meisten Kraft und Energie, ein Gefühl der Leichtigkeit und des Wohlbefindens und ein längeres Leben. Auch die
   meisten Nahrungsmittelallergien lassen sich dadurch vermeiden. Doch nicht allen Menschen bekommt genau die

gleiche Ernährung. Ich selbst habe etliche Jahre gebraucht, um dieses Programm in mein Leben zu integrieren. Laß dich von deinen Instinkten leiten. Sei nachsichtig mit dir, iß bewußt, und genieße die Wohltat einer gesunden Ernährung.

Jetzt und hier

Wenn du feststellst, daß deine Gedanken abschweifen oder du gehetzt oder bedrückt bist, achte einmal darauf, was jetzt, in diesem Augenblick, geschieht. Bist du entspannt? Atmest du leicht und mühelos? Bewegst du dich anmutig und mit Aufmerksamkeit?

Praktiziere das mindestens einmal am Tag.

Ausdehnung--Kontraktion

Denke in Situationen, in denen du eigentlich aus der Fassung geraten müßtest, daran, statt dessen einfach unvernünftig glücklich zu sein – nur so zum Spaß. Dehne dich aus, statt dich zusammenzuziehen.

Öffne dein Herz

Trainiere jeden Tag alle deine spirituellen Sinne: das Sprechen aus dem Herzen, den inneren Segen und das Berühren, Sehen und Hören aus dem Herzen heraus.

Das «Gib-was-du-Brauchst»-Prinzip

Wenn du ein Bedürfnis nach Anerkennung, Verständnis, Höflichkeit, Respekt, Liebe oder Aufmerksamkeit verspürst, dann schenke genau das einem anderen Menschen, ohne dir Gedanken darüber zu machen, was dabei herauskommt. Praktiziere auch das mindestens einmal am Tag.

Kleinigkeiten

Tue mindestens einmal am Tag irgendeine «Kleinigkeit» für jemand anderen. Das kann ein Freund, ein Feind oder ein Fremder sein. Hilf so, seine Stimmung zu heben.

Gebete oder positive Wünsche

Sprich zweimal am Tag – als erstes beim Aufstehen und als letztes vor dem Einschlafen – von Herzen ein kurzes Gebet oder einen positiven Wunsch. Das kann etwas ganz Einfaches sein, zum Beispiel: «Geist, falls du gerade zuhörst, ich bitte dich für meine Brüder und Schwestern in Afrika (oder Indien oder irgendeinem anderen Land).»

Eine Woche im Leben eines friedvollen Kriegers – Zusammenfassung und Rückblick

Übe mindestens einmal am Tag folgendes:

1. Körperliche Übung: Mache zwanzig Minuten lang Bewegungs-, Atem- und Dehnübungen.
2. Spirituelle Übung: Gedenke zwanzig Minuten lang des Geistes.
3. Bessere Ernährung: Spüre die positive Wirkung einer gesunden Ernährung.
4. Jetzt und hier: Nimm dir einen Augenblick Zeit, um bewußt zu atmen, dich zu entspannen und dich mit Anmut zu bewegen.
5. Ausdehnung–Kontraktion: Sei unvernünftig glücklich.
6. Öffne dein Herz: Verbinde dein Herz mit deiner Stimme, deinen Gedanken, deinem Tastsinn, deinem Gesichtssinn und deinem Gehör.
7. Das «Gib-was-du-Brauchst»-Prinzip: Gib das, was du am dringendsten zu brauchen scheinst.
8. Kleinigkeiten: Tue irgendeine Kleinigkeit für einen anderen Menschen, um ihm eine Freude zu machen.
9. Gebete oder positive Wünsche: Sprich als erstes am Morgen und als letztes am Abend ein Gebet aus dem Herzen heraus.

Ein letztes Wort

In jedem Moment eines jeden Tages, selbst wenn wir scheinbar alltägliche Dinge tun, wandern wir aufwärts. Wir gehen den

Weg des friedvollen Kriegers. Wir können uns nicht verirren, auch wenn es manchmal so aussieht. Für diese gemeinsame Reise, auf der wir dem Licht mal entgegenstolpern, mal entgegenschweben, segne uns.

Sie können mit Dan Millman Kontakt aufnehmen, indem Sie seine Website besuchen:

www.danmillman.com

Dan Millman

Eine kostbare und außergewöhnliche Begegnung mit einem außergewöhnlichen Buch

978-3-453-70240-0

Dan Millman

Die Lebensschule des friedvollen Kriegers

978-3-453-70000-0

978-3-453-70022-2

978-3-453-70071-0

978-3-453-70082-6

978-3-453-70172-4

Leseproben unter **www.heyne.de**

Dan Millman

Der friedvolle Krieger kehrt zurück

978-3-7787-7531-8

Ansata

Ein praktisches Handbuch zur Bestimmung und Erfüllung Ihrer persönlichen Lebensaufgabe

Dan Millman
Die Lebenszahl als Lebensweg

552 Seiten
ISBN 978-3-7787-7094-8

Ansata